HISTOIRE
DE LA
CONQUÊTE DE L'ANGLETERRE
PAR LES NORMANDS

HISTOIRE
de la
CONQUÊTE DE L'ANGLETERRE

FORMAT PETIT IN-FOLIO

Son cheval mit les pieds sur des charbons... (page 176)

HISTOIRE
DE LA
CONQUÊTE DE L'ANGLETERRE
PAR LES NORMANDS

PAR

Augustin THIERRY

Vingt-trois gravures

LIMOGES
EUGÈNE ARDANT & Cⁱᵉ
ÉDITEURS

AVIS DES ÉDITEURS

L'œuvre magistrale que nous publions aujourd'hui a une étendue telle que, dans nos séries de grand format, même en employant de petits caractères, il n'eût pas été possible de le reproduire tout entière.

Nous avons donc dû nous résigner à des suppressions ; mais nous ne les avons guère faites que dans les parties pour ainsi dire annexes, de façon à ne pas nuire à l'intérêt et à l'unité de l'*Histoire de la Conquête de l'Angleterre*. Ainsi nous avons omis le livre 1er, qui a trait à l'occupation des îles Britanniques avant l'invasion des Normands, et le livre final, qui, sous forme de *conclusion*, donne des compléments sur les faits déjà relatés au cours du récit.

Alfred entra dans leur camp sous l'habit d'un joueur de harpe. (page 18)

HISTOIRE

DE LA

CONQUÊTE DE L'ANGLETERRE

I. — Depuis le premier débarquement des Danois en Angleterre, jusqu'à la fin de leur domination

787-1048

Il y avait plus d'un siècle et demi que la Bretagne méridionale presque entière portait le nom de terre des Anglais, et que, dans le langage de ses possesseurs de race germanique, le nom de Bretons ou celui de Gallois signifiait serf et tributaire, lorsque des hommes inconnus vinrent, avec trois vaisseaux, aborder à l'un des ports de la côte orientale. Afin d'apprendre d'où ils venaient et ce qu'ils voulaient, le magistrat saxon du lieu se rendit au rivage; les inconnus le laissèrent approcher et l'entourèrent; puis, fondant tout à coup sur lui et sur son escorte, ils le tuèrent, pillèrent les habitations voisines et remirent promptement à la voile.

Telle fut la première apparition, en Angleterre, des pirates du nord appelés Danois ou Normands, selon qu'ils venaient des îles de la mer Baltique ou de la côte de Norvége. Ils descendaient de la même race primitive que les Anglo-Saxons et les Franks; leur langue avait des racines communes avec les idiomes de ces deux peuples : mais ce signe d'une antique fraternité ne préservait de leurs incursions hostiles ni la Bretagne saxonne, ni la Gaule franke, ni

même le territoire d'outre-Rhin, exclusivement habité par des nations germaniques. La conversion des Teutons méridionaux à la foi chrétienne avait rompu tout lien de fraternité entre eux et les Teutons du nord. Au neuvième siècle, l'homme du nord se glorifiait encore du titre de fils d'Odin, et traitait d'apostats les Germains enfants de l'Eglise : il ne les distinguait point des populations vaincues dont ils avaient adopté le culte. Franks ou Gaulois, Langobards ou Latins, tous étaient également odieux pour l'homme demeuré fidèle aux anciennes divinités de la Germanie. Une sorte de fanatisme religieux et patriotique s'alliait ainsi dans l'âme des Scandinaves à la fougue déréglée de leur caractère et à une soif de gain insatiable. Ils versaient avec plaisir le sang des prêtres, aimaient surtout à piller les églises, et faisaient coucher leur chevaux dans les chapelles des palais. Quand ils venaient de dévaster et d'incendier quelque canton du territoire chrétien : « Nous leur avons chanté
» la messe des lances, disaient-ils par dérision; elle a commencé de
» grand matin, et elle a duré jusqu'à la nuit. »

En trois jours de traversée par le vent d'est, les flottes de barques à deux voiles des Danois et des Norvégiens arrivaient au sud de la Bretagne. Les soldats de chaque flotte obéissaient en général à un chef unique, dont le vaisseau se distinguait des autres par quelque ornement particulier. C'était le même chef qui commandait encore lorsque les pirates débarqués marchaient en bataillons, soit à pied, soit à cheval. On le saluait du titre germanique que les langues du midi rendent par le mot *roi ;* mais il n'était roi que sur mer et dans le combat; car, à l'heure du festin, toute la troupe s'asseyait en cercle, et les cornes remplies de bière passaient de main en main sans qu'il y eût ni premier ni dernier. Le *roi de mer* était partout suivi avec fidélité et toujours obéi avec zèle, parce que toujours il était renommé comme le plus brave entre les braves, comme celui qui n'avait jamais dormi sous un toit de planches, qui jamais n'avait vidé la coupe auprès d'un foyer abrité.

Il savait gouverner le vaisseau comme un bon cavalier manie son cheval, et, à l'ascendant du courage et de l'habileté, se joignait pour lui l'empire que donne la superstition ; il était initié à la science des runes, il connaissait les caractères mystérieux qui, gravés sur les épées, devaient procurer la victoire, et ceux qui, inscrits à la poupe et sur les rames, devaient préserver du naufrage. Egaux sous un pareil chef, supportant légèrement leur soumission volontaire et le poids de leur armure de mailles, qu'ils se promettaient d'échanger bientôt contre un égal poids d'or, les pirates danois cheminaient gaiement sur la route *des cygnes*, comme disent leurs poésies

nationales. Tantôt ils côtoyaient la terre, et guettaient leur ennemi dans les détroits, les baies et les petits mouillages, ce qui leur fit donner le nom de *Vikings* ou *Enfants des anses;* tantôt ils se lançaient à sa poursuite à travers l'Océan. Les violents orages des mers du nord dispersaient et brisaient leurs frêles navires; tous ne rejoignaient point le vaisseau du chef, au signal du ralliement; mais ceux qui survivaient à leurs compagnons naufragés n'en avaient ni moins de confiance ni plus de souci; ils se riaient des vents et des flots, qui n'avaient pu leur nuire : « La force de la tempête, chan-
» taient-ils, aide le bras de nos rameurs, l'ouragan est à notre ser-
» vice, il nous jette où nous voulions aller ».

La première grande armée de corsaires danois et normands qui se dirigea vers l'Angleterre aborda sur la côte de Cornouailles; et les indigènes de ce pays, réduits par les Anglais à la condition de tributaires, se joignirent aux ennemis de leurs conquérants, soit dans l'espoir de regagner quelque peu de liberté, soit pour satisfaire simplement leur passion de vengeance nationale. Les hommes du nord furent repoussés, et les Bretons de Cornouailles restèrent sous le joug des Saxons; mais, peu de temps après, d'autres flottes, abordant du côté de l'est, amenèrent les Danois en si grand nombre que nulle force ne put les empêcher de pénétrer au cœur de l'Angleterre. Ils remontaient le cours des grands fleuves jusqu'à ce qu'ils eussent trouvé un lieu de station commode; là ils descendaient de leurs barques, les amarraient ou les tiraient à sec, se répandaient sur le pays, enlevaient de toutes parts les bêtes de somme, et de marins se faisaient cavaliers, comme s'expriment les chroniques du temps. D'abord ils se bornèrent à piller et à se retirer ensuite, laissant derrière eux, sur les côtes, quelques postes militaires et de petits camps retranchés, pour protéger leur prochain retour; mais bientôt, changeant de tactique, ils s'établirent à demeure fixe, comme maîtres du sol et des habitants, et refoulèrent la race anglaise du nord-est vers le sud-ouest, comme celle-ci avait refoulé l'ancienne population bretonne de la mer de Gaule vers l'autre mer.

Les *rois de mer* qui attachèrent leur nom aux événements de cette grande invasion sont : Ragnar-Lodbrog et ses trois fils Hubbo, Ingvar et Afden. Fils d'un Norvégien et de la fille du roi de l'une des îles danoises, Ragnar avait obtenu, soit de gré, soit de force, la royauté de toutes ces îles; mais la fortune lui devint contraire; il perdit ses possessions territoriales, et alors, armant des vaisseaux et rassemblant une troupe de pirates, il se fit *roi de mer*. Ses premières courses eurent lieu dans la Baltique et sur les côtes de la

Frise et de la Saxe ; puis il fit de nombreuses descentes en Bretagne et en Gaule, toujours heureux dans ses entreprises, qui lui valurent de grandes richesses et un grand renom. Après trente ans de succès obtenus avec une simple flotte de barques, Ragnar, dont les vues s'étaient agrandies, voulut essayer son habileté dans une navigation plus savante, et fit construire deux vaisseaux qui surpassaient en dimension tout ce qu'on avait jamais vu dans le nord. Vain emen sa femme Aslauga, avec ce bon sens précautionneux qui, chez les femmes scandinaves, passait pour le don de prophétie, lui remontra les périls où cette innovation l'exposait ; il ne l'écouta point, et s'embarqua, suivi de plusieurs centaines d'hommes. L'Angleterre était le but de cette expédition d'un nouveau genre. Les pirates coupèrent gaiement les câbles qui retenaient les deux navires, et, comme ils disaient eux-mêmes dans leur langage poétique, lâchèrent la bride à leurs grands chevaux marins.

Tout alla bien pour le roi de mer et ses compagnons tant qu'ils voguèrent au large ; mais ce fut aux approches des côtes que les difficultés commencèrent. Leurs gros vaisseaux, mal dirigés, échouèrent et se brisèrent sur des bas-fonds, d'où les bateaux de construction danoise auraient pu sortir aisément ; les équipages furent contraints de se jeter à terre, privés de tout moyen de retraite. Le rivage où ils débarquèrent ainsi malgré eux était celui du Northumberland ; ils s'y avancèrent en bon ordre, ravageant et pillant selon leur usage, comme s'ils ne se fussent pas trouvés dans une position désespérée. A la nouvelle de leurs dévastations, Ælla, roi du pays, se mit en marche et les attaqua avec des forces supérieures ; le combat fut acharné, quoique très inégal, et Ragnar, enveloppé dans un manteau que sa femme lui avait donné en partant, pénétra quatre fois dans les rangs ennemis. Mais presque tous ses compagnons ayant succombé, lui-même fut pris vivant par les Saxons. Le roi Ælla se montra cruel envers son prisonnier ; non content de le faire mourir, il voulut lui infliger des tortures inusitées. Lodbrog fut enfermé dans un cachot rempli, disent les chroniques, de vipères et de serpents venimeux. Le *chant de mort* de ce fameux roi de mer devint célèbre, comme l'un des chefs-d'œuvre de la poésie scandinave. On l'attribuait, contre toute vraisemblance, au héros lui-même ; mais, quel qu'en soit l'auteur, ce morceau porte la vive empreinte du fanatisme de guerre et de religion qui rendait si terribles, au neuvième siècle, les vikings danois et normands.

« Nous avons frappé de nos épées, dans le temps où, jeune
» encore, j'allais vers l'orient du Sund apprêter un repas sanglant

» aux bêtes carnassières, et dans ce grand combat où j'envoyai en
» foule au palais d'Odin le peuple de Helsinghie. De là, nos vais-
» seaux nous portèrent à l'embouchure de la Vistule, où nos lances
» entamèrent les cuirasses, et où nos épées rompirent les bou-
» cliers.

» Nous avons frappé de nos épées, le jour où j'ai vu des centaines
» d'hommes couchés sur le sable, près d'un promontoire d'Angle-
» terre; une rosée de sang dégouttait des épées; les flèches sif-
» flaient en allant chercher les casques.

» Nous avons frappé de nos épées, le jour où j'abattis ce jeune
» homme, si fier de sa chevelure... Quel est le sort d'un homme
» brave, si ce n'est de tomber des premiers? Celui qui n'est jamais
» blessé mène une vie ennuyeuse, et il faut que l'homme attaque
» l'homme ou lui résiste au jeu des combats.

» Nous avons frappé de nos épées; maintenant j'éprouve que les
» hommes sont esclaves du destin et obéissent aux décrets des fées
» qui président à leur naissance. Quand je lançai en mer mes vais-
» seaux pour aller rassasier les loups, je ne croyais pas que cette
» course dût me conduire à la fin de ma vie. Mais je me réjouis en
» songeant qu'une place m'est réservée dans les salles d'Odin, et
» que là bientôt, assis au grand banquet, nous boirons la bière à
» pleins bords dans les coupes de corne.

» Nous avons frappé de nos épées. Si les fils d'Aslauga savaient
» les angoisses que j'éprouve, s'ils savaient que des serpents
» venimeux m'enlacent et me couvrent de morsures, ils tressail-
» liraient tous et voudraient courir au combat; car la mère que
» je leur laisse leur a donné des cœurs vaillants. Une vipère
» m'ouvre la poitrine et pénètre vers mon cœur; je suis vaincu :
» mais bientôt, j'espère, la lance d'un de mes fils traversera le cœur
» d'Ælla.

» Nous avons frappé de nos épées dans cinquante et un combats;
» je doute qu'il y ait parmi les hommes un roi plus fameux que
» moi. Dès ma jeunesse, j'ai appris à ensanglanter le fer; il ne faut
» pas pleurer la mort; il est temps de finir. Envoyées vers moi par
» Odin, les déesses m'appellent et m'invitent; je vais, assis aux pre-
» mières places, boire la bière avec les dieux. Les heures de ma vie
» s'écoulent; c'est en riant que je mourrai ».

Ce fier appel à la vengeance et aux passions guerrières, chanté
premièrement dans une cérémonie funèbre, courut ensuite de bouche en bouche, partout où Ragnar-Lodbrog avait eu des admira-

teurs. Non seulement ses fils, ses parents, ses amis, mais une foule d'aventuriers et de jeunes gens de tous les royaumes du nord y répondirent. En moins d'un an, et sans qu'aucune nouvelle hostile parvînt en Angleterre, huit rois de mer et vingt *iarls* ou chefs du second ordre, se confédérant ensemble, réunirent leurs vaisseaux et leurs soldats. C'était la plus grande flotte qui fût jamais partie du Danemark pour une expédition lointaine. Elle devait aborder au Northumberland; mais une méprise des pilotes la porta plus au sud, vers la côte d'Est-Anglie.

Incapables de repousser un si grand armement, les gens du pays firent aux Danois un accueil pacifique; et ceux-ci en profitèrent pour amasser des vivres, réunir des chevaux et attendre des renforts d'outre-mer; puis, quand ils se crurent assurés du succès, ils marchèrent sur York, capitale de la Northumbrie, dévastant et brûlant tout sur leur passage. Les deux chefs de ce royaume, Osbert et Ælla, concentrèrent leurs forces sous les murs de la ville, pour livrer une bataille décisive. D'abord les Saxons eurent l'avantage; mais ils se lancèrent avec trop d'imprudence à la poursuite de l'ennemi, qui, s'apercevant de leur désordre, revint sur eux et les défit complètement. Osbert fut tué en combattant, et, par une singulière destinée, Ælla, tombé vivant entre les mains des fils de Lodbrog, expia dans des tortures inouïes le supplice infligé à leur père.

La vengeance était consommée; mais alors une autre passion, celle du pouvoir, se fit sentir aux chefs confédérés. Maîtres d'une partie du pays au nord de l'Humber, et assurés par des messages de la soumission du reste, les fils de Ragnar-Lodbrog résolurent de garder cette conquête. Ils mirent garnison à York et dans les principales villes, distribuèrent des terres à leurs compagnons, et ouvrirent un asile aux gens de tout état qui viendraient des contrées scandinaves pour accroître la nouvelle colonie. Ainsi le Northumberland cessa d'être un royaume saxon; il devint le point de ralliement des Danois, pour la conquête du sud de l'Angleterre. Après trois ans de préparatifs, la grande invasion commença. L'armée, conduite par ses huit rois, descendit l'Humber jusqu'à la hauteur de Lindesey, et, ayant pris terre, marcha directement du nord au sud, pillant les villes, massacrant les habitants, et brûlant surtout, avec une rage fanatique, les églises et les monastères.

L'avant-garde danoise approchait de Croyland, abbaye célèbre, dont le nom figurera plus d'une fois dans cette histoire, lorsqu'elle rencontra une petite armée saxonne qui, à force de courage et de bon ordre, l'arrêta durant un jour entier. C'était une levée en masse de tous les gens du voisinage, commandés par leurs seigneurs et

par un moine appelé frère Toli, qui, avant de se vouer à la retraite, avait porté les armes. Trois rois danois furent tués dans ce combat; mais, à l'arrivée des autres, les Saxons, écrasés par le nombre, moururent presque tous en défendant leur poste. Quelques-uns des fuyards coururent au monastère annoncer que tout était perdu, et que les païens approchaient. C'était l'heure des matines, tous les moines se trouvaient réunis dans le chœur. L'abbé, homme d'un grand âge, leur parla ainsi : « Que tous ceux d'entre vous qui sont
» jeunes et robustes se retirent en lieu de sûreté, emportant avec
» eux les reliques des saints, nos livres, nos chartes et ce que nous
» avons de précieux. Moi je resterai ici avec les vieillards et les
» enfants, et peut-être qu'avec l'aide de Dieu, l'ennemi aura pitié
» de notre faiblesse ».

Tous les hommes valides de la communauté partirent au nombre de trente, et ayant chargé sur un bateau les reliques et les vases sacrés, se réfugièrent dans les marais voisins. Il ne resta au chœur que l'abbé, des vieillards infirmes et quelques enfants que leurs familles, suivant la dévotion du siècle, faisaient élever sous l'habit monastique. Ils continuèrent le chant des psaumes à toutes les heures prescrites ; puis, quand vint celle de la messe, l'abbé se mit à l'autel en habits sacerdotaux. Tous les assistants reçurent la communion, et presque au moment même les Danois entrèrent dans l'église. Le chef, qui marchait en tête, tua de sa main l'abbé au pied de l'autel, et les soldats saisirent les moines, vieux et jeunes, que la frayeur avait dispersés. Ils les torturaient un à un pour leur faire dire où était caché le trésor, et, sur le refus de répondre, ils leur coupaient la tête. Au moment où le prieur tomba mort, l'un des enfants, âgé de dix ans, qui l'aimait beaucoup, se mit à l'embrasser, pleurant et demandant à mourir avec lui. Sa voix et sa figure frappèrent un des chefs danois ; ému de pitié, il tira l'enfant hors de la foule ; puis, lui ôtant son froc et le couvrant d'une casaque : « Suis moi, dit il, et no me quitte plus ». Il le sauva ainsi du massacre ; mais aucun autre ne fut épargné. Après avoir inutilement cherché le trésor de l'abbaye, les Danois brisèrent les tombeaux de marbre qui étaient dans l'église, et, furieux de n'y point trouver de richesses, ils dispersèrent les ossements et mirent le feu à l'église. Ensuite ils se dirigèrent vers l'est sur le monastère de Peterborough.

Ce monastère, l'un des chefs-d'œuvre de l'architecture du temps, avait, suivant le style saxon, des murailles massives, percées de petites fenêtres à plein cintre, ce qui le rendait facile à défendre. Les Danois trouvèrent les portes fermées, et furent reçus à coups de flèches et de pierres par les moines et les gens du pays, qui s'étaient renfermés avec eux : au premier assaut, l'un des fils de Lodbrog, dont les chroniques ne disent pas le nom, fut blessé mortellement ; mais, après deux attaques, les Danois entrèrent de force, et Hubbo, pour venger son frère, tua de sa propre main tous les religieux, au nombre de quatre-vingt-quatre. Les meubles furent pillés, les sépulcres ouverts, et la bibliothèque employée à attiser le feu, qui fut mis aux bâtiments : l'incendie dura quinze jours entiers. Pendant une marche de nuit que l'armée fit du côté de Huntingdon, l'enfant qu'un chef danois avait sauvé à Croyland s'échappa, et regagna seul les ruines de son ancienne demeure. Il trouva les trente moines de retour, et occupés à éteindre le feu qui brûlait encore au milieu des décombres. Il leur raconta le massacre avec toutes ses circonstances ; et tous, pleins de tristesse, se mirent à la recherche des cadavres de leurs frères. Après plusieurs jours de travail, ils trouvèrent celui de l'abbé, sans tête et écrasé par une poutre ; tous les autres furent découverts pareillement, et placés près de l'église dans une même fosse.

Ces désastres eurent lieu en partie sur le territoire de Mercie, en partie sur celui d'Est-Anglie ou des Angles orientaux. Le roi de ce dernier pays, nommé Edmund, ne tarda pas à porter la peine de l'indifférence avec laquelle, trois ans auparavant, il avait vu l'invasion du royaume de Northumbrie : surpris par les Danois et fait prisonnier, il fut conduit devant les fils de Lodbrog, qui le sommèrent avec hauteur de s'avouer leur vassal. Edmund refusa obstinément ; et alors les Danois, l'ayant lié à un arbre, se mirent à exercer sur lui leur adresse à tirer de l'arc. Ils visaient aux bras et aux jambes sans toucher le corps, et terminèrent ce jeu barbare en abattant d'un coup de hache la tête du roi saxon...

L'Est-Anglie, entièrement soumise, devint, comme le Northumberland, un royaume danois et un but d'émigration pour les aventuriers du nord. Le roi saxon fut remplacé par un roi de mer appelé Godrun, et la population indigène, réduite à une demi servitude, perdit la propriété de son territoire et paya le tribut aux étrangers. Cette conquête mit dans un grand péril le royaume de Mercie, qui, entamé déjà dans sa partie orientale, avait les Danois sur deux de ses frontières. Les anciens royaumes d'Est-sex, Kent et Suth-sex n'avaient plus d'existence indépendante ; depuis près d'un siècle, ils étaient réunis tous trois à celui de West-sex ou des Saxons occidentaux. Ainsi la lutte se trouvait engagée entre deux royaumes danois et deux royaumes saxons. Les rois de Mercie et de West-sex, longtemps rivaux et ennemis, se liguèrent ensemble pour défendre ce qui restait de pays libre ; mais, malgré leurs efforts, tout le territoire situé au nord de la Tamise fut envahi ; la Mercie devint danoise ; et des huit royaumes fondés primitivement par les Saxons et les Angles, il n'en resta plus qu'un seul, celui de West-sex, qui s'étendait alors de l'embouchure de la Tamise au golfe où se jette la Saverne.

En l'année 871, Ethelred, fils d'Ethelwulf, roi de West-sex, mourut à la suite d'un combat livré aux Danois, qui venaient de passer la Tamise. Il laissait plusieurs enfants; mais le choix de la grande assemblée qui représentait le pays se porta sur son frère Alfred, jeune homme de vingt-deux ans, dont le courage et l'habileté militaire donnaient de grandes espérances. Alfred réussit deux fois, soit en combattant, soit en négociant, à faire sortir les Danois de son royaume; il repoussa les invasions par mer tentées contre ses provinces du sud, et défendit pendant sept ans la ligne de la Tamise. Peut-être qu'aucune armée danoise n'eût jamais franchi de nouveau cette frontière, si le roi et le peuple de West-sex eussent été bien unis; mais il existait entre eux des germes de discorde d'une nature assez bizarre.

Le roi Alfred avait plus étudié qu'aucun de ses compatriotes : il avait parcouru, jeune, les contrées méridionales de l'Europe, et en avait observé les mœurs : il connaissait les langues savantes et la plupart des livres de l'antiquité. La supériorité de connaissances que ce roi saxon avait acquise lui inspirait une sorte de dédain pour la nation qu'il gouvernait. Il faisait peu de cas des lumières et de la prudence du grand conseil national, qu'on appelait l'assemblée des sages. Rempli des idées de pouvoir absolu que présentent la littérature et l'histoire de l'empire romain, il avait un désir violent de réformes politiques, et concevait des plans meilleurs peut-être que les anciennes coutumes anglo-saxonnes, mais manquant de sanction aux yeux d'un peuple qui ne les avait pas souhaités et ne les comprenait pas. La tradition a vaguement conservé quelques traits sévères du gouvernement d'Alfred, et longtemps après sa mort, on parlait de la rigueur excessive qu'il avait mise à punir les prévaricateurs et les mauvais juges. Quoique cette rigueur eût pour objet l'intérêt de la nation anglaise, elle ne pouvait être agréable à cette nation, qui alors faisait plus de cas de la vie d'un homme libre que de la régularité dans les affaires publiques.

D'ailleurs, cette sévérité du roi Alfred envers les grands n'était point accompagnée d'affabilité envers les petits; il les défendait sans paraître les aimer : leurs suppliques l'importunaient, et sa maison leur était fermée. « Si l'on avait besoin de son aide, dit un
» contemporain, soit pour des nécessités personnelles, soit contre

» l'oppression des puissants, il dédaignait d'accueillir et d'écouter
» la plainte : il ne prêtait aucun appui aux faibles, et les estimait
» comme néant ». Aussi, quand, sept années après son élection, ce
roi lettré, devenu odieux sans le savoir et sans le vouloir, eut à repousser une invasion formidable des Danois, et qu'il appela son peuple à la défense du pays, il fut effrayé de trouver des hommes mal disposés à lui obéir et même peu soucieux du péril commun. Ce fut en vain qu'il envoya par les villes et les hameaux son messager de guerre, portant une flèche et une épée nue, et qu'il publia cette vieille proclamation nationale, à laquelle nul Saxon en état de porter les armes n'avait jamais résisté : « Que quiconque n'est pas
» un homme de rien, soit dans les villes, soit dans la campagne,
» sorte de sa maison et vienne ». Peu d'hommes vinrent; et Alfred se trouva presque seul, entouré du petit nombre d'amis qui admiraient son savoir, et qu'il touchait quelquefois jusqu'aux larmes par la lecture de ses écrits.

A la faveur de cette indifférence de la nation pour le chef qu'elle-même avait choisi, l'ennemi s'avançait rapidement. Alfred, délaissé par les siens, à son tour les délaissa, et prit la fuite, dit un vieil historien, abandonnant ses guerriers, ses capitaines, tout son peuple, pour sauver sa vie. Il alla, se cachant par les bois et les déserts, jusqu'aux limites du territoire anglais et de la terre des Bretons de Cornouailles, au confluent des deux rivières de Tone et de Parret. Là se trouvait une presqu'île entourée de marais : le roi saxon s'y réfugia, et habita, sous un faux nom, la cabane d'un pêcheur, obligé de cuire lui-même le pain dont la pauvre famille de ses hôtes voulait bien lui donner sa part. Peu de gens dans son royaume savaient ce qui était arrivé de lui, et l'armée danoise y entra sans résistance. Beaucoup d'habitants s'embarquèrent sur les côtes de l'ouest pour chercher un refuge, soit en Gaule, soit en Irlande; le reste se soumit à payer le tribut et à labourer pour les Danois. Il ne tardèrent pas à trouver les maux de la conquête mille fois pires que ceux du règne d'Alfred, qui, dans le moment de la souffrance, leur avaient paru insupportables; ils regrettèrent leur premier état et le despotisme d'un roi né parmi eux.

De son côté, le roi Alfred réfléchissait dans le malheur, et méditait sur les moyens de sauver le peuple, s'il était possible, et de rentrer en grâce avec lui. Fortifié dans son île contre une surprise de l'ennemi par des retranchements de terre et de bois, il y menait la vie dure et sauvage, réservée, dans tout pays conquis, au vaincu trop fier pour être esclave, la vie de brigand dans les bois, les marais et les gorges des montagnes. A la tête de ses amis, formés en

bandes, il pillait le Danois enrichi de dépouilles, et, à défaut de Danois, le Saxon qui obéissait aux étrangers et les reconnaissait pour maîtres. Ceux que le joug étranger fatiguait, ceux qui s'étaient rendus coupables envers le plus fort en défendant contre lui leurs biens, leurs femmes ou filles, vinrent se ranger sous les ordres du chef inconnu qui refusait de partager la servitude générale. Après six mois d'une guerre de stratagèmes, de surprises et de combats nocturnes, le chef de partisans résolut de se nommer, de faire un appel à tout le pays de l'ouest, et d'attaquer ouvertement, sous l'étendard anglo-saxon, le principal camp des Danois.

Ce camp était situé à Ethandun, sur la frontière des provinces de Wilts et de Sommerset, près d'une forêt appelée Sel-wood ou le Grand-Bois. Avant de donner le signal décisif, Alfred voulut observer lui-même la position des étrangers ; il entra dans leur camp sous l'habit d'un joueur de harpe, et divertit par des chansons saxonnes l'armée danoise, dont le langage différait peu du sien ; il se promena au milieu des tentes, et à son retour, changeant d'emploi et de caractère, il envoya des messagers dans toute la contrée d'alentour, assignant pour rendez-vous aux Saxons qui voudraient s'armer et combattre, un lieu nommé la Pierre d'Egbert, sur la lisière orientale du Grand-Bois, et à quelques milles de distance du camp ennemi.

Durant trois jours consécutifs, des hommes armés, partis de toutes les directions, arrivèrent au lieu assigné, un à un, ou par petites bandes. Chaque nouveau venu était salué du nom de frère, et accueilli avec une joie vive et tumultueuse. Quelques bruits de cette agitation parvinrent au camp des Danois ; ils démêlèrent autour d'eux l'apparence d'un grand mouvement ; mais, comme il n'y avait point de traîtres, leurs informations furent incertaines, et, ne sachant précisément où l'insurrection devait commencer, ils ne firent aucune manœuvre et se contentèrent de doubler leurs postes extérieurs. Ils ne tardèrent pas à voir flotter la bannière de Westsex, qui portait la figure d'un cheval blanc. Alfred attaqua leurs redoutes d'Ethandun par le côté le plus faible, les en chassa, et, comme s'exprime une chronique saxonne, resta maître du champ de carnage.

Une fois dispersés, les Danois ne se rallièrent plus, et Godrun, leur roi, fit ce que faisaient souvent dans le péril les gens de sa nation : il promit, si les vainqueurs voulaient renoncer à le poursuivre, de se faire baptiser, lui et les siens, et de se retirer sur ses terres d'Est-Anglie, pour y habiter paisiblement. Le roi saxon, qui n'était point assez fort pour faire la guerre à outrance, accepta ces offres de paix. Godrun et les autres capitaines païens jurèrent, sur un bracelet consacré à leurs dieux, de recevoir fidèlement le baptême. Le roi Alfred servit de père spirituel au chef danois, qui endossa sur sa cotte de mailles la robe blanche des néophytes, et repartit avec les débris de ses troupes pour le pays d'où il était venu, et d'où il s'engageait à ne plus sortir. Les limites des deux populations furent fixées par un traité définitif, juré, comme porte son préambule, par Alfred roi, Godrun roi, tous les sages anglo-saxons et tout le peuple danois. Ces limites étaient, au sud, le cours de la Tamise jusqu'à la petite rivière de l'Ea, qui s'y jette en avant de Londres ; au nord et à l'est, la rivière d'Ouse et la grande voie construite par les Bretons, et reconstruite de nouveau par les Romains, que les Saxons nommaient Wetlinga-street, le chemin des fils de Wetla.

Les Danois cantonnés dans les villes de la Mercie et sur le pays au nord de l'Humber ne se crurent point liés par le pacte d'Alfred et de Godrun. Ainsi la guerre ne cessa point sur la frontière septentrionale du territoire de West-sex. Les anciens royaumes de Suth-sex et de Kent, délivrés de la servitude étrangère, proclamèrent tous les deux Alfred comme libérateur et comme roi. Nulle voix ne s'éleva contre lui, ni dans son propre pays, où son ancienne impopularité était effacée par ses nouveaux services, ni dans ceux que ses prédécesseurs avaient soumis par conquête à leur domination. La partie de l'Angleterre que les Danois n'occupaient point forma dès lors un seul Etat; et ainsi disparut pour jamais l'ancienne division du peuple anglais en plusieurs peuples, en autant de peuples qu'il y avait eu de bans d'émigrés partis des îles et des rivages de la Germanie. Le flot des invasions danoises avait renversé pour jamais les lignes de forteresses qui s'élevaient auparavant entre chaque royaume et les royaumes voisins; à un isolement quelquefois hostile succéda l'union que produisent des malheurs communs et des espérances communes.

Du moment que fut abolie la grande séparation du pays anglo-saxon en royaumes, les autres divisions territoriales prirent une importance qu'elles n'avaient point eue jusque-là; et c'est en effet depuis ce temps que les historiens commencent à faire mention des *skires*, *scires*, *shires*, ou fractions de royaumes, des *centaines* et des *dizaines* de familles, circonscriptions locales aussi vieilles en Angleterre que l'établissement des Saxons et des Angles, mais qui durent être peu remarquées tant qu'il se trouva au-dessus d'elles une plus large circonscription politique. L'usage de compter les familles comme de simples unités, et de les agréger ensemble par collections de dix ou de cent, pour former des districts et des cantons, se retrouve chez tous les peuples d'origine teutonique. Si cette institution joue un grand rôle dans les lois qui portent le nom d'Alfred, ce n'est point qu'il l'ait inventée; c'est, au contraire, que la trouvant enracinée au sol de l'Angleterre, et presque uniformément répandue sur tous les pays qu'il réunit sans violence au royaume de West-sex, il y eut pour lui nécessité d'en faire la principale base de ses dispositions d'ordre public. Il n'établit, à proprement parler, ni les dizaines et les centaines de familles, ni les chefs municipaux, appelés dizainiers et centainiers, ni même cette forme de procédure qui, modifiée par l'action du temps, a donné naissance au jury. Tout cela existait chez les Saxons et les Angles antérieurement à leur émigration.

Le roi de West-sex acquit, depuis son second avénement, tant de célébrité comme brave, et surtout comme sage, qu'il est difficile de retrouver dans l'histoire les traces de la défaveur nationale dont il avait d'abord été frappé. Sans cesser de veiller au maintien de l'indépendance reconquise, Alfred trouva des heures pour ses études qu'il aimait toujours, mais sans les préférer aux hommes à qui il en destinait le fruit. Il nous reste de lui plusieurs morceaux de vers et de prose, remarquables par une certaine richesse d'imagination et ce luxe de figures qui est le caractère distinctif de l'ancienne littérature germanique.

Alfred passa le reste de sa vie entre ces travaux et la guerre. Le serment que lui avaient prêté les Danois de l'Est-Anglie, d'abord sur le bracelet d'Odin, et ensuite sur la croix du Christ, fut violé par eux, à la première apparition d'une flotte de pirates sur leur côte. Ils saluèrent les nouveaux venus comme des frères ; l'entraînement des souvenirs et de la sympathie nationale leur fit quitter les champs qu'ils labouraient, et détacher de la muraille enfumée leur grande hache de combat, ou la massue hérissée de pointes de fer, qu'ils nommaient *l'étoile du matin*. Peu de temps après, sans violer aucun traité, les Danois des rives de l'Humber descendirent vers le sud pour se joindre, avec les hommes de l'Est-Anglie, à l'armée du fameux roi de mer Hasting, qui, prenant, comme disaient les poètes du nord, l'Océan pour demeure, passait sa vie à naviguer du Danemark aux îles Orcades, des Orcades en Gaule, de Gaule en Irlande, et d'Irlande en Angleterre.

Hasting trouva les Anglais, sous la conduite du roi Alfred, bien préparés à le recevoir en ennemi et non en maître. Il fut défait dans plusieurs batailles ; une partie de son armée en déroute se retira chez les Danois du Northumberland, une autre partie s'incorpora aux Danois de l'est. Ceux qui avaient fait quelque gain dans leurs courses de terre et de mer devinrent bourgeois dans les villes, et colons dans les campagnes ; les plus pauvres radoubèrent leurs navires, et suivirent le chef infatigable à de nouvelles expéditions. Ils passèrent le détroit de la Gaule, et remontèrent le cours de la Seine. Hasting, du haut de son vaisseau, ralliait sa troupe au son d'un cor d'ivoire qu'il portait au cou, et que les habitants de la Gaule surnommaient le tonnerre. Du moment que ces sons redoutés se faisaient entendre au loin, le serf gaulois quittait la glèbe du champ où il était attaché, pour s'enfuir avec son mince bagage au fond de la forêt voisine, et le noble frank, saisi de la même terreur, levait les ponts de son château fort, courait au donjon faire la revue des armes, et ordonnait d'enfouir le trésor amassé du produit de ses domaines ou de ses exactions sur la contrée.

A la mort du roi Alfred, à qui la reconnaissance nationale et l'histoire ont donné le titre de Grand, son fils Edward lui succéda par une désignation expresse du grand conseil des sages, car la royauté anglo-saxonne était élective, quoique toujours dans la même famille. Un des fils du frère aîné et prédécesseur d'Alfred eut la hardiesse de protester contre le choix du grand conseil, au nom de ses droits héréditaires. Cette prétention fut non seulement repoussée, mais de plus regardée comme un outrage au droit d'élection du pays, et le conseil prononça le bannissement d'Ethelwald, fils d'Ethelred. Celui-ci, au lieu d'obéir à la sentence légalement portée contre lui, se jeta, avec quelques-uns de ses partisans, dans la ville de Vimborn, sur la côte du sud-ouest, jurant de la garder ou de périr. Mais il ne tint pas son serment : à l'approche de l'armée anglaise, il s'enfuit sans combat, et courut chez les Danois du Northumberland se faire païen et pirate avec eux. Ils le prirent pour chef contre ses compatriotes. Ethelwald envahit le territoire anglo-saxon ; mais il fut vaincu et tué dans les rangs des étrangers. Alors le roi Edward prit l'offensive contre les Danois ; il reconquit sur eux les côtes de l'est, depuis l'embouchure de la Tamise jusqu'au golfe de Boston, et les enferma dans leurs provinces du nord par une ligne de forteresses bâties en avant du cours de l'Humber. Son successeur Ethelstan passa l'Humber, prit la ville d'York, et força les colons de race scandinave à jurer, selon la formule consacrée, de vouloir tout ce qu'il voudrait. L'un des chefs des Danois vaincus fut conduit avec honneur dans le palais du roi saxon et admis à sa table ; mais quatre jours de vie paisible suffirent pour le dégoûter ; il s'enfuit, gagna la mer, et remonta sur un vaisseau de pirate, aussi incapable, dit l'ancien historien, de vivre hors de l'eau qu'un poisson.

L'armée anglaise s'avança jusqu'aux bords de la Tweed, et le Northumberland fut ajouté aux terres de la domination d'Ethelstan, qui, le premier, régna sur toute l'Angleterre. Dans l'ardeur de cette conquête, les Anglo-Saxons franchirent leur ancienne limite du nord, et troublèrent par une invasion les enfants des Pictes et des Scots, et la peuplade de vieux Bretons qui habitait le val de la Clyde. Il se forma une ligue offensive entre ces diverses nations et les Danois, qui vinrent d'outre-mer pour délivrer leurs compatriotes de la domination des hommes du sud. Olaf, fils de Sithrik, dernier roi danois de la Northumbrie, devint le généralissime de cette confédération, où l'on voyait réunis aux hommes venus de la Baltique les Danois des Orcades, les Galls des Hébrides et des monts Grampiens armés du long sabre à deux mains qu'ils appelaient *glay-more* ou le grand glaive, et les Cambriens de Dumbarton et du Galloway, portant des piques longues et minces. La rencontre des deux armées se fit au nord de l'Humber, dans un lieu nommé en saxon Brunanburgh, ou le bourg des Fontaines. La victoire se décida pour les Anglais, qui forcèrent les confédérés à regagner péniblement leurs vaisseaux, leurs îles et leurs montagnes. Ils nommèrent cette journée le jour du grand combat, et la célébrèrent dans un chant national dont voici quelques fragments :

« Le roi Ethelstan, le seigneur des chefs, celui qui donne des col-
» liers aux braves, et son frère, Edmund, le noble prince, ont com-
» battu à Brunanburg avec le tranchant de l'épée. Ils ont fendu le
» mur des boucliers ; ils ont abattu les guerriers de renom, la race
» des Scots et les hommes des navires.

» Olaf s'est enfui avec peu de gens, et il a pleuré sur les flots.
» L'étranger ne racontera point cette bataille, assis à son foyer, en-
» touré de sa famille ; car ses parents y succombèrent, et ses amis
» n'en revinrent pas. Les rois du nord, dans leurs conseils, se lamen-
» teront de ce que leurs guerriers ont voulu jouer au jeu du carnage
» avec les enfants d'Edward.

» Le roi Ethelstan et son frère Edmund retournent vainqueurs
» dans le pays de West-sex. Ils laissent derrière eux, se repaissant
» de cadavres, le corbeau noir au bec pointu, le vautour à la voix
» rauque, l'aigle rapide, le milan vorace et le loup des bois.

» Jamais plus grand carnage n'eut lieu dans cette île, jamais plus
» d'hommes n'y périrent par le tranchant de l'épée, depuis le jour
» où les Saxons et les Angles vinrent de l'est à travers l'Océan, où
» ils entrèrent en Bretagne, ces rudes forgerons de guerre, qui vain-
» quirent les Welches et s'emparèrent du pays. »

Ethelstan fit payer cher aux Cambriens du sud le secours que leurs frères du nord avaient donné à ses ennemis ; il ravagea le territoire des Gallois, et leur imposa des redevances, premier tribut levé sur eux par un roi anglo-saxon. Les Bretons de la Cornouaille furent chassés de la ville d'Exeter qu'ils habitaient alors en commun avec les Anglais. Cette population fut refoulée vers le midi jusqu'au delà du cours de la rivière de Tamer, qui devint alors, et qui est encore aujourd'hui la limite du pays de Cornouaille. Par la guerre ou par la politique, Ethelstan soumit à sa puissance toutes les populations de races diverses qui habitaient l'île de Bretagne. Il donna un Norvégien pour gouverneur aux Anglo-Danois de la Northumbrie; c'était Erik, fils de Harald, vieux pirate qui se fit chrétien pour obtenir un commandement.

Le jour de son baptême, il jura de garder et de défendre le Northumberland contre les païens et les pirates; de roi de mer qu'il était, il devint roi de province, comme s'exprimaient les Scandinaves. Mais cette dignité trop pacifique cessa promptement de lui plaire, et il remonta sur ses vaisseaux. Après quelques années d'absence, il revint visiter les Northumbriens, qui le reçurent avec joie, et le prirent de nouveau pour chef, sans l'aveu du roi Edred, successeur du fils d'Ethelstan. Ce roi marcha contre eux et les força d'abandonner Erik, qui, à son tour, pour se venger de leur désertion, vint les attaquer avec cinq chefs de corsaires du Danemark et des Orcades. Il périt dans le premier combat avec les cinq rois de mer ses alliés. Cette fin, glorieuse pour un Scandinave, fut célébrée par les skaldes ou poëtes du nord, qui, sans tenir compte du baptême qu'Erik avait reçu chez les Anglais, le placèrent, en idée, dans un tout autre paradis que celui des chrétiens.

« J'ai fait un rêve, dit Odin ; il m'a semblé que je me levais avant
» le jour, afin de préparer le Valhalla pour une réception de guer-
» riers morts en combattant.

» J'ai réveillé les héros de leur sommeil; je les ai engagés à se
» lever, à garnir les bancs, à disposer les coupes et à les remplir de
» vin, comme pour l'arrivée d'un roi. La joie de mon cœur m'an-
» nonce de nobles hôtes partis du monde des vivants.

» D'où vient tout ce bruit? s'écrie Braghi; c'est comme si des
» milliers d'hommes s'avançaient. La salle et tous les bancs reten-
» tissent comme au retour de Balder dans le palais d'Odin.

» Odin répond : Tu te trompes, Braghi, toi qui sais tant de cho-
» ses; ce bruit d'applaudissements se fait pour le roi Erik. J'attends
» son arrivée dans mon palais; qu'on se lève, qu'on aille à sa ren-
» contre.

» Pourquoi donc es-tu plus impatient de sa venue que de celle
» d'un autre roi? — C'est qu'en beaucoup de lieux il a rougi son
» épée de sang, qu'il a fait voyager au loin son épée sanglante.

» Je te salue, Erik, brave guerrier; entre, sois le bienvenu dans
» cette demeure. Dis-nous quels rois t'accompagnent; combien
» viennent avec toi du combat?

» — Cinq rois viennent, répond Erik, et moi je suis le sixième ».

Le territoire des Northumbriens, qui avait jusque-là conservé son ancien titre de royaume, le perdit alors, et fut divisé en plusieurs provinces. Le pays situé entre l'Humber et la Tees fut nommé province d'York, en saxon *Everwic-scire*. Le reste du pays, jusqu'à la

Tweed, garda le nom général de Northumbrie, *Northan-humbra-land*, quoiqu'on y distinguât plusieurs circonscriptions diverses, telles que la terre des Cambriens, *Cumbra-land*, près du golfe de Solway; la terre des montagnes de l'Ouest, *Westmoringa-land;* enfin la Northumbrie proprement dite, sur les bords de la mer orientale, entre les fleuves de Tyne et de Tweed. Les chefs northumbriens, sous l'autorité supérieure des rois anglo-saxons, conservèrent le titre danois qu'ils avaient porté depuis l'invasion; on continua de les appeler Jarls ou Eorls, selon l'orthographe saxonne. C'est un mot dont on ignore la signification primitive, et que les Scandinaves appliquaient à toute espèce de commandant, soit militaire, soit civil, qui agissait comme lieutenant du chef suprême, appelé King ou Kining. Par degrés les Anglo-Saxons introduisirent ce titre nouveau dans leurs territoires du sud et de l'ouest, et en firent la qualification du magistrat à qui fut délégué le gouvernement des grandes provinces, appelées autrefois royaumes, avec la suprématie sur tous les magistrats locaux, sur les préfets des scires, *scire-gerefas* ou *scire-reves;* sur les préfets des villes, *portreves;* sur les anciens du peuple, *eldermen*. Ce dernier titre avait été, avant celui d'eorl, le nom générique des grandes magistratures anglo-saxonnes; il fut dès lors abaissé d'un degré et ne s'étendit plus qu'aux juridictions inférieures et aux dignités municipales.

Dans la révolution qui réunit l'Angleterre toute entière, de la Tweed au cap de Cornouaille, en un seul et même corps politique, le pouvoir des nouveaux monarques s'accrut en force à mesure qu'il s'étendit, et devint, pour chacune des populations réunies, plus pesant que n'avait été le pouvoir de ses rois particuliers. L'association des provinces anglo-danoises aux provinces anglo-saxonnes attira nécessairement sur ces dernières quelque chose du régime sévère et ombrageux qui devait peser sur les autres, parce qu'elles étaient peuplées d'étrangers obéissant malgré eux. Les mêmes rois, exerçant à la fois au nord le droit de conquête et au midi celui de souveraineté légale, se laissèrent bientôt entraîner à confondre ces deux caractères de leur puissance et à distinguer faiblement l'Anglo-Danois de l'Anglo-Saxon, l'étranger de l'indigène, le sujet de l'homme pleinement libre. Ces rois conçurent d'eux-mêmes une opinion exagérée; ils s'entourèrent d'une pompe jusqu'alors inconnue; ils cessèrent d'être populaires comme l'étaient leurs prédécesseurs, qui, prenant le peuple pour conseiller en toutes choses, le trouvaient toujours prêt à faire ce que lui-même avait délibéré. De là naquirent pour l'Angleterre de nouvelles causes de faiblesse. Toute grande qu'elle parût désormais, sous des chefs dont les titres d'honneur remplissaient plusieurs lignes, elle était réellement moins capable de résister à un ennemi extérieur qu'au temps où, réduite à peu de provinces, mais gouvernée sans faste, elle voyait en tête de ses lois nationales ces simples mots : Moi, Alfred, roi des Saxons de l'ouest.

Les habitants danois de l'Angleterre, soumis, non sans regret, à des rois étrangers pour eux, tournaient constamment leurs regards vers la mer, espérant que chaque brise leur amènerait des libérateurs et des chefs de leur ancienne patrie. Cette attente ne fut pas longue, et, sous le règne d'Ethelred, fils d'Edgard, les descentes des hommes du nord en Bretagne, qui n'avaient jamais complètement cessé, reprirent tout à coup un caractère menaçant. Sept vaisseaux de guerre abordèrent sur le rivage de Kent et pillèrent l'île de Thanet; trois autres vaisseaux, se dirigeant vers le sud, ravagèrent les lieux voisins de Southampton, et des troupes de débarquement parcoururent et occupèrent, sur plusieurs points, la côte orientale. L'alarme se répandit jusqu'à Londres : Ethelred convoqua aussitôt le grand conseil national; mais, sous ce roi nonchalant, occupé de plaisirs futiles beaucoup plus que de soins militaires, l'assemblée ne se composait guère que de courtisans, plus disposés à flatter leur prince qu'à lui donner de sages avis. Se conformant à l'aversion du roi pour toute mesure prompte et énergique, ils crurent éloigner les Danois en leur offrant une somme équivalente au profit que ces pirates s'étaient promis de leur invasion en Angleterre.

Il existait, sous le nom d'argent danois, *danegheld*, un impôt levé de temps en temps pour l'entretien des troupes qui gardaient les côtes contre les corsaires scandinaves. Ce fut cet argent qu'on proposa comme tribut aux nouveaux envahisseurs : ceux-ci n'eurent garde de refuser, et le premier payement fut de dix mille livres, qu'ils reçurent sous la condition de quitter l'Angleterre. Ils partirent en effet, mais revinrent bientôt plus nombreux, afin d'obtenir une plus forte somme. Leur flotte remonta le fleuve de l'Humber et en dévasta les deux rives. Les habitants saxons des provinces voisines accoururent en armes à leur rencontre; mais, sur le point d'en venir aux mains, trois de leurs chefs, Danois d'origine, les trahirent et passèrent à l'ennemi. Tout ce qu'il y avait en Northumberland de Danois nouvellement convertis fit amitié et alliance avec les païens venus des bords de la Baltique.

Bientôt les vents du printemps amenèrent dans la Tamise une flotte de quatre-vingts vaisseaux conduits par deux rois, Olaf de Norvége et Swen de Danemark, dont le second, après avoir reçu le baptême, était retourné au culte d'Odin. Ces deux rois, pour marquer par un signe leur prise de possession du pays, plantèrent une lance sur la rive et en jetèrent une autre dans le courant du fleuve. Ils marchaient à grandes journées, dit un vieux récit, escortés par le fer et le feu, leurs compagnons ordinaires. Ethelred, à qui la conscience de son impopularité faisait craindre de rassembler une armée nombreuse, proposa encore une fois de l'argent aux ennemis, s'ils voulaient se retirer en paix. Ils demandèrent vingt-quatre mille livres, que le roi leur paya sur-le-champ, satisfait de leur promesse et de la conversion d'un chef danois, qui reçut, dans l'église de Winchester, le baptême, auquel un de ses pareils prétendait avec dérision s'être présenté vingt fois.

La retraite des envahisseurs ne se fit que d'une manière incomplète, et la paix qu'ils avaient jurée fut loin d'être observée par eux. Dans les cantonnements où ils étaient disséminés, ils commirent toutes sortes de violences, outragèrent les femmes et tuèrent des hommes. Leur insolence et leurs excès, irritant au dernier point le ressentiment des indigènes, amenèrent bientôt un de ces actes de vengeance nationale qu'il est également difficile de condamner et de justifier, parce qu'un instinct noble, la haine de l'oppression, s'y mêle à des passions atroces. Par suite d'une grande conspiration, formée sous les yeux et avec la connivence des magistrats et des officiers royaux, les Danois de la dernière invasion, hommes, femmes et enfants, furent tous, le même jour et à la même heure, assaillis et tués dans leurs logements par leurs voisins ou par leurs hôtes. Ce massacre, qui fit grand bruit, et dont les circonstances odieuses servirent dans la suite de prétexte aux ennemis de la nation anglaise, eut lieu en l'année 1003, le jour de Saint-Brice. Il ne s'étendit point sur les provinces du nord et de l'est, où les Danois, anciennement établis, formaient une grande partie de la population; mais, tous les nouveaux émigrés, à l'exception d'un très petit nombre, périrent, et avec eux une des sœurs du roi de Danemark. Afin de tirer vengeance de ce meurtre et de punir ce qu'il nommait la trahison du peuple anglais, le roi Swen assembla une armée beaucoup plus nombreuse que la première, et dans laquelle, si l'on en croit d'anciens récits, il ne se trouvait pas un seul esclave, pas un affranchi, pas un vieillard, mais dont chaque combattant était libre, fils d'homme libre et dans la vigueur de l'âge.

Cette armée s'embarqua sur des vaisseaux de haut bord, dont chacun portait une marque distinctive qui en désignait le commandant. Les uns avaient à la proue des figures de lions, de taureaux, de dauphins, d'hommes, en cuivre doré; les autres portaient au haut des mâts des oiseaux déployant leurs ailes et tournant avec le vent ; les flancs des navires étaient peints de diverses couleurs, et des boucliers de fer poli y étaient suspendus en file. Le vaisseau royal, d'une forme très allongée, montrait à la proue la tête d'un énorme serpent dont la queue s'enroulait à la poupe ; on l'appelait le Grand-Dragon. A leur débarquement sur la côte d'Angleterre, les Danois, formés en bataillons, déployèrent un étendard mystérieux qu'ils appelaient le *Corbeau*. C'était un drapeau de soie blanche, au milieu duquel on voyait en noir la figure d'un corbeau, le bec ouvert et les ailes étendues ; trois sœurs du roi Swen l'avaient brodé durant une nuit en accompagnant leur ouvrage de chants et de gestes magiques. Cette bannière, qui, selon les idées superstitieuses des Scandinaves, était un gage de victoire, augmentait l'ardeur et la confiance des nouveaux envahisseurs. Dans tous les lieux où ils passaient, dit un vieil historien, ils mangeaient gaiement le repas préparé à regret pour eux, et, à leur départ, ils tuaient l'hôte et brûlaient le logis.

Ils enlevaient partout les chevaux, et, se faisant cavaliers, suivant la tactique de leurs prédécesseurs, ils marchaient rapidement à travers le pays, se présentaient tout à coup, lorsqu'on les croyait loin, surprenaient les châteaux et les villes. En peu de temps, ils eurent conquis toutes les provinces du sud-est, depuis l'embouchure de l'Ouse jusqu'à la baie de Southampton. Le roi Ethelred, qui n'était jamais prêt à combattre, n'imaginait d'autre ressource que celle d'acheter à prix d'argent des trêves de quelques jours, et cette politique de temporisation l'obligeait à charger le peuple d'impôts toujours croissants. Ceux des Anglais qui avaient le bonheur d'être préservés du pillage des Danois n'échappaient point aux exactions royales, et, sous cette forme ou sous l'autre, ils étaient certains de se voir tout enlever.

Pendant que ceux qui gouvernaient l'Angleterre faisaient ainsi leur pacte avec l'étranger aux dépens du peuple, il y eut un homme qui, bien que puissant dans le pays, aima mieux mourir que d'autoriser cette conduite par son exemple. C'était l'archevêque de Canterbury, nommé Elfeg. Prisonnier des Danois après le siège de sa ville métropolitaine, et traîné de campement en campement à la suite de leurs bagages, il resta longtemps dans les chaînes sans prononcer le mot de rançon. Les Danois se lassèrent les premiers, et proposèrent à leur captif de lui rendre la liberté au prix de trois mille pièces d'or, s'il voulait prendre l'engagement de conseiller au roi Ethelred de leur donner une somme quadruple. « Je ne possède » point tant d'argent, répondit l'archevêque, et je ne veux rien

» coûter à qui que ce soit, ni rien conseiller à mon roi contre l'hon-
» neur du pays ». Il déclara hautement qu'il n'accepterait de personne aucun présent pour sa rançon, et défendit à ses amis de rien
solliciter, disant que ce serait trahison de sa part que de payer les
ennemis de l'Angleterre. Les Danois, plus avides d'argent que du
sang de l'archevêque, renouvelaient souvent leurs demandes :
« Vous me pressez en vain, leur répétait Elfeg; je ne suis pas
» homme à fournir aux dents des païens de la chair de chrétien à
» dévorer, et ce serait le faire que de vous livrer ce que les pauvres
» ont amassé pour vivre ».

Les Danois perdirent patience, et un jour qu'il leur était venu du
midi des tonneaux de vin dont ils burent largement, ne sachant que
faire pour s'amuser après le repas, ils voulurent se donner le plaisir
de mettre en jugement l'archevêque. On le leur amena, garrotté sur
un mauvais cheval, au lieu où se tenaient ordinairement le conseil
de guerre et le tribunal de l'armée; les chefs et les guerriers de distinction étaient assis sur de grosses pierres qui formaient un cercle,
et non loin de là se trouvait un tas énorme d'os et de cornes de
bœufs, débris de la cuisine du camp. Aussitôt que le prélat saxon
eut été introduit au milieu du cercle, un grand cri s'éleva de toutes
parts : « De l'or, évêque, de l'or, ou nous allons te faire jouer un rôle
» qui te rendra fameux dans le monde ». Elfeg répondit avec calme:
« Je vous offre l'or de la sagesse, qui est de renoncer à vos supers-
» titions et de vous convertir au vrai Dieu; si vous méprisez
» mon conseil, sachez que vous périrez comme Sodome et ne pren-
» drez point racine en ce pays ». A ces mots, qui leur parurent une
menace pour eux et une insulte pour leur religion, les juges quittèrent leurs sièges, et, se jetant sur l'archevêque, le renversèrent par
terre en le frappant du dos de leurs haches; plusieurs coururent à
l'amas d'os et de cornes, dont ils s'armèrent et qu'ils firent pleuvoir
sur le Saxon en écartant la foule qui l'entourait. L'archevêque essaya
en vain de se mettre à genoux pour prier, et tomba bientôt à demi
mort; il fut achevé par un soldat qu'il avait converti et baptisé la
veille, et qui, par une compassion barbare, lui fendit la tête d'un
coup de hache, afin de terminer ses souffrances. Les meurtriers voulurent d'abord jeter le cadavre dans un bourbier voisin; mais les
Anglo-Saxons, qui honoraient Elfeg comme un martyr du Christ et
de la patrie, achetèrent son corps au prix d'une grosse somme d'argent et l'ensevelirent à Londres.

Cependant le roi Ethelred pratiquait sans scrupule ce que l'archevêque de Canterbury, au péril de sa propre vie, avait refusé de lui
conseiller. Un jour ses collecteurs de taxes levaient des tributs pour

les Danois; le lendemain les Danois se présentaient eux-mêmes et taxaient pour leur propre compte. A leur départ, les agents royaux revenaient encore, et traitaient les malheureux habitants plus durement que la première fois, les appelant traîtres et pourvoyeurs de l'ennemi. Le vrai pourvoyeur des Danois, Ethelred, lassa enfin la patience du peuple qui l'avait fait roi pour la défense commune. Quelque dure que fût la domination étrangère, on trouva plus facile de s'y résigner tout d'un coup que d'attendre, au milieu des souffrances, sous un roi sans courage et sans vertu, le moment d'une servitude inévitable. Plusieurs provinces du centre et du midi se soumirent volontairement aux Danois; Oxford et Winchester ouvrirent leurs portes; et Swen, s'avançant dans la contrée de l'ouest jusqu'au golfe de la Saverne, prit le titre de roi de toute l'Angleterre, sans aucune opposition. Effrayé de l'abandon général, Ethelred s'enfuit dans la petite île de Wight, et de là passa le détroit pour aller en Gaule demander un asile au frère de sa femme, chef souverain de la province riveraine du cours inférieur de la Seine.

En se mariant à une femme étrangère, Ethelred avait conçu l'espoir d'obtenir des parents puissants de son épouse quelque secours contre les Danois; mais il fut trompé dans son attente. Ce mariage, qui devait procurer des défenseurs à l'Angleterre, n'amena d'outremer que des solliciteurs d'emplois publics et des ambitieux avides d'argent et de dignités. Les villes dont la garde avait été remise à ces étrangers furent les premières rendues aux Danois. Par un hasard singulier, le prince résidant en Gaule, dont le roi d'Angleterre avait recherché l'alliance comme un appui dans la lutte contre les forces de la Scandinavie, était lui-même d'origine scandinave, et petit-fils d'un ancien chef de pirates, conquérant de la province gauloise que sa postérité gouverna par droit d'héritage. Le chef de cette nouvelle dynastie, après avoir longtemps ravagé la contrée, y avait fixé ses compagnons de piraterie, et fondé avec eux un Etat qui, de leur nom de nation, s'appelait *Normandie*, ou terre des Normands.

La Normandie était contiguë, du côté du sud, à la petite Bretagne, Etat fondé par d'anciens réfugiés bretons; et du côté de l'est elle touchait au vaste pays dont elle avait été démembrée, à la Gaule septentrionale, qui avait pris un nouveau nom, celui de France, depuis l'établissement des Franks. Les descendants de ces émigrés de la Germanie y habitaient encore, après cinq siècles, séparés des indigènes gaulois, moins par les mœurs et l'idiome que par la condition sociale. L'empreinte de la distinction des races se retrouvait dans la différence profondément marquée des conditions et dans les formules du langage qui servait à l'exprimer. Pour désigner la liberté civile au dixième siècle, il n'y avait, dans la langue parlée en France, d'autre mot que celui de *frankise* ou *franchise*, selon les dialectes, et *Franc* signifiait à la fois libre, puissant et riche.

Pour fonder et continuer à ce point la prédominance de la race conquérante, il n'eût peut-être pas suffi de la seule invasion des enfants de Merowig et de leur conversion au christianisme. Moins de trois siècles après leur établissement en Gaule, ces terribles envahisseurs étaient presque devenus Gaulois ; les rois issus de Chlodowig, aussi peu offensifs que leurs aïeux s'étaient montrés farouches, bornaient leur ambition à faire bonne chère et à se promener doucement en char. Mais alors il existait entre le Rhin et la forêt des Ardennes, sur le territoire que les Franks nommaient *Osterrike*, ou royaume d'Orient, une population chez qui le caractère teutonique avait mieux résisté à l'influence des mœurs méridionales. Venue la dernière à la conquête de la Gaule, exclue de la possession des riches provinces et des grandes cités du Midi, elle aspirait à en usurper sa part, et même à supplanter dans leur domination les Franks du *Neoster-rike* ou du royaume occidental. Ce hardi projet, longtemps poursuivi avec des chances diverses, s'accomplit enfin au VIIIe siècle ; et, sous la forme d'une révolution de palais, il y eut une véritable invasion des Franks austrasiens sur les Franks neustriens. Un second partage de terres eut lieu dans presque toute la Gaule ; il s'éleva une seconde race de rois, étrangers à la première, et la conquête, en se renouvelant, prit un caractère plus durable.

Ce ne fut pas tout ; l'activité guerrière des Franks, éveillée par cette grande impulsion, les poussa dans tous les sens hors de leurs anciennes limites ; ils firent des conquêtes vers le Danube et vers l'Elbe, au-delà des Pyrénées et des Alpes. Maître de la Gaule et des deux rives du Rhin, de l'ancien territoire de la confédération saxonne et d'une partie des pays slaves, de l'Italie presque entière et du nord de l'Espagne, le second prince de la nouvelle dynastie, Karl, surnommé le Grand, que nous appelons Charlemagne, échangea son titre de roi contre celui d'empereur ou de César, aboli en Occident depuis plus de trois siècles. C'était un homme d'une activité infatigable, doué de ce génie administratif qui va de l'ensemble aux moindres détails, et que, par une singularité remarquable, on voit reparaître presque identiquement le même aux époques les plus différentes. Mais ce génie, malgré toutes ses ressources, ne pouvait, sans l'action des siècles, fondre en un seul corps tant de nations diverses d'origine, de mœurs et de langage. Sous une apparence d'union, l'isolement naturel subsista, et pour empêcher l'empire de se dissoudre dès sa création, il fallut que le grand empereur y portât sans cesse la main. Tant qu'il vécut, les peuples du continent occidental restèrent agrégés sous sa vaste domination, étrangère pour tous, hors un seul; mais ils commencèrent à rompre cette union factice aussitôt que le César frank fut descendu, en habits impériaux, dans le caveau sépulcral d'Aix-la-Chapelle.

Un mouvement spontané de révolte agita, presque à la fois, les nations associées malgré elles. La Gaule tendit à se séparer de la Germanie, et l'Italie à s'isoler de toutes les deux. Chacune de ces grandes masses d'hommes, en s'ébranlant, entraîna dans sa cause la portion du peuple conquérant qui habitait au milieu d'elles, comme dominatrice du sol, et avec des titres de puissance et d'honneur, soit latins, soit germaniques. Les Franks tirèrent l'épée contre les Franks, les frères contre les frères, les pères contre les fils. Trois des petits-fils de Karl le Grand se livrèrent bataille entre eux, au centre de la Gaule, l'un à la tête d'une armée de Gaulois et de Gallo-Franks, l'autre suivi des Italiens, le troisième des Teutons et des Slaves (1). La querelle domestique des rois issus du César frank n'était qu'un reflet de la querelle des peuples, et c'est pour cette raison même qu'elle fut si longue et si opiniâtre. Les rois firent et défirent dix partages de cet empire que les peuples voulaient dissoudre; ils se prêtèrent l'un à l'autre des serments en langue tudesque et dans la langue vulgaire qu'on appelait romane; puis ils les rompirent aussitôt, ramenés, presque malgré eux, à la discorde, par la turbulence des masses que ne pouvait satisfaire aucun traité.

C'est au milieu de ce désordre, lorsque la guerre civile régnait d'un bout à l'autre de l'immense empire des Franks, que les Vikings danois ou normands (ce dernier nom prévalut en Gaule) vinrent affliger ce pays d'invasions réitérées. Ils faisaient un genre de guerre tout nouveau, et qui aurait déconcerté les mesures les mieux prises contre une agression ordinaire. Leurs flottes de bateaux à voiles et à rames entraient par l'embouchure des fleuves et les remontaient souvent jusqu'à leur source, jetant alternativement sur les deux rives des bandes de pillards intrépides et disciplinés. Lorsqu'un pont ou quelque autre obstacle arrêtait cette navigation, les équipages tiraient leurs navires à sec, les démontaient et les charriaient jusqu'à ce qu'ils eussent dépassé l'obstacle. Des fleuves ils passaient dans les rivières, et puis d'une rivière dans l'autre, s'emparant de toutes les grandes îles, qu'ils fortifiaient pour en faire

---

(1) A Fontenai, *Fontanetum*, près d'Auxerre.

leurs quartiers d'hiver, et y déposer, sous des cabanes rangées en files, leur butin et leurs captifs.

Attaquant ainsi à l'improviste, et, lorsqu'ils étaient prévenus, faisant retraite avec une extrême facilité, ils parvinrent à dévaster des contrées entières, au point que, selon l'expression des contemporains, on n'y entendait plus un chien aboyer. Les châteaux et les lieux forts étaient le seul refuge contre eux; mais, à cette première époque de leur irruption, il y en avait peu, et les murs mêmes des anciennes villes romaines tombaient en ruine. Pendant que les riches seigneurs de terres flanquaient leur manoir de tours crénelées et l'entouraient de fossés profonds, les habitants du plat pays émigraient en masse de leurs villages, et allaient à la forêt voisine camper sous des huttes défendues par des abatis et des palissades. Mal protégés par les rois, les ducs et les comtes du pays, qui souvent traitaient avec l'ennemi pour eux seuls et aux dépens des pauvres, les paysans s'animaient quelquefois d'une bravoure désespérée, et, avec de simples bâtons, ils affrontaient les haches des Normands. D'autres fois, voyant toute résistance impossible, ils renonçaient à leur baptême pour détourner la fureur des païens, et, en signe de leur initiation au culte des dieux du Nord, ils mangeaient de la chair d'un cheval immolé en sacrifice. Cette apostasie ne fut point rare dans les lieux les plus exposés au débarquement des pirates; leurs bandes mêmes se recrutèrent de gens qui avaient tout perdu par leurs ravages; et d'anciens historiens assurent que le fameux roi de mer Hasting était fils d'un laboureur des environs de Troyes.

Près d'un siècle s'écoula entre la première et la dernière descente des Normands en Gaule, et dans cet intervalle s'accomplit, au milieu de malheurs de tout genre, le démembrement de l'empire fondé par Karl le Grand. Non seulement on vit se détacher du territoire gaulois des pays que des limites naturelles en séparaient anciennement, mais, au sein même de ce territoire, il se fit une division partielle, d'après les convenances géographiques, les traditions locales, les différences de langage ou de dialectes. La Bretagne, restée indépendante sous la première dynastie franke et assujettie sous la seconde, commença ce mouvement, et redevint un Etat séparé dès la première moitié du dixième siècle. Elle eut des princes nationaux, affranchis de toute suzeraineté étrangère, et même des princes conquérants, qui enlevèrent au petit-fils de Charlemagne les villes de Rennes et de Nantes. Cinquante ans plus tard, l'ancien royaume des Visigoths, le pays compris entre la Loire, le Rhône et les Pyrénées, après s'être longtemps, et avec des chances diverses, débattu contre la domination franke, devint, sous le nom d'Aquitaine ou de Guienne, une souveraineté distincte; tandis que, de l'autre côté du Rhône, une nouvelle souveraineté se formait dans la partie méridionale de l'ancien royaume des Burgondes. En même temps, les provinces voisines du Rhin, où le flot des invasions germaniques avait apporté l'idiome tudesque, élevaient une barrière politique entre elles et le pays de langue romane. Dans l'espace intermédiaire laissé par ces nouveaux Etats, c'est-à-dire entre la Loire, la Meuse, l'Escaut et la frontière bretonne, se trouvait resserré le royaume des Gallo-Franks, ou la France. Son étendue était exactement la même que celle du Neoster-rike, ou de la Neustrie des anciens Franks; mais le nom de Neustrie ne se donnait plus alors qu'à la région maritime la plus occidentale, de même que son corrélatif Oster-rike, ou Austrasie, qui autrefois s'appliquait à la Germanie entière, fut insensiblement relégué vers les rives du Danube.

Ce nouveau royaume de France, véritable berceau de la France moderne, contenait une population mélangée, germaine sous un aspect, et sous l'autre gallo-romaine : aussi les peuples étrangers la désignaient-ils par des noms différents, selon le point de vue d'où ils la considéraient. Les Italiens, les Espagnols, les Anglais et les nations scandinaves ne voyaient que des Franks dans la Gaule; mais les Allemands, revendiquant pour eux-mêmes ce noble nom, le refusaient à leurs voisins occidentaux, qu'ils appelaient *Wallons* ou *Welches*. Dans l'intérieur du pays, on faisait à cet égard une autre distinction : le possesseur de terres qui habitait au milieu de ses vassaux et de ses colons uniquement occupé d'armes ou de chasse, et qui menait ainsi un genre de vie conforme aux habitudes des anciens Franks, prenait le titre de *franc-homme*, ou celui de *baron*, empruntés tous deux à la langue de la conquête. Quant à ceux qui, n'ayant pas de manoir seigneurial, habitaient en masse, à la manière romaine, les villes, les bourgs ou les hameaux, ils tiraient de cette circonstance une qualification particulière; on les appelait *vilains* ou *manants*. Il y avait des vilains réputés libres, et des vilains serfs de la glèbe; mais la liberté des premiers, toujours menacée ou envahie par les seigneurs, était faible et précaire. Tel était le royaume de France, relativement à son étendue et aux différentes classes d'hommes qui l'habitaient, lorsqu'il subit une grande invasion de pirates septentrionaux, qui devait être la dernière de toutes et en clore la longue série par un démembrement territorial. Pour remonter jusqu'à la cause de cet événement célèbre, il faut entrer dans l'histoire du Nord.

Vers la fin du neuvième siècle, Harald Harfagher, c'est-à-dire aux beaux cheveux, roi d'une partie de la Norvége, étendit par la force des armes son pouvoir sur tout le pays, dont il fit un seul royaume. Cette destruction de plusieurs petits Etats anciennement libres n'eut point lieu sans résistance; non seulement le terrain fut vivement disputé, mais, après la conquête, beaucoup d'hommes préférèrent s'expatrier, et mener sur mer une vie errante, plutôt que d'obéir à un roi étranger. La plupart de ces déshérités infestaient les mers du Nord, ravageaient les côtes et les îles, et travaillaient à exciter des soulèvements parmi leurs compatriotes. Ainsi l'intérêt politique fit bientôt du conquérant de la Norvége l'ennemi le plus acharné des pirates. Avec une flotte nombreuse, il les poursuivit le long de toutes les côtes de son royaume, et jusque dans les parages des Orcades et des Hébrides, coulant bas leurs vaisseaux et ruinant les postes qu'ils avaient établis dans plusieurs îles de l'Océan. En outre, il interdit par des lois sévères dans ses Etats la piraterie et toute espèce d'exaction à main armée.

C'était un usage immémorial parmi les Vikings d'exercer sur toutes les côtes, sans distinction de pays, un droit qu'ils nommaient *strandhug*, ou presse des vivres. Lorsqu'un équipage, dont les provisions de bouche tiraient à leur fin, apercevait sur le rivage quelque troupeau gardé par peu de monde, les pirates débarquaient en force, s'emparaient des animaux, les tuaient, les dépeçaient, et se ravitaillaient ainsi sans payer, ou en donnant le moins possible. Le *strandhug* était le fléau des campagnes et la terreur des paysans; souvent on l'avait vu exercer par des gens qui ne faisaient point métier de la piraterie, mais auxquels leur puissance et leur richesse assuraient l'impunité.

Il y avait à la cour du roi Harald, parmi les Jarles, ou chefs du premier rang, un certain Rognvald, que le roi aimait beaucoup et qui l'avait servi avec zèle dans toutes ses expéditions. Rognvald avait plusieurs fils, tous connus pour leur bravoure, et dont l'aîné, appelé Rolf, était d'une taille si haute que, ne trouvant dans la petite race du pays aucun cheval à son usage, il cheminait toujours à pied, ce qui le faisait surnommer *Gang-Rolf*, c'est-à-dire Rolf le Marcheur. Un jour que le fils de Rognvald, avec de nombreux compagnons, revenait d'une croisière dans la Baltique, avant d'aborder en Norvége il relâcha dans la province de Vighen, et là, soit par besoin de vivres, soit pour profiter de l'occasion, il exerça le *strandhug*. Le hasard voulut que le roi Harald se trouvât dans les environs et reçût les plaintes des paysans; sans considérer quel était l'auteur du délit, il fit assembler aussitôt un *thing*, ou conseil de justice, pour juger Rolf d'après la loi. Avant que l'accusé parût

devant l'assemblée qui devait lui appliquer la peine du bannissement, sa mère courut auprès du roi et lui demanda grâce; mais Harald fut inexorable. Alors cette femme, inspirée par la colère et par le sentiment maternel, se mit à improviser, comme il arrivait souvent aux Scandinaves quand ils étaient vivement émus. S'adressant au roi, elle lui dit en vers : « Tu chasses du pays et tu traites
» en ennemi un homme de noble race; écoute donc ce que je t'annonce : il est dangereux d'attaquer le loup, et, quand on l'a une
» fois mis en colère,
» gare aux. trou-
» peaux qui vont
» dans la forêt! »

Malgré ces menaces poétiques, la sentence fut prononcée, et Rolf, se voyant banni à perpétuité, assembla quelques vaisseaux et cingla vers les Hébrides. Ces îles avaient servi de refuge à une partie des Norvégiens émigrés par suite des conquêtes du roi Harald. Presque tous étaient des gens de haute naissance et d'une grande réputation militaire. Le

Charles le Simple donne sa fille à Rollon.

nouvel exilé s'associa avec eux pour des entreprises de piraterie ; ils réunirent tout ce qu'ils avaient de vaisseaux, et en formèrent une flotte assez nombreuse, qui n'obéissait point à un seul chef, mais à tous les confédérés, et où Rolf n'avait d'autre prééminence que celle de son mérite et de son nom.

Partie des Hébrides, la flotte doubla la pointe de l'Ecosse, et, se dirigeant vers le sud-est, pénétra en Gaule par l'embouchure de l'Escaut; mais comme la contrée, naturellement pauvre et déjà dévastée à différentes reprises, offrait peu de choses à prendre, les pirates se remirent bientôt en mer. Ayant marché au sud, ils entrèrent dans la Seine et la remontèrent jusqu'à Jumiéges, à cinq lieues de Rouen : c'était le temps où les limites du royaume de France venaient d'être définitivement fixées, et resserrées entre la Loire et la Meuse. Aux longues révolutions territoriales qui avaient déchiré ce royaume succédait une révolution politique, dont le but, réalisé un siècle plus tard, était l'expulsion de la seconde dynastie des rois franks. Le roi des Français, descendant de Karl le Grand, et nommé Karl comme son aïeul, seule ressemblance qu'il eût avec lui, disputait alors la couronne à un compétiteur dont les ancêtres ne l'avaient jamais portée. Tour à tour vainqueurs ou vaincus, le roi d'ancienne race et le roi par élection étaient maîtres alternativement; mais ni l'un ni l'autre n'avaient assez de pouvoir pour protéger le pays contre une invasion étrangère : toutes les forces du royaume étaient employées, de part et d'autre, à soutenir la guerre civile; aussi aucune armée ne se présenta pour arrêter les nouveaux pirates et les empêcher de piller et d'incendier les deux rives de la Seine.

Le bruit de leurs dévastations parvint bientôt à Rouen et y jeta la terreur. Les habitants n'attendaient aucun secours et désespéraient de pouvoir défendre leurs murailles, ruinées dans les invasions précédentes. Au milieu de ce découragement général, l'archevêque de Rouen, homme prudent et ferme, prit sur lui de sauver la ville, en capitulant avec l'ennemi avant la première attaque. Sans s'inquiéter de la haine souvent cruelle que les païens du Nord témoignaient pour le clergé chrétien, l'archevêque se rendit au camp près de Jumiéges, et parla au chef normand avec le secours d'un interprète. Il dit et fit si bien, dit un vieux chroniqueur, tant promit et tant donna, qu'il conclut une trêve avec Rolf et ses compagnons, leur garantissant l'entrée de la ville, et recevant d'eux, en retour, l'assurance de n'y faire aucun mal. Ce fut près de l'église de Saint-Morin, à l'un des ports de la Seine, que les Norvégiens abordèrent d'une façon toute pacifique. Ayant amarré leurs vaisseaux, tous les chefs parcoururent la ville en différents sens; ils examinèrent avec attention les remparts, les quais, les fontaines, et, la trouvant à leur gré, ils résolurent d'en faire leur place d'armes et le chef-lieu de leur nouvel établissement.

Après cette prise de possession, les chefs normands, avec leur principal corps de troupes, continuèrent de remonter la Seine. A l'endroit où ce fleuve reçoit la rivière d'Eure, ils établirent un camp fortifié pour attendre l'arrivée d'une armée française qui se dirigeait alors contre eux. Le roi Karl, ou Charles, comme on disait en langue romane, se voyant un moment seul maître du royaume, voulait tenter un grand effort et repousser la nouvelle invasion; les troupes, conduites par un certain Raghenold, ou Regnauld, qui avait le titre de duc de France, prirent position sur la rive droite de l'Eure, à quelque distance du camp des Normands. Parmi les comtes qui avaient levé bannière pour obéir aux ordres du roi et combattre les païens, se trouvait un païen converti, le fameux roi de mer Hasting. Vingt ans auparavant, las de courir les aventures, il avait fait sa paix avec le royaume de France, en acceptant le comté de Chartres. Dans le conseil que tinrent les Français pour savoir ce que l'on devait faire, Hasting, consulté à son tour, fut d'avis de parlementer avec l'ennemi, avant de risquer une bataille ; quoique cet avis fût suspect à plusieurs des chefs de l'armée, il prévalut, et Hasting partit avec deux personnes qui savaient la langue danoise, pour aller parler aux Normands.

Les trois envoyés suivirent le cours de l'Eure jusqu'en face de l'endroit où les confédérés avaient élevé leurs retranchements. Là, s'arrêtant et élevant la voix de manière à être entendu sur l'autre bord : « Holà, cria le comte de Chartres, braves guerriers, quel est
» le nom de votre seigneur? — Nous n'avons point de seigneur,
» répondirent les Normands; nous sommes tous égaux. — Mais
» pourquoi êtes-vous venus dans ce pays, et qu'y voulez-vous faire?
» — En chasser les habitants ou les soumettre à notre puissance, et
» nous faire une patrie. Mais qui es-tu, toi qui parles si bien notre
» langue? » Le comte reprit : « N'avez-vous pas entendu parler de
» Hasting, le fameux pirate, qui courut les mers avec tant de vais-
» seaux et fit tant de mal à ce royaume? — Sans doute, répliquè-
» rent les Normands. Hasting a bien commencé, mais il a fait une
» mauvaise fin. — N'avez-vous donc pas envie de vous soumettre
» au roi Charles, qui vous offre des fiefs et des honneurs, sous con-
» dition de foi et de service? — Nullement, nullement; nous ne
» nous soumettrons à personne, et tout ce que nous pourrons con-
» quérir nous appartiendra sans réserve. Va le dire au roi, si tu
» veux. »

De retour au camp, Hasting apporta cette réponse, et, dans la délibération qui suivit, il conseilla de ne point s'aventurer à forcer les retranchements des païens. « Voilà un conseil de traître, » s'écria un seigneur nommé Rolland, et plusieurs autres répétèrent le même cri. Le vieux roi de mer, soit par indignation, soit qu'il ne fût pas tout à fait sans reproche, quitta aussitôt l'armée, et abandonna même son comté de Chartres, sans qu'on sût où il était allé. Mais ses prédictions se vérifièrent : à l'attaque du camp retranché, les troupes furent entièrement défaites, et le duc de France périt de la main d'un pêcheur de Rouen, qui servait dans l'armée norvégienne.

Libres de naviguer sur la Seine, Rolf et ses compagnons la remontèrent jusqu'à Paris, et firent le siège de cette ville, sans pouvoir s'en emparer. Un des principaux chefs fut pris par les assiégés; pour le racheter, ils conclurent avec le roi Charles une trêve d'un an, durant laquelle ils allèrent ravager les provinces du Nord, qui avaient cessé d'être françaises. A l'expiration de la trêve, ils retournèrent en hâte vers Rouen, et, partant de cette ville, allèrent surprendre Bayeux, qu'ils enlevèrent d'assaut et dont ils tuèrent le comte avec une partie des habitants. Ce comte, nommé Béranger, avait une fille d'une grande beauté, qui, dans le partage du butin, échut à Rolf, et que le Scandinave prit pour femme, suivant les rites de sa religion et la loi de son pays.

Evreux et plusieurs autres villes voisines tombèrent ensuite au pouvoir des Normands, qui étendirent ainsi leur domination sur la plus grande partie du territoire auquel on donnait le vieux nom de Neustrie. Guidés par un certain bon sens politique, ils cessaient de se montrer cruels lorsqu'ils ne trouvaient plus de résistance, et se contentaient d'un tribut levé régulièrement sur les villes et sur les campagnes. Le même bon sens les détermina à créer un chef suprême, investi d'une autorité permanente : le choix des confédérés tomba sur Rolf, « dont ils firent leur roi, » dit un ancien chroniqueur ; mais ce titre, qu'on lui donnait peut-être dans la langue du Nord, ne tarda pas à être remplacé par les titres français de duc ou de comte. Tout païen qu'il était, le nouveau duc se rendit populaire auprès des habitants indigènes. Après l'avoir maudit comme un pirate, ils l'aimèrent comme un protecteur, dont le pouvoir les garantissait à la fois de nouvelles attaques par mer et des maux que la guerre civile causait dans le reste de la France.

Devenus puissance territoriale, les Normands firent aux Français une guerre mieux soutenue, et, pour ainsi dire, plus méthodique. Ils se liguèrent avec d'autres Scandinaves, probablement Danois d'origine, qui occupaient l'embouchure de la Loire, et convinrent de piller simultanément tout le territoire compris entre ce fleuve et la Seine. La dévastation s'étendit jusqu'en Bourgogne et en Auvergne. Paris, attaqué pour la seconde fois, résista, ainsi que Chartres, Dijon et d'autres lieux forts; mais une foule de villes ouvertes furent détruites ou saccagées. Enfin, en l'année 912, seize ans après l'occupation de Rouen, les Français de tout état, harassés de ces continuelles hostilités, commencèrent à se plaindre et à demander que la guerre finît à quelque prix que ce fût ; les évêques, les comtes et les barons faisaient au roi des remontrances ; les bourgeois et les paysans criaient merci sur son passage.

Un vieil auteur nous a conservé l'expression des murmures populaires : « Que voit-on en tout lieu? Des églises brûlées, des gens
» tués ; par la faute du roi et sa faiblesse, les Normands font ce
» qu'ils veulent dans le royaume; de Blois à Senlis, pas un arpent
» de blé, et nul n'ose labourer, ni en prés, ni en vignes. A moins
» que cette guerre ne finisse, nous aurons disette et cherté. » Le roi
Charles, qu'on surnommait le Simple ou le Sot, et à qui l'histoire a
conservé le premier de ces noms, eut assez de bon sens dans cette
occasion pour écouter la voix du peuple ; peut-être aussi, en y
cédant, crut-il faire un coup de politique, et s'assurer, par l'alliance
des Normands, un appui contre les intrigues puissantes qui tendaient à le détrôner. Il convoqua en grande assemblée ses barons
et ses évêques, et leur demanda *aide* et *conseil*, suivant la formule
du temps. Tous furent d'avis de conclure une trêve et de négocier
pour la paix.

L'homme le plus capable de mener à bien cette négociation était
l'archevêque de Rouen, qui, malgré la différence de religion, exerçait sur Rolf le même genre d'influence que les évêques du cinquième siècle avaient obtenu sur les conquérants de l'empire
romain. Ses relations avec les autres évêques et avec les seigneurs
de France n'avaient point été interrompues; peut-être même assistat-il à leurs délibérations; mais, présent ou absent, il se chargea
volontiers de porter et de faire valoir leurs offres de paix. L'archevêque alla donc trouver le fils de Rognvald, et lui dit : « Le roi
» Charles vous offre sa fille en mariage, avec la seigneurie héré-
» ditaire de tout le pays situé entre la rivière d'Epte et la Bretagne,
» si vous consentez à devenir chrétien et à vivre en paix avec le
» royaume. »

Le Normand ne répondit point cette fois : « Nous ne voulons
» obéir à personne; » d'autres idées, une autre ambition que celle
d'un coureur d'aventures, lui étaient venues depuis qu'il gouvernait, non plus une bande de pirates, mais un vaste territoire. Le
christianisme, sans lequel il ne pouvait marcher l'égal des grands
seigneurs de France, avait cessé de lui répugner, et l'habitude de
vivre au milieu des chrétiens avait éteint le fanatisme du plus grand
nombre de ses compagnons. Quant au mariage, il se croyait libre
d'en contracter un nouveau, et, devenant chrétien, de renvoyer la
femme qu'il avait épousée avec des cérémonies païennes. « Les
» paroles du roi sont bonnes, dit-il à l'archevêque, mais la terre
» qu'il m'offre ne me suffit pas ; elle est inculte et appauvrie ; mes
» gens n'y auraient pas de quoi vivre en paix. » L'archevêque retourna vers le roi, qui le chargea d'offrir en son nom la Flandre,

quoiqu'il n'eût réellement sur ce pays d'autres droits qu'une prétention contestée; mais Rolf n'accepta point cette nouvelle proposition, disant que la Flandre était un mauvais pays, boueux et plein de marécages. Alors, ne sachant plus que donner, Charles le Simple fit dire au chef normand que, s'il voulait, il aurait en fief la Bretagne, conjointement avec la Neustrie. C'était une offre du même genre que la précédente; car la Bretagne était un Etat libre; la suzeraineté des rois de France ne s'y étendait guère que sur les comtés de Nantes et de Rennes, enlevés aux Français par les princes bretons un demi-siècle auparavant. Mais Rolf y fit peu d'attention; il ne s'aperçut pas qu'on ne lui donnait encore autre chose qu'une vieille querelle à débattre, et l'arrangement fut accepté.

Afin de ratifier le traité de la manière la plus solennelle, le roi de France et le chef des Normands se rendirent, chacun de son côté, au village de Saint-Clair sur l'Epte. Tous les deux étaient accompagnés d'une suite nombreuse; les Français plantèrent leurs tentes sur l'un des bords de la rivière, et les Normands sur l'autre. A l'heure fixée pour l'entrevue, Rolf s'approcha du roi, et, demeurant debout, mit ses deux mains entre les siennes, en prononçant la formule : « Dorénavant je suis votre féal et votre homme, et je jure de » conserver fidèlement votre vie, vos membres et votre honneur » royal. » Ensuite le roi et les barons donnèrent au chef normand le titre de comte, et jurèrent de lui conserver sa vie, ses membres, son honneur, et tout le territoire désigné dans le traité de paix.

La cérémonie semblait terminée, et le nouveau comte allait se retirer, lorsque les Français lui dirent : « Il est convenable que celui » qui reçoit un pareil don s'agenouille devant le roi et lui baise le » pied. » Mais le Normand répondit : « Jamais je ne plierai le genou » devant aucun homme, ni ne baiserai le pied d'aucun homme. » Les seigneurs insistèrent sur cette formalité, qui était un dernier reste de l'étiquette observée jadis à la cour des empereurs franks; et Rolf, avec une simplicité malicieuse, fit signe à l'un de ses gens de venir et de baiser pour lui le pied du roi. Le soldat norvégien, se courbant sans plier le genou, prit le pied du roi, et le leva si haut pour le porter à sa bouche que le roi tomba à la renverse. Peu habitués aux convenances du cérémonial, les pirates firent de grands éclats de rire, et il y eut un moment de tumulte; mais ce bizarre incident ne produisit rien de fâcheux.

Deux clauses du traité restaient à remplir, la conversion du nouveau comte ou duc de Normandie, et son mariage avec la fille du roi; il fut convenu que cette double cérémonie aurait lieu à Rouen, et plusieurs des hauts barons de France s'y rendirent pour accom-

pagner la fiancée. Après une courte instruction, le fils de Rognvald reçut le baptême des mains de l'archevêque, dont il écouta les conseils avec une grande docilité. Au sortir des fonts baptismaux, le néophyte s'enquit du nom des églises les plus célèbres et des saints les plus révérés dans son nouveau pays. L'archevêque lui nomma six églises et troix saints, la Vierge, saint Michel et saint Pierre. — « Et dans le voisinage, reprit le duc, quel est le plus puissant pro-
» tecteur? — C'est saint Denis, répondit l'archevêque. — Eh bien,
» avant de partager ma terre entre mes compagnons, j'en veux
» donner une part à Dieu, à sainte Marie et aux autres saints que
» vous venez de me nommer. » En effet, durant sept jours qu'il porta l'habit blanc des nouveaux baptisés, chaque jour il fit présent d'une terre à l'une des sept églises qu'on lui avait désignées. Ayant repris ses vêtements ordinaires, il s'occupa d'affaires politiques et du grand partage de la Normandie entre les émigrés norvégiens.

Le pays fut divisé au cordeau, disent les anciens chroniqueurs : c'était la manière d'arpenter usitée en Scandinavie. Toutes les terres désertes ou cultivées, à l'exception de celles des églises, furent partagées de nouveau, sans égard aux droits des indigènes. Les compagnons de Rolf, chefs ou soldats, devinrent, selon leur grade, seigneurs des villes et des campagnes, propriétaires souverains de domaines grands ou petits. Les anciens propriétaires étaient contraints de s'accommoder à la volonté des nouveaux venus, de leur céder la place s'ils l'exigeaient, ou de tenir d'eux leur propre domaine à ferme ou en vasselage. Ainsi les serfs du pays changèrent de maîtres, et beaucoup d'hommes libres tombèrent dans la servitude de la glèbe. De nouvelles dénominations géographiques résultèrent de cette répartition de la propriété territoriale, et l'usage attacha dès lors à un grand nombre de domaines les noms propres des guerriers scandinaves qui les avaient reçus en lots. Quoique l'état des gens de métiers et des paysans différât peu en Normandie de ce qu'il était en France, l'espoir d'une plus complète sécurité, et le mouvement de vie sociale qui accompagne d'ordinaire une domination naissante, engagèrent beaucoup d'artisans et de laboureurs à émigrer pour aller s'établir sous le gouvernement du duc Rolf. Son nom, que les indigènes de la Neustrie et les Français leurs voisins prononçaient Rou, devint populaire au loin; il passait pour le plus grand ennemi des voleurs et le plus grand justicier de son temps.

Bien que la plupart des Norvégiens, à l'exemple de leur chef, eussent accepté le baptême avec empressement, il paraît qu'un certain nombre d'entre eux s'y refusèrent et résolurent de conserver les usages de leurs ancêtres. Les dissidents se réunirent pour former une sorte de colonie à part, et se fixèrent aux environs de Bayeux. Peut-être furent-ils attirés de ce côté par les mœurs et le langage des habitants de Bayeux, qui, Saxons d'origine, parlaient encore au dixième siècle un dialecte germanique. Dans ce canton de la Normandie, l'idiome norvégien, différant peu du langage populaire, se confondit avec lui et l'épura, en quelque sorte, de manière à le rendre intelligible pour les Danois et les autres Scandinaves. Lorsque, après quelques générations, la répugnance des barons normands du Bessin et du Cotentin pour le christianisme eut cédé à l'entraînement de l'exemple, l'empreinte du caractère scandinave se retrouvait encore chez eux d'une manière prononcée. Ils se faisaient remarquer, entre les autres seigneurs et chevaliers de la Normandie, par leur extrême turbulence, et par une hostilité presque permanente contre le gouvernement des ducs ; quelques-uns même affectèrent longtemps de porter sur leurs armes des devises païennes, et d'opposer le vieux cri de guerre des Scandinaves : *Thor aide!* à celui de *Dieu aide!* qui était le cri de Normandie.

La paix ne fut pas de longue durée entre les Français et les Normands, et ces derniers profitèrent avec habileté des circonstances pour s'agrandir vers l'est, presque jusqu'au lieu où la rivière d'Oise se réunit à la Seine ; au nord, leur territoire avait pour limite la petite rivière de Bresle, et au sud-ouest celle de Coësnon. Les habitants de ce pays étaient tous appelés Normands par les Français et par les étrangers, à l'exception des Danois et des Norvégiens, qui ne donnaient ce nom, honorable pour eux, qu'à la partie de la population qui était véritablement de race et de langue normandes. Cette portion, la moins nombreuse, jouait à l'égard de la masse, soit indigène, soit émigrée des autres parties de la Gaule, le même rôle que les fils des Franks à l'égard des fils des Gaulois. En Normandie, la simple qualification de Normand fut d'abord un titre de noblesse ; c'était le signe de la liberté et de la puissance, du droit de lever des impôts sur les bourgeois et les serfs du pays.

Tous les Normands de nom et de race étaient égaux en droits civils, bien qu'inégaux en grades militaires et en dignités politiques. Nul d'entre eux n'était taxé que de son propre consentement; nul n'était assujetti au péage pour le charroi de ses denrées ou pour la navigation sur les fleuves ; tous enfin jouissaient du privilége de chasse et de pêche, à l'exclusion des vilains et des paysans, termes qui comprenaient en fait la masse de la population indigène. Quoique la cour des ducs de Normandie fût organisée à peu près sur le modèle de celle des rois de France, le haut clergé n'en fit point partie dans les premiers temps, à cause de son origine française ; plus tard, quand un grand nombre d'hommes de race norvégienne ou danoise eut pris l'habit ecclésiastique, une certaine distinction de rang et de privilège continua d'exister, même dans les monastères, entre eux et le reste des clercs.

Cette distinction, pleine de charges accablantes dans l'ordre politique et civil, ne tarda guère à soulever contre elle l'ancienne population du pays. Moins d'un siècle après l'établissement du nouvel Etat dont elle était la partie opprimée, cette population eut la pensée de détruire l'inégalité des races, de manière que le pays de Normandie ne renfermât qu'un seul peuple, comme il ne portait qu'un seul nom. Ce fut sous le règne de Rikhard ou Richart II, troisième successeur de Rolf, que ce grand projet se manifesta. Dans tous les cantons de la Normandie, les habitants des bourgs et des hameaux, le soir, après l'heure du travail, commencèrent à se réunir et à parler ensemble des misères de leur condition. Ces groupes de causeurs politiques étaient de vingt, de trente, de cent personnes, et souvent l'assemblée se rangeait en cercle, pour écouter quelque orateur qui l'animait par des discours violents contre les seigneurs du pays, comtes, vicomtes, barons et chevaliers. D'anciennes chroniques en vers présentent, d'une manière vive et forte, sinon authentique, la substance de ces harangues :

« Les seigneurs ne nous font que du mal ; nous ne pouvons avoir
» d'eux raison ni justice ; ils ont tout, prennent tout, mangent tout,
» et nous font vivre en pauvreté et en souffrance. Chaque jour est
» pour nous jour de peines ; nous n'avons nul gain de nos labeurs,
» tant il y a de services de redevances et de corvées. Pourquoi nous
» laisser traiter ainsi ? Mettons-nous hors de leur pouvoir ; nous
» sommes des hommes comme eux, nous avons les mêmes mem-
» bres, la même taille, la même force pour souffrir, et nous sommes
» cent contre un. Jurons de nous défendre l'un l'autre ; tenons-nous
» tous ensemble, et nul homme n'aura seigneurie sur nous ; et nous
» serons libres de péages ; et nous pourrons couper des arbres,
» prendre le gibier et le poisson, faire en tout notre volonté, aux
» bois, dans les prés et sur l'eau. »

Ces appels au droit naturel et à la force du plus grand nombre ne manquèrent point leur effet, et beaucoup de gens des bourgades se firent l'un à l'autre le serment de tenir ensemble et de s'aider contre qui que ce fût. Une grande association de défense mutuelle s'étendit sur toutes les campagnes, et réunit, sinon la masse entière, du moins la classe agricole de la population indigène. Les associés étaient partagés en différents cercles, que l'historien original désigne par le nom de *conventicules ;* il y en avait au moins un par comté, et chacune de ces réunions choisissait plusieurs de ses membres pour composer le cercle supérieur ou l'assemblée centrale. Cette assemblée devait préparer et organiser dans tout le pays les moyens de résistance ou de soulèvement ; elle envoyait de canton en canton, et de village en village, des gens éloquents et persuasifs, pour gagner de nouveaux associés, enregistrer leurs noms et recevoir leurs serments.

Les choses en étaient à ce point, et aucune rébellion ouverte n'avait encore éclaté, lorsqu'à la cour de Normandie vint la nouvelle que, par tout le pays, les vilains tenaient des conciliabules et se formaient en association jurée. L'alarme fut grande parmi les seigneurs, menacés de perdre d'un seul coup leurs droits et les revenus de leurs domaines. Le duc Richard, qui était encore trop jeune pour prendre conseil de lui-même, fit venir son oncle, Raoul, comte d'Evreux, en qui il avait toute confiance. « Sire, dit le comte, de » meurez en paix, et laissez-moi ces paysans ; ne bougez pas, mais » envoyez-moi tout ce que vous avez de chevaliers et d'autres gens » d'armes. »

Afin de surprendre les chefs de l'association, le comte Raoul dépêcha de plusieurs côtés des espions adroits, qu'il chargea de découvrir le lieu et l'heure où se tenait l'assemblée centrale ; sur leurs rapports, il fit marcher ses troupes, et arrêta en un seul jour tous les députés des cercles inférieurs, les uns pendant qu'ils tenaient séance, les autres pendant qu'ils recevaient dans les villages le serment des affiliés. Soit par passion, soit par calcul, le comte traita ses prisonniers avec une extrême cruauté. Sans jugement et sans la moindre enquête, il leur infligea des mutilations ou des tortures atroces. Aux uns il fit crever les yeux, à d'autres couper les pieds ou les mains ; d'autres eurent les jarrets brûlés, d'autres furent empalés vifs ou arrosés de plomb fondu. On renvoya dans leurs familles les malheureux qui survécurent, et on les promena par les villages, pour y répandre la terreur. En effet, la crainte prévalut sur l'amour de la liberté dans le cœur des paysans de Normandie ; la grande association fut rompue ; il n'y eut plus d'assemblées secrètes, et une triste résignation succéda pour des siècles à l'enthousiasme d'un moment.

Quand eut lieu cette mémorable tentative, la différence de langage, qui d'abord avait séparé les grands et le peuple de la Normandie, n'existait déjà presque plus : c'était par sa généalogie que l'homme d'origine scandinave se distinguait du Gallo-Frank. A Rouen même, et dans le palais des successeurs de Rolf, on ne parlait d'autre langue, au commencement du onzième siècle, que la langue romane ou française. La seule ville de Bayeux faisait encore exception, et son dialecte, mélangé de saxon et de norvégien, était facilement compris des habitants de la Scandinavie. Aussi, quand de nouveaux émigrés venaient du Nord visiter leurs parents de Normandie et leur demander quelque portion de terre, c'était du côté de Bayeux qu'ils s'établissaient de préférence. Pareillement, c'était là que les ducs de Normandie, si l'on en croit un vieux chroniqueur, envoyaient leurs enfants pour apprendre à parler danois. Les Danois et les Norvégiens entretinrent avec la Normandie des relations d'alliance et d'affection, tant qu'ils trouvèrent dans la ressemblance de langage le signe d'une ancienne fraternité nationale. Plusieurs fois, durant les querelles que les premiers ducs eurent à soutenir contre les Français, de puissants secours leur vinrent de la Norvége et du Danemark, et, tout chrétiens qu'ils étaient, ils furent aidés par des rois encore païens. Mais, dès que l'usage de la langue romane devint universel en Normandie, les Scandinaves cessèrent de regarder les Normands comme des alliés naturels; ils cessèrent même de leur donner le nom de Normands, et les appelèrent Français ou Velskes, comme le reste des habitants de la Gaule.

Ces liens de parenté et d'amitié se trouvaient déjà fort relâchés dans les premières années du onzième siècle, lorsque le roi d'Angleterre Ethelred épousa la sœur de ce même Richard, quatrième duc de Normandie, dont il a été fait mention plus haut. Il est probable, en effet, que si la branche de population scandinave établie dans la Gaule n'eût commencé alors à se détacher de sa tige septentrionale, le roi saxon n'aurait point conçu l'espérance d'être soutenu par le petit-fils de Rolf contre la puissance des rois du Nord. Le peu d'empressement du Normand Richard à secourir son beau-frère ne provint d'aucun scrupule ni d'aucune répugnance morale, mais de ce que Richard ne vit dans cette intervention rien de favorable à son intérêt propre, qu'il était habile à démêler et ardent à poursuivre, selon le caractère qui distinguait déjà les habitants de la Normandie.

Pendant qu'Ethelred dans l'exil recevait l'hospitalité chez son beau-frère, les Anglais, sujets de l'étranger, regrettaient, comme au temps de la fuite d'Alfred et de la première conquête danoise, le règne de leur prince naturel, abandonné par eux à cause de son mauvais gouvernement. Swen, à qui ils avaient laissé prendre, en l'année 1014, le titre de roi d'Angleterre, mourut, dans cette même année, d'une mort subite et mystérieuse. Les soldats danois, cantonnés dans les villes, ou en station sur leurs vaisseaux à l'embouchure des rivières, choisirent, pour succéder à leur chef, son fils Knut, alors en mission dans le pays voisin de l'Humber pour y déposer les tribus et les otages des Anglais du Sud. Ceux-ci, encouragés par son absence, délibérèrent d'envoyer un messager à l'exilé de Normandie, lui dire, au nom de la nation anglaise, qu'elle le reprendrait pour roi s'il promettait de mieux gouverner. Pour répondre à ce message, Ethelred fit partir son fils Edward, le chargeant de saluer en son nom tout le peuple anglais, et de jurer publiquement qu'à l'avenir il remplirait ses devoirs de seigneur avec fidélité, amenderait ce qui ne plaisait point et oublierait tout ce qu'on avait pu faire ou dire contre sa personne. L'amitié jurée entre la nation et le roi fut confirmée de part et d'autre par des gages mutuellement donnés, et l'assemblée des sages anglo-saxons prononça contre tout Danois qui s'intitulerait roi d'Angleterre une sentence perpétuelle de mise hors la loi.

Ethelred reprit ses marques d'honneur. On ne peut savoir exactement sur quelle étendue de territoire il régnait, car les garnisons danoises, chassées alors de quelques villes, en conservèrent beaucoup d'autres, et même la cité de Londres demeura en leur pouvoir. Peut-être le grand chemin appelé Westlinga-street servait-il, pour la seconde fois, de ligne de démarcation entre les provinces libres et les provinces soumises à la domination étrangère. Le roi Knut, fils de Swen, mécontent du partage que les Anglo-Saxons le contraignaient d'accepter, revint du Nord, et, ayant débarqué près de Sandwich, il fit, dans un mouvement de colère, torturer et mutiler sur le rivage de la mer tous les otages que son père avait reçus. Cette cruauté inutile fut le signal d'une nouvelle guerre qu'Ethelred, désormais fidèle à ses promesses, soutint courageusement avec des chances diverses de succès et de revers. A sa mort, les Anglais choisirent pour roi, non l'un de ses enfants légitimes, demeurés en Normandie, mais son fils naturel Edmund, qu'on surnommait Côte de Fer, *irenside*, et qui avait donné de grandes preuves de courage et d'habileté. Par sa conduite énergique, Edmund releva un moment la fortune du peuple anglais ; il reprit Londres sur les Danois et leur livra cinq grandes batailles.

Dans un de ces combats qui fut donné à trente milles de Londres, et où les Anglais, d'abord mis en déroute, eurent finalement l'avantage, un chef danois du plus haut rang, nommé Ulf, séparé des siens par les accidents de la bataille, s'enfonça dans une forêt épaisse dont il ignorait les détours. Cherchant à se diriger vers la Tamise, où stationnait la flotte du roi Knut avec la réserve de l'armée, Ulf marcha inutilement toute la nuit, et, au point du jour, il

rencontra un jeune homme conduisant un troupeau de moutons; il le salua et lui demanda son nom. « Je m'appelle Godwin, dit le
» jeune homme; et toi, n'es-tu pas quelqu'un de l'armée de Knut?
» — Je suis, reprit le chef, un des marins de sa flotte. Peux-tu me
» dire quelle distance il y a d'ici à nos vaisseaux? » Le jeune berger, dont la physionomie exprimait un mélange de finesse et de résolution, répondit : « Je ne vois pas pourquoi vous, Danois, vous
» attendez de nous du secours, ayant mérité toute autre chose. —
» Jeune homme, répliqua Ulf d'un ton insinuant, si tu voulais me
» montrer le chemin jusqu'à nos vaisseaux, je t'en saurais beau-
» coup de gré. — Tu as pris ton chemin à rebours, dit le jeune
» Godwin, et tu t'es avancé bien loin dans les terres. Vous autres,
» soldats de Knut, vous n'êtes pas en faveur auprès des gens du
» pays, et c'est justice; la nouvelle du combat d'hier a parcouru les
» campagnes; il n'y a pas de sûreté pour toi si quelque paysan te
» rencontre, et il y a danger pour celui qui te prêterait secours. »
Le chef danois tira de son doigt un anneau d'or, et, le présentant au jeune homme : « Je te donnerai cela, dit-il, si tu veux me servir
» de guide. » Godwin le regarda en face quelque temps sans rien dire, puis il répondit : « Je ne veux pas prendre cet anneau, et
» pourtant j'essayerai de te conduire auprès des tiens; si je par-
» viens à faire que tu sois sauvé, j'aime mieux que la récompense
» te regarde alors, et si mon secours ne t'est bon à rien, je ne méri-
» terai aucun salaire. »

Le jeune berger conduisit le chef danois à la ferme de son père, et, entrant avec lui dans la salle basse où se prenaient les repas de la maison, il lui fit servir à boire et à manger. Parcourant des yeux cette maison rustique, Ulf observa qu'elle était mieux bâtie et plus ornée que les habitations du même genre; et en effet il ne se trouvait pas chez un paysan ordinaire. Le père de Godwin, nommé Wulfnoth, avait éprouvé dans sa vie des fortunes bien diverses. Né dans la classe des cultivateurs libres, qu'on appelait Keorls en langue saxonne, il était sorti de son état par la protection d'un de ses oncles, Edrik Streone, aventurier plein d'habileté et d'astuce, que la faveur du roi Ethelred avait élevé au plus haut rang. Wulfnoth, entré sous ce roi dans la milice du palais, honoré de la chevalerie anglo-saxonne et d'un commandement naval, se trouvait élevé par son mérite au rang de la noblesse, lorsqu'il fut accusé de trahison, destitué et condamné à l'exil. Au lieu d'obéir à ce jugement, il s'empara des vaisseaux qu'il commandait, pilla les côtes d'Angleterre, et dans sa résistance fit éprouver de grandes pertes à la marine royale. Puis il mena en mer la vie de pirate, jusqu'au temps de la conquête danoise, sous laquelle, amnistié de fait, il revint en Angleterre; après la restauration d'Ethelred, il y resta obscur et oublié. Retombé de sa noblesse passagère à l'état de ses ancêtres, il reprit la vie de fermier anglo-saxon, avec d'autres habitudes, des souvenirs d'ancienne opulence et des regrets d'ambition, sinon pour lui-même, du moins pour son fils en âge de s'élever, comme autrefois il l'avait fait, par la profession des armes.

Pendant que le chef danois prenait son repas, le maître et la maîtresse du logis entrèrent pour saluer l'étranger et remplir envers lui les devoirs de l'hospitalité. Celui-ci observa qu'ils étaient distingués tous les deux par la beauté de leur figure et par une mise élégante. Il fut traité durant un jour avec toutes sortes d'égards, et, quand vint le soir, on amena deux chevaux de belle apparence et bien harnachés : « Voici le moment de partir, dit Wulfnoth à son
» hôte ; adieu. Je remets entre tes mains mon fils unique ; si tu arri-
» ves auprès de ton roi, et si tu as quelque pouvoir, fais en sorte,
» je te prie, qu'il soit reçu à son service. Car il ne pourra plus désor-
» mais habiter avec moi, si les gens du pays apprennent que tu t'es
» sauvé par son aide Quant à ce qui me regarde, ajouta-t-il d'un
» ton de fierté qui rappelait son ancienne existence, je trouverai le
» moyen d'écarter le péril qui ne menacerait que moi seul. » Le chef danois, sans déclarer qui il était, promit de solliciter pour Godwin l'admission dans la garde du roi Knut. Le jeune homme et lui montèrent à cheval, et, protégés dans leur route par l'obscurité de la nuit, ils arrivèrent au matin près de la station des vaisseaux et du campement de l'armée danoise. Dès que les soldats reconnurent leur chef qu'ils croyaient mort et qui était le beau-frère du roi, ils l'entourèrent et le saluèrent des plus vives acclamations. Godwin apprit alors pour la première fois quel était le haut rang de l'homme auquel il avait servi de guide.

Ulf, ne donnant pas de mesure à sa dette de reconnaissance, mena le jeune Saxon à sa tente et l'y fit asseoir sur un siège aussi haut que le sien, le traitant, dit la narration scandinave, comme lui-même ou son propre fils. Godwin fit, dans la troupe d'élite qui servait de garde au roi Knut, son apprentissage militaire, et de là, porté à la fois par la faveur et par son mérite, il gagna rapidement les postes supérieurs de l'armée. Il se signala en Danemark et en Norvége contre les rois ennemis de Knut, et lorsque l'Angleterre fut de nouveau soumise à la royauté danoise, il y parvint au rang de gouverneur de province. Cet homme qui, de l'état de fils de fermier gardant les troupeaux de sa famille, s'éleva, grâce à la protection des étrangers, aux premières dignités de son pays, devait, par une destinée bizarre, contribuer plus qu'aucun autre à la ruine de la domination étrangère. Son nom va bientôt figurer parmi les grands noms de cette histoire, et peut-être alors y aura-t-il quelque plaisir à se rappeler l'origine et la singularité de sa fortune.

Les victoires des Anglo-Saxons sur les Danois amenèrent un armistice et une trêve qui fut jurée solennellement, en présence des deux armées, par les rois Edmund et Knut. Ils se donnèrent mutuellement le nom de frère, et, d'un commun accord, fixèrent à la Tamise la limite de leurs royaumes respectifs. A la mort d'Edmund, le roi danois franchit cette limite, qui devait être inviolable; il avait gagné sous main quelques chefs intéressés ou ambitieux, et la terreur produite par son invasion fit réussir leurs intrigues : après une courte résistance, les Anglo-Saxons des provinces du sud et de l'ouest se soumirent, et reconnurent le fils de Swen pour roi de toute l'Angleterre. Knut jura en retour de se montrer juste et bienveillant, et toucha de sa main nue la main des principaux chefs, en signe de sincérité.

Malgré ces promesses et la facilité de son avénement, Knut se montra d'abord ombrageux et cruel. Tous les hommes qui s'étaient fait remarquer par leur attachement à l'ancienne indépendance du pays et à la royauté anglo-saxonne, quelques-uns même de ceux qui avaient trahi cette cause pour celle du pouvoir étranger, furent bannis de l'Angleterre ou mis à mort. « Qui m'apportera la tête d'un » de mes ennemis, disait le roi danois avec la férocité d'un pirate, » me sera plus cher que s'il était mon frère. » Les parents des deux derniers rois, Ethelred et Edmund, furent proscrits en masse : les fils d'Ethelred étaient alors à la cour de Normandie; mais ceux d'Edmund, restés en Angleterre, n'échappèrent point à la persécution. N'osant les mettre à mort sous les yeux du peuple anglais, Knut les fit déporter en Scandinavie, et eut soin d'insinuer au petit roi auquel il les donna en garde quels étaient ses desseins à leur égard; mais celui-ci feignit de ne pas comprendre, et laissa ses prisonniers libres de passer en Allemagne. De là ils se rendirent, pour être encore plus en sûreté, à la cour du roi de Hongrie, qui commençait alors à figurer parmi les puissances chrétiennes : ils y furent accueillis avec honneur, et l'un d'eux épousa dans la suite une parente de l'empereur des Allemands.

Richard, duc de Normandie, sentant l'impossibilité de rétablir ses neveux sur le trône d'Angleterre, et voulant jouir du bénéfice d'une alliance étroite avec ce pays, adopta une politique toute personnelle; il négocia avec le roi danois, au détriment des fils d'Ethelred. Par un arrangement bizarre, mais assez habilement conçu, il fit pro-

4

poser à Knut de prendre en mariage la mère de ces deux jeunes princes, qui, ainsi qu'on l'a vu, était sa sœur : elle avait reçu au baptême le nom d'Emme ou Emma; mais, à son arrivée en Angleterre, les Saxons avaient changé ce nom étranger en celui d'Alfghive, qui signifiait *présent des génies*. Flattée de redevenir l'épouse d'un roi, Emma consentit à cette seconde union, et laissa en doute, disent les vieux historiens, qui d'elle ou de son frère se déshonorait le plus. Bientôt elle devint mère d'un nouveau fils, à qui la puissance de son père promettait une toute autre fortune que celle des enfants d'Ethelred, et, dans l'enivrement de son ambition, elle oublia et méprisa ses premiers-nés. Quant à eux, retenus hors de leur pays natal, ils en désapprirent peu à peu les mœurs et jusqu'au langage; ils contractèrent dans l'exil des habitudes et des amitiés étrangères : événement peu grave en lui-même, mais qui eut de fatales conséquences.

Assuré dans son pouvoir par une possession de plusieurs années, et par un mariage qui le rendait en quelque sorte moins étranger à la nation anglaise, le roi Knut s'humanisa par degrés; on vit se développer en lui un nouveau caractère; il eut des pensées de gouvernement aussi élevées que son époque et sa situation le comportaient; il eut même la volonté d'être impartial entre les Anglais et les Danois. Sans rien relâcher des énormes tributs que la conquête imposait à l'Angleterre, il les employait en partie à acheter de ses compatriotes leur retour en Danemark, et à rendre ainsi moins sensible la division des habitants de l'Angleterre en deux races ennemies et de condition inégale. De tous les Danois armés qui étaient venus avec lui, il ne garda qu'une troupe de quelques milliers d'hommes, qui formaient sa garde, et qu'on appelait *Thingamanna*, c'est-à-dire gens du palais. Fils d'un apostat au christianisme, il se montrait chrétien zélé, rebâtissant les églises que son père et lui-même avaient brûlées, et dotant avec magnificence les abbayes et les monastères. Par un acte de pieuse complaisance pour l'esprit national des Anglais, il éleva une chapelle splendide sur la sépulture d'Edmund, roi d'Est-Anglie, qui, depuis un siècle et demi, était vénéré comme un martyr de la foi et du patriotisme; la même pensée lui fit ériger à Canterbury un monument pour l'archevêque Elfeg, victime, comme le roi Edmund, de la cruauté des Danois.

Dans le temps du partage de l'Angleterre en souverainetés indépendantes, plusieurs des rois anglo-saxons, surtout ceux de Westsex et de Mercie, avaient établi, à différentes reprises, des redevances envers l'Église romaine. L'objet de ces dons annuels était de procurer un meilleur accueil et des secours dans le besoin aux

pèlerins anglais qui se rendaient à Rome, de fournir aux frais d'une école pour les jeunes gens de cette nation, ou à l'entretien du luminaire des tombeaux de saint Pierre et de saint Paul. Le payement de cette rente, qu'on appelait en langue saxonne *argent de Rome* ou *cens de Rome*, plus ou moins régulier, selon le degré de zèle et de richesse des rois et du peuple, fut presque entièrement suspendu aux neuvième et dixième siècles par les invasions danoises. Voulant expier le tort que ses compatriotes avaient fait à l'Eglise, et surpasser en munificence tous les rois anglo-saxons, Knut fit revivre cette institution, en lui donnant la plus grande étendue ; il soumit toute l'Angleterre à un tribut perpétuel, qu'on appela *denier de saint Pierre*. Cet impôt, payable à raison d'un denier en monnaie du temps, par chaque maison habitée dans les villes et dans les campagnes, devait, aux termes des ordonnances royales, être levé chaque année, *à la louange et gloire de Dieu-Roi*, le jour de la fête du prince des apôtres. . . . .
. . . .

Vers l'année 1030, le roi Knut résolut d'aller en personne à Rome, pour visiter les tombeaux des apôtres, et recevoir les remerciements que méritaient ses largesses ; il partit avec un nombreux cortège, portant une besace sur l'épaule, et un long bâton à la main. Ayant accompli son pèlerinage, et sur le point de retourner dans le nord, il adressa à toute la nation anglaise une lettre où règne un ton de bonhomie qui contraste singulièrement avec l'éducation et les premiers actes de royauté du fils de Swen.

« Knut, roi d'Angleterre et de Danemark, à tous les évêques et
» primats, et à tout le peuple anglais, salut. Je vous fais savoir que
» je suis allé à Rome pour la rédemption de mes fautes et pour le
» salut de mes royaumes. Je remercie très humblement le Dieu
» tout-puissant de ce qu'il m'a octroyé une fois en ma vie la grâce
» de visiter en personne ses saints apôtres Pierre et Paul, et tous
» les saints qui ont leur habitation, soit au dedans des murs, soit au
» dehors de la cité romaine. Je me suis déterminé à ce voyage,
» parce que j'ai appris, de la bouche des sages, que l'apôtre Pierre
» possède une grande puissance de lier et de délier, et qu'il est le
» porte-clefs du royaume céleste ; c'est pourquoi j'ai jugé utile de
» solliciter spécialement sa faveur et son patronage.

» Il s'est tenu ici, dans la solennité pascale, une grande assemblée
» d'illustres personnes, savoir : le pape Jean, l'empereur Kunrad,
» et tous les premiers des nations, depuis le mont Gargano jusqu'à
» la mer qui nous avoisine. Tous m'ont accueilli avec distinction,
» et m'ont honoré de riches présents : j'ai reçu des vases d'or et

» d'argent, des étoffes et des vêtements de grand prix. Je me suis
» entretenu avec l'empereur, le seigneur pape et les autres princes,
» sur les besoins de tout le peuple de mes royaumes, tant anglais
» que danois. J'ai tâché d'obtenir pour mes peuples justice et sûreté
» dans leurs voyages à Rome, et surtout qu'ils ne soient plus doré-
» navant retardés dans leur route par les clôtures des monts, ni
» vexés par d'énormes péages. J'ai fait aussi mes plaintes au sei-
» gneur pape sur l'énormité des sommes exigées jusqu'à ce jour de
» mes archevêques, quand ils se rendaient, suivant l'usage, auprès
» du siège apostolique, afin d'obtenir le *pallium*. Il a été décidé
» que cela n'aurait plus lieu à l'avenir.

» Je veux, en outre, que vous sachiez tous que j'ai fait vœu au
» Dieu tout-puissant de régler ma vie selon la droiture, et de gou-
» verner mon peuple avec justice. Si, durant la fougue de ma jeu-
» nesse, j'ai fait quelque chose de contraire à l'équité, je veux
» désormais, avec l'aide de Dieu, l'amender selon mon pouvoir.
» C'est pourquoi je requiers et somme tous mes conseillers, et ceux
» à qui j'ai confié les affaires de mon royaume, de ne se prêter à
» aucune injustice, ni par crainte de moi, ni en faveur des puis-
» sants ; je leur recommande, s'ils mettent du prix à mon amitié et
» à leur propre vie, de ne faire tort ni violence à aucun homme,
» riche ou pauvre. Que chacun, selon son état, jouisse de ce qu'il
» possède, et ne soit troublé dans cette jouissance ni au nom du
» roi, ni au nom de personne, ni sous prétexte de lever de l'argent
» pour mon trésor ; car je n'ai nul besoin d'argent obtenu par des
» moyens injustes.

» Je me propose de me rendre en Angleterre, dans l'été même,
» et aussitôt que seront achevés les préparatifs de mon embarque-
» ment. Je vous prie et vous ordonne, vous tous, évêques et offi-
» ciers de mon royaume d'Angleterre, par la foi que vous devez à
» Dieu et à moi, de faire en sorte qu'avant mon retour toutes nos
» dettes envers Dieu soient acquittées ; savoir les aumônes par
» charrues, la dîme des animaux nés dans l'année, et les deniers dus
» à saint Pierre par chaque maison des villes et des villages ; de
» plus, à la mi-août, la dîme des moissons, et, à la Saint-Martin, les
» prémices des semences. Que si, à mon prochain débarquement,
» ces redevances ne sont point entièrement payées, la puissance
» royale s'exercera contre les délinquants, selon la rigueur de la
» loi, et sans aucune grâce. »

Ce fut sous le règne de Knut, et à la faveur des longues guerres
qu'il fit pour réunir au Danemark les autres royaumes scandinaves,
que Godwin, ce paysan saxon dont on a vu la singulière aventure,

LA CONQUÊTE DE L'ANGLETERRE 53

s'éleva par ses exploits militaires aux plus hautes dignités. Après une grande victoire remportée sur les Norvégiens, il obtint l'office d'Eorl, ou chef politique de l'ancien royaume de West-sex, réduit alors à l'état de province. Beaucoup d'autres Anglais servirent avec

Robert le Diable empoisonne son frère Richard.

zèle le roi danois dans ses conquêtes en Norvége et sur les rives de la Baltique. Knut employa la marine saxonne à détruire celle des petits rois du Nord, et, les ayant dépossédés un à un, il prit le titre nouveau d'empereur de tout le septentrion, par la grâce du Christ roi des rois. Malgré cet enivrement de gloire militaire, l'antipathie nationale contre la domination danoise ne cessa point d'exister, et, à la mort du grand roi, comme l'appelaient ses contemporains, les choses reprirent leur cours. Il ne resta rien de cette apparente fusion des deux races sous les mêmes drapeaux; et cet empire, élevé pour un moment au-dessus de tous les royaumes du Nord, fut dissous de la même manière que le vaste empire de Charlemagne. Les populations scandinaves expulsèrent leurs conquérants danois, et se choisirent des chefs nationaux. Plus anciennement conquis, les Anglo-Saxons ne purent s'affranchir tout d'un coup d'une manière aussi complète; mais ils attaquèrent sourdement la puissance des étrangers, et commencèrent par les intrigues une révolution que la force devait terminer.

Le roi danois mourut en l'année 1035, et laissa trois fils, dont un seul, nommé Hardeknut, c'est-à-dire Knut le fort ou le brave, était né d'Emma la Normande : les autres étaient enfants d'une première épouse. Knut avait désiré, en mourant, que le fils d'Emma devînt son successeur : une pareille désignation était d'ordinaire toute puissante sur l'esprit de ceux à qui les coutumes germaniques donnaient le droit de choisir les rois. Mais Hardeknut se trouvait alors en Danemark; et les Danois d'Angleterre, pressés d'avoir un chef, pour être unis et forts contre les Saxons mécontents, firent roi un autre fils de Knut, appelé Harald. Cette élection, vœu de la majorité, trouva quelques opposants, auxquels les Anglais s'empressèrent de se joindre pour nourrir et envenimer la querelle domestique de leurs maîtres. Les provinces du sud-ouest, qui, pendant toute la durée de la conquête, avaient toujours été les premières à s'insurger et les dernières à se soumettre, proclamèrent roi Hardeknut, pendant que les soldats et les matelots danois installaient Harald dans Londres. Ce schisme politique divisa de nouveau l'Angleterre en deux zones, séparées par la Tamise; le nord fut pour Harald, le midi pour le fils d'Emma. Mais la lutte engagée sous ces deux noms de princes était en réalité le combat de deux intérêts nationaux, celui des vainqueurs tout-puissants au nord de la Tamise, et celui des vaincus moins faibles au midi de ce fleuve.

Godwin, fils de Wulfnoth, était alors chef de la vaste province de West-sex ou Wessex, et l'un des hommes les plus puissants de l'Angleterre. Soit qu'il eût déjà conçu le projet de faire servir à la délivrance de sa nation le pouvoir qu'il tenait des étrangers, soit qu'il ressentît quelque affection personnelle pour le fils puîné de Knut, il favorisa le prétendant absent, et appela dans l'ouest la veuve du dernier roi. Elle vint, accompagnée de quelques troupes danoises, et apportant avec elle une partie du trésor de son mari. Godwin prit l'emploi de généralissime et de protecteur du royaume au nom et en l'absence du fils d'Emma; il reçut, pour Hardeknut, les serments de fidélité de toute la population du sud. Cette insurrection d'une nature ambiguë, et qui, sous un aspect, se présentait comme la lutte de deux prétendants à la royauté, sous l'autre, comme une guerre de peuple à peuple, ne s'étendit point au nord de la Tamise. Au nord, la masse des habitants saxons jura, comme les Danois, fidélité au roi Harald; il n'y eut que des résistances individuelles, comme le refus d'Ethelnoth, archevêque de Canterbury, de consacrer roi l'élu des étrangers et de lui remettre, au nom de l'autorité divine, le sceptre et la couronne des rois anglo-saxons. Harald, selon quelques historiens, se couronna de sa propre main, sans aucune cérémonie religieuse; et, ranimant au fond de son cœur le vieil esprit de ses aïeux, il prit en haine le christianisme. C'était à l'heure des offices, et quand le peuple se rendait à l'église, qu'il avait coutume de demander ses chiens de chasse ou qu'il faisait dresser sa table.

Une guerre acharnée entre le sud et le nord de l'Angleterre, entre la population saxonne et la population danoise, paraissait inévitable. Cette attente produisit une sorte de terreur parmi les habitants anglo-saxons de la rive gauche de la Tamise; car, malgré leur fidélité apparente au roi reconnu par les Danois, eux-mêmes craignaient d'être traités en rebelles. Un grand nombre de familles quittèrent leurs maisons pour se mettre en sûreté dans les forêts. Des troupes d'hommes, de femmes et d'enfants, emmenant leur bétail et portant leurs meubles, gagnèrent les terrains marécageux qui se prolongeaient, dans un espace de plus de cent milles, sur les quatre provinces de Cambridge, de Huntingdon, de Northampton et de Lincoln. Ce pays, qui avait l'apparence d'un vaste lac parsemé d'îles, n'était habité que par des religieux, qui devaient à la munificence des anciens rois de vastes maisons construites au milieu des eaux, sur des pilotis et de la terre apportée de loin. Les pauvres fugitifs se cantonnèrent dans les bois de saules qui couvraient ces terres basses et fangeuses. Comme ils manquaient de beaucoup de choses nécessaires à la vie, et que tout le long du jour ils étaient oisifs, ils assaillirent de sollicitations, ou de visites de simple curiosité, les religieux de Croyland, de Peterborough et des autres abbayes voisines. Ils allaient et venaient sans cesse pour demander des secours, des conseils ou des prières; ils s'attachaient aux pas des moines ou des serviteurs du couvent pour les apitoyer sur leur sort. Afin d'accorder l'observance de leur règle avec le devoir de l'hospitalité, les moines se tenaient renfermés dans leurs cellules, et désertaient le cloître et l'église parce que la foule s'y rassemblait. Un ermite, qui vivait entièrement seul dans les marais de Pegheland, fut si effrayé de se retrouver tout à coup au milieu des hommes et du bruit, qu'il abandonna sa cabane et qu'il s'enfuit pour chercher ailleurs quelque lieu désert.

La guerre, si désirée d'un côté de la Tamise et si redoutée de l'autre, n'eut pas lieu, parce que, l'absence de Hardeknut se prolongeant, ses partisans danois fléchirent, et que les Anglais du sud, restés seuls, ne voulurent pas lever leur drapeau national pour la cause d'un prétendant danois. Celle que les passions de reine et de mère devaient pousser à entreprendre et à soutenir une lutte armée, Emma, fit la paix la première, et livra le trésor de Knut au rival de son propre fils. Godwin et les autres chefs saxons de l'ouest, forcés par sa défection de reconnaître Harald pour roi, lui jurèrent obéissance, et Hardeknut fut oublié. Il arriva dans le même temps un événement tragique dont le récit ne nous est parvenu qu'enveloppé de beaucoup d'obscurités. Une lettre d'Emma, qui vivait à Londres en bonne intelligence avec le roi Harald, fut envoyée, à ce qu'il paraît, aux deux fils d'Ethelred en Normandie ; leur mère les informait par cette lettre que le peuple anglo-saxon semblait disposé à faire roi l'un d'entre eux et à secouer le joug du Danois; elle les invitait à se rendre secrètement en Angleterre, afin de s'entendre avec elle et avec leurs amis. Soit que la lettre fût vraie ou qu'elle fût supposée, les fils d'Ethelred la reçurent avec joie, et le plus jeune des deux, nommé Alfred, s'embarqua, du consentement de son frère, avec une troupe de soldats normands et boulonnais. Ce dernier point était contraire aux instructions données par Emma, si toutefois l'invitation qui parut venir d'elle n'était pas une fourberie du roi Harald et un piège tendu de sa main.

Le jeune Alfred prit terre à Douvres, et s'avança au sud de la Tamise, pays où il devait rencontrer le moins de dangers et d'obstacles, parce que les Danois n'y habitaient pas en grand nombre. Godwin alla à sa rencontre, peut-être pour éprouver ce dont il était capable et pour concerter en commun avec lui quelque plan de délivrance nationale. Il le vit entouré d'étrangers, venus à sa suite pour partager la haute fortune qu'il espérait trouver chez les Anglais, et cette vue changea subitement en malveillance pour Alfred les bonnes dispositions du chef saxon. Un ancien historien fait tenir à Godwin, dans cette circonstance, devant les autres chefs rassemblés, un discours où il leur représente qu'Alfred est venu escorté de trop de Normands, qu'il a promis à ces Normands des possessions en Angleterre, et qu'on ne doit point laisser s'impatroniser dans le pays cette race d'étrangers connue dans le monde par ses ruses et son audace. Quoi qu'il en ait été de cette harangue, Alfred fut abandonné, sinon trahi, par Godwin et par les Saxons, qui, à la vérité, ne l'avaient point appelé d'outre-mer, ni attiré d'avance dans le péril où ils le laissaient. Les officiers du roi Harald, avertis de son débarquement, le surprirent avec ses compagnons dans la ville de Guildford, pendant qu'ils étaient désarmés et dispersés dans plusieurs maisons. Ils furent tous saisis et garrottés, sans que personne essayât de les défendre.

Plus de six cents étrangers avaient suivi le jeune Alfred ; on les sépara de lui, et ils furent traités de la façon la plus barbare ; neuf sur dix périrent dans d'horribles tortures ; le dixième seul obtint grâce de la vie. Le fils d'Ethelred, transféré dans l'île d'Ely, fut traduit devant des juges qui le condamnèrent à perdre les yeux comme violateur de la paix publique. Emma, sa mère, ne fit aucune démarche pour le sauver de ce supplice, dont il mourut ; elle délaissa l'orphelin, dit un vieux chroniqueur ; et d'autres historiens lui reprochent d'avoir été complice de sa mort. Cette dernière assertion est inadmissible ; mais une circonstance singulière, c'est qu'Emma, exilée peu de temps après d'Angleterre par le roi Harald, ne se rendit point en Normandie, auprès de ses propres parents et du second des fils d'Ethelred. Elle alla en Flandre quêter un asile étranger, et s'adressa au second fils de Knut, en Danemark, pour l'inviter à venger son frère maternel, le fils d'Ethelred, assassiné, disait-elle, par Harald et trahi par Godwin.

La trahison de Godwin fut le cri des Normands, qui, par un ressentiment aveugle, accusèrent plutôt les Saxons que les Danois du massacre de leurs compatriotes victimes d'une entreprise trop hasardeuse. Il y a d'ailleurs une foule de versions de cette aventure, et aucune ne l'emporte sur les autres par le nombre ou la valeur des témoignages. L'un des historiens les plus dignes de foi commence son récit par ces paroles : « Je vais dire ce que les con- » teurs de nouvelles rapportent de la mort d'Alfred ; » et, à la fin de sa narration, il ajoute : « Voilà ce que raconte la tradition popu- » laire, mais comme les chroniques se taisent là-dessus, je m'abs- » tiens d'affirmer. » Le fait certain, c'est le supplice du fils d'Ethelred et de plusieurs centaines d'hommes venus avec lui de Normandie et de France pour faire insurger les Saxons ; l'entrevue de Godwin avec ce jeune homme, et surtout la trahison préméditée dont beaucoup de narrateurs l'accusent, sont des circonstances douteuses jointes par le bruit public à un fond vrai. Mais quelque inexactes qu'aient pu être ces rumeurs, elles ont une grande importance historique, à cause du crédit qu'elles obtinrent dans les pays d'outre-mer, et de la haine nationale qu'elles firent naître chez les Normands contre le peuple anglais.

A la mort de Harald, les Anglo-Saxons, encore trop peu hardis pour choisir un roi de leur propre race, concoururent avec les Danois à l'élection du fils d'Emma et de Knut. Le premier acte de royauté que fit Hardeknut fut d'ordonner qu'on déterrât le corps de son prédécesseur (Harald), et qu'après lui avoir coupé la tête on le jetât dans la Tamise. Des pêcheurs danois retrouvèrent le cadavre, et l'ensevelirent de nouveau à Londres, dans le cimetière réservé à leur nation, qui, même dans sa sépulture, voulait être distinguée des Anglais. Après avoir donné contre un frère mort cet exemple de vengeance et de barbarie, le nouveau roi, avec une apparence de regrets et d'affliction fraternelle, fit commencer sur le meurtre d'Alfred une vaste enquête judiciaire. Comme lui-même était Danois, aucun homme de race danoise ne fut sommé par ses ordres de comparaître en justice, et les Saxons furent seuls chargés d'un crime qui n'avait pu être utile qu'à leurs maîtres. Godwin, dont la puissance et les intentions patriotiques donnaient des craintes au roi étranger, fut accusé le premier de tous : il se présenta, selon la loi anglaise, accompagné d'un grand nombre de parents, d'amis et de témoins du fait, qui jurèrent avec lui qu'il n'avait pris aucune part ni directe ni indirecte à la mort du fils d'Ethelred. Cette preuve légale ne suffit pas auprès du roi Hardeknut, et, pour lui donner de la valeur, il fallut que le chef saxon l'accompagnât de riches présents, dont le détail, s'il n'est pas fabuleux, peut faire croire que beaucoup d'Anglais aidèrent leur compatriote à se racheter d'une accusation intentée de mauvaise foi. Godwin donna au roi un vaisseau orné de métal doré, monté par quatre-vingts soldats portant des casques dorés, une hache dorée sur l'épaule, et à chaque bras des bracelets d'or du poids de six onces. Un évêque saxon, nommé Leofwin, accusé d'avoir aidé le fils de Wulfnoth dans sa trahison prétendue, se justifia comme lui à force de présents.

En général, dans ses relations avec les vaincus, Hardeknut montra moins de cruauté que d'avarice ; mais son amour pour l'argent égalait et surpassait peut-être celui des rois pirates, ses aïeux. Il accabla l'Angleterre de tributs, et plus d'une fois ses collecteurs de taxes furent victimes de la haine et du désespoir qu'ils excitaient. Les citoyens de Worcester en tuèrent deux dans l'exercice de leurs fonctions. Dès que la nouvelle de ce meurtre parvint aux autorités danoises, deux chefs de cette nation, Leofrik et Siward, dont l'un commandait en Mercie et l'autre en Northumbrie, réunirent leurs forces et marchèrent contre la ville rebelle, avec ordre de la dévaster par le fer et le feu. Les habitants en masse abandonnèrent leurs maisons, et se réfugièrent dans une des îles que forme la Saverne ; ils y élevèrent des retranchements et résistèrent jusqu'au point de lasser les assaillants, qui leur permirent de retourner en paix dans leurs habitations incendiées.

Ainsi l'esprit d'indépendance, que les vainqueurs appelaient révolte, se ranimait peu à peu chez les fils des Saxons et des Angles. D'ailleurs, pour éveiller en eux les regrets de la liberté perdue, les misères et les affronts ne manquaient pas. Le Danois qui portait le titre de roi d'Angleterre n'était pas seul à opprimer les indigènes ; il avait sous lui toute une nation d'étrangers, et chacun y travaillait de son mieux. Ce peuple supérieur, dont les Anglais étaient sujets et non simples concitoyens, ne payait point d'impôts comme eux, et se partageait, au contraire, les impôts levés par son chef, recevant, à des époques fixes, de grandes distributions d'argent. Quand le roi, dans ses revues militaires ou dans ses promenades de plaisir, prenait pour son logement la maison d'un Danois, le Danois était défrayé tantôt en argent, tantôt en bétail, que le paysan saxon avait nourri pour la table de ses vainqueurs. Mais la demeure du Saxon était l'hôtellerie du Danois : l'étranger y prenait gratuitement le feu, la table et le lit ; il y occupait la place d'honneur comme maître. Le chef de la famille ne pouvait boire sans la permission de son hôte, ni demeurer assis en sa présence. L'hôte insultait à son plaisir l'épouse, la fille, la servante, et si quelque brave entreprenait de les défendre ou de les venger, ce brave ne trouvait plus d'asile ; il était poursuivi et traqué comme une bête fauve ; sa tête était mise à prix comme celle des loups ; il devenait *tête de loup*, selon l'expression anglo-saxonne ; et il ne lui restait plus qu'à fuir vers la demeure des loups, qu'à se faire brigand dans les forêts contre les conquérants étrangers et les indigènes qui s'endormaient lâchement sous le joug de l'étranger.

Toutes ces souffrances, longtemps accumulées, produisirent enfin leurs fruits, à la mort du roi Hardeknut, qui arriva subitement au milieu d'un festin de noces. Avant que les Danois se fussent assemblés pour l'élection d'un nouveau roi, une armée insurrectionnelle se forma sous la conduite d'un Saxon appelé Hown. Malheureusement les exploits patriotiques de cette armée sont aujourd'hui aussi inconnus que le nom de son chef est obscur. Godwin, et avec lui son fils nommé Harald (*Harold* selon l'orthographe saxonne) levèrent cette fois l'étendard, pour la pure indépendance du pays, contre tout Danois, roi ou prétendant, chef ou soldat. Refoulés rapidement vers le nord, et chassés de ville en ville, les Danois partirent sur leurs vaisseaux, et abordèrent, diminués de nombre, aux rivages de leur ancienne patrie. Ils firent, à leur tour, un récit de trahison, dont les circonstances romanesques se retrouvent, d'une manière également fabuleuse, dans l'histoire de plusieurs peuples; ils dirent que Harold, fils de Godwin, avait invité les principaux d'entre eux à un grand banquet, où les Saxons vinrent armés et les assaillirent à l'improviste.

Ce ne fut point une surprise de ce genre, mais une guerre au grand jour, qui mit fin en Angleterre à la domination des Scandinaves; Harold joua, sous Godwin, à la tête de la nation soulevée, le premier rôle dans cette guerre. Au moment de la délivrance, tout le soin des affaires publiques fut confié au fils de Wulfnoth, qui venait d'accomplir, en sauvant sa patrie des mains des étrangers, la fortune extraordinaire qu'il avait commencée en sauvant un étranger des mains de ses compatriotes. Godwin, s'il l'eût voulu, pouvait se faire nommer roi des Anglais; peu de suffrages lui eussent été refusés dans une révolution où il semblait être l'homme nécessaire. Mais il aima mieux tourner les regards de la nation sur un homme étranger aux événements récents, sans envieux, sans ennemis, inoffensif aux yeux de tous par son éloignement des affaires, intéressant pour tous par ses malheurs, sur Edward, le second fils d'Ethelred, celui-là même dont on disait qu'il avait trahi et fait mourir le frère. D'après l'avis du chef de Wessex, un grand conseil, assemblé à Ghillingham, décida qu'un message national serait envoyé à Edward, en Normandie, pour lui annoncer que tout le peuple l'avait élu roi, mais sous la condition de n'amener avec lui qu'un petit nombre de Normands.

Edward obéit, dit une ancienne chronique, et vint en Angleterre avec peu d'hommes. Il fut proclamé roi dès son arrivée, et sacré dans l'église cathédrale de Winchester. En lui remettant le sceptre et la couronne, l'évêque lui fit un long discours sur les devoirs de la royauté et sur le gouvernement doux et équitable de ses prédécesseurs anglo-saxons. Comme il était encore sans épouse, il choisit la fille de l'homme puissant et populaire à qui il devait la royauté. Différents bruits de malveillance coururent au sujet de ce mariage; on disait qu'Edward, effrayé de l'immense autorité de Godwin, l'avait pris pour beau-père, afin de ne pas l'avoir pour ennemi. D'autres assuraient qu'avant de faire élire le nouveau roi, Godwin avait exigé de lui, par serment sur Dieu et sur son âme, la promesse d'épouser sa fille. Quoi qu'il en soit de ces allégations, Edward reçut en mariage une jeune personne belle, instruite dans les lettres,

pleine de modestie et de douceur; elle avait nom Edghithe, ou, par adoucissement, Edith. « Je l'ai vue bien des fois dans mon enfance,
» dit un contemporain, lorsque j'allais visiter mon père, employé
» au palais du roi. Si elle me rencontrait au retour de l'école, elle
» m'interrogeait sur ma grammaire, sur mes vers ou bien sur ma
» logique, où elle était fort habile, et, quand elle m'avait enlacé dans
» les filets de quelque argument subtil, elle ne manquait jamais de
» me faire donner trois ou quatre écus par sa suivante, et de m'en-
» voyer rafraîchir à l'office. » Edith était douce et bienveillante pour tout ce qui l'approchait; ceux qui n'aimaient pas, dans son père et son frère, leur caractère de fierté un peu rude, la louaient de ne pas leur ressembler; c'est ce qu'exprimait, d'une façon poétique, un vers latin fort à la mode dans ce temps : « Godwin a mis au monde Edith, comme l'épine produit la rose. »

La retraite des Danois et la fin du régime de la conquête, en réveillant tous les souvenirs patriotiques, avaient rendu plus chères au peuple les coutumes anglo-saxonnes. On eût voulu les faire revivre dans toute leur pureté primitive, dégagées de ce que le mélange des races y avait apporté d'étranger. Dans ce désir, on se reportait au temps qui avait précédé la grande invasion danoise, au règne d'Ethelred, dont on rechercha, pour les rétablir, les institutions et les lois. Cette restauration eut lieu dans la mesure où elle était possible, et le nom du roi Edward s'y attacha; ce fut un dicton populaire que ce bon roi avait rétabli les bonnes lois de son père Ethelred. Mais, à vrai dire, il ne fut point législateur; il ne promulgua point un nouveau code; seulement les ordonnances des rois danois cessèrent d'être exécutées sous son règne. L'impôt de la conquête fut de cette manière aboli.

Il n'y avait plus de Danois vivant dans le pays comme dominateurs; ceux-là furent tous expulsés, mais le peuple anglais redevenu libre ne chassa point de leurs habitations les hommes laborieux et paisibles qui, jurant obéissance aux lois communes, se résignèrent à la simple existence de cultivateurs ou de bourgeois. Le peuple saxon ne leva point de tributs sur eux par représailles, et ne rendit point leur condition plus mauvaise que n'était la sienne. Dans les provinces de l'est, et surtout dans celles du nord, les enfants des Scandinaves continuèrent de surpasser en nombre les enfants des Anglo-Saxons; ces provinces se distinguèrent de celles du centre et du midi par une différence assez remarquable d'idiome, de mœurs et de coutumes locales; mais il ne s'y éleva pas la moindre résistance contre le gouvernement du roi saxon. L'égalité sociale rapprocha et confondit en peu de temps les deux races autrefois ennemies. Cette union de tous les habitants du sol anglais, redoutable aux envahisseurs d'outre-mer, arrêta leurs projets d'ambition, et aucun roi du nord n'osa venir revendiquer à main armée l'héritage des fils de Knut. Ces rois envoyèrent même au paisible Edward des messages de paix et d'amitié : « Nous vous laisserons, lui disaient-ils, régner » sans trouble sur votre pays, et nous nous contenterons des » royaumes que Dieu nous a donnés. »

Mais, sous cette apparence extérieure de prospérité et d'indépendance, se développaient sourdement de nouveaux germes de trouble et de ruine. Le roi Edward, fils d'une Normande, élevé depuis son enfance en Normandie, était revenu presque étranger dans la patrie de ses aïeux ; le langage d'un peuple étranger avait été celui de sa jeunesse ; il avait vieilli parmi d'autres hommes et d'autres mœurs que les mœurs et les hommes de l'Angleterre ; ses amis, ses compagnons de plaisir et de peine, ses plus proches parents, l'époux de sa sœur, étaient de l'autre côté de la mer. Il avait juré de n'amener qu'un petit nombre de Normands : il en amena peu en effet, mais beaucoup vinrent après lui : ceux qui l'avaient aimé dans son exil, ceux qui l'avaient secouru quand il était pauvre accoururent assiéger son palais. Il ne put se défendre de les accueillir à son foyer et à sa table, et même de les y préférer aux inconnus dont il tenait son foyer, sa table et son titre. Le penchant irrésistible des anciennes affections l'égara jusqu'au point de confier les hautes dignités et les grands emplois du pays à des hommes nés sur une autre terre et sans amour pour la patrie anglaise. Les forteresses nationales furent mises sous la garde d'hommes de guerre normands ; des clercs de Normandie obtinrent des évêchés en Angleterre, et devinrent les chapelains du roi.

Quiconque sollicitait en langue normande n'essuyait jamais un refus ; cette langue bannit même du palais la langue nationale, objet de risée pour les courtisans étrangers, et nulle flatterie ne s'adressa plus au roi que dans cet idiome favori. Tous les gens ambitieux parmi la noblesse anglaise parlaient ou balbutiaient dans leurs maisons le nouveau langage de la cour, comme le seul digne d'un homme bien né ; ils quittaient leurs longs manteaux saxons pour les casaques normandes ; ils imitaient dans l'écriture la forme allongée des lettres normandes ; au lieu de signer leur nom au bas des actes civils, ils y suspendaient des sceaux en cire, à la manière normande. En un mot, tout ce qu'il y avait d'anciens usages nationaux, même dans les choses les plus indifférentes, était abandonné au bas peuple.

Mais le peuple, qui avait versé son sang pour que l'Angleterre fût libre, et qui était peu frappé de la grâce et du charme des nouvelles

modes, crut voir renaître sous d'autres apparences le gouvernement de l'étranger. Godwin, quoiqu'il fût, parmi ses compatriotes, le plus élevé en dignité et le premier après le roi, se souvint heureusement de son origine plébéienne, et entra dans le parti populaire contre les favoris normands. Le fils de Wulfnoth et ses quatre fils, Harold, Sweyn, Tosti et Gurth, tous aimés de la nation pour ce qu'ils valaient ou pour ce qu'ils donnaient d'espérances, résistèrent, le front levé, à l'influence normande, comme ils avaient tiré l'épée contre les conquérants danois. Dans ce palais où leur fille et leur sœur était dame et maîtresse, ils rendirent insolence pour insolence aux courtisans venus de la Gaule; ils tournèrent en dérision leurs modes exotiques, et blâmèrent la faiblesse du roi, qui leur abandonnait sa confiance et la fortune du pays. Les Normands recueillaient soigneusement ces propos et les envenimaient à loisir; ils criaient aux oreilles d'Edward que Godwin et ses fils l'insultaient sans ménagement, que leur arrogance n'avait pas de bornes, qu'on démêlait en eux l'ambition de régner à sa place et le projet de le trahir. Mais, pendant que ces accusations avaient cours dans le palais du roi, dans les réunions populaires, on jugeait tout autrement le caractère et la conduite du chef saxon et de ses fils. « Est-il étonnant, disait-on, que
» l'auteur et le soutien du règne d'Edward s'indigne de voir élever
» au-dessus de lui des hommes nouveaux et de nation étrangère? et
» pourtant, jamais il ne lui arrive de proférer un mot d'injure contre
» l'homme que lui-même a fait roi. » On qualifiait les favoris normands des noms de délateurs infâmes, d'artisans de discorde et de trouble, et l'on souhaitait longue vie au grand chef, au chef magnanime sur terre et sur mer. On maudissait le fatal mariage d'Ethelred avec une femme normande, cette union contractée pour sauver le pays d'une invasion étrangère, et de laquelle résultait maintenant une nouvelle invasion et comme une nouvelle conquête, sous le masque de la paix et de l'amitié.

La trace et peut-être même l'expression de ces plaintes nationales se retrouvent dans quelques mots bizarrement énergiques d'un historien postérieur d'un siècle, il est vrai, mais imbu de traditions populaires : « Il semble, dit-il, que Dieu tout-puissant, pour punir la
» nation anglaise, se soit proposé un double plan de destruction et
» qu'il ait dressé contre elle une sorte d'embuscade militaire ; car
» d'un côté s'est déchaînée l'irruption danoise, de l'autre s'est ourdie
» la trame des intrigues normandes, afin que, si la nation échappait
» aux coups de foudre des Danois, l'astuce des Normands forts et
» braves aussi vînt la surprendre. »

Taillefer poussa son cheval... (page 101)

II. — Depuis le soulèvement du peuple anglais contre les favoris normands du roi Edward jusqu'a la bataille des Hastings

1048-1066

Parmi les hommes qui vinrent de Normandie ou de France, pour visiter le roi Edward, se trouvait Eustache, comte de Boulogne. Il gouvernait héréditairement cette ville, avec un petit territoire voisin de l'Océan; et, pour signe de sa dignité de seigneur d'une contrée maritime, il attachait à son heaume, lorsqu'il s'armait en guerre, deux longues aigrettes de fanons en baleine. Eustache venait d'épouser la sœur d'Edward, déjà veuve d'un haut baron français nommé Gaultier de Mantes. Le nouveau beau-frère du roi saxon séjourna auprès de lui quelque temps, avec une suite nombreuse. Il trouva le palais rempli d'hommes nés comme lui dans la Gaule et en parlant l'idiome, de façon que l'Angleterre lui semblait un pays conquis, où les Normands et les Français avaient le droit de tout oser. Dans son voyage de retour, après avoir pris du repos à Canterbury, le comte Eustache se dirigeait vers Douvres. Il fit faire halte à son escorte à quelque distance de la ville, quitta son palefroi de voyage, et monta le grand coursier qu'un de ses gens lui menait en main droite; il endossa sa cotte de mailles, et tous ses compagnons firent de même. C'est dans cet attirail menaçant qu'ils entrèrent à Douvres.

Ils se promenaient insolemment par la ville, marquant les meilleures maisons pour y passer la nuit, et s'y établissant d'autorité. Les habitants murmurèrent; l'un d'entre eux eut le courage d'arrêter sur le seuil de sa porte un des Français qui prétendait prendre son quartier chez lui. L'étranger mit l'épée à la main et blessa l'Anglais, qui, s'armant à la hâte avec les gens de sa famille, assaillit et tua l'agresseur. A cette nouvelle, Eustache de Boulogne et toute sa troupe quittèrent leurs logements, remontèrent à cheval, et faisant le siége de la maison de l'Anglais, ils le massacrèrent, dit la chronique saxonne, devant son propre foyer. Ensuite ils parcoururent la ville, l'épée nue à la main, frappant les hommes et les femmes, et écrasant les enfants sous les pieds de leurs chevaux. Ils n'allèrent pas loin sans rencontrer un corps de citoyens en armes; et, dans le combat qui s'engagea, dix-neuf des Boulonnais furent tués. Le comte prit la fuite avec le reste des siens; mais, n'osant gagner le port et s'embarquer, il retourna vers la ville de Glocester, où résidait alors le roi Edward avec ses favoris normands.

Le roi, disent les chroniques, donna sa paix à Eustache et à ses compagnons. Il crut, sur la seule parole de son beau-frère, que tout le tort était du côté des habitants de Douvres, et, enflammé contre eux d'une colère violente, il manda promptement Godwin, dans le gouvernement duquel cette ville était comprise : « Pars sans délai, » lui dit Edward, et va châtier, par une exécution militaire, ceux » qui attaquent mes parents à main armée et troublent la paix du » pays. » Moins prompt à se décider en faveur d'un étranger contre ses compatriotes, Godwin proposa qu'au lieu d'exercer une vengeance aveugle sur la ville entière, on citât, selon les formes légales, les magistrats à comparaître devant le roi et les juges royaux, pour rendre raison de leur conduite. « Il ne nous convient pas, dit-il au » roi, de condamner, sans les entendre, des hommes que votre de- » voir est de protéger. »

La colère d'Edward, animée par les clameurs de ses courtisans et de ses favoris, se tourna toute entière contre le chef anglais, qui, accusé lui-même de désobéissance et de rébellion, fut sommé de comparaître devant un grand conseil convoqué à Glocester. Godwin s'émut peu d'abord de cette accusation, pensant que le roi se calmerait, et que les autres chefs lui rendraient justice. Mais il apprit bientôt, que par l'influence royale et par les intrigues des étrangers, l'assemblée avait été séduite, et qu'elle devait rendre un arrêt de bannissement contre lui et contre ses fils. Le père et les fils résolurent d'opposer leur popularité à ces manœuvres, et de faire un appel aux Anglais contre les courtisans d'outre-mer, quoiqu'il fût loin de leur esprit, dit encore l'ancienne chronique, de vouloir faire aucune violence à leur roi national.

Godwin leva une troupe de soldats volontaires dans le pays situé au sud de la Tamise, pays qu'il gouvernait dans toute son étendue. Harold, l'aîné de ses fils, rassembla beaucoup d'hommes sur les côtes de l'est, entre la Tamise et le golfe de Boston; son second fils, nommé Sweyn, engagea dans cette opposition patriotique les habitants des bords de la Saverne et des frontières galloises. Les trois corps d'armée se réunirent près de Glocester, et demandèrent au roi, par des messages, que le comte Eustache et ses compagnons, ainsi que plusieurs Normands et Boulonnais qui se trouvaient en Angleterre, fussent livrés au jugement de la nation Edward ne répondit point à ces requêtes, et envoya aux deux grands chefs du nord et des provinces centrales, à Siward et à Leofrik, tous les deux Danois de naissance, l'ordre de se mettre en marche vers le sud-ouest avec toutes les forces qu'ils pourraient rassembler. Les gens de Northumbrie et de Mercie qui s'armèrent, à l'appel fait par les deux chefs, pour la défense de l'autorité royale, ne le firent point avec ardeur. Siward et Leofrik entendaient murmurer par leurs soldats qu'on se trompait, si l'on comptait sur eux pour verser le sang de leurs compatriotes en faveur de l'intérêt étranger et des favoris du roi Edward.

Tous deux furent sensibles à ces remontrances; la distinction nationale entre les Anglo-Saxons et les Anglo-Danois était devenue assez faible pour que la vieille haine des deux races ne pût désormais servir d'instrument à une cause ennemie de celle du pays. Les chefs et les guerriers des provinces septentrionales refusèrent d'en venir aux mains avec les insurgés du sud; ils demandèrent qu'un armistice eût lieu entre le roi et Godwin, et que leur différend fût débattu devant une assemblée tenue à Londres. Edward fut contraint de céder. Godwin, qui ne souhaitait point la guerre pour elle-même, consentit volontiers; et d'une part et de l'autre, dit la chronique saxonne, on se jura la paix de Dieu et une parfaite amitié. C'était la formule du siècle; mais, d'un côté du moins, ces promesses furent peu sincères. Le roi profita du temps qui lui restait jusqu'à la réunion de l'assemblée, fixée à l'équinoxe d'automne, pour augmenter la force de ses troupes, pendant que Godwin se retirait vers les provinces du sud-ouest, et que ses bandes volontaires, n'ayant ni solde ni quartiers, retournaient dans leurs familles. Faussant, quoique indirectement, sa parole, Edward fit publier, dans l'intervalle, son ban pour la levée d'une armée, tant au sud qu'au nord de la Tamise.

Cette armée, disent les chroniques, était la plus nombreuse qu'on eût vue depuis le nouveau règne. Le roi en donna le commandement à ses favoris d'outre-mer, parmi lesquels figurait au premier rang un jeune fils de sa sœur Goda et du Français Gaultier de Mantes. Edward cantonna ses forces au dedans de Londres et près de la ville, de façon que le conseil national s'ouvrît au milieu d'un camp, sous l'influence de la terreur et des séductions royales. Godwin et ses deux fils furent sommés par ce conseil, délibérant sous la force, de renoncer au bénéfice des serments qu'avaient prêtés entre leurs mains le peu d'hommes qui leur restaient, et de comparaître sans escorte et sans armes. Ils répondirent qu'ils étaient prêts à obéir au premier de ces deux ordres, mais qu'avant de se rendre à l'assemblée seuls et sans défense, ils réclamaient des otages, pour garantie de leur sûreté personnelle à l'entrée et à la sortie. Deux fois ils répétèrent cette demande, que l'appareil militaire déployé dans Londres justifiait pleinement de leur part, et deux fois on leur répondit par un refus et par la sommation de se présenter sans délai avec douze témoins qui affirmeraient par serment leur innocence. Ils ne vinrent pas, et le grand conseil les déclara coutumaces volontaires, ne leur octroyant que cinq jours de paix pour sortir d'Angleterre avec toute leur famille. Godwin, sa femme Ghitha, ou Edith, et trois de ses fils, Sweyn, Tosti et Gurth, se rendirent sur la côte de l'est, d'où ils s'embarquèrent pour la Flandre. Harold et son frère Leofwin allèrent vers l'ouest à Brig-stow, maintenant Bristol, et passèrent la mer d'Irlande. Avant l'expiration du délai de cinq jours, et au mépris du décret de l'assemblée, le roi fit courir à leur poursuite une troupe de cavaliers armés; mais le commandant de cette troupe, qui était un Saxon, ne put ou ne voulut pas les attendre.

Les biens de Godwin et de ses enfants furent saisis et confisqués. Sa fille, l'épouse du roi, fut dépouillée de tout ce qu'elle avait en terres, en meubles et en argent. Il ne convenait pas, disaient avec ironie les courtisans étrangers, que, dans le temps où la famille de cette femme souffrait les peines de l'exil, elle-même dormît sur la plume. Le faible Edward alla jusqu'à permettre qu'on l'emprisonnât dans un cloître... Les jours qui suivirent furent des jours d'allégresse et de fortune pour les gens venus d'outre mer, et la Normandie fournit plus que jamais des gouverneurs à l'Angleterre. Les Normands y obtenaient peu à peu la même suprématie que les Danois avaient conquise autrefois par l'épée. Un moine de Jumiéges, appelé Robert, devint archevêque de Canterbury; un autre moine normand fut évêque de Londres; des prélats et des abbés saxons furent déposés, pour faire place aux chapelains étrangers du roi Edward. Les gouvernements de Godwin et de ses fils furent le partage d'hommes portant des noms exotiques; un certain Eudes devint chef des quatre provinces de Devon, de Sommerset, de Dorset et de Cornouaille, et le fils de Gaultier de Mantes, nommé Raoul, eut la garde de la province de Hereford et des postes de défense établis contre les Gallois.

Bientôt un nouvel hôte de Normandie, le plus considérable de tous, vint visiter le roi Edward, et se promener, avec une suite nombreuse, à travers les villes et les châteaux de l'Angleterre ; c'était Guillaume, duc des Normands, fils bâtard du dernier duc, nommé Robert, et que son caractère violent fit surnommer Robert le Diable...

Le jeune Guillaume n'était encore âgé que de sept ans, lorsque son père fit le vœu d'aller en pèlerinage à pied jusqu'à Jérusalem, pour la rémission de ses fautes. Les barons de Normandie voulurent retenir le duc Robert, en lui représentant qu'il serait mal pour eux de demeurer sans chef : « Par ma foi, répondit le duc, je ne
» vous laisserai point sans seigneur. J'ai un petit bâtard qui gran-
» dira et sera prud'homme, s'il plaît à Dieu. Recevez-le donc pour
» seigneur ; car je le fais mon héritier, et le saisis dès à présent de
» tout le duché de Normandie. »

Les barons firent ce que souhaitait le duc Robert, parce que cela leur convenait, dit la vieille chronique ; ils jurèrent fidélité à l'enfant, et placèrent leurs mains entre les siennes. Robert étant mort dans son pèlerinage, plusieurs comtes et barons normands, et surtout les parents des anciens ducs, protestèrent contre cette élection, disant qu'un bâtard ne pouvait commander aux fils des Danois. Les seigneurs du Bessin et du Cotentin, plus remuants que les autres et encore plus fiers de la pureté de leur descendance, se mirent à la tête des mécontents et levèrent une armée nombreuse ; mais ils furent vaincus en bataille rangée au Val-des-Dunes, près de Caen, non sans le secours du roi de France, qui soutenait la cause du jeune duc par intérêt personnel, et afin d'exercer de l'influence sur les affaires du pays.

Guillaume, en avançant en âge, devint de plus en plus cher à ses partisans ; le jour où il revêtit pour la première fois une armure, et monta, sans s'aider de l'étrier, sur son premier cheval de bataille, fut un jour de fête en Normandie. Dès sa jeunesse, il s'occupa de soins militaires, et fit la guerre à ses voisins d'Anjou et de Bretagne. Il aimait passionnément les beaux chevaux et en faisait venir, disent les contemporains, de Gascogne, d'Auvergne et d'Espagne, recherchant surtout ceux qui portaient des noms propres par lesquels on distinguait leur généalogie. Le jeune fils de Robert était ambitieux et vindicatif à l'excès ; il appauvrit autant qu'il put la famille de son père, pour enrichir et élever en dignité ses parents du côté maternel. Il punit souvent d'une manière sanglante les railleries que lui attirait la tache de sa naissance, soit de la part de ses compatriotes, soit de la part des étrangers. Un jour qu'il attaquait la ville d'Alençon, les assiégés s'avisèrent de lui crier du haut des murs : La peau ! la peau ! et de battre des cuirs, pour faire allusion au métier du bourgeois de Falaise dont Guillaume était le petit-fils. Le bâtard fit aussitôt couper les pieds et les mains à tous les prisonniers qu'il avait en son pouvoir, et lancer leurs membres, par ses frondeurs, au dedans des murs de la ville.

En parcourant l'Angleterre, le duc de Normandie put croire un moment qu'il n'avait pas quitté sa propre seigneurie ; des Normands commandaient la flotte qu'il trouva en station au port de Douvres ; à Canterbury, des soldats normands formaient la garnison d'un fort bâti sur le penchant d'une colline ; d'autres Normands vinrent le saluer, en habits de grands officiers ou de prélats. Les favoris d'Edward se rangèrent avec respect autour du chef de leur pays natal, autour de leur seigneur naturel, pour parler comme on s'exprimait alors. Guillaume parut en Angleterre plus roi qu'Edward lui-même, et son esprit ambitieux ne tarda pas à concevoir l'espérance de le devenir sans beaucoup de peine à la mort de ce prince, esclave de l'influence normande. De pareilles idées ne pouvaient manquer de naître dans l'esprit du fils de Robert. Il joignait à un grand désir de puissance et de renommée une grande fermeté de résolution, une rare intelligence des moyens d'atteindre son but et autant de courage que d'adresse.

Mais, si l'on en croit le témoignage d'un contemporain, il ne laissa rien voir alors de sa pensée pour l'avenir et n'en parla point au roi Edward, ne se pressant point d'agir et croyant que les choses se disposeraient d'elles-mêmes à souhait pour son ambition. Edward, de son côté, soit qu'il songeât ou non à ses projets et à l'opportunité d'avoir un jour son parent maternel pour successeur, ne lui en dit rien non plus ; seulement il l'accueillit avec une grande tendresse, lui donna des armes, des chevaux, des chiens et des oiseaux de chasse, le combla de toutes sortes de présents et d'assurances d'affection. Tout entier au souvenir du pays où il avait passé sa jeunesse, le roi des Anglais se laissait ainsi aller à l'oubli de sa propre nation ; mais cette nation ne s'oubliait pas elle-même, et ceux qui lui conservaient leur amour trouvèrent bientôt le moment d'attirer sur eux les regards du roi.

Dans l'été de l'année 1052, Godwin partit de Bruges avec plusieurs vaisseaux, et aborda sur le rivage de Kent. Il envoya secrètement des messagers à la garnison saxonne du port de Hastings, dans la province de Suth-sex, ou Sussex par euphonie ; d'autres émissaires se répandirent au loin vers le sud et vers le nord. A leur sollicitation, beaucoup de gens en état de porter les armes se lièrent par serment à la cause du chef exilé, promettant tous, dit un vieil historien, de vivre et de mourir avec lui. La nouvelle de ce mouvement parvint à la flotte royale, qui croisait dans la mer de l'est sous la conduite du normand Eudes et du français Raoul; tous deux se mirent à la poursuite de Godwin, qui, se trouvant inférieur en forces, recula et s'abrita dans la rade de Pevensey, pendant qu'une tempête arrêtait la marche des vaisseaux du roi. Il côtoya ensuite le rivage du sud jusqu'à la hauteur de l'île de Wight, où ses deux fils Harold et Leofwin, venant d'Irlande, le rejoignirent avec une petite armée.

Le père et les fils recommencèrent ensemble à pratiquer des intelligences parmi les habitants des provinces méridionales. Partout où ils abordaient, on leur fournissait des vivres, on se liait à leur cause par serment et on leur donnait des otages; tous les corps de soldats royaux, tous les navires qu'ils rencontraient dans les ports désertaient à eux. Ils firent voile vers Sandwich, où leur débarquement eut lieu sans obstacles, malgré la proclamation d'Edward qui ordonnait à tout habitant de fermer le passage au chef rebelle. Le roi était alors à Londres; il appela dans cette ville tous les guerriers de l'ouest et du nord. Peu obéirent à son appel, et ceux qui s'y rendirent vinrent trop tard. Les vaisseaux de Godwin purent librement remonter la Tamise et arriver en vue de Londres, près du faubourg qu'on appelait alors et qu'on appelle encore Southwark. Quand vint la marée basse, on jeta l'ancre, et des émissaires secrets se répandirent parmi les habitants de Londres, qui, à l'exemple de ceux des ports, jurèrent de vouloir tout ce que voudraient les ennemis de l'influence étrangère. Les vaisseaux passèrent sans obstacle sous le pont de Londres, et débarquèrent un corps de troupes qui se rangea sur le bord du fleuve.

Avant de tirer une seule flèche, les exilés envoyèrent au roi Edward un message respectueux pour lui demander la révision de la sentence qui les avait frappés. Edward refusa d'abord; d'autres messages se succédèrent, et, durant ces retards, Godwin eut peine à contenir l'irritation de ses amis. De son côté, le roi trouva les hommes qui restaient sous ses drapeaux peu disposés à en venir aux mains avec des compatriotes. Ses favoris étrangers, qui prévoyaient que la paix entre les Saxons serait leur ruine, le pressaient de donner le signal du combat; mais la nécessité le rendant plus sage, il cessa d'écouter les Normands, et consentit à ce que voudraient résoudre les chefs anglais des deux partis. Ceux-ci se réunirent sous la présidence de Stigand, évêque de Winchester, homme doué au plus haut degré de patriotisme et de résolution. Ils décidèrent d'un commun accord que le roi devait accepter de Godwin et de ses fils le serment de paix et des otages, en leur offrant de son côté des garanties équivalentes.

Au premier bruit de cette réconciliation, les courtisans de Normandie et de France montèrent à cheval en grande hâte, et s'enfuirent de différents côtés. Les uns gagnèrent vers l'ouest un fort gardé par le Normand Osbern, surnommé Pentecoste, d'autres coururent vers un château du nord, commandé aussi par un Normand. Robert, l'archevêque de Canterbury, et un autre évêque normand, sortirent de Londres par la porte orientale, suivis de quelques hommes d'armes de leur nation, qui, en fuyant, tuèrent plusieurs Anglais accourus pour les arrêter. Ils se rendirent à la côte de l'est et s'y embarquèrent sur un bateau de pêcheur. Dans son trouble et son empressement, l'archevêque Robert laissa en Angleterre ses effets les plus précieux, et entre autres choses le *pallium* qu'il avait reçu de l'Église romaine comme insigne de sa dignité.

Un grand conseil des sages fut convoqué hors de Londres, et, cette fois, s'assembla librement. Tous les chefs et les meilleurs hommes du pays, dit une chronique saxonne, y assistèrent. Godwin porta la parole pour se défendre, et se justifia de toute accusation devant le roi et le peuple ; ses fils se justifièrent de même. Leur sentence d'exil fut cassée, et une autre sentence, unanimement rendue, bannit d'Angleterre tous les Normands comme ennemis de la paix publique, fauteurs de discordes, et calomniateurs des Anglais auprès de leur roi. Le plus jeune des fils de Godwin, appelé Wulfnoth, fut remis avec l'un des fils de Sweyn entre les mains d'Edward, comme otages de la paix jurée. Entraîné encore, dans ce moment même, par son fatal penchant d'amitié pour les gens d'outre-mer, le roi les envoya tous les deux en garde à Guillaume, duc de Normandie. La fille de Godwin sortit de son cloître, et revint habiter le palais ; tous les membres de cette famille populaire rentrèrent dans leurs honneurs, à l'exception d'un seul, de Sweyn, qui y renonça de son plein gré. Il avait autrefois enlevé une religieuse et commis un meurtre par emportement ; pour satisfaire à la justice et apaiser ses remords, il se condamna lui-même à faire nu-pieds le voyage de Jérusalem. Il accomplit rigoureusement ce pénible pèlerinage, mais une prompte mort en fut la suite.

L'évêque Stigand, qui avait présidé l'assemblée tenue pour la grande réconciliation, prit la place du normand Robert dans l'archevêché de Canterbury. C'était un homme de talents politiques plus que de vertus sacerdotales, ambitieux d'honneurs et de richesses, mais joignant à cette ambition une passion plus noble, celle du bien public et de l'indépendance du pays. Il fut nommé archevêque, non provisoirement, mais en titre, par les évêques suffragants du siège de Canterbury et par le roi, et ce fut de leur part un acte de précaution, et, pour ainsi dire, de nécessité nationale. En effet, la vacance d'un siége métropolitain dont le ressort s'étendait aux trois quarts de l'Angleterre pouvait, dans la crise présente, donner ouverture aux intrigues du titulaire étranger. La raison d'Etat parlait très haut; elle fut écoutée avant tout. On ne se demanda pas avec inquiétude si les règles canoniques permettaient qu'un dignitaire de l'Eglise en remplaçât un autre encore vivant, non démissionnaire et non canoniquement déposé. Le pallium de l'archevêque normand resté en Angleterre semblait à l'imagination du peuple un signe du jugement de Dieu sur l'homme qui avait plus qu'aucun autre semé la discorde entre les Anglais et leur roi et provoqué la guerre civile. On regarda cet homme comme mort pour l'Angleterre et l'on passa outre en élevant à son poste l'un des auteurs de la révolution qui avait mis fin au règne de l'influence étrangère, le prélat dont le caractère pouvait le mieux garantir au pays que cette influence ne pénètrerait plus désormais dans l'ordre ecclésiastique.

Les normands Hugues et Osbern-Pentecostes rendirent les châteaux dont ils avaient la garde, et obtinrent des saufs-conduits pour sortir d'Angleterre; mais, à la requête du faible Edward, quelques infractions furent faites au décret de bannissement porté contre les étrangers en masse. Raoul, fils de Gaultier de Mantes et de la sœur du roi ; Robert, surnommé le Dragon ; et son gendre Richard, fils de Scrob ; Onfroy, écuyer du palais ; Onfroy, surnommé Pied-de-Geai, et d'autres pour lesquels le roi avait une amitié particulière, ou qui s'étaient peu signalés dans les derniers troubles, obtinrent le privilége d'habiter en Angleterre et d'y conserver des emplois. Guillaume, évêque de Londres, fut rappelé aussi, quelque temps après, et rétabli dans son siége épiscopal ; un flamand, nommé Herman, demeura évêque de Wilton. Godwin s'opposa de tout son pouvoir à cette tolérance contraire à la volonté publique ; mais sa voix ne prévalut point, parce que trop de gens voulaient faire preuve de bonne grâce envers le roi, et succéder par ce moyen au crédit des courtisans étrangers. La suite prouva qui de ces gens de cour ou de l'austère Godwin était meilleur politique.

Il est difficile d'apprécier exactement le degré de sincérité du roi Edward dans son retour vers l'intérêt national, et sa réconciliation avec la famille de Godwin. Entouré de ses compatriotes, peut-être se croyait-il en esclavage ; peut-être regardait-il comme une gêne son obéissance aux vœux du pays qui l'avait fait roi. Ses relations ultérieures avec le duc de Normandie, ses entretiens particuliers avec les Normands restés auprès de sa personne, sont la partie secrète de cette histoire. Tout ce que disent les chroniques du

Guillaume le Conquérant.

temps, c'est qu'une amitié apparente existait entre le roi et son beau-père, et qu'en même temps Godwin était détesté au dernier point en Normandie. Les étrangers à qui son retour avait fait perdre leurs emplois et leurs honneurs, ceux à qui la facile et brillante carrière de courtisans du roi des Anglais était maintenant fermée, ne nommaient jamais Godwin sans l'appeler traître, ennemi de son roi, meurtrier du jeune Alfred.

Cette dernière inculpation était la plus accréditée, et elle poursuivit le patriote saxon jusqu'à l'heure de sa mort. Un jour, à la table d'Edward, il tomba subitement en défaillance, et l'on bâtit sur cet incident un récit romanesque et fort douteux, quoique répété par plusieurs historiens. Ils racontent qu'un des serviteurs, versant à boire, posa un pied à faux, trébucha, mais se retint dans sa chute en appuyant l'autre jambe. « Eh bien, dit Godwin au roi en sou-
» riant, le frère est venu au secours du frère. — Sans doute, reprit
» Edward, jetant sur le chef saxon un regard significatif, le frère a
» besoin de son frère, et plût à Dieu que le mien vécût encore! — O
» roi! s'écria Godwin, d'où vient qu'au moindre souvenir de ton
» frère, tu me fais toujours mauvais visage? Si j'ai contribué, même
» indirectement, à son malheur, fasse le Dieu du ciel que je ne
» puisse avaler ce morceau de pain! » Godwin mit le pain dans sa bouche, disent les auteurs qui rapportent cette aventure, et sur-le-champ il s'étrangla. La vérité est que sa mort ne fut point aussi prompte; que, tombé de son siége et emporté hors de la salle par deux de ses fils, Tosti et Gurth, il expira cinq jours après. En général, le récit de tous ces événements varie, selon que l'écrivain est Normand ou Anglais de race. « Je vois toujours devant moi deux
» routes et deux versions opposées, dit un historien postérieur de
» moins d'un siècle; que mes lecteurs soient avertis du péril où je
» me trouve moi-même. »

Peu de temps après la mort de Godwin, mourut Siward, chef du Northumberland, qui d'abord avait suivi le parti royal contre Godwin, et qui ensuite avait voté pour la paix et pour l'expulsion des favoris étrangers. Il était Danois de naissance, et la population de même origine à laquelle il commandait lui donnait le nom de Siward-Digr, c'est-à-dire Siward le Fort; on montra longtemps une grosse pierre qu'il avait, disait-on, coupée en deux d'un coup de hache. Attaqué par la dyssenterie, et sentant sa fin approcher : « Levez-moi, dit-il à ceux qui l'entouraient; que je meure debout
» comme un soldat, et non accroupi comme une vache; revêtez-
» moi de ma cotte de mailles, couvrez ma tête de mon heaume,
» mettez mon écu à mon bras gauche et ma hache dorée dans ma
» main droite, afin que j'expire sous les armes. » Siward laissait un fils appelé Waltheof, trop jeune encore pour lui succéder dans son gouvernement de Northumbrie; cet emploi fut donné à Tosti, le troisième des fils de Godwin. Harold, qui était l'aîné, remplaça son père dans le gouvernement de tout le pays situé au sud de la Tamise,

et remit à Alfgar, fils de Leofrik, gouverneur de Mercie, l'administration des provinces de l'est qu'il avait gouvernées jusque-là.

Harold était alors, en puissance et en talents militaires, le premier homme de son pays. Il refoula dans leurs anciennes limites les Gallois, qui firent vers ce temps plusieurs irruptions, encouragés par le peu d'habileté du français Raoul, neveu d'Edward, qui commandait la place frontière de Hereford et avait sous lui une troupe de ses compatriotes restés par tolérance en Angleterre. Raoul se montrait peu vigilant pour la garde d'un pays qui n'était pas le sien; ou si, en vertu de son pouvoir de chef, il appelait les Saxons aux armes, c'était pour les exercer malgré eux à la tactique du continent, et les faire combattre à cheval, contre l'usage de leur nation. Les Anglais, embarrassés de leurs montures, et abandonnés par leur général, qui prit la fuite au premier péril, ne résistèrent point aux Gallois; les lieux voisins de Hereford furent envahis, et la ville même fut pillée. C'est alors que Harold vint du sud de l'Angleterre; il chassa les Cambriens jusque par delà leurs frontières; il les contraignit de jurer qu'ils ne les repasseraient plus, et d'accepter comme loi que tout homme de leur nation, trouvé en armes à l'est du retranchement d'Offa, aurait la main droite coupée. Il paraît que les Saxons élevèrent de leur côté un autre retranchement parallèle, et que l'espace du milieu devint une sorte de terrain libre pour les commerçants des deux nations. Les antiquaires croient distinguer encore les traces de cette double ligne de défense, et sur les hauteurs, quelques restes d'anciens postes fortifiés, établis par les Bretons à l'ouest, et par les Anglais à l'orient.

Pendant que Harold grandissait ainsi en renommée et en popularité auprès des Anglo-Saxons du sud, son frère Tosti était loin de s'attirer l'amour des Anglo-Danois du nord. Tosti, bien que Danois du côté de sa mère, par un faux orgueil national, traitait ses subordonnés en sujets plutôt qu'en citoyens volontairement réunis, et leur faisait sentir le joug d'un conquérant au lieu de l'autorité d'un chef. Il violait à plaisir leurs coutumes héréditaires, levait des tributs énormes, et faisait mettre à mort, sans jugement, les hommes qui lui portaient ombrage. Après plusieurs années d'oppression, la patience des Northumbriens se lassa, et une troupe d'insurgés, conduite par deux hommes d'un grand nom dans le pays, se présenta subitement aux portes d'York, résidence de Tosti. Le chef s'enfuit; mais ses officiers et ses ministres, Saxons et Danois de race, furent mis à mort en grand nombre.

Les insurgés s'emparèrent des arsenaux et du trésor de la province; puis, assemblant un grand conseil, ils déclarèrent le fils de

Godwin déchu de son pouvoir et mis hors la loi. Morkar, l'un des fils de cet Alfgar qui, après la mort de Leofrik, son père, était devenu chef de toute la Mercie, fut élu pour succéder à Tosti. Le fils d'Alfgar se rendit à York, prit le commandement de l'armée northumbrienne, et chassa Tosti vers le sud. L'armée s'avança sur les terres de Mercie jusqu'à la ville de Northampton, et beaucoup d'habitants de la contrée vinrent la grossir. Edwin, frère de Morkar, qui avait un commandement sur la frontière du pays de Galles, leva, pour soutenir la cause de son frère, quelques troupes de sa province, et même un corps de Cambriens, engagés sous la condition d'une solde, et peut-être par le désir de satisfaire leur haine nationale en combattant contre les Saxons, même sous une bannière saxonne.

A la nouvelle de ce grand mouvement, le roi Edward fit marcher Harold, avec les guerriers du sud et de l'est, à la rencontre des insurgés. L'orgueil de famille blessé dans la personne d'un frère joint à l'aversion naturelle aux gens puissants contre tout acte énergique d'indépendance populaire, semblait devoir faire de Harold un ennemi impitoyable pour la population qui avait chassé Tosti, et pour le chef qu'elle avait élu. Mais le fils de Godwin se montra supérieur à ces passions vulgaires, et, avant de tirer l'épée contre des compatriotes, il proposa aux Northumbriens une conférence pour la paix. Ceux-ci exposèrent leurs griefs et le motif de leur insurrection. Harold essaya de disculper son frère, et promit au nom de Tosti une meilleure conduite pour l'avenir, si le peuple de Northumberland lui pardonnait et l'accueillait de nouveau ; mais les Northumbriens protestèrent d'une voix unanime contre toute réconciliation avec celui qui les avait tyrannisés. « Nous sommes » nés libres, dirent-ils, et élevés dans la liberté ; un chef orgueil- » leux est pour nous une chose insupportable, car nous avons » appris de nos ancêtres à vivre libres ou à mourir. » Ils chargèrent Harold lui-même de porter leur réponse au roi. Harold, préférant la justice et le repos du pays à l'intérêt de son propre frère, se rendit auprès d'Edward ; et ce fut encore lui qui, à son retour, jura aux Northumbriens la paix que le roi leur octroyait, en sanctionnant l'expulsion de Tosti et l'élection du fils d'Alfgar. Tosti, mécontent du roi Edward, de ses compatriotes qui l'abandonnaient, et surtout de son frère, qu'il croyait tenu de défendre sa cause, juste ou injuste, quitta l'Angleterre, la haine dans le cœur, et se rendit auprès du comte de Flandre, dont il avait épousé la fille. . . . .

. . . .

Il y avait deux années qu'en Angleterre la paix intérieure durait

sans aucun trouble. L'aigreur du roi Edward contre les fils de Godwin disparaissait faute d'aliments et par l'habitude de vivre au milieu d'eux. Harold, le nouveau chef de cette famille populaire, rendait pleinement au roi cette déférence de respect et de soumission dont il était si jaloux. D'anciens récits disent qu'Edward l'aimait et le traitait comme son propre fils ; mais, du moins, n'éprouvait-il point à son égard l'espèce d'aversion mêlée de crainte que Godwin lui avait inspirée, et n'avait-il plus de prétexte pour retenir, comme des garanties contre le fils, les deux otages qu'il avait reçus du père. On se rappelle que ces otages avaient été confiés par le soupçonneux Edward à la garde du duc de Normandie. Ils étaient, depuis plus de dix ans, loin de leur pays, dans une sorte de captivité. Harold, frère de l'un et oncle de l'autre, croyant le moment favorable pour obtenir leur délivrance, demanda au roi la permission d'aller les réclamer en son nom, et de les ramener d'exil. Sans montrer aucune répugnance à se dessaisir des otages, Edward parut fort alarmé du projet que formait Harold d'aller lui-même en Normandie. « Je ne veux pas te contraindre, lui dit-il, mais si tu pars,
» ce sera sans mon aveu ; car certainement ton voyage doit attirer
» quelque malheur sur toi et sur notre pays. Je connais le duc
» Guillaume et son esprit astucieux ; il te hait et ne t'accordera
» rien, à moins d'y voir un grand profit ; le seul moyen de lui faire
» rendre les otages serait d'envoyer un autre que toi. »

Le Saxon, brave et plein de confiance, ne se rendit point à cet avis ; il partit pour la traversée, comme pour un voyage de plaisir, entouré de gais compagnons, avec son oiseau sur le poing et ses lévriers courant devant lui. Il s'embarqua dans un des ports de la province de Sussex. Le vent contraire écarta ses deux vaisseaux de leur route et les poussa vers l'embouchure de la Somme, sur les terres de Guy, comte de Ponthieu. C'était la coutume de ce pays maritime, comme de beaucoup d'autres, au moyen âge, que tout étranger jeté sur la côte par une tempête, au lieu d'être humainement secouru, fût emprisonné et mis à rançon. Harold et ses compagnons subirent cette loi rigoureuse ; après avoir été dépouillés du meilleur de leur bagage, ils furent enfermés par le seigneur du lieu dans sa forteresse de Belram, aujourd'hui Beaurain, près de Montreuil.

Pour échapper à l'ennui d'une longue captivité, le Saxon se déclara porteur d'un message du roi d'Angleterre pour le duc de Normandie, et envoya demander à Guillaume de le faire sortir de prison, afin qu'il pût se rendre auprès de lui. Guillaume n'hésita point, et réclama de son voisin, le comte de Ponthieu, la liberté du captif, d'abord avec de simples menaces, sans nullement parler de rançon. Le comte de Ponthieu fut sourd aux menaces, et ne céda qu'à l'offre d'une grande somme d'argent et d'une belle terre sur la rivière d'Eaume. Harold se rendit à Rouen, et le duc de Normandie eut alors la joie de tenir chez lui, en sa puissance, le fils du plus grand ennemi des Normands, l'un des chefs de la ligue nationale qui avait fait bannir d'Angleterre les fauteurs de ses prétentions sur la royauté des Anglais. Le duc Guillaume accueillit le chef saxon avec de grands honneurs et une apparence de franche cordialité : il lui dit que les deux otages étaient libres sur sa seule requête, qu'il pouvait repartir avec eux; mais qu'en hôte courtois il devait ne point tant se presser, et demeurer au moins quelques jours à voir les villes et les fêtes du pays.

Harold se promena de ville en ville, de château en château, et, avec ses jeunes compagnons, prit part à des joutes militaires. Le duc les fit chevaliers, c'est-à-dire membres de la haute milice normande, espèce de fraternité guerrière, où tout homme riche qui se vouait aux armes était introduit sous les auspices d'un ancien affilié, qui lui donnait en cérémonie une épée, un baudrier plaqué d'argent et une lance ornée d'une flamme. Les guerriers saxons reçurent en présent de leur parrain en chevalerie de belles armes et des chevaux de grand prix. Ensuite Guillaume leur proposa, pour essayer leurs éperons neufs, de le suivre dans une expédition qu'il entreprenait contre ses voisins de Bretagne. Depuis le traité de Saint-Clair-sur-Epte, chaque nouveau duc de Normandie avait tenté de rendre effectif le prétendu droit de suzeraineté que Charles le Simple avait cédé à Roll; il en résultait des guerres continuelles et une inimitié nationale entre les deux Etats que séparait la petite rivière de Coësnon.

Harold et ses amis, follement jaloux d'acquérir un renom de courage parmi les hommes de Normandie, firent pour leur hôte, aux dépens des Bretons, des prouesses qui, un jour, devaient coûter cher à eux-mêmes et à leur pays. Le fils de Godwin excita l'admiration de l'armée par sa haute taille, la beauté de sa figure et la grâce de ses manières; robuste et adroit, il sauva de sa main au passage du Coësnon plusieurs soldats qui se perdaient dans les sables mouvants. Lui et Guillaume, tant que dura la guerre, n'eurent qu'une même tente et qu'une même table. Au retour, ils chevauchaient côte à côte, égayant la route par un entretien amical, qu'un jour le duc fit tomber sur le temps de sa première jeunesse et sur ses relations avec le roi Edward, alors exilé en Normandie. « Quand Edward et » moi, dit-il au Saxon, nous vivions dans le même pays et souvent

» sous le même toit, il me promit avec serment que, si jamais il
» devenait roi en Angleterre, il me ferait héritier de son royaume;
» Harold, j'aimerais que tu m'aidasses à réaliser cette promesse, et
» sois sûr que si, par tes bons offices, j'obtiens le royaume, quelque
» chose que tu me demandes, je te l'accorderai aussitôt. »

Harold, quoique surpris à l'excès de cette confidence inattendue, ne put se défendre d'y répondre par des paroles vagues d'adhésion; et Guillaume reprit en ces termes : « Puisque tu consens à
» me servir, il faut que tu t'engages à fortifier le château de Dou-
» vres, qui est de ton gouvernement, à y faire creuser un puits
» d'eau vive, et à le mettre en mon pouvoir; il faut aussi que tu me
» donnes ta sœur pour que je la marie à l'un de mes barons, et que
» toi-même tu épouses ma fille Adelize; de plus, je veux qu'à ton
» départ tu me laisses, pour garant de ta promesse, l'un des deux
» otages que tu réclames; il restera sous ma garde, et je te le ren-
» drai en Angleterre, quand j'y arriverai comme roi. » Harold sentit à ces paroles tout le péril où il était, et où, sans le savoir, il avait mis ses deux jeunes parents. Pour sortir d'embarras, il acquiesça de bouche à toutes les demandes du Normand; et celui qui avait deux fois pris les armes pour chasser les étrangers de son pays, promit de livrer à un étranger la principale forteresse de ce même pays. Il se réservait de manquer plus tard à cet indigne engagement, croyant acheter par un mensonge son salut et son repos. Guillaume n'insista plus; mais il ne laissa pas longtemps le Saxon en paix sur ce point.

Arrivé au château de Bayeux, le duc Guillaume tint sa cour, et y convoqua le grand conseil des hauts barons de Normandie. Selon de vieux récits, la veille du jour fixé pour l'assemblée, Guillaume fit prendre, dans les églises de la ville et dans celles du voisinage, tout ce qui s'y trouvait de reliques. Les ossements tirés de leurs châsses et des corps entiers de saints furent mis, par son ordre, dans une grande huche ou une cuve qu'on plaça, couverte d'un riche drap d'or, dans la salle du conseil. Quand le duc se fut assis dans son siége de cérémonie, tenant à la main une épée nue, couronné d'un cercle à fleurons, et entouré de la foule des seigneurs normands, parmi lesquels était le Saxon, on apporta deux petits reliquaires, et on les posa sur le drap d'or qui couvrait et cachait la cuve pleine de reliques. « Harold, dit alors Guillaume, je te re-
» quiers, devant cette noble assemblée, de confirmer, par serment,
» les promesses que tu m'as faites; savoir : de m'aider à obtenir le
» royaume d'Angleterre après la mort du roi Edward, d'épouser ma

» fille Adelize, et de m'envoyer ta sœur pour que je la marie à l'un
» des miens. »

L'Anglais, pris une seconde fois au dépourvu, et n'osant renier ses propres paroles, s'approcha des deux reliquaires, étendit la main au-dessus, et jura d'exécuter, selon son pouvoir, ses conventions avec le duc, pourvu qu'il vécût et que Dieu l'y aidât. Toute l'assemblée répéta : *Que Dieu l'aide!* Aussitôt Guillaume fit un signe ; le drap d'or fut levé, et l'on découvrit les ossements et les corps saints dont la cuve était remplie, et sur lesquels le fils de Godwin avait juré sans se douter de leur présence. On dit qu'à cette vue il tressaillit et changea de visage, effrayé d'avoir fait le plus redoutable des serments. Les fiançailles de Harold avec la fille de Guillaume se firent devant la même assemblée, et la jeune fille, étrangère à ce qu'il y avait de faux dans la situation présente, mit avec bonheur sa main dans la main de l'hôte de son père, qui plaisait à tous et qu'elle aimait. Peu de jours après, Harold repartit, emmenant avec lui son neveu, mais laissant son jeune frère Wulfnoth au pouvoir du duc de Normandie. Guillaume l'accompagna jusqu'à la mer et lui fit de nouveaux présents, joyeux d'avoir, par surprise, arraché à l'homme d'Angleterre le plus capable de nuire à ses projets, la promesse solennelle, appuyée d'un serment terrible, de le servir et de l'aider.

Lorsque Harold, de retour dans son pays, se présenta devant le roi Edward, et lui raconta ce qui s'était passé entre lui et le duc Guillaume, le roi devint pensif et dit : « Ne t'avais-je pas averti
» que je connaissais Guillaume, et que ton voyage attirerait de
» grands malheurs sur toi-même et sur notre nation? Fasse le ciel
» que ces malheurs n'arrivent pas durant ma vie ! » Ces paroles et cette tristesse sembleraient prouver qu'en effet, par entraînement et par imprudence, Edward avait fait jadis à un enfant étranger la promesse d'une royauté qui ne lui appartenait pas. On ne peut dire si, depuis son avénement, il avait entretenu par de nouvelles paroles l'espérance ambitieuse de son cousin maternel ; mais, à défaut de paroles expresses, son amitié constante pour le duc Guillaume avait tenu lieu à ce dernier d'assurances et de raisons positives pour le croire toujours favorable à ses vues.

Déjà même l'impression produite de l'autre côté du détroit par ce qui venait de s'y passer, répondait d'une façon alarmante aux sinistres prévisions du roi Edward. L'opinion universelle en Normandie était que le roi d'Angleterre avait légué sa couronne à Guillaume par un acte authentique, dont le porteur avait été Harold chargé de le confirmer par serment. On allait plus loin, et l'on trouvait à cette opinion, indubitable en apparence, des racines dans une version étrangement fausse de l'histoire des quinze dernières années. On faisait de la fuite de l'archevêque Robert et de son retour honteux en Normandie, une première ambassade envoyée par Edward à Guillaume, pour lui annoncer que les grands d'Angleterre consentaient à ce qu'il fût héritier de la couronne, et, pour comble d'ab-

Harold prêtant serment sur un reliquaire.

surdité, on disait que les deux otages, l'un fils, l'autre petit-fils de Godwin, avaient été remis alors comme garantie de cette promesse. Ainsi l'attente de l'annexion d'un royaume au duché de Normandie, la conviction d'un droit légitime sur ce royaume pour le duc, et en même temps pour le pays, éveillaient l'ambition nationale dans ce pays guerrier, dont la noblesse, gardant et modifiant l'esprit des Scandinaves ses ancêtres, cherchait au loin, non plus, comme eux, les aventures de mer, mais des territoires à conquérir.

Quelles qu'eussent été jusqu'à ce moment les négociations secrètes du duc de Normandie avec l'Eglise romaine, elles purent dès lors avoir une base fixe et suivre une direction certaine. Un serment prêté sur les reliques appelait, s'il était violé, la condamnation de l'Eglise ; et, dans ce cas, selon l'opinion du siècle, l'Eglise frappait justement. Soit par un sentiment réel des périls dont cette vindicte ecclésiastique, associée à l'ambition normande, menaçait l'Angleterre, soit par une impression de terreur vague et superstitieuse, un grand abattement d'esprit s'empara de la nation anglaise. Des bruits sinistres couraient de bouche en bouche; l'on craignait et l'on s'alarmait sans sujet positif d'alarmes; l'on exhumait des prédictions attribuées à des saints du vieux temps. L'un d'eux prophétisait des infortunes telles que les Saxons n'en avaient jamais éprouvé depuis leur départ des rives de l'Elbe; un autre annonçait l'invasion d'un peuple de langue inconnue, et la servitude du peuple anglais sous des maîtres venus d'outre-mer. Toutes ces rumeurs, jusque-là sans crédit, étaient recueillies avidement, et entretenaient les imaginations dans l'attente de quelque malheur national.

La santé du roi Edward, homme d'une nature débile, et devenu sensible à tout ce qui intéressait la destinée de son pays, déclina depuis ces événements. Il ne pouvait se cacher à lui-même que son amour pour les étrangers était la cause du péril qui effrayait l'Angleterre; son esprit en fut plus accablé encore que celui de la nation. Afin d'étouffer les pensées et peut-être les remords qui l'obsédaient, il se livra tout entier au détail des pratiques religieuses; il donna beaucoup aux églises et aux monastères; il acheva l'œuvre de son règne, la réédification de l'église de Saint-Pierre, à l'extrémité occidentale de Londres. La dédicace du nouveau bâtiment, qui devait se faire en grande pompe devant le roi, sa famille et les hauts dignitaires du royaume, fut annoncée par toute l'Angleterre pour la fête des Saints-Innocents, 28 décembre 1065. Mais ce jour-là, Edward malade ne put sortir de sa chambre ; la cérémonie eut lieu sans lui, et la reine Edith, chargée de ses insignes, l'y représenta comme souverain et comme fondateur. L'absence du roi et l'idée de son danger attristèrent cette fête nationale pour laquelle des milliers d'hommes avaient été convoqués ou étaient venus d'eux-mêmes à Londres. Le roi Edward, atteint gravement, languit encore une semaine, et il expira le 5 janvier de l'année 1066. Sur son lit de mort, il s'entretint sans cesse de ses sombres pressentiments; il eut des visions effrayantes, et, dans ses extases mélancoliques, les passages menaçants de la Bible lui revenaient à la

mémoire. « Le Seigneur a tendu son arc, disait-il; le Seigneur a
» préparé son glaive; il le brandit comme un guerrier; son cour-
» roux se manifestera par le fer et par la flamme. » Ces paroles,
d'une application évidente, frappaient de crainte les grands du
royaume et les chefs de province qui, retenus à Londres par l'attente d'un événement douloureux, entouraient en ce moment le lit
du roi.

Quelque affaiblie que fût la pensée du vieux monarque, il eut
assez de force et de résolution pour déclarer aux chefs qui le consultaient sur le choix de son successeur, que l'homme le plus digne
de régner était Harold, fils de Godwin. En prononçant le nom de
Harold dans cette circonstance, le roi Edward se montrait supérieur à ses préjugés d'habitude, et même à l'ambition de retenir la
couronne dans sa propre famille; car il y avait alors en Angleterre
un petit-fils d'Edmund Côte-de-Fer, né en Hongrie, où son père
s'était réfugié, comme on l'a vu, dans le temps des proscriptions
danoises. Ce jeune homme, appelé Edgard, n'avait ni talents ni
gloire acquise, et, ayant passé toute son enfance dans un pays
étranger, il parlait à peine la langue saxonne. Un pareil candidat ne
pouvait lutter de popularité avec Harold, l'homme puissant et admiré, le guerrier à toute épreuve, le chef de la famille ennemie de
toute influence étrangère. Lui seul semblait capable de tenir tête
aux dangers qui menaçaient la nation et de démentir l'absurde promesse qu'il avait faite malgré lui; quand bien même le roi mourant
ne l'eût pas désigné au choix du conseil souverain, son nom devait
sortir de toutes les bouches.

Le jour même des funérailles d'Edward, au milieu d'un deuil universel et sous l'émotion d'une crise nationale, Harold fut élu roi
par les grands et les nobles encore très nombreux dans Londres, et
sacré par l'archevêque Stigand, qui, malgré son interdiction prononcée à Rome, avait célébré comme métropolitain les obsèques
royales, et, quelques jours auparavant, la dédicace de l'église de
Saint-Pierre. Le petit-fils du fermier Wulfnoth, parvenu au rang
suprême, se montra, dès son avénement, juste, sage, affable, dévoué
à l'intérêt général, et, selon les paroles d'un vieil historien, il ne
s'épargna, pour la défense du pays, aucune fatigue ni sur terre ni
sur mer.

Il fallut au roi Harold beaucoup de soins et de peines pour vaincre le découragement public qui se montrait de différentes manières. L'apparition d'une comète, visible en Angleterre pendant près
d'un mois, produisit sur les esprits une impression extraordinaire
d'étonnement et d'effroi. Le peuple s'attroupait dans les rues et sur

les places des villes et des villages pour considérer ce météore, qu'on regardait comme la confirmation des pressentiments nationaux. Un moine de Malmesbury, qui s'occupait d'astronomie, composa sur la nouvelle comète une sorte de déclamation poétique où se trouvaient ces paroles : « Te voilà donc enfin revenue, toi qui
» feras pleurer tant de mères. Il y a bien des années que je t'ai vue
» briller; mais tu me sembles plus terrible aujourd'hui que tu m'an-
» nonces la ruine de mon pays. »

Les commencements du nouveau règne furent marqués par un retour complet aux usages nationaux abandonnés sous le règne précédent. Dans les chartes du roi Harold, l'ancienne signature saxonne remplaçait les sceaux pendants à la mode normande. Harold, néanmoins, ne poussa point la réforme jusqu'à destituer de leurs emplois ou chasser du pays les Normands qu'avait épargnés, malgré la loi, une imprudente condescendance pour les affections du roi Edward. Ces étrangers continuèrent de jouir de tous les droits civils ; mais, peu reconnaissants de cette conduite généreuse, ils se mirent à intriguer au dedans et au dehors pour le duc de Normandie. Ce fut, selon toute probabilité, un message de leur part qui vint annoncer à Guillaume la mort d'Edward et l'élection du fils de Godwin.

Au moment où le duc apprit cette grande nouvelle, il était dans son parc, près de Rouen, tenant à la main un arc et des flèches neuves qu'il essayait. Tout à coup il parut pensif, remit son arc à l'un de ses gens, et, passant la Seine, se rendit à son hôtel de Rouen; il s'arrêta dans la grande salle et s'y promena de long en large, tantôt s'asseyant, tantôt se levant, changeant de siége et de posture, et ne pouvant demeurer en place. Aucun de ses gens n'osait l'aborder; tous se tenaient à l'écart et se regardaient l'un l'autre en silence. Un officier, admis d'une manière plus intime dans la familiarité de Guillaume, venant à entrer alors, les assistants l'entourèrent pour apprendre de lui la cause de cette grande agitation qu'ils remarquaient dans le duc. « Je n'en sais rien de certain, répondit l'offi-
» cier, mais nous en serons bientôt instruits. » Puis, s'avançant seul vers Guillaume : « Seigneur, dit-il, à quoi bon nous cacher vos
» nouvelles? qu'y gagnerez-vous? Il est de bruit commun par la
» ville que le roi d'Angleterre est mort, et que Harold s'est emparé
» du royaume, mentant à sa foi envers vous. — L'on dit vrai, ré-
» pondit le duc ; mon dépit vient de la mort d'Edward, et du tort
» que m'a fait Harold. — Eh bien, sire, reprit le courtisan, ne vous
» courroucez pas d'une chose qui peut être amendée : à la mort
» d'Edward il n'y a nul remède, mais il y en a aux torts de Harold;

» à vous est le bon droit : vous avez de bons chevaliers ; entrepre-
» nez donc hardiment : chose bien entreprise est à demi faite. »

Un homme de race saxonne et le propre frère de Harold, ce Tosti que les Northumbriens avaient chassé du commandement, et que Harold, devenu roi, n'avait point voulu leur imposer de nouveau, vint de Flandre exhorter Guillaume à ne pas laisser régner en paix celui qui s'était parjuré. Tosti se vantait auprès des étrangers d'avoir en Angleterre plus de crédit et de puissance que le roi son frère, et il promettait d'avance la possession de ce pays à quiconque voudrait s'unir à lui pour en faire la conquête. Trop prudent pour s'engager dans une grande démarche sur la simple parole d'un aventurier, Guillaume donna au Saxon, pour éprouver ses forces, quelques vaisseaux, avec lesquels, au lieu de débarquer en Angleterre, Tosti se rendit vers la Baltique, afin de quêter d'autres secours et d'exciter contre sa patrie l'ambition des rois du Nord. Il eut une entrevue avec Swen, roi du Danemark, son parent du côté maternel, et lui demanda de l'aider contre son frère et sa nation. Mais le Danois ne répondit à cette demande que par un refus durement exprimé. Tosti se retira mécontent et alla chercher ailleurs un roi moins délicat sur la justice.

Il trouva en Norvége Harald ou Harold, fils de Sigurd, le plus vaillant des Scandinaves, le dernier qui eût mené la vie aventureuse dont le charme s'était évanoui avec la religion d'Odin. Dans ses courses vers le midi, Harold avait suivi alternativement la route de terre et celle de mer; on l'avait vu tour à tour pirate et guerrier errant, *Viking* et *Varing*, comme on s'exprimait dans la langue du nord. Il était allé servir dans l'est sous les chefs de sa nation qui, depuis près de deux siècles, possédaient une partie des pays slaves. Ensuite, poussé par le besoin de voir, il s'était rendu à Constantinople, où d'autres émigrés de la Scandinavie, sous ce même nom de *Varings*, dont s'honoraient les conquérants des villes russes, formaient une milice mercenaire pour la garde des empereurs.

Harold était frère d'un roi, mais il ne crut point déroger en s'enrôlant dans cette milice. Il veilla, la hache sur l'épaule, aux portes du palais impérial, et fut employé, avec le corps dont il faisait partie, en Asie et en Afrique. Lorsque le butin fait dans ces expéditions l'eut rendu assez riche, il eut envie de repartir et demanda son congé; comme on voulait le retenir de force, il s'évada par mer, emmenant avec lui une jeune femme de haute naissance. Après cette évasion, il croisa en pirate le long des côtes de la Sicile, et accrut ainsi le trésor qu'il emportait sur son navire. Il était poète, comme la plupart des corsaires septentrionaux, qui, dans les longues traversées, et quand le calme de la mer ralentissait leur marche, s'amusaient à chanter en vers leurs succès ou leurs espérances.

Au retour des longs voyages où, comme il disait lui-même dans ses chansons, il avait promené au loin son vaisseau, l'effroi des laboureurs, son vaisseau noir rempli de guerriers, Harold leva une armée, et fit la guerre au roi de Norvége, afin de le déposséder. Il prétendait avoir des droits héréditaires sur ce royaume; mais, reconnaissant bientôt la difficulté de le conquérir, il fit la paix avec le premier occupant, sous la condition d'un partage ; et dans cet arrangement, le trésor du fils de Sigurd fut divisé entre eux, de même que le territoire de Norvége. Afin de gagner à ses projets ce roi fameux par ses richesses et son courage, Tosti l'aborda avec des paroles flatteuses : « Tout le monde sait, lui dit-il, qu'il n'y a
» jamais eu dans le Nord un guerrier égal à toi; tu n'as qu'à vou-
» loir, et l'Angleterre t'appartiendra. » Le Norvégien se laissa persuader, et promit de mettre sa flotte en mer aussitôt que la fonte annuelle des glaces aurait rendu l'Océan libre.

En attendant le départ de son allié de Norvége, Tosti vint tenter la fortune sur les côtes septentrionales de l'Angleterre, avec une bande d'aventuriers rassemblés en Frise, en Hollande et dans le pays flamand. Il pilla et dévasta quelques villages; mais les deux grands chefs des provinces voisines de l'Humber, Edwin et Morkar, se réunirent, et, poursuivant ses vaisseaux, le forcèrent de chercher une retraite sur les rivages de l'Ecosse. Pendant ce temps, le roi Harold, fils de Godwin, tranquille dans les contrées méridionales de l'Angleterre, vit arriver près de lui un messager de Normandie qui lui parla en ces termes : « Guillaume, duc des Nor-
» mands, te rappelle le serment que tu lui as juré, de ta bouche et
» de ta main, sur de bons et de saints reliquaires. — Il est vrai,
» répondit le roi saxon, que j'ai fait ce serment au duc Guillaume ;
» mais je l'ai fait me trouvant sous la force ; j'ai promis ce qui ne
» m'appartenait pas, ce que je ne pouvais nullement tenir : car ma
» royauté n'est point à moi, et je ne saurais m'en démettre sans
» l'aveu du pays; de même, sans l'aveu du pays, je ne puis prendre
» une épouse étrangère. Quant à ma sœur, que le duc réclame pour
» la marier à l'un de ses chefs, elle est morte dans l'année. »

L'ambassadeur normand porta cette réponse, et Guillaume, voulant essayer jusqu'au bout les moyens de conciliation, répliqua par un second message et par des reproches modérés. Il requit doucement Harold, s'il ne consentait pas à remplir toutes les conditions jurées, d'en exécuter au moins une, et de prendre en mariage la jeune fille qu'il avait promis d'épouser. Harold répondit de nouveau qu'il n'en ferait rien, et pour donner là-dessus toute garantie à la nation qu'il gouvernait, il épousa une femme saxonne, la sœur d'Edwin et de Morkar, chefs des deux grandes provinces de Mercie et de Northumbrie. Alors les derniers mots de rupture furent prononcés; Guillaume jura qu'avant la fin de l'année il irait, l'épée en main, exiger toute sa dette, et chercher son débiteur au lieu même où celui-ci croirait avoir le pied le plus sûr.

Aussi loin que la publicité pouvait s'étendre dans le onzième siècle, le duc de Normandie proclama par ses émissaires ce qu'il appelait l'injustice et le sacrilége du Saxon. La nature des idées sociales et religieuses d'un siècle où tout reposait sur le serment empêcha les spectateurs désintéressés dans cette querelle de comprendre la conduite patriotique du fils de Godwin, et sa déférence pour la volonté du peuple qui l'avait fait roi. L'opinion du plus grand nombre, sur le continent, fut pour Guillaume contre Harold, pour l'homme qui s'était servi des choses saintes comme d'un piége et qui se prévalait d'une fourberie pour exiger une trahison, contre l'homme qui refusait de trahir et de livrer son pays. . . . . .

Le duc Guillaume assembla, en conseil de cabinet, ses amis les plus intimes, pour leur demander avis et secours. Ses deux frères utérins Eudes et Robert, dont l'un était évêque de Bayeux et l'autre comte de Mortain; Guillaume fils d'Osbern, sénéchal de Normandie, c'est-à-dire lieutenant du duc pour l'administration civile, et quelques hauts barons, assistaient à cette conférence. Tous furent d'opinion qu'il fallait descendre en Angleterre, et promirent à Guillaume de le servir de corps et de biens, jusqu'à vendre ou engager leurs héritages. « Mais ce n'est pas tout, lui dirent-ils; il vous faut
» demander aide et conseil à la généralité des habitants de ce pays;
» car il est de droit que qui paye la dépense soit appelé à la consen-
» tir. » Guillaume alors fit convoquer, disent les chroniques, une grande assemblée d'hommes de tous états de la Normandie, gens de guerre, d'église et de négoce, les plus considérés et les plus riches. Le duc leur exposa son projet et sollicita leur concours; puis l'assemblée se retira, afin de délibérer plus librement hors de toute influence.

Dans le débat qui suivit, les opinions parurent fortement divisées ; les uns voulaient qu'on aidât le duc de navires, de munitions et de deniers; les autres refusaient toute espèce d'aide, disant qu'ils avaient déjà plus de dettes qu'ils n'en pouvaient payer. Cette discussion n'était pas sans tumulte, et les membres de l'assemblée, hors de leurs siéges et partagés en groupes, parlaient et gesticulaient avec grand bruit. Au milieu de ce désordre, le sénéchal de

Normandie, Guillaume fils d'Osbern, éleva la voix et dit : « Pour-
» quoi vous disputer de la sorte ? Il est votre seigneur, il a besoin
» de vous ; votre devoir serait de lui faire vos offres et non d'atten-
» dre sa requête. Si vous lui manquez et qu'il arrive à ses fins, de
» par Dieu, il s'en souviendra ; montrez donc que vous l'aimez, et
» agissez de bonne grâce. — Nul doute, s'écrièrent les opposants,
» qu'il ne soit notre seigneur ; mais n'est-ce pas assez pour nous de
» lui payer ses rentes ? Nous ne lui devons point d'aide pour aller
» outre mer : il nous a déjà trop grevés par ses guerres ; qu'il man-
» que sa nouvelle entreprise, et notre pays est ruiné. » Après beaucoup de discours et de répliques en différents sens, l'on décida que
le fils d'Osbern, qui connaissait les facultés de chacun, porterait la
parole pour excuser l'assemblée de la modicité de ses offres.

Les notables normands retournèrent vers le duc, et le fils d'Osbern
parla ainsi : « Je ne crois pas qu'il y ait au monde des gens plus
» zélés que ceux-ci ; vous savez les aides qu'ils vous ont fournies,
» les services onéreux qu'ils vous ont faits ; eh bien, sire, ils veu-
» lent faire davantage ; ils se proposent de vous servir au delà de
» la mer comme en deçà. Allez donc en avant, et ne les épargnez en
» rien ; tel qui jusqu'à présent ne vous a fourni que deux bons
» combattants à cheval, va faire la dépense du double !... — « Eh !
» non ! eh ! non ! s'écrièrent à la fois les assistants, nous ne vous
» avons point chargé d'une telle réponse ; nous n'avons point dit
» cela ; cela ne sera pas ! Qu'il ait affaire dans son pays, et nous le
» servirons comme il lui est dû ; mais nous ne sommes point tenus
» de l'aider à conquérir le pays d'autrui. D'ailleurs, si nous lui fai-
» sions une seule fois double service, et si nous le suivions outre
» mer, il s'en ferait un droit et une coutume pour l'avenir ; il en
» grèverait nos enfants ; cela ne sera pas, cela ne sera pas !!! » Les
groupes de dix, de vingt, de trente personnes, recommencèrent à
se former : le tumulte fut général, et l'assemblée se sépara.

Le duc Guillaume, surpris et courroucé au delà de toute mesure,
dissimula cependant sa colère, et eut recours à un artifice, qui presque jamais n'a manqué son effet quand des souverains habiles ont
voulu vaincre les résistances populaires. Il fit appeler séparément
auprès de lui les mêmes hommes que d'abord il avait convoqués en
masse ; commençant par les plus riches et les plus influents, il les
pria de venir à son aide de pure grâce et par don gratuit, affirmant
qu'il n'avait nul dessein de leur faire tort à l'avenir, ni d'abuser
contre eux de leur propre libéralité, offrant même de leur donner
acte de sa parole à cet égard par des lettres scellées de son grand
sceau. Aucun n'eut le courage de prononcer isolément son refus à

la face du chef du pays, dans un entretien seul à seul. Ce qu'ils accordèrent fut enregistré aussitôt; et l'exemple des premiers venus décida ceux qui vinrent ensuite. L'un souscrivit pour des vaisseaux, l'autre pour des hommes armés en guerre, d'autres promirent de marcher en personne; les clercs donnèrent leur argent, les marchands, leurs étoffes, et les paysans, leurs denrées.

Guilaume fit publier son ban de guerre dans les contrées voisines; il offrit une forte solde et le pillage de l'Angleterre à tout homme robuste qui voudrait le servir de la lance, de l'épée ou de l'arbalète. Il en vint une multitude, par toutes les routes, de loin et de près, du nord et du midi. Il en vint du Maine et de l'Anjou, du Poitou et de la Bretagne, de la France et de la Flandre, de l'Aquitaine et de la Bourgogne, des Alpes et des bords du Rhin. Tous les aventuriers de profession, tous les enfants perdus de l'Europe occidentale accoururent à grandes journées; les uns étaient chevaliers et chefs de guerre, les autres simples piétons et sergents d'armes, comme on s'exprimait alors; les uns offraient de servir pour une solde en argent, les autres ne demandaient que le passage et tout le butin qu'ils pourraient faire. Plusieurs voulaient de la terre chez les Anglais, un domaine, un château, une ville; d'autres enfin souhaitaient seulement quelque riche Saxonne en mariage. Tous les vœux, toutes les prétentions de l'avarice humaine se présentèrent : Guillaume ne rebuta personne, dit la chronique normande, et fit plaisir à chacun selon son pouvoir. Il donna d'avance à un moine de Fescamp un évêché en Angleterre.

Durant le printemps et l'été, dans tous les ports de la Normandie, des ouvriers de toute espèce furent employés à construire et à équiper des vaisseaux; les forgerons et les armuriers fabriquaient des lances, des épées et des cottes de mailles, et des porte-faix allaient et venaient sans cesse pour transporter les armes des ateliers sur les navires. Pendant que ces préparatifs se poursuivaient, Guillaume alla en France trouver le roi Philippe Ier à son domaine de Saint-Germer, près de Beauvais, et, le saluant d'une formule de déférence que ses aïeux avaient souvent omise : « Vous êtes mon
» seigneur, lui dit-il; s'il vous plaît de m'aider, et que Dieu me fasse
» la grâce d'obtenir mon droit sur l'Angleterre, je promets de vous
» en faire hommage, comme si je la tenais de vous. »

Le roi Philippe assembla son conseil de barons, sans lequel il ne pouvait décider aucune affaire importante, et les barons furent d'avis qu'il ne fallait en aucune façon aider Guillaume dans sa conquête. « Vous savez, dirent-ils au roi, combien peu les Normands
» vous obéissent aujourd'hui; ce sera bien autre chose quand ils

» posséderont l'Angleterre. D'ailleurs, secourir le duc coûterait
» beaucoup à notre pays, et s'il venait à faillir dans son entreprise,
» nous aurions la nation anglaise pour ennemie à tout jamais. » Le
duc Guillaume se retira mécontent du roi de France, et il adressa
par lettres une pareille demande au comte de Flandre, son beau-
père, qui, sans se joindre personnellement à l'expédition projetée,
la favorisa de tout son pouvoir. Portant plus loin ses tentatives
diplomatiques, Guillaume conclut avec l'empereur d'Allemagne,
Henri IV, un traité qui lui garantissait au besoin des secours pour
la défense de la Normandie, et il obtint de Swen, roi de Danemark,
le plus grand ami de la cause anglo-saxonne, des assurances d'amitié
que les faits démentirent plus tard.

Malgré l'inimitié nationale des Normands et des Bretons, il existait entre les ducs de Normandie et les comtes de Bretagne des
alliances de parenté qui compliquaient les relations des deux Etats
sans les rendre moins hostiles. Au temps où le duc Robert, père de
Guillaume, s'était mis en route pour son pèlerinage, il n'avait point
de plus proche parent que le comte breton Allan ou Alain, issu de
Roll par les femmes, et ce fut à lui qu'il remit en partant la garde de
son duché et la tutelle de son fils. Le comte Alain n'avait pas tardé
à déclarer douteuse du côté paternel la naissance de son pupille, et
à favoriser le parti qui voulait le priver de la succession ; mais après
la défaite de ce parti au Val-des-Dunes, il mourut empoisonné, selon
toute apparence, par les amis du jeune bâtard. Son fils, nommé
Conan, lui succéda, et il régnait encore en Bretagne à l'époque du
grand armement de Guillaume pour la conquête de l'Angleterre.
C'était un homme audacieux, redouté de ses voisins et dont la principale ambition était de nuire au duc de Normandie, qu'il regardait
comme un usurpateur et comme le meurtrier de son père. Le voyant
engagé dans une entreprise difficile, Conan crut le moment favorable pour lui déclarer la guerre, et il lui fit porter par l'un de ses
chamberlans le message suivant :

« J'apprends que tu es prêt à passer la mer, afin de conquérir le
» royaume d'Angleterre. Or, le duc Robert, dont tu feins de te
» croire le fils, partant pour Jérusalem, remit tout son héritage au
» comte Allan, mon père, qui était son cousin. Mais toi et tes com-
» plices vous avez empoisonné mon père ; tu t'es approprié sa sei-
» gneurie et tu l'as retenue jusqu'à ce jour, contre toute justice,
» attendu que tu es bâtard. Rends-moi donc le duché de Normandie,
» qui m'appartient, ou je te ferai la guerre à outrance, avec tout ce
» que j'ai de forces. »

Les historiens normands avouent que Guillaume fut effrayé de ce message, car la plus faible diversion pouvait déjouer ses projets de conquête; mais il trouva moyen de se délivrer, sans beaucoup de peine, de l'ennemi qui se déclarait avec tant de hardiesse et d'imprudence. Le chamberlain du comte de Bretagne, gagné sans doute à prix d'argent, frotta de poison l'intérieur du cor dont son maître se servait à la chasse, et, pour surcroît de précaution, il empoisonna de même ses gants et les rênes de son cheval. Conan mourut peu de jours après le retour de son messager. Le comte Eudes, qui lui succéda, se garda bien de l'imiter et d'alarmer Guillaume le Bâtard sur la validité de ses droits : au contraire, se liant avec lui d'une amitié toute nouvelle entre les Bretons et les Normands, il lui envoya ses deux fils pour le servir contre les Anglais. Ces deux jeunes gens, appelés Brian et Allan, vinrent au rendez-vous des troupes normandes accompagnés d'un corps de chevaliers de leur pays, qui leur donnaient le titre de Mactierns, tandis que les Normands les appelaient comtes. D'autres riches Bretons, qui n'étaient point de pure race celtique et portaient des noms à tournure française, comme Robert de Vitré, Bertrand de Dinand, Raoul de Fougères et Raoul de Gaëse, se rendirent pareillement auprès du duc de Normandie, pour lui offrir leurs services.

Le rendez-vous des navires et des gens de guerre était à l'embouchure de la Dive, rivière qui se jette dans l'Océan, entre la Seine et l'Orne. Durant un mois, les vents furent contraires et retinrent la flotte normande au port. Ensuite une brise du sud la poussa jusqu'à l'embouchure de la Somme au mouillage de Saint-Valery. Là, les mauvais temps recommencèrent, et il fallut attendre plusieurs jours. La flotte mit à l'ancre et les troupes campèrent sur le rivage, fort incommodées par la pluie qui ne cessait de tomber à flots. Pendant ce retard, quelques uns des vaisseaux, fracassés par une tempête violente, périrent avec leurs équipages; cet accident causa une grande rumeur parmi les troupes, fatiguées d'un long campement.

Dans l'oisiveté de leurs journées, les soldats passaient des heures à converser sous la tente, à se communiquer leurs réflexions sur les périls du voyage et les difficultés de l'entreprise. Il n'y avait point encore eu de combat, disait-on, et déjà beaucoup d'hommes étaient morts; l'on calculait et l'on exagérait le nombre des cadavres que la mer avait rejetés sur le sable. Ces bruits abattaient l'ardeur des aventuriers d'abord si pleins de zèle; quelques-uns même rompirent leur engagement et se retirèrent. Pour arrêter cette disposition funeste à ses projets, le duc Guillaume faisait enterrer secrètement les morts, et augmentait les rations de vivres et de liqueurs fortes. Mais le défaut d'activité ramenait toujours les mêmes pensées de tristesse et de découragement. « Bien fou, » disaient les soldats en murmurant, bien fou est l'homme qui pré- » tend s'emparer de la terre d'autrui ; Dieu s'offense de pareils des- » seins, et il le montre en nous refusant le bon vent. »

Guillaume, en dépit de sa force d'âme et de sa présence d'esprit habituelle, était en proie à de vives inquiétudes qu'il avait peine à dissimuler. On le voyait fréquemment se rendre à l'église de Saint-Valery, patron du lieu, y rester longtemps en prières, et chaque fois qu'il en sortait, regarder au coq qui surmontait le clocher quelle était la direction du vent. S'il paraissait tourner au sud, le duc se montrait joyeux ; mais s'il soufflait du nord ou de l'ouest, son visage et sa contenance redevenaient tristes. Soit par un acte de foi sincère, soit pour fournir quelque distraction aux esprits abattus et découragés, il envoya prendre processionnellement, dans l'église, la châsse qui contenait les reliques du saint, et la fit porter en grande pompe à travers le camp. Toute l'armée se mit en oraison ; les chefs firent de riches offrandes ; chaque soldat, jusqu'au dernier, donna sa pièce de monnaie, et la nuit suivante, comme si le ciel eût fait un miracle, les vents changèrent et le temps redevint calme et serein. Au point du jour, c'était le 27 septembre, le soleil, jusque-là obscurci de nuages, parut dans tout son éclat. Aussitôt le camp fut levé, tous les apprêts de l'embarquement s'exécutèrent avec beaucoup d'ardeur et non moins de promptitude, et, quelques heures avant le coucher du soleil, la flotte entière appareilla. Sept cents navires à grande voilure et plus d'un millier de bateaux de transport se mirent en mouvement pour gagner le large, au bruit des trompettes et d'un immense cri de joie poussé par soixante mille bouches.

Le vaisseau que montait le duc Guillaume marchait en tête, portant, au haut de son mât, l'étendard envoyé par le pape, et une croix en guise de pavillon. Ses voiles étaient de diverses couleurs, et l'on y voyait peints en plusieurs endroits les trois lions, enseigne de Normandie ; à la proue était sculptée la figure d'un enfant tenant une bannière et sonnant de la trompette. Enfin de grands fanaux élevés sur les hunes, précaution nécessaire pour une traversée de nuit, devaient servir de phare à toute la flotte et lui indiquer le point de ralliement. Ce bâtiment, meilleur voilier que les autres, les précéda tant que dura le jour, et, la nuit, il les laissa loin en arrière. Au matin, le duc fit monter un matelot au sommet du mât, pour voir si les autres vaisseaux venaient : « Je ne vois que le ciel » et la mer, » dit le matelot, et aussitôt on jeta l'ancre. Le duc affecta une contenance gaie, et, de peur que le souci et la crainte ne se répandissent parmi l'équipage, il fit servir un repas copieux et des vins fortement épicés. Le matelot remonta et dit que cette fois il apercevait quatre vaisseaux; la troisième fois, il s'écria : « Je vois » une forêt de mâts et de voiles. »

Pendant que ce grand armement se préparait en Normandie, Harold, roi de Norvége, fidèle à ses engagements envers le saxon

Après la bataille de Hastings.

Tosti, avait rassemblé deux cents vaisseaux de guerre et de transport. La flotte resta quelque temps à l'ancre, et l'armée norvégienne, attendant le signal du départ, campait sur le rivage, comme les Normands à l'embouchure de la Somme. Des impressions vagues de découragement et d'inquiétude s'y manifestèrent par les mêmes causes, mais sous des apparences plus sombres, et conformes à l'imagination rêveuse des hommes du Nord. Plusieurs soldats crurent avoir dans leur sommeil des révélations prophétiques.

L'un d'eux songea qu'il voyait ses compagnons débarqués sur la côte d'Angleterre et en présence de l'armée des Anglais ; que devant le front de cette armée courait, à cheval sur un loup, une femme de taille gigantesque ; le loup tenait dans sa gueule un cadavre humain dégouttant de sang, et quand il avait achevé de le dévorer, la femme lui en donnait un autre. Un second soldat rêva que la flotte partait, et qu'une foule d'aigles, de vautours, de corbeaux et d'autres oiseaux de proie étaient perchés sur les mâts et à l'arrière des vaisseaux ; sur un rocher voisin était une femme assise, tenant un sabre nu, regardant et comptant les navires : « Allez, disait-elle, » oiseaux du carnage, allez avec bon espoir, vous aurez à manger, » vous aurez à choisir, car je serai là, j'y serai, je vais avec eux. » On remarqua, non sans effroi, qu'au moment où Harold mit le pied sur sa chaloupe royale, le poids de son corps la fit enfoncer beaucoup plus que de coutume.

Malgré ces présages sinistres, l'expédition se mit en route vers le sud-ouest, sous la conduite du roi et de son fils Olaf. Avant d'aborder en Angleterre, ils relâchèrent aux Orcades, îles peuplées d'hommes de race scandinave, et deux chefs, ainsi que l'évêque de ces îles, se joignirent à eux. Ils côtoyèrent ensuite le rivage oriental de l'Écosse, et c'est là qu'ils rencontrèrent Tosti et ses vaisseaux. Ils firent voile ensemble, et attaquèrent, en passant, la ville maritime de Scarborough. Voyant les habitants disposés à se défendre opiniâtrement, ils s'emparèrent d'un rocher à pic qui dominait la ville, y élevèrent un bûcher énorme de troncs d'arbres, de branches et de chaume, qu'ils firent rouler sur les maisons ; puis, à la faveur de l'incendie, ils forcèrent les portes de la ville et la pillèrent. Relevés, par ce premier succès, de leurs terreurs superstitieuses, ils doublèrent gaiement la pointe de Holderness, à l'embouchure de l'Humber, et remontèrent le cours du fleuve.

De l'Humber ils passèrent dans l'Ouse, qui s'y jette et coule près d'York. Tosti, qui dirigeait le plan de campagne des Norvégiens, voulait, avant tout, reconquérir avec leur aide cette capitale de son ancien gouvernement, afin de s'y installer de nouveau. Morkar, son successeur, Edwin, frère de celui-ci, et le jeune Walteof, fils de Siward, chef de la province de Huntingdon, rassemblèrent les habitants de toute la contrée voisine, et livrèrent bataille aux étrangers, au sud d'York, sur la rive de l'Humber ; d'abord vainqueurs, ensuite forcés à la retraite, ils se renfermèrent dans la ville, où les Norvégiens les assiégèrent. Tosti prit le titre de chef du Northumberland, et fit des proclamations datées du camp des étrangers :

quelques hommes faibles le reconnurent, et un petit nombre d'aventuriers ou de mécontents se rendit à son appel.

Pendant que ces choses se passaient dans le nord, le roi des Anglo-Saxons se tenait avec toutes ses forces sur les côtes du sud pour observer les mouvements de Guillaume, dont l'invasion, à laquelle on s'attendait depuis longtemps, causait d'avance beaucoup d'alarmes. Harold avait passé tout l'été sur ses gardes, près des lieux de débarquement les plus voisins de la Normandie; mais le retard de l'expédition commençait à faire croire qu'elle ne serait point prête avant l'hiver. D'ailleurs les périls étaient plus grands de la part des ennemis du nord, déjà maîtres d'une partie du territoire anglais, que de la part de l'autre ennemi, qui n'avait point encore mis le pied en Angleterre; et le fils de Godwin, hardi et vif dans ses projets, espérait, en peu de jours, avoir chassé les Norvégiens et être de retour à son poste pour recevoir les Normands. Il partit à grandes journées, à la tête de ses meilleures troupes, et arriva de nuit sous les murs d'York, au moment où la ville venait de capituler pour se rendre aux alliés de Tosti. Les Norvégiens n'y avaient pas encore fait leur entrée; mais, sur la parole des habitants, et dans leur conviction de l'impossibilité où l'on était de rétracter cette parole, ils avaient rompu les lignes de siége et fait reposer leurs soldats. De leur côté, les habitants d'York ne songeaient qu'à recevoir le lendemain même Tosti et le roi de Norvége, qui devaient tenir dans la ville un grand conseil, y régler le gouvernement de toute la province, et distribuer aux étrangers et aux transfuges les terres des Anglais rebelles.

L'arrivée imprévue du roi saxon, qui avait marché de manière à éviter les postes ennemis, changea toutes ces dispositions. Les citoyens d'York reprirent les armes, et les portes de la ville furent fermées et gardées de façon qu'aucun homme ne pût en sortir pour se rentre au camp des Norvégiens. Le jour suivant fut un de ces jours d'automne où le soleil se montre encore dans toute sa force; la portion de l'armée norvégienne qui sortit du camp sur l'Humber pour accompagner son roi vers York, ne croyant point avoir d'adversaires à combattre, vint sans cottes de mailles, à cause de la chaleur, et ne garda pour armes défensives que des casques et des boucliers.

A quelque distance de la ville, les Norvégiens aperçurent tout à coup un grand nuage de poussière; et sous ce nuage, quelque chose de brillant comme l'éclat du fer au soleil. « Quels sont ces hommes » qui marchent vers nous? dit le roi à Tosti. — Ce ne peut être, » répondit le Saxon, que des Anglais qui viennent demander grâce

» et implorer notre amitié. » La masse d'hommes qui s'avançait, grandissant à mesure, parut bientôt comme une armée nombreuse, rangée en ordre de bataille. « L'ennemi! l'ennemi! » crièrent les Norvégiens, et ils détachèrent trois cavaliers pour aller porter aux gens de guerre restés au camp et sur les navires l'ordre de venir en toute hâte. Le roi Harold, fils de Sigurd, déploya son étendard, qu'il appelait le *ravageur du monde*; les combattants se rangèrent autour sur une ligne peu profonde, et courbée vers les extrémités. Ils se tenaient serrés les uns contre les autres, et leurs lances étaient plantées en terre, la pointe inclinée vers l'ennemi : il leur manquait à tous la partie la plus importante de leur armure. Le roi de Norvége, en parcourant les rangs sur son cheval noir, chanta des vers improvisés, dont un fragment nous a été transmis par les historiens du Nord : « Combattons, disait-il, marchons, quoique sans cuirasses,
» sous le tranchant du fer bleuâtre; nos casques brillent au soleil,
» c'est assez pour des gens de cœur. »

Avant le choc des deux armées, vingt cavaliers saxons, hommes et chevaux, couverts de fer, s'approchèrent des lignes des Norvégiens ; l'un d'entre eux cria d'une voix forte : « Où est Tosti, fils de
» Godwin? — Le voici, répondit le fils de Godwin lui-même. —
» — Si tu es Tosti, reprit le messager, ton frère te fait dire par ma
» bouche qu'il te salue, et t'offre la paix, son amitié et tes anciens
» honneurs. — Voilà de bonnes paroles, et bien différentes des
» affronts et des hostilités qu'on m'a fait subir depuis un an. Mais,
» si j'accepte ces offres, qu'y aura-t-il pour le noble roi Harold, fils
» de Sigurd, mon fidèle allié? — Il aura, reprit le messager, sept
» pieds de terre anglaise, ou un peu plus, car sa taille passe celle
» des autres hommes. — Dis donc à mon frère, répliqua Tosti, qu'il
» se prépare à combattre : car jamais il n'y aura qu'un menteur qui
» aille raconter que le fils de Godwin a délaissé le fils de Sigurd. »

Le combat commença aussitôt, et, au premier choc des deux armées, le roi de Norvége reçut un coup de flèche qui lui traversa la gorge. Tosti prit le commandement; et alors son frère Harold envoya une seconde fois lui offrir la paix et la vie, pour lui et pour les Norvégiens. Mais tous s'écrièrent qu'ils aimaient mieux mourir que de rien devoir aux Saxons. Dans ce moment, les hommes des vaisseaux arrivèrent, armés de cuirasses, mais fatigués de leur course sous un soleil ardent. Quoique nombreux, ils ne soutinrent pas l'attaque des Anglais, qui avaient déjà rompu la première ligne de bataille et pris le drapeau royal. Tosti fut tué avec la plupart des chefs norvégiens, et, pour la troisième fois, Harold offrit la paix aux vaincus. Ceux-ci l'acceptèrent; Olaf, fils du roi mort, l'évêque et l'un des chefs des îles Orcades se retirèrent avec vingt-trois navires, après avoir juré amitié à l'Angleterre. Le pays des Anglais fut ainsi délivré d'une nouvelle invasion des hommes du Nord. Mais, pendant que ces ennemis s'éloignaient pour ne plus revenir, d'autres ennemis s'approchaient, et le même souffle de vent qui agitait alors les bannières saxonnes victorieuses gonflait les voiles normandes, et les poussait vers la côte de Sussex.

Par un hasard malheureux, les vaisseaux qui avaient longtemps croisé devant cette côte venaient de rentrer faute de vivres. Les troupes de Guillaume abordèrent ainsi sans résistance à Pevensey, près de Hastings, le 28 septembre de l'année 1066, trois jours après la victoire de Harold sur les Norvégiens. Les archers débarquèrent d'abord; ils portaient des vêtements courts, et leurs cheveux étaient rasés; ensuite descendirent les gens à cheval, portant des cottes de maille et des heaumes en fer poli de forme conique, armés de longues et fortes lances, et d'épées droites à deux tranchants. Après eux sortirent les travailleurs de l'armée, pionniers, charpentiers et forgerons, qui déchargèrent, pièce à pièce, sur le rivage, trois châteaux de bois, taillés et préparés d'avance.

Le duc ne prit terre que le dernier de tous; au moment où son pied touchait le sable, il fit un faux pas et tomba sur la face. Un murmure s'éleva; des voix crièrent : « Dieu nous garde! c'est mauvais » signe. » Mais Guillaume, se relevant, dit aussitôt : « Qu'avez-vous? » quelle chose vous étonne? J'ai saisi cette terre de mes mains, et » par la splendeur de Dieu, tant qu'il y en a, elle est à nous. » Cette vive repartie arrêta subitement l'effet du mauvais présage. L'armée prit sa route vers la ville de Hastings, et, près de ce lieu, on traça un camp, et l'on construisit deux des châteaux de bois, dans lesquels on plaça des vivres. Des corps de soldats parcoururent toute la contrée voisine, pillant et brûlant les maisons. Les Anglais fuyaient de leurs demeures, cachaient leurs meubles et leur bétail, et se portaient en foule vers les églises et les cimetières qu'ils croyaient le plus sûr asile contre un ennemi chrétien comme eux. Mais, dans leur soif de butin, les Normands tenaient peu de compte de la sainteté des lieux et ne respectaient aucun asile.

Harold était à York, blessé et se reposant de ses fatigues, quand un messager vint en grande hâte lui dire que le duc de Normandie avait débarqué et planté sa bannière sur le territoire anglo-saxon. Il se mit en marche vers le sud avec son armée victorieuse, publiant, sur son passage, l'ordre à tous les chefs de provinces de faire armer leurs milices et de les conduire à Londres. Les combattants de l'ouest vinrent sans délai; ceux du nord tardèrent à cause de la distance; mais, cependant, il y avait lieu de croire que le roi d'Angleterre se verrait bientôt entouré de toutes les forces du pays. Un de ces Normands, en faveur desquels on avait dérogé autrefois à la loi d'exil portée contre eux, et qui maintenant jouaient le rôle d'espions et d'agents secrets de l'envahisseur, manda au duc Guillaume d'être sur ses gardes, et que, dans quatre jours, le fils de Godwin aurait avec lui cent mille hommes. Harold, trop impatient, n'attendit pas les quatre jours; il ne put maîtriser son désir d'en venir aux mains avec les étrangers, surtout quand il apprit les ravages de toute espèce qu'ils faisaient autour de leur camp. L'espoir d'épargner quelques maux à ses compatriotes, peut-être l'envie de tenter contre les Normands une attaque brusque et imprévue, comme celle qui lui avait réussi contre les Norvégiens, le déterminèrent à se mettre en marche vers Hastings, avec des forces quatre fois moindres que celles du duc de Normandie.

Mais le camp de Guillaume était soigneusement gardé contre une surprise, et ses postes s'étendaient au loin. Des détachements de cavalerie avertirent, en se repliant, de l'approche du roi saxon, qui, disaient-ils, accourait en furieux. Prévenu dans son dessein d'assaillir l'ennemi à l'improviste, Harold fut contraint de modérer sa fougue ; il fit halte à la distance de sept milles du camp des Normands, et, changeant tout d'un coup de tactique, il se retrancha, pour les attendre, derrière des fossés et des palissades. Des espions, parlant le français, furent envoyés par lui près de l'armée d'outre-mer, pour observer ses dispositions et évaluer ses forces. A leur retour, ils racontèrent qu'il y avait plus de prêtres dans le camp de Guillaume que de combattants du côté des Anglais. Ils avaient pris pour des prêtres tous les soldats de l'armée normande qui portaient la barbe rase et les cheveux courts, parce que les Anglais avaient coutume de laisser croître leurs cheveux et leur barbe. Harold ne put s'empêcher de sourire à ce récit : « Ceux que vous avez trouvés
» en si grand nombre, dit-il, ne sont point des prêtres, mais de
» braves gens de guerre qui nous feront voir ce qu'ils valent. »
Plusieurs des chefs saxons conseillèrent à leur roi d'éviter le combat et de faire sa retraite vers Londres, en ravageant tout le pays, pour affamer les envahisseurs. « Moi, répondit Harold, que je
» ravage le pays qui m'a été donné en garde ! Par ma foi, ce serait
» trahison, et je dois tenter plutôt les chances de la bataille avec le
» peu d'hommes que j'ai, mon courage et ma bonne cause. »

Le duc normand, que son caractère entièrement opposé portait, en toute circonstance, à ne négliger aucun moyen, et à mettre l'intérêt au-dessus de la fierté personnelle, profita de la position défavorable où il voyait son adversaire, pour lui renouveler ses demandes et ses sommations. Un moine appelé Dom Hugues Maigrot vint inviter, au nom de Guillaume, le roi saxon à faire de trois choses l'une : ou se démettre de la royauté en faveur du duc de Normandie, ou s'en rapporter à l'arbitrage du pape pour décider qui des deux devait être roi, ou enfin remettre cette décision à la chance d'un combat singulier. Harold répondit brusquement : « Je » ne me démettrai point de mon titre, ne m'en rapporterai point au » pape et n'accepterai point le combat. » Sans se rebuter de ces refus positifs, Guillaume envoya de nouveau le moine normand, auquel il dicta ses instructions dans les termes suivants : « Va dire » à Harold que, s'il veut tenir son ancien pacte avec moi, je lui lais- » serai tout le pays qui est au delà du fleuve de l'Humber, et que je » donnerai à son frère Gurth toute la terre que tenait Godwin ; que » s'il s'obstine à ne point prendre ce que je lui offre, tu lui diras, » devant ses gens, qu'il est parjure et menteur, que lui et tous ceux » qui le soutiendront sont excommuniés de la bouche du pape, et » que j'en ai la bulle. »

Dom Hugues Maigrot prononça ce message d'un ton solennel, et la chronique normande dit que les chefs anglais s'entreregardèrent comme en présence d'un grand péril. L'un d'eux prit alors la parole : « Nous devons combattre, dit-il, quel que soit » pour nous le danger ; car il ne s'agit pas ici d'un nouveau » seigneur à recevoir comme si notre roi était mort il s'agit » de bien autre chose. Le duc de Normandie a donné nos terres » à ses barons, à ses chevaliers, à tous ses gens ; et la plus » grande partie lui en ont déjà fait hommage ; ils voudront tous » avoir leur don, si le duc devient notre roi ; et lui-même sera tenu » de leur livrer nos biens, nos femmes et nos filles ; car tout leur est » promis d'avance. Ils ne viennent pas seulement pour nous rui- » ner, mais pour ruiner aussi nos descendants, pour nous enlever » le pays de nos ancêtres ; et que ferons-nous, où irons-nous, quand » nous n'aurons plus de pays ? » Les Anglais promirent, d'un serment unanime, de ne faire ni paix, ni trêve, ni traité avec l'envahisseur, et de mourir ou de chasser les Normands.

Tout un jour fut employé à ces messages inutiles ; c'était le dix-huitième depuis le combat livré aux Norvégiens près d'York. La marche précipitée de Harold n'avait encore permis à aucun nouveau corps de troupes de le rejoindre à son camp. Edwin et Morkar, les deux grands chefs du nord, étaient à Londres, ou en chemin vers Londres ; il ne venait que des volontaires, un à un, ou par petites bandes, des bourgeois armés à la hâte, des religieux qui abandonnaient leurs cloîtres pour se rendre à l'appel du pays. Parmi ces derniers on vit arriver Leofrik, abbé du grand monastère de Peterborough, près d'Ely, et l'abbé de Hida, près de Winchester, qui amenait douze moines de sa maison et vingt hommes d'armes levés à ses frais.

L'heure du combat paraissait prochaine, les deux frères de Harold, Gurth et Leofwin, avaient pris leur poste auprès de lui ; le premier tenta de lui persuader de ne point assister à l'action, mais d'aller vers Londres chercher de nouveaux renforts, pendant que ses amis soutiendraient l'attaque des Normands. « Harold, disait-il, » tu ne peux nier que, soit de force, soit de bon gré, tu n'aies fait » au duc Guillaume un serment sur les corps des saints ; pourquoi » te hasarder au combat avec un parjure contre toi ? Nous qui n'a- » vons rien juré, la guerre est pour nous de toute justice ; car nous » défendons notre pays. Laisse-nous donc seuls livrer bataille ; tu » nous aideras si nous plions, et si nous mourons, tu nous venge- » ras. » A ces paroles touchantes dans la bouche d'un frère, Harold répondit que son devoir lui défendait de se tenir à l'écart pendant que les autres risquaient leur vie ; trop plein de confiance dans son courage et dans la bonté de sa cause, il disposa les troupes pour le combat.

Sur le terrain qui porta depuis, et qui aujourd'hui porte encore le nom de *lieu de la bataille*, les lignes des Anglo-Saxons occupaient une longue chaîne de collines fortifiées par un rempart de pieux et de claies d'osier. Dans la nuit du 13 octobre, Guillaume fit annoncer aux Normands que le lendemain serait jour de combat. Des prêtres et des religieux, qui avaient suivi, en grand nombre, l'armée d'invasion, se réunirent pour prier et chanter des litanies, pendant que les gens de guerre préparaient leurs armes. Ceux-ci, après ce premier soin, employèrent le temps qui leur restait à faire la confession de leurs péchés, soit à un homme d'église, s'ils en trouvaient quelqu'un, soit entre compagnons sous la tente. Dans l'autre armée, la nuit se passa d'une manière bien différente ; tout entiers à l'exaltation patriotique et pleins d'une confiance en eux-mêmes que l'événement devait démentir, les Saxons se divertissaient avec grand bruit et chantaient de vieux chants nationaux, en vidant, autour de leurs feux, des cornes remplies de bière et de vin.

Au matin, dans le camp normand, l'évêque de Bayeux, fils de la mère du duc Guillaume, célébra la messe et bénit les troupes, armé d'un haubert sous son rochet ; puis il monta un grand coursier blanc, prit un bâton de commandement et fit ranger la cavalerie. L'armée se divisa en trois colonnes d'attaque : à la première étaient les gens d'armes venus des comtés de Boulogne et de Ponthieu, avec la plupart des aventuriers engagés individuellement pour une solde ; à la seconde se trouvaient les auxiliaires bretons, manceaux et poitevins ; Guillaume en personne commandait la troisième, formée de la chevalerie normande. En tête et sur les flancs de chaque corps de bataille, marchaient plusieurs rangs de fantassins armés à la légère, vêtus de casaques matelassées, et portant de longs arcs de bois ou des arbalètes d'acier. Le duc montait un cheval d'Espagne, qu'un riche Normand lui avait amené d'un pèlerinage à Saint-Jacques en Galice. Il tenait suspendues à son cou les plus révérées d'entre les reliques sur lesquelles Harold avait juré, et l'étendard, béni par le pape, était porté à côté de lui par un jeune homme appelé Toustain le Blanc. Au moment où les troupes allaient se mettre en marche, le duc élevant la voix, leur parla en ces termes :

« Mes vrais et loyaux amis, vous avez passé la mer pour l'amour
» de moi et vous êtes mis en aventure de mort, ce dont je me tiens
» grandement obligé envers vous. Or, sachez que c'est pour une
» bonne querelle que nous allons combattre, et que ce n'est pas
» seulement pour conquérir ce royaume que je suis venu ici d'outre-
» mer. Les gens de ce pays, vous ne l'ignorez pas, sont faux et dou-
» bles, parjures et traîtres. Ils ont tué sans cause les Danois, hom-
» mes, femmes et enfants, dans la nuit de la Saint-Brice ; ils ont
» décimé les compagnons d'Alfred, frère d'Edouard, mon parent, et
» l'ont aveuglé et mis à mort. Ils ont fait encore d'autres cruautés et
» trahisons contre les Normands ; vous vengerez aujourd'hui ces
» méfaits, s'il plaît à Dieu. Pensez à bien combattre et mettez tout
» à mort, car si nous pouvons les vaincre, nous serons tous riches.
» Ce que je gagnerai, vous le gagnerez : si je conquiers, vous con-
» querrez ; si je prends la terre, vous l'aurez. Pensez aussi au grand
» honneur que vous aurez aujourd'hui, si la victoire est à nous, et
» songez bien que si vous êtes vaincus, vous êtes morts sans remède,
» car vous n'avez aucune voie de retraite. Vous trouverez devant
» vous, d'un côté des armes et un pays inconnu, de l'autre, la mer
» et des armes. Qui fuira sera mort, qui se battra bien sera sauvé.
» Pour Dieu ! que chacun fasse bien son devoir, et la journée sera
» pour nous. »

L'armée se trouva bientôt en vue du camp saxon, au nord-ouest de Hastings. Les prêtres et les moines qui l'accompagnaient se détachèrent, et montèrent sur une hauteur voisine, pour prier et regarder le combat. Un Normand, appelé Taillefer, poussa son cheval en avant du front de bataille, et entonna le chant, fameux dans toute la Gaule, de Charlemagne et de Roland. En chantant, il jouait de son épée, la lançait en l'air avec force, et la recevait dans sa main droite; les Normands répétaient ses refrains ou criaient : Dieu aide! Dieu aide!

A portée de trait, les archers commencèrent à lancer leurs flèches, et les arbalétriers leurs carreaux, mais la plupart des coups furent amortis par le haut parapet des redoutes saxonnes. Les fantassins, armés de lances, et la cavalerie s'avancèrent jusqu'aux portes des retranchements et tentèrent de les forcer. Les Anglo-Saxons, tous à pied autour de leur étendard planté en terre, et formant derrière leurs palissades une masse compacte et solide, reçurent les assaillants à grands coups de hache, qui, d'un revers, brisaient les lances et coupaient les armures de mailles. Les Normands, ne pouvant pénétrer dans les redoutes ni en arracher les pieux, se replièrent, fatigués d'une attaque inutile, vers la division que commandait Guillaume.

Le duc alors fit avancer de nouveau tous ses archers, et leur ordonna de ne plus tirer droit devant eux, mais de lancer leurs traits en haut, pour qu'ils tombassent par-dessus le rempart du camp ennemi. Beaucoup d'Anglais furent blessés, la plupart au visage, par suite de cette manœuvre; Harold lui-même eut l'œil crevé d'une flèche, mais il n'en continua pas moins de commander et de combattre. L'attaque des gens de pied et de cheval recommença de près, aux cris de *Notre-Dame! Dieu aide! Dieu aide!* Mais les Normands furent repoussés, à l'une des portes du camp, jusqu'à un grand ravin recouvert de broussailles et d'herbes, où leurs chevaux trébuchèrent et où ils tombèrent pêle-mêle et périrent en grand nombre. Il y eut un moment de terreur dans l'armée d'outre-mer. Le bruit courut que le duc avait été tué, et, à cette nouvelle, la fuite commença. Guillaume se jeta lui-même au-devant des fuyards et leur barra le passage, les menaçant et les frappant de sa lance, puis se découvrant la tête : « Me voilà, leur cria-t-il; regardez-moi, je vis encore, et je vaincrai avec l'aide de Dieu. »

Les cavaliers retournèrent aux redoutes; mais ils ne purent davantage en forcer les portes ni faire brèche : alors le duc s'avisa d'un stratagème pour faire quitter aux Anglais leur position et leurs rangs ; il donna l'ordre à mille cavaliers de s'avancer et de fuir aussitôt. La vue de cette déroute simulée fit perdre aux Saxons leur sang-froid ; ils coururent tous à la poursuite, la hache suspendue au cou. A une certaine distance, un corps posté à dessein joignit les fuyards, qui tournèrent bride, et les Anglais, surpris dans leur désordre, furent assaillis de tous côtés à coups de lance et d'épée dont ils ne pouvaient se garantir, ayant les deux mains occupées à manier leurs grandes haches. Quand ils eurent perdu leurs rangs, les clôtures des redoutes furent enfoncées ; cavaliers et fantassins y pénétrèrent ; mais le combat fut encore vif, pêle-mêle et corps à corps. Guillaume eut son cheval tué sous lui ; le roi Harold et ses deux frères tombèrent morts au pied de leur étendard, qui fut arraché et remplacé par la bannière envoyée de Rome. Les débris de l'armée anglaise, sans chef et sans drapeau, prolongèrent la lutte jusqu'à la fin du jour, tellement que les combattants des deux partis ne se reconnaissaient plus qu'au langage.

Alors finit cette résistance désespérée ; les compagnons de Harold se dispersèrent, et beaucoup moururent, sur les chemins, de leurs blessures et de la fatigue du combat. Les cavaliers normands les poursuivaient sans relâche, ne faisant quartier à personne. Ils passèrent la nuit sur le champ de bataille, et le lendemain, au point du jour, le duc Guillaume rangea ses troupes et fit faire l'appel de tous les hommes qui avaient passé la mer à sa suite, d'après le rôle qu'on en avait dressé avant le départ, au port de Saint-Valery. Un grand nombre d'entre eux, morts ou mourants, gisaient à côté des vaincus. Les heureux qui survivaient eurent, pour premier gain de leur victoire, la dépouille des ennemis morts. En retournant les cadavres, on en trouva treize vêtus d'un habit de moine sous leurs armes : c'étaient l'abbé de Hida et ses douze compagnons. Le nom de leur monastère fut inscrit le premier sur le livre noir des conquérants.

Les mères et les femmes de ceux qui étaient venus de la contrée voisine combattre et mourir avec leur roi, se réunirent pour rechercher ensemble et ensevelir les corps de leurs proches. Celui du roi Harold demeura quelque temps sur le champ de bataille, sans que personne osât le réclamer. Enfin la veuve de Godwin, appelée Ghitha, surmontant sa douleur, envoya un message au duc Guillaume, pour lui demander la permission de rendre à son fils les derniers honneurs. Elle offrait, disent les historiens normands, de donner en or le poids du corps de son fils. Le duc refusa durement, et dit que l'homme qui avait menti à sa foi et à sa religion n'aurait d'autre tombeau qu'un tas de pierres sur le sable du rivage. Il donna commission à l'un de ses capitaines, appelé Guillaume Malet, de faire que le vaincu de Hastings fût ainsi enterré comme un ignoble malfaiteur.

Mais, par une cause qu'on ignore, cet ordre ne s'exécuta point ; le corps du dernier roi anglo-saxon reçut une sépulture honorable dans l'église collégiale de Waltham que Harold lui-même avait fondée, et voici la tradition à la fois touchante et douteuse qui existait à cet égard. On disait que deux chanoines de Waltham, Osgod et Ailrik, députés par leur chapitre pour voir l'issue de la bataille, obtinrent du vainqueur adouci pour eux la grâce d'emporter dans leur église les restes de leur bienfaiteur. Ils allèrent à l'amas des corps dépouillés d'armes et de vêtements, les examinèrent avec soin l'un après l'autre, et ne reconnurent point celui qu'ils cherchaient, tant ses blessures l'avaient défiguré. Tristes, et désespérant de réussir seuls dans cette recherche, ils s'adressèrent à une femme que Harold avait aimée avant d'être roi, et la prièrent de se joindre à eux. Elle s'appelait Edith, et on la surnommait la Belle au cou de cygne. Elle consentit à suivre les deux prêtres, et fut plus habile qu'eux à découvrir le cadavre de celui qu'elle avait aimé.

Tous ces événements sont racontés par les chroniqueurs de race anglaise avec un ton d'abattement qu'il est difficile de reproduire. Ils nomment le jour de la bataille un jour amer, un jour de mort, un jour souillé du sang des nobles et des braves. « Angleterre, que
» dirai-je de toi, s'écrie l'historien de l'église d'Ely, que raconterai-
» je à nos descendants? que tu as perdu ton roi national et que tu es
» tombée au pouvoir de l'étranger; que tes fils ont péri misérable-
» ment; que tes conseillers et tes chefs sont vaincus, morts ou
» déshérités. » Bien longtemps après le jour de ce fatal combat, la superstition patriotique crut voir encore des taches de sang sur le terrain où il avait eu lieu; elles se montraient, disait-on, sur les hauteurs au nord-ouest de Hastings, quand la pluie avait humecté le sol.

Aussitôt après sa victoire, Guillaume fit vœu de bâtir en cet endroit un couvent sous l'invocation de la sainte Trinité et de saint Martin, le patron des guerriers de la Gaule. Ce vœu ne tarda pas à être accompli, et le grand autel du nouveau monastère fut élevé au lieu même où l'étendard du roi Harold avait été planté et abattu. L'enceinte des murs extérieurs fut tracée autour de la colline que les plus braves des Anglais avaient couverte de leurs corps, et toute la lieue de terre circonvoisine, où s'étaient passées les diverses scènes du combat, devint la propriété de cette abbaye, qu'on appela, en langue normande, l'*Abbaye de la Bataille*. Des moines du grand couvent de Marmoutiers, près de Tours, vinrent y établir leur domicile, et prièrent pour les âmes de ceux qui étaient morts dans cette journée. On dit que, dans le temps où furent posées les premières pierres de l'édifice, les architectes découvrirent que certainement l'eau y manquerait : ils allèrent, tout déconcertés, porter à

Guillaume cette nouvelle désagréable. « Travaillez, travaillez tou-
» jours, répliqua le conquérant d'un ton jovial ; car si Dieu me prête
» vie, il y aura plus de vin chez les religieux de la Bataille, qu'il n'y
» a d'eau claire dans le meilleur couvent de la chrétienté. »

Le comte ne dut son salut qu'à la vitesse de son cheval. (page 115)

III. — Depuis la bataille jusqu'a la prise de Chester, dernière ville conquise par les Normands
1066-1070

Pendant que l'armée du roi des Anglo-Saxons et l'armée de l'envahisseur étaient en présence, quelques nouveaux vaisseaux, partis de Normandie, avaient traversé le détroit pour venir rejoindre la grande flotte mouillée dans la rade de Hastings. Ceux qui les commandaient abordèrent par erreur, à plusieurs milles de distance vers le nord, dans un lieu qui portait le nom de Rumeney, aujourd'hui Romney. Les habitants de la côte accueillirent les Normands comme des ennemis, et il y eut un combat où les étrangers furent vaincus. Guillaume apprit leur défaite peu de jours après sa victoire, et, pour épargner un semblable malheur aux recrues qu'il attendait encore d'outre-mer, il résolut de s'assurer, avant tout, la possession des rivages du sud-est. Au lieu de s'avancer vers Londres, il rétrograda vers Hastings, et y demeura quelque temps, pour essayer si sa seule présence ne déterminerait pas la population de la contrée voisine à se soumettre volontairement. Mais personne ne venant pour demander la paix, le vainqueur se remit en route avec les restes de son armée et des troupes fraîches qui, dans l'intervalle, lui étaient arrivées de Normandie.

Il côtoya la mer, du sud au nord, dévastant tout sur son passage; à Romney, il vengea, par le sac de la ville, la déroute de ses soldats; de là il marcha vers Douvres, la place la plus forte de toute la côte, celle dont il avait tenté autrefois de devenir maître, sans péril et sans combat, par le serment qu'il surprit à Harold. Le fort de Douvres, récemment achevé par le fils de Godwin dans de meilleures espérances, était situé sur un rocher baigné par la mer, naturellement escarpé, et qu'on avait encore taillé de toutes parts, avec beaucoup de travail, pour le rendre uni comme un mur. Les Normands n'eurent pas besoin d'en faire le siège; l'approche du vainqueur de Hastings, avec toute son armée, intimida tellement ceux qui le gardaient qu'ils demandèrent à capituler. Mais pendant que les pourparlers avaient lieu à l'une des portes de la ville, les écuyers de l'armée normande s'y précipitèrent et y mirent le feu pour la piller ; beaucoup de maisons furent détruites, et les habitants reçurent l'ordre d'évacuer celles qui restaient debout. Guillaume passa huit jours à Douvres pour y construire de nouveaux ouvrages de défense, puis, changeant de direction dans sa route, il cessa de longer la côte, et marcha sur la ville capitale.

L'armée normande s'avançait par la grande voie romaine que les Anglais nommaient Wetlinga-street, la même qui avait figuré tant de fois comme limite commune dans les partages de territoire entre les Saxons et les Danois. Ce chemin conduisait de Douvres à Londres par le milieu de la province de Kent; les envahisseurs, maîtres de la ville forte, qui était la clef du pays, ne rencontrèrent personne qui leur disputât le passage. En avant de Canterbury, les habitants de cette métropole et tous ceux des bourgs voisins vinrent d'eux-mêmes demander la paix et offrir des otages. Ils jurèrent fidélité au duc Guillaume, sous la condition de rester après la conquête aussi libres qu'ils l'étaient auparavant, et le duc, qui voulait assurer sa route vers Londres, leur promit par serment tout ce qu'ils demandaient.

. . . .

Stigand, l'ami de Godwin et de Harold, le seul survivant de ceux qui avaient joué un grand rôle politique dans la dernière crise de la nationalité anglo-saxonne, ne se trouvait pas alors dans la province où l'on posait les armes, mais à Londres, où personne encore ne songeait à se soumettre. Les habitants de cette grande ville et les chefs qui s'y étaient réunis avaient résolu de livrer une seconde bataille, qui, bien préparée et bien conduite, devait, selon toute apparence, être plus heureuse que la première. Mais il fallait un chef suprême, sous le commandement duquel toutes les forces et toutes les volontés fussent ralliées ; et le conseil national, qui devait nommer ce chef, tardait à rendre sa décision, agité et divisé qu'il était par des intrigues et des prétentions diverses. Aucun des frères du dernier roi, hommes capables de tenir dignement sa place, n'était revenu du combat de Hastings ; Hérold laissait des fils encore très jeunes et trop peu connus du peuple : il ne paraît point qu'on les ait proposés alors comme candidats à la royauté. Les candidats les plus puissants en renommée et en crédit étaient Edwin et Morkar, fils d'Alfgar, beaux frères de Harold, chefs de la Northumbrie et de la Mercie. Ils avaient pour eux le suffrage de tous les hommes du nord de l'Angleterre ; mais les citoyens de Londres, les habitants du sud, et le parti mécontent du dernier règne, leur opposaient le jeune Edgard, neveu du roi Edward, qu'on surnommait *Etheling*, l'illustre, parce qu'il était de l'ancienne race royale.

Ce jeune homme, d'un caractère faible, et sans réputation acquise, n'avait pu balancer, un an auparavant, la popularité de Harold ; il balança celle des fils d'Alfgard, et fut soutenu contre eux par Stigand lui-même et par l'archevêque d'York, Eldred. Il fut proclamé roi, après beaucoup d'hésitations, durant lesquelles un temps précieux fut perdu en disputes inutiles. Son avénement ne rallia point les esprits divisés ; Edwin et Morkar, qui avaient promis de se mettre à la tête des troupes rassemblées à Londres, rétractèrent cette promesse et se retirèrent dans leurs gouvernements du nord, emmenant avec eux les soldats de ces contrées, sur lesquels ils avaient tout crédit. Ils espéraient follement pouvoir défendre les provinces septentrionales, séparément du reste de l'Angleterre. Leur départ affaiblit et découragea ceux qui restèrent à Londres auprès du nouveau roi ; l'abattement, fruit des discordes civiles, succéda au premier élan de patriotisme excité par l'invasion étrangère.

Pendant ce temps, les troupes normandes approchaient de plus en plus, et parcouraient en divers sens les provinces de Surrey, de Hants, de Hertford et de Middlesex, pillant partout, brûlant les villages et massacrant les hommes en armes ou sans armes. Cinq cents cavaliers s'avancèrent jusqu'au faubourg méridional de Londres, engagèrent le combat avec un corps de bourgeois qui se présenta devant eux, et incendièrent, dans leur retraite, les bâtiments situés sur la rive droite de la Tamise. Jugeant, par cette épreuve, que la grande ville saxonne était disposée à se défendre, Guillaume, au lieu de s'en approcher et d'en faire le siége, se porta vers l'ouest et alla passer la Tamise au gué de Wallingford, dans la province de Berks. Il établit dans ce lieu un camp retranché, et y laissa des troupes pour intercepter les secours qui pourraient venir des provinces occidentales ; puis, se dirigeant vers le nord-est, il alla camper lui-même à Berkhamsted, dans la province de Hertford, pour interrompre également toute communication entre Londres et la contrée du nord, et prévenir le retour des fils d'Alfgar, s'ils se repentaient de leur inaction. Par cette manœuvre, la capitale se trouva cernée ; de nombreux corps d'éclaireurs en ravageaient les environs et en arrêtaient les approvisionnements, sans livrer aucun combat décisif.

Plus d'une fois, les habitants de Londres en vinrent aux mains avec les Normands ; mais, par degrés, ils se fatiguèrent, et furent vaincus, moins par la force de l'ennemi que par la crainte de la famine et par la pensée décourageante qu'ils étaient isolés de tout secours.

Il y avait dans la ville deux pouvoirs dont l'accord était nécessaire et difficile à maintenir, la cour du roi et la ghilde ou confrérie municipal des bourgeois. La municipalité, pleinement libre, était régie par ses magistrats électifs, la cour avait pour chef l'officier du palais qu'on nommait *staller*, intendant. Ce poste, à la fois civil et militaire, venait d'être rendu à l'homme qui l'avait exercé sous l'avant-dernier règne ; c'était un vieux guerrier, nommé Ansgar, que ses fatigues et ses blessures avaient paralysé des jambes, et qui se faisait porter en litière partout où son devoir l'appelait. Guillaume l'avait rencontré, en 1051 à la cour du roi Edward ; il crut possible de le gagner à sa cause, et lui fit porter par un émissaire secret ses propositions et ses offres, qui n'étaient rien moins, en cas de succès, que la lieutenance du royaume.

On ne peut dire si Ansgar fut ébranlé par ces promesses, mais il les reçut avec réserve, et, gardant sur elles un secret absolu, il prit un parti qui devait le décharger du péril d'avoir avec l'ennemi des intelligences personnelles. De son chef ou d'accord avec les conseillers du roi, il réunit les principaux bourgeois de Londres, et, s'adressant à eux, par le nom que se donnaient mutuellement les membres de la corporation municipale : « Honorables frères, dit-il, nos res-
» sources s'épuisent, la ville est menacée d'un assaut, et aucune
» armée ne vient à son secours. Voilà notre situation ; mais quand
» la force est à bout, quand le courage ne peut plus rien, il reste
» l'adresse et la ruse ; je vous conseille d'y recourir. L'ennemi ne sait
» encore pas toutes nos souffrances ; profitons-en, et, si vous m'en
» croyez, envoyez-lui de bonnes paroles par un homme qui sache le
» tromper, qui feigne d'apporter votre soumission, et qui, en signe
» de paix, donne la main si on l'exige. »

Ce conseil, dont il est difficile de juger l'à-propos et le mérite, plut aux chefs de la bourgeoisie comme venant d'une politique habile et d'un homme de guerre expérimenté. Ils se flattaient, à ce qu'il semble, d'obtenir une suspension d'hostilités, et de traîner les négociations en longueur jusqu'à l'arrivée d'un secours ; mais la chose tourna tout autrement. Le parlementaire envoyé pour jouer de ruses avec le duc Guillaume revint de son camp dupé par lui, chargé de présents et dévoué à sa cause. Lorsqu'il parut devant les magistrats et les notables de la ville pour leur rendre compte de son message, une foule ému d'anxiété l'escortait derrière lui. Son discours étrangement audacieux fut un éloge sans mesure du prétendant armé, où toutes les vertus royales lui étaient prêtées, et qui promettaient en son nom paix, justice et obéissance aux vœux de la nation anglaise. Ces paroles, si différentes des bruits répandus alors sur la dureté implacable du vainqueur de Hastings, loin de provoquer le cri de trahison, furent accueillies par la foule, sinon par les magistrats eux-mêmes, avec joie et confiance. Il y eut pour le parti de la paix et du duc de Normandie un ce ces entraînements populaires auxquels rien ne résiste et que le repentir suit trop tard. Peuple et magistrats furent d'accord et résolurent par acclamation qu'on devait, sans attendre rien de plus, porter au duc Guillaume les clefs de la ville.

La cour du jeune roi Edgard, sans armée, sans libre communication au dehors, était incapable de maîtriser les dispositions de la bourgeoisie, et de la forcer à courir les hasards d'une résistance désespérée. Ce gouvernement, né au milieu du désordre, et qui, malgré sa popularité, manquait des ressources les plus ordinaires, se vit contraint de déclarer qu'il n'existait plus. Le roi lui-même, accompagné des archevêques Stigand et Eldred, et de Wulstan, évêque de Worcester, plusieurs chefs de haut rang et les premiers d'entre les bourgeois de Londres, vinrent au camp de Berkhamsted et y firent leur soumission. Ils livrèrent des otages au duc de Normandie, lui prêtèrent le serment de fidélité ; et, en retour le duc leur promit, sur sa foi, d'être pour eux bon seigneur. Alors il marcha vers Londres, et, malgré ses promesses, laissa tout dévaster dans son chemin.

Guillaume n'alla point jusqu'à Londres ; mais, s'arrêtant à la distance de quelques milles, il fit partir un nombreux détachement de soldats chargés de lui construire, au sein de la ville, une forteresse pour sa résidence.

Pendant qu'on hâtait ces travaux, le conseil de guerre des Normands discutait, dans le camp près de Londres, les moyens d'achever promptement la conquête commencée avec tant de bonheur. Les amis familiers de Guillaume disaient que, pour rendre moins âpres à la résistance les habitants des provinces encore libres, il fallait que, préalablement à toute invasion ultérieure, le chef de la conquête prît le titre de roi des Anglais. Cette proposition était sans doute la plus agréable au duc de Normandie ; mais, toujours circonspect, il feignit d'y être indifférent. Quoique la possession de la royauté fût l'objet de son entreprise, il paraît que de graves motifs l'engagèrent à se montrer moins ambitieux qu'il ne l'était d'une dignité qui, en l'attachant à la nation vaincue, devait jusqu'à un certain point séparer sa fortune de celle de ses compagnons d'armes.

Guillaume s'excusa modestement, et demanda au moins quelque délai, disant qu'il n'était pas venu en Angleterre pour son intérêt seul, mais pour celui de toute sa nation et des braves qui l'avaient suivi ; que, d'ailleurs, si Dieu voulait qu'il devînt roi, le temps de prendre ce titre n'était pas arrivé pour lui, parce que trop de provinces et trop d'hommes restaient encore à soumettre.

La majorité des chefs normands inclinait à prendre à la lettre ces scrupules et cette réserve, et à décider qu'en effet il n'était pas temps de faire un roi, lorsqu'un capitaine de bandes auxiliaires, Aimery de Thouars, à qui la royauté de Guillaume devait porter moins d'ombrage qu'aux barons de Normandie, prit vivement la parole, et dit : « C'est trop de modestie que de s'informer si des gens de guerre » veulent que leur seigneur soit roi ; on n'appelle point des soldats » à une discussion de cette nature, et d'ailleurs nos débats ne servent » qu'à retarder ce que nous souhaitons tous de voir s'accomplir sans » délai. » Ceux d'entre les Normands qui, après les feintes excuses de Guillaume, auraient osé opiner dans le même sens que leur duc, furent d'un avis tout contraire lorsque le Poitevin eut parlé, de crainte de paraître moins fidèles et moins dévoués que lui au chef commun. Ils décidèrent donc unanimement qu'avant de pousser plus loin la conquête, le duc Guillaume se ferait couronner roi d'Angleterre avec le cérémonial ordonné par la coutume du pays.

Le lieu désigné pour la cérémonie du couronnement fut l'église royale de Saint-Pierre, qu'on appelait alors et qu'on appelle encore aujourd'hui le monastère de l'Ouest. L'église fut préparée et ornée comme aux anciens jours où, après le vote libre des meilleurs hommes de l'Angleterre, le roi de leur choix venait s'y présenter pour recevoir l'investiture du pouvoir qu'ils lui avaient déféré. Mais cette élection nationale n'avait point eu lieu pour Guillaume; son titre était le droit du plus fort. Il sortit de son camp près de Londres, et marcha, entre deux haies de soldats étrangers, au monastère, où l'attendaient les chefs et les prélats saxons, tristes et confus de ce qu'ils allaient faire, ou s'étourdissant eux-mêmes par la pompe et le bruit du jour, et affectant un air de liberté dans leur lâche et servile office. Toutes les avenues de l'église, les places et les rues du faubourg étaient remplies de cavaliers en armes, qui avaient ordre d'agir hostilement au moindre signe d'émeute ou de trahison. Les feudataires normands, comtes ou barons, évêques ou abbés, et les autres chefs de l'armée, se trouvaient déjà dans l'église ou y entrèrent avec le duc.

Quand s'ouvrit la cérémonie, Geoffroy, évêque de Coutances,

montant sur une estrade, demanda, en langue française, aux Normands, s'ils étaient tous d'avis que leur seigneur prît le titre de roi des Anglais, et, en même temps, l'archevêque d'York demanda aux Anglais, en langue saxonne, s'ils voulaient pour roi le duc de Normandie. Alors il s'éleva dans l'église des acclamations si bruyantes, qu'elles retentirent hors des portes jusqu'à l'oreille des cavaliers qui remplissaient les rues voisines. Ils prirent ce bruit confus pour un cri d'alarme, et, dans le premier trouble, soit par imprudence, soit par suite d'une consigne secrète, ils mirent le feu aux maisons. Plusieurs s'élancèrent dans l'église, et, à la vue de leurs épées nues et des lueurs de l'incendie, tous les assistants se dispersèrent, hommes et femmes, Normands et Saxons. Les uns couraient sans savoir où, d'autres allaient au feu pour l'éteindre; d'autres, comme à Douvres, pour faire du butin dans le désordre. La cérémonie fut suspendue par ce tumulte, et il ne resta pour l'achever en toute hâte que le duc, l'archevêque Eldred, les évêques, et quelques prêtres des deux nations. Tout tremblants, ils reçurent de celui qu'ils faisaient roi et qui, selon un ancien récit, tremblait comme eux, le serment de traiter le peuple anglais aussi bien que le meilleur des rois que ce peuple avait librement élu.

Dès le lendemain de ce jour, la ville de Londres eut lieu d'apprendre ce que valait un tel serment dans la bouche d'un étranger vainqueur : on imposa aux citoyens un énorme tribut, et cette levée d'argent, que les chroniques saxonnes qualifient de cruelle, fut faite sur les riches Anglais, à titre de don volontaire, pour le joyeux avénement du nouveau roi. Guillaume lui-même semblait ne pas croire que la bénédiction de l'archevêque Eldred et quelques acclamations eussent fait de lui un roi d'Angleterre dans le sens légal de ce mot, et il se rangeait à sa vraie place par l'attitude de défiance et d'hostilité qu'il gardait vis-à-vis du peuple. Il n'osa point encore s'établir dans Londres ni habiter le château crénelé qu'on lui avait construit à la hâte. Il sortit pour attendre dans la campagne voisine que ses ingénieurs eussent donné plus de solidité à cet ouvrage, et jeté les fondements de deux forteresses, pour réprimer, dit un historien normand, l'esprit mobile d'une population nombreuse et fière.

Durant les jours que le nouveau roi passa à sept milles de Londres, dans un lieu appelé Barking, les deux chefs saxons dont la fatale retraite avait amené la reddition de la grande ville, effrayés de la puissance que la possession de Londres et le titre de roi donnaient à l'envahisseur, vinrent du nord lui demander grâce et lui jurer fidélité. Mais la soumission d'Edwin et de Morkar n'entraîna point celle des provinces dont ils étaient gouverneurs, et l'armée normande ne se porta point en avant pour aller occuper ces provinces; elle resta cantonnée autour de Londres et sur les côtes du sud et de l'est, les plus voisines de la Gaule. Le soin de partager les richesses du territoire envahi l'occupait alors presque uniquement. Des commissaires parcouraient toute l'étendue de pays où l'armée avait laissé des garnisons, et ils y faisaient un inventaire exact des propriétés de toute espèce, publiques ou particulières. Ils les enregistraient avec soin et en grand détail. car la nation normande se montrait déjà, comme on l'a vu depuis, extrêmement prodigue d'écritures, d'actes et de procès-verbaux.

On s'enquérait des noms de tous les Anglais morts en combattant, ou qui avaient survécu à la défaite, ou que des retards involontaires avaient empêchés de se rendre sous les drapeaux. Tous les biens de ces trois classes d'hommes, terres, revenus, meubles, étaient saisis : les enfants des premiers étaient déclarés déshérités à tout jamais ; les autres étaient pareillement dépossédés sans retour ; et eux-mêmes, dit le vieux narrateur, sentaient qu'en leur laissant la vie, l'ennemi faisait beaucoup pour eux. Quant aux hommes qui n'avaient point pris les armes, ils furent aussi dépouillés de tout, comme ayant eu l'intention de les prendre : mais, par grâce, on leur laissa l'espoir qu'après des années d'obéissance et de dévouement à la puissance étrangère, non pas eux, mais leurs fils obtiendraient des maîtres du pays une portion plus ou moins grande de l'héritage paternel. Telle fut la loi de la conquête, selon le témoignage non suspect d'un homme presque contemporain et issu de la race des conquérants.

L'immense produit de cette spoliation universelle fut la solde des aventuriers de tous pays qui s'étaient enrôlés sous la bannière du duc de Normandie. . . . .
. . . .

Avant de marcher à la conquête des provinces du nord et de l'ouest, Guillaume, par des raisons difficiles à bien déterminer, voulut repasser la mer et visiter son pays natal. Peut-être avait-il hâte de se montrer à ses compatriotes, entouré de la pompe d'un roi et des trophées de sa victoire ; peut-être aussi une passion moins noble, mêlée d'inquiétude sur l'avenir, lui faisait-elle désirer de mettre en sûreté, hors de l'Angleterre, les richesses qu'il avait enlevées aux provinces déjà conquises. Près de s'embarquer pour retourner en Normandie, il confia la lieutenance de son pouvoir royal à son frère Eudes, évêque de Bayeux, et à Guillaume, fils d'Osbern. A ces deux vice-rois furent adjoints d'autres seigneurs de marque, comme aides et comme conseillers : Hugues de Grantmesnil, Hugues de Montfort, Gaultier Giffard et Guillaume de Garenne.

Ce fut à Pevensey que se rendit le nouveau roi, afin de s'embarquer au lieu même où il était venu aborder six mois auparavant ; plusieurs vaisseaux l'y attendaient, pavoisés en signe de joie et de triomphe. Un grand nombre d'Anglais s'y étaient rendus par son ordre, pour passer le détroit avec lui. On remarquait parmi eux le roi Edgar, l'archevêque Stigand, Frithrik, abbé de Saint-Alban, les deux frères Edwin et Morkar, et Waltheof, fils de Siward, qui n'avait pu combattre à la journée de Hastings. Ces hommes, et plusieurs autres que le vainqueur emmenait aussi, devaient lui servir d'otages et de garants du repos des Anglais, et il espérait d'ailleurs que, privée, par leur absence, de ses chefs les plus puissants et les plus populaires, cette nation serait moins remuante et moins hardie à se soulever.

Dans le port où pour la première fois il avait mis le pied en Angleterre, le conquérant distribua des présents de toute espèce à ceux de ses gens d'armes qui repassaient la mer, afin, dit un historien normand, que nul à son retour ne pût dire qu'il n'avait pas gagné à la conquête. Guillaume, ajoute le même auteur, son chapelain et son biographe, apporta en Normandie plus d'or et d'argent que n'en pourrait lever celui qui serait maître du territoire entier de la Gaule. Toute la population des villes et des campagnes, depuis la mer jusqu'à Rouen, accourut sur son passage, et le salua de vives acclamations. Les monastères et le clergé séculier rivalisèrent d'efforts et de zèle pour fêter le vainqueur des Anglais. Guillaume leur donna de l'or en monnaie, en vases et en lingots, et des étoffes richement brodées qu'ils étalèrent dans les églises, où elles excitaient l'admiration. L'Angleterre excellait alors dans la broderie d'or et d'argent et dans tous les ouvrages de luxe; en outre, la navigation de ce pays, déjà fort étendue, y portait beaucoup d'objets rares et précieux inconnus en Gaule. . . . .
. . . .

Pendant que cet appareil de fête était déployé sur l'une des rives du détroit, sur l'autre l'insolence des vainqueurs se faisait sentir à la nation subjuguée. Les chefs qui gouvernaient les provinces conquises accablaient à l'envi les indigènes, soit gens de haut rang, soit gens du peuple, d'exactions, de tyrannies et d'outrages. L'évêque Eudes et le fils d'Osbern, orgueilleux de leur nouvelle puissance, méprisaient les plaintes des opprimés, et leur refusaient toute justice; si leurs hommes d'armes pillaient les maisons ou ravissaient les femmes des Anglais, ils les soutenaient et frappaient sur le malheureux qui, atteint par ces injures, osait s'en plaindre tout haut. L'excès de la souffrance poussa les habitants de la côte de l'est à tenter de s'affranchir du joug des Normands, à l'aide d'un secours étranger. Eustache, comte de Boulogne, le même qui, sous le règne d'Edward, avait occasionné tant de tumulte en Angleterre, était alors en discorde et en inimitié avec le roi Guillaume, qui retenait son fils prisonnier. La haine du roi normand rapprocha les Anglais de cet homme qui avait été naguère un de leurs plus grands ennemis; ils connaissaient sa puissance et son habileté à la guerre, ils voyaient en lui un allié naturel à cause de sa parenté avec le roi Edward, et, s'il leur fallait maintenant obéir à un étranger, ils aimaient mieux que ce fût à lui qu'à tout autre.

Les habitants du pays de Kent envoyèrent donc un message à Eustache, et lui promirent de l'aider à s'emparer de Douvres, s'il voulait faire une descente et les secourir contre les Normands. Le comte de Boulogne y consentit, et, armant plusieurs vaisseaux chargés de troupes d'élite, il mit à la voile et aborda près de Douvres à la faveur d'une nuit obscure. Tous les Saxons de la contrée se levèrent en armes : Eudes de Bayeux, gouverneur de la ville, et son lieutenant, Hugues de Montfort, s'étaient rendus au delà de la Tamise avec une partie de leurs soldats. Si le siége eût duré seulement deux jours, les habitants des provinces voisines seraient venus en grand nombre se réunir aux assiégeants ; mais Eustache et ses hommes essayèrent mal à propos d'enlever le château de Douvres par un coup de main ; ils éprouvèrent une résistance inattendue, et se découragèrent après ce seul effort.

Un faux bruit de l'approche d'Eudes, qui revenait, disait-on, avec le gros de ses troupes, les frappa d'une terreur panique. Le comte de Boulogne fit sonner la retraite ; ses hommes d'armes se précipitèrent en désordre vers leurs vaisseaux, et la garnison normande, les voyant dispersés, fit une sortie pour les poursuivre. Plusieurs tombèrent, en fuyant, du haut des rochers escarpés sur lesquels la ville de Douvres est assise, et le comte ne dut son salut qu'à la vitesse de son cheval. Mais la garnison, que son petit nombre rendait prudente, rentra bientôt dans la place ; les Boulonnais remirent à la voile, et les insurgés saxons se retirèrent par différents chemins. Telle fut l'issue de la première tentative faite en Angleterre pour renverser la domination normande ; Eustache de Boulogne se réconcilia peu de temps après avec le roi Guillaume ; et, oubliant ses alliés d'un jour, il brigua les honneurs et les richesses que leur ennemi pouvait donner.

Dans la province de Hereford, au delà de la chaîne de hauteurs qui avait autrefois protégé l'indépendance des Bretons, et qui pouvait servir de rempart à celle des Anglais, habitait, avant l'invasion, sur des terres qu'il avait reçues de la munificence du roi Edward, un Normand appelé Richard, fils de Scrob. C'était un de ces hommes que les Saxons avaient exceptés de la sentence d'exil rendue en l'année 1052 contre tous les Normands vivant en Angleterre. Pour prix de ce bienfait, le fils de Scrob, au débarquement de Guillaume, devint chef d'intrigues pour la conquête, établit des intelligences avec les envahisseurs, et se mit à la tête de quelques corps de soldats originaires de la Gaule, et demeurés, depuis le règne d'Edward, dans les châteaux voisins de Hereford. Il se cantonna avec eux dans ces châteaux, et, faisant des sorties fréquentes, il entreprit de forcer les villes et les bourgades voisines à se soumettre au conquérant. Mais la population de l'ouest résista avec énergie, et, sous la conduite d'Edrik, fils d'Alfrik, parent de la famille de Godwin, elle se leva pour repousser les attaques du fils de Scrob et de ses hommes d'armes.

Le chef saxon eut l'art d'intéresser à sa cause les chefs des tribus galloises, jusque-là ennemies mortelles des habitants de l'Angleterre. Ainsi la terreur des Normands réconciliait, pour la première fois, les Cambriens et les Teutons de la Bretagne, et faisait ce que n'avait pu faire, en d'autres temps, l'invasion des païens du Nord. Soutenu par les milices du pays de Galles, Edrik prit avec succès l'offensive contre Richard, fils de Scrob, et ses soldats, auxquels les chroniques du temps donnent le nom de châtelains de Hereford. Trois mois après le départ du roi Guillaume pour la Normandie, il les chassa du territoire qu'ils occupaient, pilla leurs cantonnements, et affranchit, mais en le ravageant, tout le pays voisin. Au sud de cette contrée, sur les côtes qui bordent le long golfe où se jette la Saverne, et au nord, sur les terres voisines des montagnes, il n'y avait encore, dans ce temps, ni postes militaires établis par les Normands, ni châteaux forts bâtis ou possédés par eux. La conquête, si l'on peut s'exprimer ainsi, n'y était point encore parvenue : ses lois n'y régnaient point, son roi n'y était nullement reconnu, non plus que dans toute la partie septentrionale de l'Angleterre, depuis le golfe de Boston jusqu'à la Tweed.

Au centre, les coureurs ennemis tenaient librement la campagne ; mais beaucoup de villes fermées ne s'étaient point rendues ; et, même dans le pays où l'invasion paraissait accomplie, les conquérants n'étaient pas sans alarmes ; car des messagers, partis des contrées où l'indépendance régnait encore, allaient secrètement de ville en ville rallier les amis du pays, et relever les courages abattus par la rapidité de la défaite. Sous les yeux de l'autorité étrangère, disparaissait chaque jour quelqu'un des hommes le plus en crédit parmi le peuple. Ils allaient quêter, chez des nations amies, du secours contre les Normands, ou ils émigraient pour toujours, aimant mieux vivre sans patrie que de rester sous leur puissance Ceux qui, dans la première terreur, s'étaient rendus au camp de Guillaume, et lui avaient prêté le serment de paix et de soumission, étaient invités, par des adresses patriotiques, à rompre leur pacte avec l'étranger, et à suivre le parti des gens de bien et des braves.

La nouvelle de cette agitation et de ces manœuvres, parvenue à Guillaume dans sa province de Gaule, le força de précipiter son retour en Angleterre. Il s'embarqua au port de Dieppe, au mois de décembre, par une nuit froide, et, à son arrivée, il mit dans les places fortes de la province de Sussex de nouveaux gouverneurs choisis en Normandie parmi les hommes auxquels il se fiait le plus. Il trouva dans Londres une fermentation sourde qui semblait présager quelque mouvement prochain : craignant que ses trois châteaux forts, avec leurs tourelles garnies de machines, ne fussent pas capables de le protéger contre une insurrection populaire, il résolut d'en prévenir ou d'en éloigner le moment, et déploya sa ruse, cette ruse de renard que la tradition anglaise lui attribue, pour assoupir l'esprit patriotique qu'il désespérait de briser. Il célébra en grande pompe, à Londres, les fêtes de Noël, et, rassemblant autour de lui plusieurs des chefs et des évêques saxons, il les accabla de fausses caresses ; il se montrait plein d'affabilité, et donnait à tout venant le baiser de bienvenue ; si l'on demandait, il accordait ; si l'on conseillait, il écoutait ; tous furent dupes de ses artifices.

Après avoir ainsi gagné une partie des gens en crédit, le roi Guillaume se tourna vers le peuple ; une proclamation, écrite en langue saxonne, et adressée aux habitants de Londres, fut publiée en son nom, et lue à haute voix dans les églises et sur les places de la ville. « Apprenez tous, y disait-il, quelle est ma volonté. Je veux que, » tous tant que vous êtes, vous jouissiez de vos lois nationales, » comme dans les jours du roi Edward ; que chaque fils hérite de son » père, après les jours de son père, et que nul de mes hommes ne » vous fasse tort. » A cette promesse, quelque peu sincère qu'elle fût, l'effervescence se calma dans Londres ; le soulagement présent rendit les esprits moins disposés à courir les chances périlleuses d'une grande opposition au pouvoir. Exemptés pour un moment des trois fléaux que la conquête avait apportés en Angleterre, les violences, les lois étrangères et l'expropriation, les habitants de la grande cité saxonne abandonnèrent la cause de ceux qui souffraient, et, calculant le gain et la perte, résolurent de se tenir en repos. On ne sait combien de temps ils jouirent des concessions du vainqueur; mais ils le laissèrent alors s'éloigner impunément de Londres, avec l'élite de ses soldats, pour aller soumettre les provinces encore libres.

Le roi normand se dirigea d'abord vers le sud-ouest, et, traversant les hauteurs qui séparent les provinces de Dorset et de Devon, il marcha contre Exeter. C'est dans cette ville qu'après la bataille de Hastings s'était réfugiée la mère de Harold ; elle y avait rassemblé les débris de ses richesses, qu'elle consacrait à la cause du pays pour lequel son fils était mort. Les citoyens d'Exeter étaient nombreux et pleins de zèle patriotique : l'histoire contemporaine rend d'eux ce témoignage que, jeunes ou vieux, ils haïssaient à la mort les envahisseurs d'outre-mer. Ils fortifiaient leurs tours et leurs murailles, faisaient venir des hommes d'armes de toutes les provinces voisines, et enrôlaient, à prix d'argent, les navigateurs étrangers qui se trouvaient dans leur port. Ils envoyaient aussi des messages aux habitants des autres villes pour les inviter à se confédérer avec eux, se préparant de toutes leurs forces contre le roi de race étrangère, avec lequel jusqu'à ce moment, disent les chroniques, ils n'avaient rien eu à démêler.

L'approche des troupes d'invasion fut annoncée de loin aux habitants d'Exeter, par la nouvelle de leurs ravages : car tous les lieux par où elles passaient furent entièrement dévastés. Les Normands s'arrêtèrent à la distance de quatre milles, et c'est de là que Guillaume envoya aux citoyens l'ordre de se soumettre et de lui prêter le serment de fidélité. « Nous ne jurerons point fidélité, répondirent-ils, à celui qui se prétend roi, et ne le recevrons point dans nos murs ; mais, s'il veut recevoir, comme tribut, l'impôt que nous donnions à nos rois, nous consentirons à le lui payer. — Je veux des sujets, répliqua Guillaume, et n'ai point pour habitude de les prendre à de telles conditions. » Les troupes normandes approchèrent, ayant pour avant-garde un bataillon d'hommes de race anglaise, qui s'étaient réunis aux étrangers par force, ou par misère, ou par envie de s'enrichir en pillant leurs compatriotes. L'on ne sait par suite de quelle intrigue les chefs et les magistrats d'Exeter vinrent, avant le premier assaut, trouver le roi, lui livrer des otages et lui demander la paix. Mais à leur retour, les citoyens, loin de remplir l'engagement qui venait d'être conclu, tinrent les portes de la ville fermées, et se préparèrent de nouveau à combattre.

Guillaume investit la ville d'Exeter, et faisant avancer à la vue des

remparts l'un des otages qu'il avait reçus, il lui fit crever les yeux. Le siége dura dix-huit jours ; une grande partie de l'armée normande y périt; de nouveaux renforts survinrent au conquérant, et ses mineurs sapèrent les murs; mais l'opiniâtreté des citoyens se montrait invincible. Ils eussent peut-être lassé Guillaume, si les hommes qui les commandaient n'avaient été lâches une seconde fois. Quelques historiens racontent que les habitants d'Exeter se rendirent au camp du roi, en appareil de suppliants, avec le clergé revêtu de ses habits et portant les livres saints. La chronique saxonne contemporaine ne prononce que ces seuls mots, tristes par leur brièveté même : « Les citoyens rendirent la ville parce que les chefs les trom-
» pèrent. »

. . . .

Ainsi le domaine de l'indépendance anglaise allait se rétrécissant dans l'ouest; mais les vastes provinces du nord offraient encore un asile, une retraite et des champs de bataille pour les amis du pays. Là se rendaient ceux qui n'avaient plus ni terre ni famille, ceux dont les frères étaient morts, dont les filles avaient été ravies, ceux enfin qui aimaient mieux, disent les vieilles annales, traîner une vie dure et pénible, que de subir un esclavage inconnu à leurs pères. Ils marchaient de forêt en forêt, de lieu désert en lieu désert, jusqu'à la dernière ligne des forteresses bâties par les Normands. Quand ils avaient franchi cette enceinte de la servitude, ils retrouvaient la vieille Angleterre et s'embrassaient en liberté. Le repentir amena bientôt vers eux les chefs qui, désespérant les premiers de la cause commune, avaient donné le premier exemple de la soumission volontaire. Ils s'échappèrent du palais où le conquérant les retenait captifs sous de fausses apparences d'affection, les appelant ses grands amis, ses amis particuliers, et faisant de leur présence à sa cour une accusation pour le peuple, qui refusait de reconnaître un roi qu'entouraient ses chefs nationaux. C'est ainsi qu'Edwin et Morkar partirent pour la contrée du nord. Leurs compatriotes, dit un narrateur voisin de ce temps, les aimaient d'une affection sans bornes ; beaucoup d'hommes se révoltèrent avec eux; les prêtres et les moines faisaient pour eux de fréquentes prières, et les vœux des pauvres les accompagnaient.

Aussitôt que les fils d'Alfgard furent arrivés dans leurs anciens gouvernements de Mercie et de Northumbrie, de grands signes de mouvement patriotique se manifestèrent dans ces deux pays, depuis Oxford jusqu'aux rives de la Tweed. Aucun Normand n'avait encore passé l'Humber, et un petit nombre d'entre eux avaient pénétré au cœur de la Mercie. Ce pays communiquait librement, par sa frontière du nord-ouest, avec la population galloise, qui, oubliant ses anciens griefs contre les Saxons, fit cause commune avec eux contre les nouveaux envahisseurs. Le bruit se répandit que les chefs anglais et gallois avaient tenu ensemble de grands conseils sur les montagnes, et que, d'un accord unanime, ils avaient résolu de délivrer leur île de la domination normande ; qu'ils envoyaient partout des émissaires pour exciter l'indignation et la révolte. C'était au delà du cours de l'Humber que devait se former le grand camp de l'indépendance ; on lui donnait la cité d'York pour premier boulevard, et pour dernières défenses les lacs et les marais du nord. Beaucoup d'hommes avaient fait serment de ne plus dormir à l'abri d'un toit jusqu'au jour de la délivrance ; ils couchaient en plein air ou sous des tentes, et les Normands leur donnaient le nom de sauvages.

On ne peut savoir combien de projets d'affranchissement, bien ou mal conçus, furent formés et détruits dans ce temps ; ce qui n'éclata pas en lutte ouverte fut le secret de la chancellerie du roi Guillaume. Les auteurs normands contemporains parlent, mais en termes vagues, de mauvaises conspirations ; l'un d'eux fait remonter à l'absence du roi un complot dont le but était, selon lui, d'attaquer à l'improviste les soldats des garnisons normandes, le mercredi des cendres, jour où ils se rendaient tous à l'église, nu-pieds et sans armes. L'historien dit que cette machination fut découverte, et que les coupables, se dérobant par une prompte fuite à la vengeance du *grand vainqueur*, gagnèrent le pays situé au nord de l'Humber.

Vers ce pays se dirigeait alors, de toutes les provinces conquises, l'émigration des proscrits et des mécontents. Bientôt un nouveau fugitif, et le plus noble de tous, prit la même route ; c'était le jeune Edgar, roi légitime d'Angleterre, suivant le droit national, par l'élection du peuple et la consécration de l'Eglise. Il partit avec sa mère Agathe, ses deux sœurs Marguerite et Christine, un chef appelé Merlesweyn, et d'autres hommes de haut rang. Cherchant pour les princesses un refuge inviolable, et pour la royauté saxonne un secours étranger, ils ne firent que traverser le Northumberland. Ils passèrent la limite septentrionale qui, depuis la défaite du roi Egfrith par les Pictes et les Scots, séparait l'Angleterre de l'ancienne Albanie, nommée en ce temps-là, comme aujourd'hui, le pays des Scots ou l'Ecosse. . . . .
. . . .

Le roi d'Ecosse Malcolm, surnommé Kenmore, accueillit comme des hôtes bienvenus le jeune Edgar, sa mère, ses sœurs et ses amis. Il salua Edgar comme le véritable et légitime roi des Anglais, lui offrit un asile sûr et des secours pour relever sa fortune. Il donna aux chefs dépossédés qui accompagnaient leur roi, des domaines, que peut-être il enleva despotiquement à ses sujets de race bretonne et gallique; et, comme il était encore sans épouse, il prit pour femme une des sœurs d'Edgar, la plus jeune, appelée Marguerite. Marguerite ne savait point la langue gallique; elle eut souvent besoin d'interprète pour parler aux chefs des tribus du nord et de l'ouest, et aux évêques de ces contrées; alors c'était le roi Malcolm, son mari, qui se chargeait de cette fonction. Malcolm s'énonçait également bien dans les deux idiomes; mais peu de temps après son règne, les rois d'Ecosse dédaignèrent de parler et d'apprendre la langue des anciens Scots, celle du peuple dont eux-mêmes descendaient et dont le pays tirait son nom.

La nouvelle de l'alliance formée entre les Saxons et le roi d'Ecosse, et des rassemblements hostiles qui se faisaient au nord de l'Angleterre, détermina Guillaume à ne pas attendre une attaque et à prendre vivement l'offensive. Son premier fait d'armes, dans cette nouvelle expédition, fut le siége de la ville d'Oxford. Les citoyens résistèrent au roi étranger, et l'insultèrent même du haut de leurs murs; mais une partie du rempart de la ville s'écroula, sapée par les Normands, qui entrèrent d'assaut par cette brèche et se vengèrent des habitants par le massacre et l'incendie. Sur sept cent vingt maisons, plus de quatre cents furent détruites. Les religieux du couvent de Sainte-Frideswide, suivant l'exemple des moines de Winchcomb, prirent les armes pour défendre leur monastère, et en furent tous expulsés après la victoire des Normands. La ville de Warvich fut prise ensuite, puis celle de Leicester, qui fut détruite presque de fond en comble, puis celle de Derby, où le tiers des maisons fut renversé. Après le siége et la prise de Nottingham, une forte citadelle y fut bâtie, et confiée à la garde du normand Guillaume Peverel. Ce Guillaume eut, pour sa part de conquête, cinquante-cinq manoirs dans la province de Nottingham, et, dans la ville même, quarante-huit maisons de marchands, douze maisons de gens de guerre et huit maisons de cultivateurs anglais. Il établit sa demeure dans la contrée de Derby, sur un rocher à pic, au haut duquel son château paraissait suspendu en l'air, comme le nid d'un oiseau de proie.

De Nottingham, les troupes normandes se dirigèrent, à l'est, sur Lincoln, qu'elles forcèrent de capituler et de livrer des otages. Cent soixante-six maisons y furent détruites, pour servir d'emplacement aux forteresses et aux autres retranchements dont la garnison étrangère s'entoura avec plus de soin qu'ailleurs; car dans cette ville, dont la population était d'origine danoise, les conquérants redoutaient, comme à Norwich, une attaque des Danois d'outre-mer.

. . . .

Partis de la ville de Lincoln, que, par une espèce d'euphonie française, ils appelaient *Nicole*, les soldats de l'invasion marchèrent sur York. Dans le lieu où se rapprochent les rivières dont la jonction forme le grand fleuve de l'Humber, ils rencontrèrent l'armée confédérée des Anglo-Saxons et des Gallois. Là, de même qu'à la bataille de Hastings, par la supériorité de leur nombre et de leur armure, ils chassèrent l'ennemi de ses positions vainement défendues pied à pied. Un grand nombre d'Anglais et de Gallois périrent; le reste s'enfuit vers York pour y chercher un refuge; mais les Normands qui les poursuivaient arrivèrent avec eux sous les murs de la ville, où s'acheva la déroute des insurgés et de leurs auxiliaires. Frappés de crainte à la vue de ce désastre et au bruit de la présence du roi, les habitants d'York lui ouvrirent leurs portes et lui en présentèrent les clefs avec des otages. Les débris de l'armée patriotique, ou, si l'on veut parler comme les vainqueurs, de la troupe des séditieux et des brigands, descendirent sur des bateaux le fleuve de l'Humber; ils remontèrent ensuite, au nord, vers le pays des Ecossais ou vers les territoires anglais voisins de l'Ecosse. Là se fit le ralliement des vaincus d'York; « là se retirèrent, dit un » vieux chroniqueur, Edwin et Morkar, les nobles chefs, ainsi que » d'autres hommes de grande distinction, des évêques, des clercs, » des gens de tout état, tristes de voir leur cause la plus faible, mais » ne se résignant point à l'esclavage. »

Les vainqueurs bâtirent une citadelle au sein de la ville d'York, qui devint ainsi une place forte normande, et le boulevard de la conquête au nord. Ses tours, garnies de cinq cents chevaliers et d'un nombre au moins quadruple d'écuyers et de servants d'armes, menacèrent le pays des Northumbriens. Cependant l'invasion ne continua point alors sur ce pays, et il est même douteux que la province d'York ait été occupée dans sa largeur, depuis l'Océan jusqu'aux montagnes de l'ouest. La capitale, soumise avant son territoire, était le poste avancé des conquérants, et un poste encore périlleux; ils y travaillaient jour et nuit à tracer leurs lignes de défense; il forçaient le pauvre Saxon, devenu leur homme de corvée, à creuser des fossés et à construire des retranchements pour ses ennemis. Craignant d'être assiégés à leur tour, ils rassemblaient de toutes parts et entassaient dans leur cantonnement des munitions et des vivres. . . . .

. . . .

La guerre durait encore aux extrémités de l'Angleterre, l'agitation était partout ; on s'attendait à ce que les fugitifs d'York reviendraient, par terre ou par mer, tenter quelque nouvel effort. L'ennui de cette lutte sans terme visible commença dès lors à se faire sentir aux soldats et même aux chefs de l'armée d'invasion. Plusieurs, se croyant assez riches, résolurent de renoncer aux fatigues ; d'autres trouvèrent que les terres des Anglais ne valaient pas les peines et les dangers au prix desquels on les obtenait ; d'autres voulaient revoir leurs femmes qui les accablaient de messages et les conjuraient de revenir près d'elles et près de leurs enfants. Le roi Guillaume fut vivement alarmé de ces dispositions ; il offrit pour réchauffer le zèle plus qu'il n'avait encore donné, et promit, pour le temps où la conquête serait achevée, des terres, de l'argent, des honneurs en abondance. Il fit répandre l'accusation de lâcheté contre ceux qui demandaient leur retraite et abandonnaient leur seigneur en péril, au milieu des étrangers. Des railleries amères et indécentes furent dirigées contre les femmes normandes qui s'empressaient de rappeler auprès d'elles leurs maris et leurs protecteurs. Mais, malgré cela, Hugues de Grantmesnil, comte de la province de Hants, son beau-frère Onfroy du Tilleul, gardien du fort de Hastings, et un grand nombre d'autres partirent, laissant leurs terres et leurs honneurs, pour aller, comme disaient de plus fidèles qu'eux à la cause du conquérant, se mettre sous le servage de femmes impudiques, au mépris de leur devoir comme vassaux. Ce départ fit une grande impression sur l'esprit du roi. Prévoyant pour l'avenir de plus grandes difficultés qu'il n'en avait éprouvé jusquelà, il renvoya en Normandie la reine Mathilde pour l'éloigner du trouble et pour être lui-même tout entier aux soins de la guerre. De nouveaux événements ne tardèrent pas à justifier ses inquiétudes.

L'un des fils du roi Harold, appelés Godwin, Edmund et Magnus, vint d'Irlande, où tous les trois s'étaient réfugiés, soit après la bataille de Hastings, soit après la prise d'Exeter, et amena au secours des Anglais plusieurs vaisseaux et une petite armée. Il entra dans l'embouchure de l'Avon, et mit le siége devant Bristol ; mais, ne pouvant s'en emparer, il remonta sur ses navires, côtoya le rivage du sud-ouest, et alla débarquer dans la province de Sommerset. A son approche, tous les habitants du pays se soulevèrent contre les Normands, et l'insurrection s'étendit aux provinces de Devon et de Dorset. L'alliance des Bretons de la Cornouaille avec leurs voisins saxons se renouvela, et ils attaquèrent ensemble le corps de troupes étrangères qui stationnait dans ces contrées. On envoya pour renfort aux Normands les Anglais auxiliaires, qui avaient trouvé plus aisé de se joindre à l'ennemi que de lui résister; et, comme au siége d'Exeter, ils furent placés à l'avant-garde, pour essuyer les premiers coups. Ils étaient conduits par Ednoth, ancien grand officier du roi Harold, dont Guillaume voulait se défaire en l'envoyant contre les insurgés : car c'était sa politique, dit un vieil historien, de mettre les Saxons aux prises les uns avec les autres, voyant pour lui-même un grand débarras, de quelque côté que fût la victoire. Ednoth périt avec beaucoup des siens; l'insurrection subsista, et le fils de Harold, quoiqu'il eût l'avantage, retourna en Irlande pour y prendre l'aîné de ses deux frères et en ramener de nouvelles troupes.

Godwin et Edmund, naviguant ensemble et doublant le long promontoire qui porte le nom de *Land's-End*, ou Fin-du-Pays, entrèrent, cette fois, par l'embouchure de la rivière de Tavy, au sud de la province de Devon. Ils s'aventurèrent imprudemment sur ce territoire, où les Normands, cantonnés dans les provinces du sud, avaient rassemblé toutes leurs forces pour opposer une barrière à l'insurrection de l'ouest. Deux chefs, dont l'un était Brian, fils d'Eudes, comte ou duc de Bretagne, les attaquèrent à l'improviste et leur tuèrent plus de deux mille hommes, anglais ou irlandais. Les fils du dernier roi saxon remontèrent sur leurs vaisseaux et mirent à la voile, ayant perdu toute espérance. Pour achever de détruire les révoltés de Dorset et de Sommerset, l'évêque de Coutances, Geoffroi, vint avec les garnisons de Londres, de Winchester et de Salisbury. Il parcourut ces deux provinces, à la poursuite des hommes armés ou suspects d'avoir pris les armes; tout ce qui résista fut mis à mort, et les prisonniers, sinon tous, du moins en partie, furent mutilés pour servir d'exemple.

Cette déroute et la retraite des auxiliaires venus d'Irlande n'abattirent point entièrement l'effervescence des populations de l'ouest. Le mouvement commencé au sud s'était prolongé sur toute la frontière du territoire gallois; les habitants de la contrée voisine de Chester, contrée encore libre de toute invasion, descendirent jusqu'à Shrewsbury, et, se joignant aux bandes armées d'Edrik, qu'on surnommait le Sauvage, ils refoulèrent les Normands vers l'est. Les deux chefs, Brian et Guillaume, qui avaient battu les fils de Harold et réduit les hommes de Devon et de Cornouaille, s'avancèrent alors du côté du sud, et le roi lui-même, parti de Lincoln, vint du côté de l'orient, avec l'élite de ses gens d'armes. Il rencontra près de Stafford, au pied des montagnes, le plus grand corps d'armée des insurgés, et le détruisit dans un seul combat. Les autres capitaines normands marchèrent sur Shrewsbury; et cette ville ainsi que les campagnes qui l'avoisinent retombèrent sous la loi de l'étranger; les habitants rendirent leurs armes; quelques braves seulement, qui voulurent les garder, se retirèrent sur les dunes de la mer ou sur la cime des montagnes. Ils continuèrent de guerroyer, péniblement et sans avantages, contre les petits corps isolés, dressant, à l'entrée des bois, et dans les vallées étroites, des embûches pour le soldat égaré ou le coureur aventureux, ou le messager qui portait l'ordre des chefs ; mais les grandes routes, les cités, les bourgs, s'ouvrirent aux bataillons ennemis. La terreur remplaça l'espoir dans le cœur des vaincus : ils s'évitèrent au lieu de s'unir, et tout le pays du sud-ouest rentra encore une fois dans le silence.

Au nord, la cité d'York était toujours l'extrême limite de la conquête ; les soldats normands qui occupaient cette ville ne cherchaient point à s'avancer au delà, et même leurs excursions sur la contrée au sud d'York n'étaient point sans danger pour eux. Hugues, fils de Baudry, vicomte de la ville, n'osait descendre jusqu'à Selby et passer la rivière d'Ouse sans se faire suivre d'une force imposante. Les soldats normands n'étaient plus en sûreté dès qu'ils s'éloignaient des rangs et quittaient leurs armes; car des bandes d'insurgés, aussitôt ralliées que dissoutes, harcelaient continuellement les corps de troupes en marche, et même la garnison d'York. Guillaume Malet, collègue du fils de Baudry dans le commandement de cette garnison, alla jusqu'à déclarer, dans ses dépêches, que sans de prompts secours il ne répondait plus de son poste. Cette nouvelle, portée au quartier du roi Guillaume, y causa une grande alarme. Le roi lui-même partit en hâte, et arriva devant la ville d'York, au moment où les citoyens, ligués avec les gens du plat pays, assiégeaient la forteresse normande. Il les attaqua vivement avec des forces supérieures, en tua un grand nombre et fit beaucoup de prisonniers, n'épargnant personne, disent les chroniques, mettant la ville au pillage et laissant profaner l'église métropolitaine. Durant huit jours passés à York, il y jeta les fondements d'un second château fort, dont il confia les travaux et la garde à son confident le plus intime, Guillaume, fils d'Osbern, son sénéchal et son maréchal pour la Normandie et l'Angleterre.

Après son départ, les Anglais se rallièrent encore, et firent à la fois le siége des deux châteaux ; mais ils furent repoussés avec perte, et les Normands achevèrent en paix leurs nouveaux ouvrages de défense. Assuré de la possession d'York, le conquérant reprit l'offensive, et tenta de reculer jusqu'à Durham les limites du pays subjugué ; ce fut un certain Robert, surnommé Comine ou de Comines, qu'il chargea de cette expédition hasardeuse. Robert partit avec le titre anticipé de comte du Northumberland. Son armée était peu considérable ; mais sa confiance en lui-même était grande, et s'accrut au delà de toute mesure quand il se vit presque au terme de sa route sans avoir trouvé de résistance. Déjà il apercevait les murailles de Durham, lorsque Eghelwin, l'évêque saxon de la ville, vint à sa rencontre et l'avertit d'être sur ses gardes, parce que les gens du pays avaient résolu de mourir tous plutôt que de se soumettre au pouvoir d'un étranger : « Que m'importe ce qu'ils disent? » répondit Robert Comine ; ils ne m'attaqueront pas, aucun d'eux » ne l'oserait. » Les Normands entrèrent dans Durham et y massacrèrent quelques hommes inoffensifs, comme pour défier les Anglais ; les soldats campèrent sur les places, et leur chef prit pour quartier la maison de l'évêque.

La nuit vint, et alors les habitants des rives de la Tyne allumèrent, sur toutes les hauteurs, des feux qui leur servaient de signaux; ils se rassemblèrent en grand nombre et firent diligence vers Durham. Au point du jour, ils étaient arrivés devant les portes, qu'ils forcèrent, et les Normands furent assaillis de toutes parts, au milieu des rues, dont ils ignoraient les détours. Ils cherchèrent à se rallier dans la maison épiscopale, où était le logement de leur comte; ils y firent des barricades, et la défendirent quelque temps, tirant leurs flèches d'en haut sur les Saxons. Mais ceux-ci terminèrent le combat en mettant le feu à la maison, qui fut brûlée tout entière avec les hommes qui s'y étaient renfermés. Robert Comine fut du nombre. Il avait amené avec lui sept cents cavaliers complètement armés; mais on ne sait pas au juste combien de gens de service et de fantassins les accompagnaient. Cette terrible défaite produisit une telle impression sur les Normands, que des troupes nombreuses, envoyées pour tirer vengeance du massacre, s'avancèrent jusqu'à Elfertun, aujourd'hui Northallerton, à égale distance d'York et de Durham, et qu'arrivées à ce point, elles reculèrent, saisies d'une terreur panique. Le bruit courut qu'elles s'étaient trouvées dans une obscurité complète et contraintes de retourner en arrière par la puissance d'un saint nommé Cuthbert, qui était le patron du pays et dont le corps reposait à Durham.

Les Northumbriens, qui remportèrent cette grande victoire, étaient fils d'anciens colons danois, et il n'avait point cessé d'exister entre eux et la population du Danemark des relations d'amitié réciproque, fruits de leur commune origine. Du moment qu'ils se virent menacés par l'invasion normande, ils adressèrent aux Danois des demandes de secours, au nom de l'ancienne fraternité de leurs ancêtres, et de semblables sollicitations parvinrent aussi aux rois de Danemark de la part des habitants anglo-danois d'York, de Lincoln et de Norwich. Une foule de réfugiés saxons plaidaient la cause de leur pays auprès des peuples septentrionaux, les pressaient avec instance d'entreprendre la guerre contre les Normands qui opprimaient une nation de la grande famille teutonique, après avoir tué son roi, proche parent de plusieurs rois du Nord.

Guillaume, qui, de sa vie, n'avait su prononcer un seul mot de la langue septentrionale que ses aïeux avaient jadis parlée, prévit, dès le commencement, cette alliance naturelle des Anglais avec les Danois, et c'est ce qui lui fit bâtir de nombreuses forteresses sur les côtes orientales de l'Angleterre. Il envoya plusieurs fois à Sven, roi de Danemark, des ambassadeurs accrédités, des négociateurs habiles, des évêques à la parole insinuante, avec de riches présents, pour lui persuader de demeurer en paix. Mais l'homme du Nord ne se laissa point séduire, et ne consentit point, disent les chroniques danoises, à laisser le peuple anglais en servitude sous un peuple de race et de langue étrangères. Sven rassembla sa flotte et ses soldats. Deux cent quarante vaisseaux partirent pour la Bretagne, conduits par Osbiorn, frère du roi, et par ses deux fils Harald et Knut. A la nouvelle de leur départ, les Anglais comptaient avec impatience les jours qui devaient s'écouler jusqu'à l'arrivée de ces enfants de la Baltique, autrefois si terribles pour eux, et prononçaient avec amour des noms que leurs pères avaient maudits. L'on attendait aussi des troupes enrôlées à prix d'argent sur les côtes de l'ancienne Saxe et de la Frise, et les Saxons réfugiés en Ecosse promettaient quelques secours. Encouragés par leur victoire, les habitants du Northumberland faisaient de fréquentes excursions, au sud de leur pays, sur les cantonnements des étrangers. Le gouverneur de l'un des châteaux d'York fut tué dans une de ces rencontres.

Ce fut dans l'intervalle des deux fêtes de la Vierge Marie, en automne, que le fils du roi Sven, Osbiorn son frère, et cinq autres chefs danois de haut rang, abordèrent en Angleterre. Ils tentèrent hardiment une descente sur la partie des côtes la mieux gardée, celle du sud-est ; mais, successivement repoussés de Douvres, de Sandwich et de Norwich, ils remontèrent vers le nord et entrèrent dans le golfe de l'Humber, comme faisaient jadis leurs aïeux, mais sous de tout autres auspices. Dès que le bruit de leur approche se fut répandu dans les lieux d'alentour, de toutes parts les chefs de race anglaise, tous les Anglais en masse, vinrent des bourgs et des campagnes faire amitié avec les Danois et se joindre à eux. Le jeune roi Edgar, Merlsweyn, Gospatrik, Siward Beorn, et beaucoup d'autres réfugiés, accoururent promptement de l'Ecosse. On vit arriver aussi Waltheof, fils de Siward, échappé, comme Edwin et son frère, du palais du roi Guillaume : il était encore très jeune, et se faisait remarquer, de même qu'autrefois son père, par une taille élevée et une grande vigueur de corps.

Les Saxons se placèrent à l'avant-garde, les Danois formèrent le corps d'armée, et c'est dans cet ordre qu'ils marchèrent sur York, les uns à cheval, les autres à pied, tous pleins de joie, dit la chronique contemporaine. Des messagers les devancèrent pour avertir les citoyens que leur délivrance approchait, et bientôt la ville d'York fut investie de toutes parts. Dans le huitième jour du siége, les Normands qui gardaient les deux châteaux, craignant que les maisons voisines ne fournissent aux assaillants des matériaux pour combler les fossés, mirent le feu à ces maisons. L'incendie gagna rapidement, et ce fut à la lueur des flammes que les insurgés et leurs auxiliaires, aidés par les habitants, pénétrèrent dans la ville et forcèrent les étrangers de se renfermer dans l'enceinte de leurs citadelles ; le même jour, les deux citadelles furent emportées d'assaut. Dans ce combat décisif périrent, comme s'exprime la chronique saxonne, bien des centaines d'hommes de France. Waltheof, placé en embuscade à l'une des portes des châteaux, tua de sa propre main, à coups de hache, beaucoup de Normands qui cherchaient à s'enfuir. Il poursuivit, avec ses compagnons, cent chevaliers jusque dans un petit bois voisin, et pour s'épargner la peine d'une plus longue course, il fit mettre le feu au bois, où les cent chevaliers furent tous brûlés.

Les vainqueurs firent grâce de la vie aux deux commandants d'York, Gilbert de Gand et Guillaume Malet, à la femme et aux enfants de ce dernier, et à un petit nombre d'autres qui furent emmenés sur la flotte danoise. Ils renversèrent de fond en comble, peut-être imprudemment, les fortifications bâties par l'étranger, afin d'effacer tout vestige de son passage. Le jeune Edgar, redevenu roi dans York, conclut, suivant l'ancienne coutume saxonne, un pacte d'alliance avec les citoyens ; et ainsi fut relevée, pour quelques moments, la royauté nationale des Anglo-Saxons. Son domaine et le pouvoir d'Edgar s'étendait de la Tweed à l'Humber ; mais Guillaume, et avec lui l'esclavage, régnait encore sur tout le pays du sud, sur les plus belles provinces et les plus grandes villes.

L'hiver approchait ; les navires des Danois furent mis en station dans le golfe de l'Humber, aux bouches de l'Ouse et de la Trent. Leur armée et celle des Saxons libres attendaient le retour de la belle saison pour s'avancer vers le midi, faire rétrograder les conquérants, et confondre le roi Guillaume, comme s'exprime un vieil historien. Guillaume ne fut pas sans alarmes; la nouvelle de la prise d'York et de la déroute complète des siens l'avait transporté de douleur et de colère; il avait juré de ne point quitter sa lance qu'il n'eût tué tous les Northumbriens; mais, modérant son emportement, il voulut d'abord essayer la ruse, et envoya des messagers habiles à Osbiorn, le frère du roi Sven, commandant supérieur de la flotte danoise. Il promit à ce chef de lui faire tenir en secret une grande somme d'argent, et de lui laisser prendre librement des vivres pour son armée sur toute la côte orientale, s'il voulait, à la fin de l'hiver, mettre à la voile et s'éloigner sans combat. Tenté par l'avarice, le Danois fut infidèle à sa mission et traître envers les alliés de son pays; à son grand déshonneur, disent les chroniques, il promit tout ce que demandait le roi Guillaume.

Guillaume ne se borna point à cette seule précaution : après avoir enlevé sans bruit aux Saxons libres leur principale force, il se tourna vers les Saxons de la contrée soumise, fit droit à quelques-unes de leurs plaintes, modéra l'insolence de ses hommes de guerre et de ses agents, amollit par de minces concessions l'esprit faible du grand nombre, donna quelques bonnes paroles, et, en retour, se fit prêter de nouveaux serments et livrer de nouveaux otages. Alors il marcha sur York à grandes journées, avec ses meilleures troupes. Les défenseurs de la ville apprirent en même temps l'approche de la cavalerie normande et le départ des vaisseaux danois. Tout délaissés qu'ils étaient, et déchus de leurs meilleures espérances, ils résistèrent encore, et se firent tuer par milliers sur les brèches de leurs murailles. Le combat fut long et la victoire chèrement achetée. Le roi Edgar se vit contraint de fuir, et ceux qui purent s'échapper comme lui gagnèrent par différents chemins la contrée voisine de l'Ecosse.

Pour la seconde fois maître d'York, le conquérant ne s'y arrêta point; il fit continuer vers le nord la marche rapide de ses bataillons. Les étrangers se précipitèrent sur la terre de Northumbrie avec la frénésie de la vengeance; ils incendièrent les champs en culture comme les maisons, et massacrèrent les troupeaux de même que les hommes. Cette dévastation fut opérée avec une sorte d'étude et sur un plan régulier, afin que les braves du nord, trouvant leur pays inhabitable, fussent contraints de l'abandonner et de se disperser en d'autres lieux. Ils se retirèrent, soit dans les montagnes qui tenaient leur nom de l'asile qu'y avaient jadis trouvé les Cambriens, soit à l'extrémité des côtes de l'est, dans des marécages impraticables et sur les dunes de l'Océan. Là ils se firent brigands et pirates contre l'étranger, et furent accusés, dans les proclamations du conquérant, de violer la paix publique et de se livrer à un genre de vie infâme. Les Normands entrèrent pour la seconde fois dans Durham, et leur sommeil n'y fut point troublé, comme l'avait été celui de Robert Comine. . . . .

Guillaume, poursuivant les débris des Saxons libres, alla jusqu'au pied de la grande muraille romaine, dont les restes se prolongent encore de l'est à l'ouest, depuis l'embouchure de la Tyne jusqu'au golfe de Solway. Il retourna ensuite vers York, où il fit apporter de Winchester la couronne d'or, le sceptre doré, le manteau doublé de fourrure et tous les autres insignes de la royauté anglaise; il les étala en grande pompe durant les fêtes de la Nativité, comme pour faire un défi aux hommes qui avaient combattu, quelques mois auparavant, pour le roi Edgar et leur pays. Il n'y avait plus personne capable de répondre à cette provocation; un dernier rassemblement de braves fut dispersé sur les bords de la Tyne ; et telle fut, dans la contrée du nord, la fin de la résistance, la fin de la liberté selon les Anglais, celle de la rébellion selon les Normands.

Sur les deux rives de l'Humber, la cavalerie du roi étranger, ses comtes, ses baillis, purent désormais voyager librement par les chemins et par les villes. La famine, comme une fidèle compagne de la conquête, suivit leurs pas : dès l'année 1067, elle avait désolé quelques provinces, les seules qui alors eussent été envahies; mais, en 1070, elle s'étendit sur l'Angleterre entière, et se montra dans toute son horreur sur les terres nouvellement conquises. Les habitants de la province d'York et du territoire au nord d'York, après s'être nourris de la chair des chevaux morts que l'armée normande laissait sur les routes, mangèrent de la chair humaine ; plus de cent mille personnes de tout âge périrent de misère dans cette contrée. « C'était un affreux spectacle, dit un vieil annaliste, que de voir sur » les chemins, sur les places publiques, aux portes des maisons, les » cadavres humains rongés de vers, car il ne restait personne pour » leur donner la sépulture. »

Cette détresse n'était que pour les indigènes, et le soldat étranger vivait dans l'abondance; il y avait pour lui, au sein de ses forteresses, de vastes amas de vivres et de blé, et on lui en envoyait d'outre-mer au prix de l'or enlevé aux Anglais. Bien plus, la famine l'aidait à dompter entièrement les vaincus, et parfois, pour les restes du repas d'un valet de l'armée normande, le Saxon naguère illustre parmi les siens, maintenant flétri par la faim, venait se vendre, lui et toute sa famille, en servitude perpétuelle. L'acte de vente s'inscrivait sur les pages blanches de quelque missel, où l'on peut retrouver aujourd'hui, à demi effacés, et servant de thème à la saga-

cité des antiquaires, ces monuments des misères d'un autre âge.
. . . .

Après la conquête des terres du nord, celle des provinces du nord-ouest, voisines du territoire gallois, paraît s'être bientôt accomplie. Edrik, surnommé le Sauvage, n'arrêta plus les bandes normandes qui débordaient de tous côtés, et cessa de troubler par ses incursions leurs établissements, jusque-là précaires, aux environs du retranchement d'Offa. Enfin, Raoul de Mortemer fit prisonnier le chef de partisans, et, sur l'avis de son conseil de guerre, le dépouilla de tous ses biens, pour avoir refusé, dit un ancien récit, d'obéir à la conquête. L'armée normande qui réduisit la population des marches galloises ne s'arrêta pas à la tranchée d'Offa ; mais, passant cette frontière, à l'ouest de Shrewsbury, elle pénétra sur le territoire des Cambriens. Ce fut le commencement de l'invasion du pays de Galles que, depuis lors, poursuivirent sans relâche les conquérants de l'Angleterre. . . . .

La ville de Shrewsbury, fortifiée d'une citadelle bâtie sur l'emplacement de cinquante et une maisons, fut rangée dans le domaine du roi Guillaume. Il y fit percevoir les impôts pour le compte de son échiquier (c'est ainsi que les Normands appelaient ce que les Romains avaient nommé le fisc). Les agents du conquérant n'exigèrent pas de plus grandes taxes que la ville n'en avait payé dans le temps de l'indépendance anglaise ; mais une réclamation authentique des habitants montre de quelle valeur était pour eux cette modération apparente. « Les habitants anglais de Shrewsbury (ce
» sont les paroles du rôle) disent qu'il leur est bien lourd de payer
» intégralement l'impôt qu'ils payaient dans les jours du roi
» Edward et d'être taxés pour autant de maisons qu'il en existait
» alors ; car cinquante et une maisons ont été rasées pour le châ-
» teau du comte ; cinquante autres sont dévastées au point d'être
» inhabitables ; quarante-trois Français occupent des maisons qui
» payaient dans le temps d'Edward, et, de plus, le comte a donné à
» l'abbaye qu'il a fondée trente-neuf bourgeois qui autrefois contri-
» buaient avec les autres. » . . . .

Il ne restait à envahir que la contrée voisine de Chester, et cette ville était la seule des grandes cités d'Angleterre qui n'eût point entendu retentir les pas des chevaux de l'étranger. Après avoir passé l'hiver dans le nord, le roi Guillaume entreprit, en personne, cette dernière expédition ; mais, au moment de partir d'York, de grands murmures s'élevèrent dans son armée. La réduction du Northumberland avait fatigué les vainqueurs, et ils prévoyaient, dans l'invasion des bords de la mer de l'ouest et de la rivière de Dee, de plus grandes fatigues encore. Des récits décourageants sur la difficulté des lieux en plein hiver et l'opiniâtreté invincible des habitants de ces territoires circulaient parmi les soldats. Le mal du pays se fit sentir aux Angevins et aux Bretons auxiliaires, comme, dans l'année précédente, il avait attaqué les Normands. Eux, à leur tour, se plaignirent tout haut de la dureté du service et demandèrent en grand nombre leur congé pour repasser la mer.

Guillaume ne pouvant réussir à vaincre l'obstination de ceux qui refusaient de le suivre, fit semblant de la mépriser. Il promit à qui lui serait fidèle du repos après la victoire, et de grands biens pour salaire de ses peines; ensuite il traversa, par des chemins presque impraticables pour les chevaux, la chaîne des montagnes qui s'étend, du nord au sud, dans toute la longueur de l'Angleterre, entra en vainqueur dans la ville de Chester, et, selon sa coutume, y bâtit une forteresse. Il fit de même à Stafford; à Salisbury, dans son retour vers le sud, il distribua largement des récompenses à ses gens de guerre. Puis il se rendit à Winchester dans sa citadelle royale, la plus forte de toutes, et qui était son palais de printemps, comme celle de Glocester était son palais d'hiver, et son palais d'été la Tour de Londres ou le couvent de Westminster, près de Londres.

Il fut saisi et mis aux fers. (page 140)

IV. — Depuis la formation du camp du Refuge dans l'île d'Ely jusqu'au supplice du dernier chef saxon
1070-1076

Tout le pays des Anglo-Saxons était conquis, de la Tweed au cap de Cornouaille, de la mer de Gaule à la Saverne, et la population vaincue était traversée dans tous les sens par l'armée de ses conquérants. Il n'y avait plus de provinces libres, plus de masses d'hommes organisées militairement. On trouvait seulement quelques débris épars des armées et des garnisons détruites, des soldats qui n'avaient plus de chefs, et des chefs que personne ne suivait. La guerre se continuait contre eux par la persécution individuelle : les plus considérables étaient jugés et condamnés solennellement ; le reste était livré à la discrétion des soldats étrangers, qui en faisaient des serfs pour leurs domaines, ou bien les massacraient avec des circonstances qu'un ancien historien refuse de détailler comme incroyables et dangereuses à raconter. Ceux auxquels il restait quelques moyens de s'expatrier gagnaient les ports du pays de Galles ou de l'Ecosse, pour s'y embarquer, et aller, selon l'expression des vieilles annales, promener leur douleur et leur misère à travers les royaumes étrangers. Le Danemark, la Norvége et les pays de langue teutonique étaient en général le but de ces émigrations ; mais on vit aussi des fugitifs anglais aller vers le midi, et solliciter un asile chez des peuples entièrement différents d'origine et de langage.

Le bruit de la haute faveur dont jouissait à Constantinople la garde scandinave des empereurs détermina un certain nombre de jeunes gens à chercher fortune de ce côté. Ils se réunirent sous la conduite de Siward, ancien chef de la province de Glocester, côtoyèrent l'Espagne et débarquèrent en Sicile, d'où ils adressèrent à la cour impériale un message et des propositions. Ils furent, selon leur demande, incorporés dans la troupe d'élite qui sous le nom tudesque de *Varings*, veillait près de la chambre des empereurs, gardait les clefs de la ville où ils séjournaient, et quelquefois celles du trésor public. Les *Varings*, ou *Varangs*, selon la prononciation grecque, étaient, en général, Danois, Suédois ou Germains ; ils laissaient croître leurs cheveux, à la manière des gens du Nord, et avaient pour arme principale de grandes haches d'acier à deux tranchants, qu'ils portaient à la main ou posaient sur l'épaule droite. Cette milice, d'un aspect vraiment redoutable, était renommée, depuis des siècles, par sa discipline sévère et sa fidélité à toute épreuve. L'exemple des premiers Saxons qui s'y enrôlèrent fut suivi par d'autres, et, dans la suite, le corps des *Varings* se recruta surtout d'hommes venus d'Angleterre, ou, comme disaient les Grecs dans leur langage encore classique, de Barbares de l'île de Bretagne. L'idiome anglo-saxon, ou un dialecte mélangé de saxon et de danois, devint, à l'exclusion du grec, le langage officiel de ces gardes du palais impérial ; c'était dans cette langue qu'ils recevaient les ordres de leurs chefs, et qu'eux-mêmes adressaient à l'empereur, dans les grands jours de fête, leurs félicitations et leurs vœux.

Quant aux Saxons, qui ne purent ou ne voulurent pas émigrer, beaucoup d'entre eux se réfugièrent dans les forêts avec leurs familles, et, s'ils étaient riches et puissants, avec leurs serviteurs et leurs vassaux. Les grandes routes où passaient les convois normands furent infestées par leurs bandes armées ; ils enlevaient par ruse aux conquérants ce que les conquérants avaient enlevé par force, et se faisaient ainsi payer la rançon de leurs héritages, ou vengeaient, par l'assassinat, le massacre de leurs compatriotes. Ces réfugiés sont appelés brigands par les historiens amis de la conquête, et ces historiens les traitent, dans leurs récits, comme des hommes librement et méchamment armés contre un ordre de société légitime. « Il se commettait chaque jour, disent-ils, une foule de » vols et d'homicides, causés par la scélératesse naturelle aux indi- » gènes et par les immenses richesses de ce royaume ; » mais les indigènes croyaient avoir le droit de reprendre ces richesses qu'on leur avait ôtées ; et s'ils devenaient brigands, ce n'était, selon eux, que pour rentrer dans leurs propres biens. L'ordre contre lequel ils s'insurgeaient, la loi qu'ils violaient, n'avaient à leurs yeux aucune sanction : aussi le mot anglais *Outlaw* (mis hors la loi, bandit ou brigand) perdit dès lors, dans la bouche du peuple subjugué, son ancien sens défavorable. Au contraire, les vieux récits, les légendes et les romances populaires des Anglais, ont répandu une sorte de teinte poétique sur le personnage du banni, sur la vie errante et libre qu'il mène sous les feuilles des bois. Dans ces romances, l'homme mis hors la loi est toujours le plus gai et le plus brave des hommes ; il est roi dans la forêt, et ne craint point le roi du pays.

Ce fut surtout la contrée du nord, celle qui avait le plus énergiquement résisté aux envahisseurs, qui devint le pays du vagabondage en armes, dernière protestation des vaincus. Les vastes forêts de la province d'York étaient le séjour d'une bande nombreuse, qui avait pour chef un homme appelé Sweyn, fils de Sigg. Dans les contrées du centre et près de Londres, jusque sous les murs des châteaux normands, on vit se former aussi plusieurs troupes de ces hommes qui, reniant jusqu'au bout l'esclavage, disent les historiens du temps, prenaient le désert pour demeure. Leurs rencontres avec les conquérants étaient toujours sanglantes, et quand ils apparaissaient dans quelque lieu habité, c'était un prétexte pour l'étranger d'y redoubler ses vexations : il punissait les hommes sans armes du trouble que lui causaient les gens armés ; et ces derniers, à leur tour, faisaient quelquefois des visites redoutables à ceux qu'on leur signalait comme amis des Normands. Ainsi une terreur perpétuelle régnait sur le pays. Au danger de périr par l'épée de l'homme d'outre-mer, qui se croyait un demi-dieu parmi des brutes, qui ne comprenaient ni la prière, ni les raisons, ni les excuses proférées dans l'idiome des vaincus, se joignait encore celui d'être regardé comme traître ou comme suspect par les Saxons indépendants, frénétiques de désespoir comme les Normands l'étaient d'orgueil. Aussi nul habitant n'osait s'aventurer dans le voisinage de sa propre maison ; la maison de chaque Anglais considérable qui avait juré la paix et donné des otages au conquérant était close et fortifiée comme une ville en état de siége. Elle était remplie d'armes de toute espèce, d'arcs, de flèches, de haches, de massues, de poignards et de fourches de fer ; les portes étaient munies de verrous et de barricades. Quand venait l'heure du repos, au moment de tout fermer, l'ancien de la famille se levait, et prononçait à haute voix les prières qui se faisaient alors sur mer aux approches de l'orage ; il disait : « Que le » Seigneur nous bénisse et nous aide ; » tous les assistants répondaient *Amen*. Cette coutume subsista en Angleterre plus de deux siècles après la conquête.

Dans la partie septentrionale de la province de Cambridge, il y a une vaste étendue de terres basses et marécageuses, coupées en diverses sens par des rivières. Toutes les eaux du centre de l'Angleterre, qui ne coulent pas dans le bassin de la Tamise ou dans celui de la Trent, vont se jeter dans ces marais, qui, au temps de l'arrière-saison, débordent, couvrent le pays, et se chargent de vapeurs et de brouillards. Une partie de cette contrée humide et fangeuse s'appelait et s'appelle encore l'île d'Ely; une s'appelait l'île de Thorneye; une troisième, l'île de Croyland. Ce sol, presque mouvant, impraticable pour la cavalerie et pour les soldats pesamment armés, avait plus d'une fois servi de refuge aux Saxons, dans le temps de la conquête danoise; sur la fin de l'année 1069, il devint un point de réunion pour quelques bandes de partisans, formées de divers côtés contre les Normands. D'anciens chefs déshérités s'y rendirent successivement avec leur clientèle, les uns par terre, les autres sur des vaisseaux, par l'embouchure des rivières. Ils y élevèrent des retranchements de terre et de bois, et y établirent une grande station armée qui prit le nom de *camp du Refuge*. Les étrangers hésitèrent d'abord à les attaquer au milieu des joncs et des saules, et leur laissèrent ainsi le temps d'envoyer des messages dans le pays et hors du pays, et d'avertir, en beaucoup de lieux, les amis de la vieille Angleterre. Devenus forts, ils entreprirent la guerre de parti sur terre et sur mer, ou, pour parler comme les conquérants, la piraterie et le brigandage.

Chaque jour, au camp de ces brigands, de ces pirates pour la bonne cause, se rendait quelque Saxon de haut rang, laïque ou prêtre, apportant avec lui les derniers débris de sa fortune ou la contribution de son église. Eghelrik, évêque de Lindisfarn, et Sithrik, abbé d'un monastère du Devonshire, y vinrent, ainsi que beaucoup d'autres. Les Normands les accusaient d'outrager la religion et de déshonorer la sainte Église en se livrant à un genre de vie criminel et infâme; mais ces reproches intéressés ne les arrêtaient pas. L'exemple des prélats insurgés encouragea beaucoup d'hommes, et l'ascendant qu'ils exerçaient sur les esprits, pour le bien comme pour le mal, devint favorable à la cause patriotique. Les gens d'église, jusque-là trop peu ardents pour elle, s'y rallièrent avec plus de zèle. Plusieurs d'entre eux, il est vrai, s'étaient généreusement dévoués; mais la masse avait appliqué aux conquérants le précepte apostolique de la soumission aux puissances. La conquête les avait en général moins maltraités que le reste de la nation : toutes leurs terres n'avaient pas été prises; l'asile de leurs habitations n'avait pas été partout violé. Dans les vastes salles des monastères, où les espions normands ne pénétraient point encore, les Saxons laïques pouvaient se rassembler en grand nombre, et, sous prétexte de vaquer à des exercices de dévotion, converser et conspirer librement. Ils apportaient avec eux l'argent qu'ils avaient soustrait aux perquisitions des vainqueurs, et le laissaient en dépôt dans le trésor du saint lieu, pour le soutien de la cause nationale, ou pour la subsistance de leurs fils, si eux-mêmes périssaient dans les combats. Quelquefois l'abbé du couvent faisait briser les lames d'or et détacher les pierres précieuses dont les rois saxons avaient orné jadis les autels et les reliquaires, disposant ainsi de leurs dons pour le salut du pays qu'eux-mêmes avaient aimé durant leur vie. Des messagers braves et fidèles transportaient le produit de ces contributions communes, à travers les postes normands, jusqu'au camp des réfugiés; mais ces manœuvres patriotiques ne restèrent pas longtemps secrètes.

Le roi Guillaume, d'après le conseil de Guillaume, fils d'Osbern, son sénéchal, ordonna bientôt des perquisitions dans tous les couvents de l'Angleterre, et fit prendre tout l'argent, que les riches Anglais y avaient placé en dépôt, ainsi que la plupart des vases, des reliquaires et des ornements précieux. On enleva aussi des églises où elles avaient été déposées, les chartes qui contenaient les fausses promesses de clémence et de justice faites naguère par le roi étranger, quand il était encore incertain de sa victoire. Cette grande spoliation eut lieu dans le carême qui, suivant l'ancien style du calendrier, termina l'année 1070.....

Les insultes prodiguées aux objets d'une ancienne dévotion, les souffrances des évêques; une sorte de haine fanatique contre les innovations religieuses de la conquête, agitèrent fortement les esprits, et devinrent le mobile d'une grande conspiration qui s'étendit sur toute l'Angleterre. Beaucoup de prêtres s'y engagèrent, et trois prélats en furent les chefs : c'étaient Frithrik, abbé de Saint-Alban; Wulfstan, évêque de Worcester, le seul homme de race anglaise qui eût encore un évêché, et Walter, évêque de Hereford, Flamand de naissance, le seul parmi les étrangers, évêque avant la conquête, qui se soit montré fidèle à la cause de sa patrie adoptive. Le nom du jeune roi Edgar fut prononcé de nouveau; il circula des chants populaires où on l'appelait *le beau, le brave, l'enfant chéri de l'Angleterre*. Les deux frères Edwin et Morkar quittèrent pour la seconde fois la cour du Normand. La ville de Londres, jusque-là paisible et résignée à la domination étrangère, commença à se montrer turbulente, et, comme disent les vieux historiens dans un langage malheureusement trop vague, à résister en face au roi Guillaume.

Pour conjurer ce nouveau péril, Guillaume prit le parti qui lui avait déjà réussi plus d'une fois, celui de promettre et de mentir. Frithrik et les autres chefs des insurgés, invités par ses messages à se rendre à Berkhamsted, pour traiter de la paix, vinrent à ce lieu de mauvais augure, où pour la première fois des mains saxonnes avaient touché, en signe de sujétion, la main armée du conquérant. Ils y trouvèrent le roi et le primat Lanfranc, son conseiller le plus intime. Tous deux affectèrent à leur égard un air de douceur et de bonne foi, et il y eut, sur les intérêts réciproques, une lonque discussion qui se termina par un accord. Toutes les reliques de l'église de Saint-Alban avaient été portées au lieu des conférences; un missel fut ouvert sur ces reliques, à la page de l'Evangile, et le roi Guillaume, se plaçant dans la situation où lui-même autrefois avait placé Harold, jura, par les saints ossements et par les sacrés Evangiles, d'observer inviolablement les bonnes et anciennes lois que que les saints et pieux rois d'Angleterre, et surtout le roi Edward, avaient établies ci-devant. L'abbé Frithrik et les autres Anglais, satisfaits de cette concession, répondirent au serment de Guillaume par le serment de fidélité qu'on prêtait aux anciens rois, et se séparèrent ensuite, rompant la grande association qu'ils avaient formée pour la délivrance du pays. L'évêque Wulfstan fut député vers l'ouest, dans la province de Chester, pour y calmer les esprits, et faire une visite pastorale dont aucun prélat normand n'osait encore se charger.

Ces bonnes et antiques lois, ces lois d'Edward, dont la promesse avait le pouvoir d'apaiser les insurrections, n'étaient point un code particulier, un système de dispositions écrites, et l'on entendait simplement par ces mots l'administration douce et populaire qui avait existé en Angleterre au temps des rois nationaux. Durant la domination danoise, le peuple anglais, dans ses prières adressées au vainqueur, demandait, sous le nom de lois d'Ethelred, l'anéantissement du régime odieux de la conquête; demander les lois d'Edward, sous la domination normande, c'était former le même souhait, mais un souhait inutile, et que, en dépit de ses promesses, le nouveau conquérant ne pouvait remplir. Quand bien même il eût maintenu, de bonne foi, toutes les pratiques légales de l'ancien temps, quand même il les eût fait observer à la lettre par ses juges étrangers, elles n'auraient point porté leurs anciens fruits. Il y avait erreur de langage dans les demandes de la nation anglaise; car ce n'était pas le défaut d'observance de ses vieilles lois criminelles ou ou civiles qui rendait sa situation si désastreuse, mais la ruine de son indépendance et de son existence comme nation. Ni Guillaume ni ses successeurs ne montrèrent jamais une grande haine pour la législation saxonne, soit civile, soit criminelle; ils la laissèrent observer en beaucoup de points, et les Saxons ne s'en trouvèrent pas mieux. Ils laissèrent le taux des amendes pour le vol et le meurtre commis contre des Anglais, varier comme avant la conquête, suivant la division des grandes provinces; ils laissèrent le Saxon accusé de meurtre et de brigandage se justifier, selon l'antique usage, par le fer rouge et l'eau bouillante, tandis que le Français, accusé par un Saxon, se défendait par le duel ou simplement par le serment, selon la loi de Normandie. Cette différence de procédure, toute au détriment de la population vaincue, ne disparut qu'après un siècle et demi, quand les décrets de l'Eglise romaine eurent interdit partout les jugements du feu et de l'eau.

D'ailleurs, parmi les anciennes lois saxonnes, il s'en rencontrait quelques-unes qui devaient être spécialement favorables à la conquête, comme celle qui rendait les habitants de chaque district responsables de tout délit commis dans le district, et dont l'auteur serait inconnu; loi commode entre les mains de l'étranger pour mettre la terreur dans le pays. Quant à ces sortes de lois, il était de l'intérêt du conquérant de les maintenir; et, quant aux autres, relatives à des intérêts particuliers, leur confirmation lui était à peu près indifférente. Aussi exécuta-t-il en ce sens la promesse qu'il avait faite aux conjurés saxons, sans s'inquiéter si eux-mêmes comprenaient autrement cette promesse. Il fit venir auprès de lui, à Londres, douze hommes de chaque province, qui déclarèrent, sous le serment, les anciennes coutumes du pays; ce qu'ils dirent fut rédigé en une espèce de code dans l'idiome français du temps, seul langage légal reconnu par le gouvernement de la conquête. Ensuite, les hérauts normands allèrent criant à son de cor, dans les villes et dans les bourgades, « les lois que le roi Guillaume octroyait à tout le peuple » d'Angleterre, les mêmes que le roi Edward, son cousin, avait » tenues avant lui. »

Les lois d'Edward furent publiées, mais le temps d'Edward ne revint pas pour l'Angleterre, et les chefs du mouvement patriotique éprouvèrent les premiers le peu de valeur de cette concession. Du moment que leur ligue fut dissoute, ils se virent persécutés à outrance par le pouvoir qu'ils avaient contraint de capituler avec eux. L'évêque Walter s'enfuit dans le pays de Galles; les soldats normands eurent ordre de le poursuivre jusque dans ce pays, sur lequel ne s'étendait point la domination du roi Guillaume; mais il leur échappa, à la faveur des forêts et des montagnes. Le roi Edgar, s'apercevant qu'on lui dressait des piéges, prit de nouveau la fuite vers l'Ecosse. Quant à l'évêque Wulfstan, homme faible d'esprit et de caractère, il donna toutes les sûretés qu'on exigeait de lui, et de cette manière il trouva grâce auprès du conquérant; il offrit à l'abbé de Saint-Alban d'obtenir au même prix son pardon, mais Frithrik fut plus fier. Il assembla tous ses moines dans la salle du chapitre, et, prenant congé d'eux avec émotion : « Mes frères, mes amis, leur » dit-il, voici le moment où, selon les paroles de l'Ecriture sainte, » il nous faut fuir de ville en ville devant la face de nos persécuteurs. » Emportant avec lui quelques provisions et des livres, il gagna secrètement l'île d'Ely et le camp du Refuge, où il mourut peu de temps après.

Le roi Guillaume, irrité de cette fuite d'un homme qu'il croyait dangereux, tourna toute sa fureur contre le monastère de Saint-Alban. Il en saisit les domaines, en fit arracher les forêts, et résolut de le détruire de fond en comble. Mais le primat Lanfranc lui en fit des reproches, et, à force d'instances, obtint de lui la conservation du couvent et la permission d'y mettre un abbé de son choix. Lanfranc avait amené en Angleterre un jeune homme appelé Paul ; c'est à lui qu'il conféra l'abbaye vacante. Le premier acte administratif du nouvel abbé fut de démolir les tombeaux de tous ses prédécesseurs, qu'il qualifiait de brutes et d'idiots parce qu'ils étaient de race anglaise. Paul fit venir de Normandie ses parents, et leur distribua les offices et une partie des biens de son église : « Ils étaient tous, dit » l'ancien historien, sans la moindre culture littéraire, et de mœurs » ignobles à tel point qu'on ne saurait l'écrire.

Il faut que le lecteur se reporte maintenant vers l'île d'Ely, cette terre marécageuse et plantée de roseaux, comme s'expriment les chroniques du temps, qui était le dernier asile de l'indépendance anglo-saxonne. L'archevêque Stigand et l'évêque Eghelwin quittèrent l'Ecosse pour s'y rendre. Edwin et Morkar, après avoir quelque temps erré par les forêts et les campagnes, y arrivèrent aussi avec d'autres chefs. Le roi, qui venait de réussir, par sa seule ruse, à dissoudre la conjuration des prêtres patriotes, essaya de même la tromperie, avant d'employer la force contre les Saxons du camp d'Ely. Morkar fut, pour la troisième fois, dupe de ses fausses paroles : il se laissa persuader d'abandonner le camp du Refuge et de retourner à la cour ; mais à peine eut-il mis le pied hors des retranchements élevés par ses compagnons, qu'il fut saisi et mis aux fers dans une forteresse dont le gardien était Roger, fondateur et propriétaire du château de Beaumont en Normandie. Edwin quitta aussitôt l'île d'Ely, non pour se soumettre comme son frère, mais pour travailler à le délivrer. Durant six mois il chercha du secours et rassembla des amis en Angleterre, en Ecosse et dans le pays de Galles ; mais, au moment où il se trouvait assez fort pour exécuter son entreprise, deux traîtres le vendirent aux Normands, qui l'attaquèrent à l'improviste. Il se défendit longtemps avec vingt cavaliers contre des forces supérieures. Ce combat eut lieu près des côtes de la mer du Nord, vers laquelle le chef saxon faisait retraite, espérant trouver quelque moyen de s'y embarquer; mais il fut arrêté par un ruisseau que la marée montante avait grossi. Accablé par le nombre, il succomba et sa tête fut portée au conquérant, qui, selon le récit de quelques historiens, pleura sur le sort d'un homme qu'il aimait et qu'il aurait voulu attacher à sa fortune.

Tel fut le destin d'Edwin et de Morkar, fils d'Alfgar, beaux-frères du roi Harold, tous deux victimes de la cause qu'ils avaient plusieurs fois abandonnée. Leur sœur, nommée Lucie, éprouva le sort de toutes les femmes anglaises demeurées sans protecteur. Elle fut livrée en mariage à Ives Taille-Bois, chef d'auxiliaires angevins, qui reçut, avec elle, tous les anciens domaines de la famille d'Alfgar. La plus grande partie de ces terres était située aux environs de Spalding, vers les confins des provinces de Cambridge et de Lincoln, dans la contrée marécageuse qu'on appelait Holland, c'est-à-dire le pays bas, près du camp des réfugiés d'Ely. Ives Taille-Bois s'établit dans ce lieu; il devint, pour les fermiers de l'ancien domaine, ce que, dans la langue saxonne, on appelait le *hlaford*, et, par contraction, le *lord* de la terre. Ce nom signifiait originairement distributeur du pain, et c'est ainsi que dans la vieille Angleterre on désignait le chef d'une grande maison, celui dont la table nourrissait beaucoup d'hommes. Mais à cette signification inoffensive se substituèrent d'autres idées, des idées de domination et de servitude, lorsque les hommes de la conquête reçurent des indigènes le nom de *lords*. Le lord étranger fut un maître; les habitants du domaine tremblèrent en sa présence, et n'approchèrent qu'avec terreur de son manoir ou de sa *halle*, comme parlaient les Saxons, demeure autrefois hospitalière, dont la porte était toujours ouverte et le foyer toujours allumé, maintenant fortifiée, murée, crénelée, garnie d'armes et de soldats, à la fois citadelle pour le maître et prison pour le voisinage.

« Aussi, dit un contemporain, tous les gens du pays bas avaient
» grand soin de paraître humbles devant Ives Taille-Bois, et de ne
» lui adresser la parole qu'un genou en terre; mais, quoiqu'ils s'em-
» pressassent de lui rendre tous les honneurs possibles, et de payer
» tout ce qu'ils lui devaient, et au delà, en redevances et en ser-
» vices, de son côté il n'avait pour eux ni affabilité ni bienveil-
» lance. Au contraire, il les vexait, les tourmentait, les torturait,
» les emprisonnait, les accablait de corvées, et, par ses cruautés
» journalières, contraignait la plupart d'entre eux de vendre le peu

» qu'ils possédaient encore, et de s'en aller en d'autres pays. Par
» un instinct diabolique, il se plaisait à malfaire pour le mal seul :
» souvent il lançait ses chiens à la poursuite du bétail des pauvres
» gens, dispersait les animaux domestiques à travers les maré-
» cages, les noyait dans les lacs, ou les mutilait de diverses ma-
» nières, et les rendait incapables de servir en leur brisant les
» membres ou le dos. »

Une partie des moines anglais de l'abbaye de Croyland habitait près de Spalding, dans une succursale que le monastère possédait à la porte même du manoir de ce redoutable Angevin. Il leur fit éprouver encore plus violemment qu'au reste du voisinage les effets de sa manie destructive contre tout ce qui était Saxon, ou appartenait à des Saxons. Il estropiait leurs chevaux et leurs bœufs, tuait leurs moutons et leurs oiseaux de basse-cour, accablait leurs fermiers d'exactions, et faisait assaillir leurs serviteurs sur les routes à coups de bâton ou d'épée. Les moines essayèrent auprès de lui les supplications et les offres ; ils donnèrent des présents à ses valets ; « ils tentèrent tout et souffrirent tout, dit l'histoire con-
» temporaine ; puis, voyant que leurs efforts étaient superflus et
» que la malice du tyran et des siens ne faisait que s'accroître, ils
» prirent avec eux les vases sacrés, leurs lits et leurs livres, et,
» laissant leur habitation en la main de Dieu tout-puissant, secouant
» la poussière de leurs pieds contre les fils du feu éternel, ils re-
» tournèrent à Croyland. »

Ives Taille-Bois, joyeux de leur retraite, fit partir promptement un message pour Angers, sa ville natale, demandant qu'on lui envoyât des moines, auxquels il offrait, disait-il, une maison honnête et suffisante pour un prieur et cinq religieux, toute bâtie, toute meublée, bien pourvue de terres et de fermages. Les moines français passèrent le détroit et s'emparèrent de la succursale de Croyland. L'abbé du lieu, qui, par hasard, était encore un Anglais, eut la hardiesse d'adresser quelques plaintes au conseil du roi contre le chef angevin ; mais Ives Taille-Bois fut absous et félicité même de tout ce qu'il avait commis en vexations, en pillages et en meurtres. « Ces étrangers se soutenaient mutuellement, dit l'ancien narra-
» teur ; ils formaient une ligue étroite, serrés les uns contre les
» autres, comme sur le corps du dragon l'écaille est jointe à
» l'écaille. »

Il y avait dans ce temps, en Flandre, un Saxon nommé Hereward, anciennement établi dans ce pays, et à qui des émigrés anglais, fuyant leur patrie après y avoir tout perdu, annoncèrent que son père était mort, que son héritage paternel était la propriété d'un

Normand, et que sa vieille mère avait subi et subissait encore une foule d'afflictions et d'insultes. A cette nouvelle, Hereward se mit en route pour l'Angleterre, et arriva, sans être soupçonné, au lieu habité autrefois par sa famille; il se fit reconnaître de ceux de ses parents et de ses amis qui avaient survécu à l'invasion, les détermina à se réunir en troupe armée, et, à leur tête, attaqua le Normand qui avait insulté sa mère et occupait son héritage. Hereward l'en chassa et prit sa place; mais contraint, pour sa propre sûreté, de ne point s'en tenir à ce seul exploit, il continua la guerre de partisan aux environs de sa demeure, et soutint, contre les gouverneurs des forteresses et des villes voisines, de nombreux combats, où il se signala par sa bravoure, son adresse et sa force extraordinaires. Le bruit de ses actions d'éclat se répandit par toute l'Angleterre, et les regards des vaincus se tournèrent vers cet homme avec un sentiment d'espérance; on fit sur ses aventures et à sa louange des vers populaires qui maintenant ont péri, et qui furent chantés dans les rues aux oreilles des conquérants, grâce à leur ignorance de l'idiome du peuple anglais.

L'héritage reconquis sur les Normands par le Saxon Hereward était situé à Brunn, aujourd'hui Bourn, au sud de la province de Lincoln, près de l'abbaye de Croyland, non loin de celle de Peterborough et des îles d'Ely et de Thorneye : les insurgés de ces cantons ne tardèrent pas à pratiquer des intelligences avec les bandes que commandait le brave chef de partisans. Frappés de sa renommée et de son habileté, ils l'invitèrent à se rendre auprès d'eux, pour être leur capitaine, et Hereward, cédant à leur prière, passa au camp du Refuge avec tous ses compagnons. Avant de prendre le commandement d'hommes dont plusieurs étaient membres de la haute milice saxonne, espèce de confrérie ou de corporation autorisée par les anciennes lois du pays, il voulut s'y faire agréger lui-même, et devenir, suivant l'expression des auteurs contemporains, un homme de guerre légitime. L'institution d'une classe supérieure parmi ceux qui se vouaient aux armes, et de cérémonies sans lesquelles nul ne pouvait être admis dans cet ordre militaire, avait été apportée et propagée dans tout l'occident de l'Europe par les peuples germaniques qui démembrèrent l'empire romain. Cette coutume existait en Gaule, et, dans la langue romane de ce pays, un membre de la haute milice se nommait *cavalier* ou *chevalier*, parce que les guerriers à cheval étaient alors, dans toute la Gaule, et en général sur le continent, la principale force des armées. Il n'en était point de même en Angleterre; la perfection de la science équestre n'entrait pour rien dans l'idée qu'on s'y formait de l'homme de guerre accompli ; les deux seuls éléments de cette idée étaient la jeunesse et la force, et, en langue saxonne, on appelait *knit*, c'est-à-dire *jeune homme*, celui que les Français, les Normands, les Gaulois méridionaux et même les Allemands, appelaient *homme de cheval*.

Malgré cette différence, les cérémonies par lesquelles un guerrier était agrégé à la haute milice nationale, en Angleterre et sur tout le continent, étaient exactement les mêmes : l'aspirant devait se confesser un soir, veiller dans l'église toute la nuit, et le matin, à l'heure de la messe, placer son épée sur l'autel, la recevoir des mains de l'officiant, et communier après l'avoir reçue. Tout combattant qui s'était soumis à ces diverses formalités était dès lors réputé un homme de guerre en titre, et capable de commander dans tous les grades. C'était de cette manière qu'un homme d'armes était fait chevalier en France et dans toute la Gaule, à l'exception de la Normandie, où, par un reste des usages danois, l'investiture de la chevalerie avait lieu sous des formes plus militaires et moins religieuses. Les Normands avaient même coutume de dire que celui qui s'était fait ceindre l'épée par un clerc n'était point un vrai chevalier, mais un bourgeois sans prouesse. Ce propos dédaigneux fut proféré contre le saxon Hereward, quand les chevaliers avec lesquels il s'était souvent mesuré apprirent qu'il venait d'aller au monastère de Peterborough prendre le baudrier militaire de la main d'un abbé saxon. Toutefois, il y eut alors, de la part des Normands, autre chose que leur aversion habituelle pour les rites qui faisaient dépendre la chevalerie du sacerdoce ; ils ne voulaient pas qu'un Anglais rebelle obtînt, de quelque manière que ce fût, le droit de s'intituler *chevalier* comme eux. Leur orgueil de conquérants semble avoir été, dans cette occasion, plus vivement blessé que leur point d'honneur comme guerriers ne l'était par la cérémonie religieuse ; car eux-mêmes, dans la suite, se soumirent à cette cérémonie, et accordèrent aux évêques le droit de conférer la chevalerie.

Le monastère de Peterborough était alors gouverné par ce même Brand qui, après son élection par les moines du lieu, était allé demander à Edgard la confirmation de son titre d'abbé. Cet homme, d'un esprit fier et incapable de plier, ne songeait en aucune manière à rentrer en grâce auprès du roi Guillaume. En se prêtant à faire pour un chef de rebelles la cérémonie de la bénédiction des armes, il donna un second exemple de courage patriotique et de mépris pour le pouvoir étranger. Sa perte était inévitable ; mais la mort l'enleva de ce monde avant que les soldats normands vinssent le saisir au nom du roi, et c'est alors que fut envoyé comme son successeur, à l'abbaye de Peterborough, le Normand Turauld. Celui-ci menant avec lui cent soixante hommes bien armés, s'arrêta dans la ville de Stamford, à quelques lieues de Peterborough, et envoya des coureurs pour observer la position des réfugiés anglais, et s'assurer des obstacles qu'il trouverait à prendre possession de l'abbaye. De leur côté, les réfugiés, avertis de l'approche du Normand, firent une descente au monastère, et, trouvant les moines peu résolus à se défendre contre l'abbé et ses hommes d'armes, ils enlevèrent tous les objets précieux qu'ils trouvèrent : des croix, des vases, des étoffes, et les transportèrent, par eau, dans leur quartier, afin d'avoir, disaient-ils, des gages de la fidélité du couvent. Le couvent ne fut pas fidèle, et reçut les étrangers sans résistance.

Turauld s'y installa comme abbé, et prit soixante-deux hydes de terre sur les domaines de l'église pour le salaire ou le fief de ses soldats. L'Angevin Ives Taille-Bois, vicomte de Spalding, proposa bientôt à l'abbé, son voisin, une expédition de guerre contre Hereward et le camp des Saxons. Turauld parut accepter la proposition avec joie; mais, comme sa bravoure était moins grande contre les gens armés que contre les moines, il laissa le vicomte angevin s'avancer seul à la découverte, au milieu des forêts de saules qui servaient de retranchements aux Saxons, et demeura fort en arrière avec quelques Normands de haut parage. Pendant qu'Ives entrait d'un côté dans le bois, Hereward en sortit par l'autre, assaillit à l'improviste l'abbé et ses Normands, les fit tous prisonniers, et les retint dans ses marais jusqu'à ce qu'ils eussent payé une rançon de trente mille marcs d'argent.

Cependant la flotte danoise, qui, après avoir passé dans le golfe de l'Humber l'hiver de 1069, repartit au printemps sans livrer aucun combat, et causa ainsi la seconde prise de la ville d'York, était arrivée en Danemark. Ses chefs furent mal accueillis, à leur retour, par le roi Sven, dont ils avaient violé les ordres en se laissant gagner par Guillaume. Le roi irrité bannit son frère Osbiorn, et, prenant lui-même le commandement de la flotte, fit voile pour la Grande-Bretagne ; il entra dans l'Humber, et, au premier bruit de son approche, les habitants de la contrée voisine se soulevèrent encore, vinrent au-devant des Danois, et firent alliance avec eux. Mais, dans ce pays si dévasté, si abattu par les exécutions militaires, il n'y avait plus assez de moyens pour entreprendre efficacement une grande résistance. Le roi danois repassa la mer, et ses capitaines et ses guerriers, continuant leur route vers le sud, descendirent dans le golfe de Boston, et, par l'embouchure de l'Ouse et de la

Glen, arrivèrent dans l'île d'Ely. Les réfugiés les y accueillirent comme des libérateurs et des amis.

Aussitôt que le roi Guillaume fut informé de l'apparition de la flotte danoise, il envoya en toute hâte des messages et des présents au roi Sven en Danemark; et ce roi, qui, si peu de temps auparavant, avait puni son frère d'avoir trahi les Saxons, gagné lui-même on ne sait pourquoi, car il y a beaucoup de choses obscures dans l'histoire de ce temps, les trahit à son tour. Les Danois, stationnés sur leurs vaisseaux, près d'Ely, reçurent l'ordre de faire retraite : ils ne se contentèrent pas de s'éloigner simplement, mais ils enlevèrent et emportèrent avec eux une partie du trésor des insurgés, et, entre autres choses, les croix, les vases sacrés et les autres ornements de l'abbaye de Peterborough. Alors, de même qu'en l'année 1069, le roi normand rassembla toutes ses forces contre les Saxons délaissés. Le camp du Refuge fut investi par terre et par eau, et les assaillants construisirent de toutes parts des digues et des ponts sur les marais. Hereward et les autres chefs, parmi lesquels on distinguait Siward Beorn, compagnon de la fuite du roi Edgar, résistèrent quelque temps avec bravoure. Guillaume commença, du côté de l'occident, à travers les eaux couvertes de saules et de joncs, une chaussée qui devait être longue de trois mille pas; mais ses travailleurs étaient continuellement inquiétés et troublés dans leur ouvrage.

Hereward faisait des attaques si brusques, il employait des stratagèmes si imprévus, que les Normands, frappés d'une crainte superstitieuse, attribuèrent ses succès à l'assistance du démon. Croyant le combattre avec ses propres armes, ils eurent recours à la magie; Ives Taille-Bois, désigné par le roi pour surveiller les travaux, fit venir une sorcière qui devait, selon lui, dénoncer par ses enchantements toutes les ruses de guerre des Saxons. La magicienne fut placée sur une tour de bois à la tête des ouvrages commencés; mais, au moment où les soldats et pionniers s'avançaient avec confiance, Hereward déboucha par le côté, et, mettant le feu à la forêt d'osiers dont le marécage était couvert, il fit périr dans les flammes la sorcière et la plus grande partie des hommes d'armes et des travailleurs normands.

Ce succès des insurgés ne fut pas le seul : malgré la supériorité de l'ennemi, ils l'arrêtèrent à force d'adresse et d'activité. Durant plusieurs mois, la contrée d'Ely tout entière resta bloquée comme une ville de guerre, ne recevant aucune provision du dehors. Il y avait dans l'île un couvent de moines qui, ne pouvant supporter la famine et les misères du siége, envoyèrent au camp du roi, et offrirent de lui livrer un passage, s'il promettait de les laisser en possession de leurs biens. L'offre des moines fut acceptée, et deux seigneurs normands, Gilbert de Clare et Guillaume de Garenne, engagèrent leur foi pour l'exécution de ce traité. Grâce à la trahison des religieux d'Ely, les troupes royales pénétrèrent inopinément dans l'île, tuèrent mille Anglais, et, cernant de près le camp du Refuge, forcèrent le reste à mettre bas les armes. Tous se rendirent, à l'exception de Hereward, qui, audacieux jusqu'au bout, fit sa retraite par des lieux impraticables, où les Normands n'osèrent le poursuivre.

Il gagna de marais en marais, les terres basses de la province de Lincoln, où des pêcheurs saxons, qui portaient chaque jour du poisson au poste normand voisin, le reçurent dans leurs bateaux, lui et ses compagnons, et les cachèrent sous des tas de paille. Les bateaux abordèrent auprès du poste, comme à l'ordinaire : le chef et ses soldats, connaissant de vue les pêcheurs, ne conçurent ni alarmes ni soupçons; ils apprêtèrent leurs repas, et se mirent tranquillement à manger sous leurs tentes. Alors Hereward et ses amis s'élancèrent, la hache à la main, sur les étrangers, qui ne s'y attendaient point, et en tuèrent un grand nombre. Les autres s'enfuirent, abandonnant le poste qu'ils gardaient et laissant leurs chevaux tout sellés, dont les Anglais s'emparèrent.

Ce hardi coup de main ne fut pas le dernier exploit du grand capitaine de partisans. On le vit se promener encore en plusieurs lieux avec sa bande recrutée de nouveau, et dresser des embûches aux Normands, sans jamais leur faire de quartier, ne voulant pas, dit un auteur du temps, que ses compatriotes eussent péri sans vengeance. Il avait avec lui cent hommes bien armés et d'une fidélité à toute épreuve, parmi lesquels on distinguait, comme les plus dévoués et les plus braves, Winter, son frère d'armes; Gheri, son parent; Alfrik, Godwin, Leofwin, Torkill, Siward, et un autre Siward surnommé le Roux. Quand l'un d'entre eux, dit un vieux poète, rencontrait trois Normands, jamais il ne refusait le combat; et, pour le chef, souvent il lui arriva de tenir tête à sept ennemis. Il paraît que la gloire de Hereward, si chère à tous les cœurs saxons, lui gagna l'amour d'une dame nommée Alswithe, qui avait conservé de grands biens, probablement parce que sa famille s'était de bonne heure déclarée pour le nouveau roi. Elle offrit sa main au chef de rebelles, par admiration pour son courage; mais, craignant en même temps les dangers et les aventures, elle usa de son empire sur lui pour le décider à vivre en repos, et à faire sa paix avec le conquérant.

Hereward, qui l'aimait, se rendit à ses instances, et, comme on disait alors, accepta la paix du roi. Mais cette paix ne pouvait être qu'une trêve ; malgré la parole de Guillaume, et peut-être d'après ses ordres, les Normands cherchèrent bientôt à se défaire du redoutable chef saxon. Sa maison fut plusieurs fois assaillie à l'improviste ; et un jour qu'il reposait en plein air après son dîner, une troupe d'hommes armés, parmi lesquels se trouvaient plusieurs Bretons, le surprit et l'entoura. Il était sans cotte de mailles et n'avait pour armes qu'une épée et une courte pique dont les Saxons marchaient toujours munis. Eveillé en sursaut par le bruit, il se leva, et, sans s'effrayer du nombre : « Traîtres félons, dit-il, le roi » m'a donné sa paix ; et si vous en voulez à mes biens ou à ma vie, » par Dieu, je vous les vendrai cher. »

En disant ces mots, Hereward poussa sa lance avec tant de vigueur contre un chevalier qui se trouvait en face de lui, qu'il lui perça la poitrine à travers son haubert. Malgré plusieurs blessures, il continua de frapper de sa demi-pique tant qu'elle dura ; puis il se servit de l'épée ; et cette arme s'étant brisée sur le heaume d'un de ses ennemis, il combattit encore avec le tronçon qui lui restait dans la main. Quinze Normands, dit la tradition, étaient déjà tombés autour de lui, lorsqu'il reçut à la fois quatre coups de lance. Il eut encore la force de se tenir à genoux, et, dans cette position, saisissant un bouclier qui était par terre, il en frappa si rudement au visage Raoul de Dol, chevalier breton, que du coup il le renversa mort ; mais en même temps lui-même défaillit et expira. Le chef de la troupe, nommé Asselin, lui coupa la tête, jurant, par la vertu de Dieu, que de sa vie il n'avait vu un si vaillant homme. Ce fut dans la suite un dicton populaire parmi les Saxons, et même parmi les Normands, que s'il y en avait eu quatre comme lui en Angleterre, jamais les Français n'y seraient entrés, et que, s'il ne fût pas mort de cette manière, un jour ou l'autre il les eût chassés tous.

Ainsi fut détruit, en l'année 1072, le camp d'Ely, qui avait donné un moment l'espoir de la liberté à cinq provinces. Longtemps après la dispersion des braves qui s'y étaient réfugiés, on trouvait encore, sur ce coin de terre marécageuse, les traces de leurs retranchements, et les restes d'un fort de bois, que les habitants du lieu nommaient le château de Hereward. Beaucoup de ceux qui avaient mis bas les armes eurent les mains coupées et les yeux crevés, et, par une sorte de dérision atroce, le vainqueur les renvoya libres en cet état ; d'autres furent emprisonnés dans des châteaux forts sur tous les points de l'Angleterre. L'archevêque Stigand fut condamné à la réclusion perpétuelle ; l'évêque de Durham, Eghelwin, accusé par les Normands d'avoir dérobé les trésors de son église, parce qu'il les avait employés à soutenir la cause patriotique, fut enfermé à

Abingdon, où, peu de mois après, il mourut de faim. Un autre évêque, Eghelrik, fut mis en prison dans l'abbaye de Westminster, pour avoir, disait la sentence rendue par les juges étrangers, attenté à la paix publique et exercé la piraterie. Mais le jugement des Anglais et l'opinion populaire sur son compte étaient bien différents ; on le loua tant qu'il vécut, et, après sa mort, on l'honora comme saint. Les pères enseignèrent à leurs enfants à implorer son intercession ; et, un siècle après, il venait encore des visiteurs et des pèlerins à son tombeau.

La trahison des moines d'Ely reçut bientôt sa récompense : quarante hommes d'armes occupèrent leur couvent comme un poste militaire, et y vécurent à francs quartiers. Chaque matin il fallait que le cellérier leur distribuât des vivres et une solde dans la grande salle du chapitre. Les moines se plaignirent amèrement de la violation du traité qu'ils avaient conclu avec le roi, et on leur répondit que l'île d'Ely avait besoin d'être gardée. Ils offrirent alors la somme de sept cents marcs pour être délivrés de la charge d'entretenir les soldats étrangers, et cette somme, qu'ils se procurèrent en dépouillant leur église, fut portée au normand Picot, vicomte royal à Cambridge. Le vicomte fit peser l'argent, et trouvant que par hasard il y manquait le poids d'un gros, il accusa judiciairement les moines du crime de fraude envers le roi, et les fit condamner par sa cour à payer trois cents marcs de plus, en réparation de cette offense. Après le payement des mille marcs, vinrent des commissaires royaux, qui enlevèrent du couvent d'Ely tous les objets de quelque valeur, et firent un recensement des terres de l'abbaye, afin de les partager en fiefs. Les moines se répandirent en plaintes qui ne furent écoutées de personne ; ils invoquèrent la pitié pour leur église, autrefois la plus belle, disaient-ils, entre les filles de Jérusalem, maintenant souffrante et opprimée. Mais pas une larme ne coula, pas une main ne s'arma pour leur cause.

Après l'entière défaite et la dispersion des réfugiés de l'île d'Ely, l'armée normande de terre et de mer se dirigea vers les provinces du nord pour y faire en quelque sorte une battue, et empêcher qu'il ne s'y formât de nouveaux rassemblements. Passant pour la première fois la Tweed, elle entra sur le territoire d'Ecosse, afin d'y saisir tous les émigrés anglais, et d'effrayer le roi Malcolm, qui, à leur sollicitation, avait fait dans la même année une incursion hostile en Northumberland. Les émigrés échappèrent à cette poursuite, et le roi d'Ecosse ne les livra point aux Normands ; mais, intimidé par la présence de troupes plus régulières et mieux armées que les siennes, il vint à la rencontre du roi Guillaume dans un appareil tout pacifique, lui toucha la main en signe d'amitié, lui promit d'avoir ses ennemis pour ennemis, et s'avoua, de plein gré, son vassal et son *homme lige*, comme on s'exprimait alors.

Guillaume se retira satisfait d'avoir enlevé à la cause saxonne le dernier appui qui lui restât; et, à son retour d'Ecosse, il fut reçu à Durham par l'évêque Vaulcher, lorrain de nation, que les Normands avaient mis à la place d'Eghelwin, dégradé par eux et condamné, comme on l'a vu, à un emprisonnement perpétuel. Il paraît que le triste sort du prélat saxon avait excité dans le pays une haine violente contre l'élu des étrangers. Quoique la ville de Durham, située sur des hauteurs, fût très forte par sa position, Vaulcher ne s'y croyait point en sûreté contre l'aversion des Northumbriens. A sa demande, disent les chroniques, le roi fit bâtir, sur la plus haute colline, une citadelle où il pût séjourner avec ses gens à l'abri de toute espèce d'attaque.

Cet évêque, après sa consécration à Winchester, avait été accompagné jusqu'à York par une escorte nombreuse de chevaliers normands; et, dans cette ville, le saxon Gospatrik, devenu, au prix d'une grande somme d'argent, comte du pays au delà de la Tyne, était venu recevoir le pontife lorrain pour le conduire à Durham. Ce bon office rendu à la cause de la conquête ne put faire oublier au conquérant que Gospatrik était Anglais, et qu'il avait été patriote: aucune complaisance n'était capable d'effacer cette tache originelle. Dans l'année même, le roi Guillaume enleva au Saxon la dignité qu'il avait achetée, mais sans lui rien restituer; et la raison qu'il allégua fut que Gospatrik avait combattu au siége d'York, et pris part à l'insurrection où avait péri Robert Comine. Saisi du même chagrin et du même remords qu'autrefois l'archevêque Eldred, Gospatrik abandonna pour jamais l'Angleterre, et s'établit en Ecosse, où sa famille se perpétua longtemps, honorée et opulente. Le gouvernement, ou, pour parler comme les Normands, le comté de Northumberland fut donné alors à Waltheof, fils de Siward, qui, de même que son prédécesseur, s'était trouvé dans les rangs saxons au siége d'York, mais dont l'heure fatale n'était pas encore venue.

Après cette suite d'expéditions heureuses, le roi Guillaume, trouvant en Angleterre un moment d'abattement profond, ou d'heureuse paix, comme disaient les vainqueurs, hasarda un nouveau voyage en Gaule, où il était rappelé par des troubles et une opposition élevée contre son pouvoir. Le comté du Maine, enclavé, pour ainsi dire, entre deux Etats beaucoup plus puissants, la Normandie et l'Anjou, semblait destiné à tomber alternativement sous la suzeraineté de l'un ou de l'autre. Mais, malgré ce désavantage de position et l'infériorité de leurs forces, les Manceaux luttaient souvent avec vigueur pour le rétablissement de leur indépendance nationale, et l'on disait d'eux, au onzième siècle, qu'ils étaient d'un naturel dur, hautain et peu disposé à l'obéissance. Quelques années avant sa descente en Angleterre, Guillaume fut reconnu pour suzerain du Maine par Herbert, comte de ce pays, grand ennemi de la puissance angevine, et à qui ses incursions nocturnes dans les bourgs de l'Anjou avaient fait donner le surnom bizarre et énergique d'*Eveille-Chiens*. Comme vassaux du duc de Normandie, les Manceaux lui fournirent de bonne grâce leur contingent de chevaliers et d'archers ; mais quand ils le virent occupé des soins et des embarras de la conquête, ils songèrent à s'affranchir de la domination normande. Nobles, gens de guerre, bourgeois, toutes les classes de la population concoururent à cette œuvre patriotique ; les châteaux gardés par des soldats normands furent attaqués et pris l'un après l'autre ; Turgis de Tracy et Guillaume de La Ferté, qui commandaient la citadelle du Mans, rendirent cette place, et sortirent du pays avec tous ceux de leurs compatriotes qui avaient échappé aux représailles et aux vengeances populaires.

Le mouvement imprimé aux esprits par cette insurrection ne s'arrêta point lorsque le Maine eut été rendu à ses seigneurs nationaux; et l'on vit alors éclater dans la principale ville une révolution d'un nouveau genre. Après avoir combattu pour l'indépendance du pays, les bourgeois du Mans, rentrés dans leurs foyers, commencèrent à trouver gênant et vexatoire le gouvernement de leur comte, et s'irritèrent d'une foule de choses qu'ils avaient tolérées jusque-là. A la première taille un peu lourde qui leur fut imposée, ils se soulevèrent, et, se liant ensemble par le serment de se soutenir l'un l'autre, ils formèrent ce que, dans le langage du temps, on appelait une *commune*. L'évêque du Mans, les nobles de la ville, et Geofroi de Mayenne, tuteur du comte régnant, furent obligés, par force ou par crainte, de jurer la commune, et de confirmer par ce serment les nouvelles lois établies contre leur pouvoir ; mais quelques nobles des environs s'y refusèrent, et les bourgeois, pour les réduire, se mirent en devoir d'attaquer leurs châteaux et leurs hôtels.

Ils marchaient à ces expéditions par paroisse, la croix et la bannière en tête de chaque compagnie ; mais, malgré cet appareil religieux, ils faisaient la guerre à outrance, avec passion, avec cruauté même, comme il arrive toujours dans les troubles politiques. On leur reprochait de guerroyer sans scrupule durant le carême et la semaine sainte ; on leur reprochait aussi de faire trop sévèrement et trop sommairement justice de leurs ennemis, pendant les uns et mutilant les autres, sans aucun égard pour le rang des personnes. Objet de la haine de presque tous les seigneurs du pays, la commune du Mans, à une époque où ces sortes d'institutions étaient rares, défendit opiniâtrement sa liberté. Un complot, qui livra au comte Geofroi de Mayenne la forteresse de la ville, contraignit les bourgeois à combattre dans les rues, et à mettre eux-mêmes le feu à leurs maisons, pour pousser les travaux du siége. Ils le firent avec ce dévouement courageux qu'on vit éclater, un demi-siècle après, dans les grandes communes du royaume de France.

C'est durant cette lutte entre la puissance féodale et la liberté bourgeoise que le roi d'Angleterre fit ses préparatifs pour envahir le Maine, et imposer sa seigneurie aux deux partis rivaux. Habile à profiter de l'occasion, il ordonna d'enrôler partout les hommes de race anglaise qui voudraient le servir pour une solde; il comptait sur la misère, où la plupart se trouvaient réduits, pour les attirer par l'appât du butin que cette guerre semblait promettre. Des gens qui n'avaient plus ni feu ni lieu, les restes des bandes de partisans détruites sur plusieurs points de l'Angleterre, et même des chefs qui s'étaient signalés au camp du Refuge, se réunirent sous la bannière normande, sans cesser de haïr les Normands. Ils étaient joyeux d'aller combattre contre des hommes qui, bien qu'ennemis du roi Guillaume, leur semblaient être la même race que lui par la conformité du langage. Sans s'inquiéter si c'était de gré ou de force que les Manceaux avaient, sept ans auparavant, pris part à la conquête, ils marchèrent contre eux, à la suite du conquérant, comme à un acte de vengeance nationale. Dès leur entrée dans le pays, ils se livrèrent avec une sorte de frénésie à tous les genres de dévastation et de rapine, arrachant les vignes, coupant les arbres, brûlant les villages; en un mot, faisant au Maine tout le mal qu'ils auraient voulu faire à la Normandie.

La terreur causée par leurs excès contribua, plus que la bravoure des chevaliers normands et la présence même du roi Guillaume, à la soumission du pays. Les places fortes et les châteaux se rendirent, pour la plupart, avant le premier assaut, et les principaux bourgeois du Mans apportèrent les clefs de leur ville au roi dans son camp sur les bords de la Sarthe. Ils lui prêtèrent serment comme à leur seigneur légitime; Guillaume, en retour, leur promit la conversation de leurs anciennes franchises, mais sans maintenir, à ce qu'il paraît, l'établissement de la commune. Ensuite l'armée repassa en Angleterre, où les soldats saxons abordèrent chargés de butin; mais ces richesses mal acquises devinrent fatales à plusieurs d'entre eux, parce qu'elles excitaient l'envie et la cupidité des Normands.

Pendant que ces choses se passaient, le roi Edgar alla, d'Ecosse en Flandre, négocier auprès du comte de ce pays, rival politique quoique parent de Guillaume, quelques secours pour la cause saxonne, plus que jamais désespérée. Ayant peu réussi, malgré ses efforts, il repassa en Ecosse, où il fut surpris de recevoir un message amical de la part du roi de France, Philippe, premier du nom. Philippe, alarmé des succès du roi normand dans le Maine, avait résolu, en aidant les Saxons, de lui susciter des obstacles qui le rendissent moins actif de l'autre côté de la mer; il invitait Edgar à venir près de lui, pour assister à son conseil; il lui promettait une forteresse sur les bords du détroit, à portée de l'Angleterre, pour y descendre, et de la Normandie, pour y faire du ravage. Edgar accepta cette proposition, et disposa tout pour son voyage en France. Le roi Malcolm, son beau-frère, devenu homme lige et vassal de Guillaume, ne pouvait, sans fausser sa foi, fournir au Saxon des soldats pour cette entreprise; il se contenta de lui donner des secours secrets en argent, et distribua, selon l'usage du siècle, des armes et des habits à ses compagnons de fortune.

Edgar mit à la voile; mais à peine en pleine mer, ses vaisseaux furent dispersés et ramenés par une tempête violente. Quelques-uns vinrent échouer sur les côtes septentrionales de l'Angleterre, et les hommes qui les montaient devinrent prisonniers des Normands; les autres périrent en mer. Le roi et les principaux d'entre ceux qui l'accompagnaient échappèrent à ces deux périls, et rentrèrent en Ecosse, après avoir tout perdu, les uns à pied, les autres pauvrement montés, dit une chronique contemporaine. Après ce malheur, Malcolm donna à son beau-frère le conseil de ne plus s'obstiner contre le sort, et de demander, pour la troisième fois, la paix au conquérant. Edgar, se laissant persuader, envoya au delà du détroit un message au roi Guillaume, et celui-ci l'invita à passer auprès de lui en Normandie. Pour s'y rendre, il traversa l'Angleterre entière, escorté par les chefs et les comtes normands des provinces, et accueilli dans leurs châteaux. A la cour de Rouen, où il séjourna onze années, il vécut dans l'hôtel du roi, s'habilla de ses livrées, et s'occupa de chiens et de chevaux plus que d'intérêts politiques; mais, après ces onze ans, il éprouva un sentiment de regret, et revint en Angleterre habiter au milieu de ses compatriotes : dans la suite, il retourna encore en Normandie, et passa toute sa vie dans les mêmes irrésolutions, ne sachant prendre aucun parti durable, jouet des événements et d'un caractère sans énergie et sans fierté.

La triste destinée du peuple anglais paraissait déjà fixée sans retour. Dans le silence de toute opposition, une sorte de calme, celui du découragement, régna par tout le pays. Les marchands d'outremer purent étaler sans crainte, dans les villes et les bourgs, des étoffes et des armes fabriquées sur le continent, qu'ils venaient échanger contre le butin de la conquête. On eût pu voyager, dit l'histoire contemporaine, portant avec soi son poids en or, sans que personne vous adressât autre chose que de bonnes paroles. Le soldat normand, plus tranquille dans la possession de son lot de terre ou d'argent, moins troublé par les alarmes de nuit, moins souvent obligé de dormir dans son haubert, devint moins violent et moins haineux. Les vaincus eux-mêmes eurent quelques moments de repos, les femmes anglaises craignirent moins pour leur pudeur : un grand nombre d'elles, qui s'étaient réfugiées dans les monastères, et avaient pris le voile comme une sauvegarde contre la brutalité des conquérants, commencèrent à désirer la fin de cette retraite forcée, et voulurent rentrer dans la vie de famille. . . . . . .

Vers le même temps, Guillaume fils d'Osbern, l'un des plus hauts barons normands, périt de mort violente en Flandre, où, pour l'amour d'une femme, il s'était engagé dans des intrigues politiques. L'aîné de ses fils, appelé du même nom que lui, hérita de ses terres en Normandie, et Roger, le plus jeune, eut les domaines conquis en Angleterre, avec le comté de Hereford. Il se chargea du soin de pourvoir et de doter sa jeune sœur, appelée Emma, et négocia bientôt pour elle un mariage avec Raulf de Gaël, seigneur breton, devenu comte de Norfolk. On ne sait pour quelle raison cette alliance déplut au roi, qui envoya de Normandie une défense expresse de la conclure. Mais les parties n'en tinrent compte, et, au jour fixé pour la cérémonie, la nouvelle épouse fut conduite à Norwich, principale ville du comté du Norfolk, où se firent, dit la chronique saxonne, des noces qui furent fatales à tous ceux qui y assistèrent. Il y vint des évêques et des barons normands, des Saxons amis des Normands, et même des Gallois, invités par le comte de Hereford : Waltheof, fils de Siward, mari d'une nièce du roi, et comte de Huntingdon, de Northampton et du Northumberland, figurait à l'une des premières places.

Après un repas somptueux, où le vin fut versé en abondance, les langues des assistants se délièrent : Roger de Hereford blâma hautement le refus du roi Guillaume d'approuver l'union formée entre sa sœur et le comte de Norfolk; il s'en plaignit comme d'un affront fait à la mémoire de son père, l'homme à qui le bâtard, disait-il, devait incontestablement sa conquête et sa royauté. Les Saxons, qui avaient reçu de Guillaume des injures bien autrement cruelles, applaudirent avec véhémence aux invectives du comte normand ; et les esprits s'échauffant par degrés, l'on en vint, de toutes parts, à un concert d'exécrations contre le conquérant de l'Angleterre.

«C'est un bâtard, un homme de basse lignée, disaient les Normands,
» il a beau se faire appeler roi, on voit clairement qu'il n'est pas fait
» pour l'être, et que Dieu ne l'a point pour agréable. — Il a empoi-
» sonné, disaient les Bas-Bretons, Conan, ce brave comte de Breta-
» gne, dont tout notre pays garde encore le deuil. — Il a envahi le
» noble royaume d'Angleterre, s'écriaient à leur tour les Saxons : il
» en a massacré injustement les héritiers légitimes, ou les a con-
» traints de s'expatrier. — Et ceux qui sont venus à la suite ou à son
» aide, répliquaient les gens d'outre-mer, ceux qui l'ont élevé plus
» haut que pas un de ses devanciers, il ne les a point honorés comme
» il le devait; il est ingrat envers les braves qui ont versé leur sang
» à son service. Que nous a-t-il donné à nous, vainqueurs et cou-
» verts de blessures ? des fonds de terres stériles et dévastés; et en-
» core, dès qu'il voit nos fiefs s'améliorer, il nous les enlève ou les
» diminue. — C'est vrai, c'est la vérité! s'écriaient tumultueusement
» tous les convives; il est en haine à tous, et sa mort réjouirait beau-
» coup d'hommes. »

Après ces propos, jetés d'une manière confuse, l'un des deux comtes normands se leva, et s'adressant à Waltheof : « Homme de
» cœur, lui dit-il, voici le moment; voici, pour toi, l'heure de la
» vengeance et de la fortune. Unis-toi seulement à nous, et nous
» rétablirons, en toutes choses, le royaume d'Angleterre comme il
» était au temps du roi Edward. L'un de nous trois sera roi, les deux
» autres commanderont sous lui, et toutes les seigneuries du pays
» relèveront de nous. Guillaume est occupé outre-mer par des
» affaires interminables; nous tenons pour assuré qu'il ne repassera
» plus le détroit. Allons, brave homme de guerre, embrasse ce
» parti; c'est le meilleur pour toi, pour ta famille, pour ta nation,
» abattue et foulée. » A ces paroles, de nouvelles acclamations s'élevèrent; les comtes Roger et Raulf, plusieurs évêques et abbés, avec un grand nombre de barons normands et de guerriers saxons se conjurèrent par serment contre le roi Guillaume. Waltheof, après une résistance qui prouvait son peu de goût pour cette bizarre association, se laissa persuader et entra dans le complot. Roger de Hereford se rendit promptement dans sa province, afin d'y rassembler ses amis, et il engagea dans sa cause beaucoup de Gallois des frontières, qui se lièrent à lui, soit pour une solde, soit en haine du conquérant qui menaçait leur indépendance. Dès que le comte

Roger eut ainsi réuni toutes ses forces, il se mit en marche vers l'est, où l'attendaient les autres conjurés.

Mais lorsqu'il voulut passer la Saverne au pont de Worcester, il rencontra des préparatifs de défense assez redoutables pour l'arrêter; et, avant qu'il eût pu trouver un autre passage, le normand Ours, vicomte de Worcester, et l'évêque Wulfstan, toujours fidèle au roi Guillaume, dirigèrent des troupes sur différents points de la rive orientale du fleuve. Eghelwig, un courtisan qui s'était fait le serviteur des étrangers contre ses compatriotes, détermina, par ses intrigues, la population de la contrée de Glocester à écouter l'appel des chefs royaux plutôt que les proclamations et les promesses du conspirateur normand. En effet, les Saxons se réunirent sous la bannière du comte Gaultier de Lacy contre Roger de Hereford et ses Gallois, dont la cause ne leur parut pas assez évidemment liée à leur cause nationale. Entre deux partis presque également étrangers pour eux, ils suivirent celui qui offrait le moins de périls, et servirent le roi Guillaume qu'ils haïssaient à la mort. Dans son absence, c'était le primat Lanfranc qui, sous le titre de lieutenant royal, administrait toutes les affaires; il fit partir en grande hâte de Londres et de Winchester des troupes qui marchèrent vers la province où Roger était tenu en échec, et, en même temps, il lança contre lui une sentence d'excommunication conçue dans les termes suivants :

» Puisque tu t'es départi des règles de conduite de ton père, que
» tu as renoncé à la foi qu'il garda toute sa vie à son seigneur, et
» qui lui fit acquérir tant de richesses, en vertu de mon autorité
» canonique je te maudis, t'excommunie, et t'exclus du seuil de
» l'église et de la compagnie des fidèles. »

Lanfranc écrivit aussi au roi, en Normandie, pour lui annoncer cette révolte et l'espérance qu'il avait d'y mettre fin promptement. « Ce serait avec plaisir, lui disait-il, et comme un envoyé de Dieu
» même, que nous vous verrions au milieu de nous. Ne vous hâtez
» cependant pas de traverser la mer; car ce serait nous faire honte
» que de venir nous aider à détruire une poignée de traîtres et de
» brigands. » La première de ces épithètes paraît avoir été destinée aux Normands qui suivaient le comte Roger, et la seconde aux Saxons qui se trouvaient en assez grand nombre dans l'armée de Raulf de Gaël, campée auprès de Cambridge, ou bien qui, encouragés par la présence de cette armée, commençaient à s'agiter dans les villes maritimes de l'est, et à renouer avec les Danois leurs anciennes négociations.

Le roi de Danemark promit, encore une fois, d'envoyer contre le roi Guillaume des troupes de débarquement; mais avant l'arrivée de ce secours, l'armée du comte de Norfolk fut attaquée, avec des forces supérieures, par Eudes, évêque de Bayeux ; Geoffroy, évêque de Coutances, et le comte Guillaume de Garenne. La bataille se donna dans un lieu que les anciens historiens nomment Fagadon. Les conjurés normands et saxons y furent complètement défaits, et l'on raconte que les vainqueurs coupèrent le pied droit à tous leurs prisonniers, de quelque nation et de quelque rang qu'ils fussent. Raulf de Gaël s'échappa et courut se renfermer dans sa citadelle de Norwich; puis il s'embarqua pour aller chercher du secours auprès de ses amis en Basse-Bretagne, et laissa le château à la garde de sa nouvelle épouse et de ses vassaux. La fille de Guillaume, fils d'Osbern, opposa une longue résistance aux attaques des officiers royaux, et ne capitula que quand elle y fut contrainte par la famine. Les hommes d'armes qui défendaient la forteresse de Norwich se rendirent, sous condition d'avoir la vie sauve s'ils quittaient l'Angleterre dans le délai de quarante jours. « Gloire à Dieu » au plus haut des cieux, écrivit alors le primat Lanfranc au roi » Guillaume, votre royaume est enfin purgé de l'ordure de ces » Bretons. » En effet, beaucoup d'hommes de cette nation, qui étaient venus comme auxiliaires ou comme aventuriers à la conquête, enveloppés dans la disgrâce de Raulf de Gaël, perdirent les terres qu'ils avaient enlevées aux Anglais. Pendant que les amis de Raulf étaient ainsi vaincus et dispersés, ceux de Roger de Hereford furent défaits dans l'ouest, et leur chef emmené prisonnier.

Avant de passer en Angleterre pour jouir de ce nouveau triomphe, le roi Guillaume fit une incursion hostile sur le territoire des Bretons ses voisins. Il voulait y poursuivre le comte Raulf de Gaël, et tenter, sous ce prétexte, la conquête d'une portion du pays, objet constant de l'ambition et de la politique de ses aïeux. Mais, après avoir vainement assiégé la ville de Dol, il se retira devant l'armée du duc de Bretagne, qui marchait contre lui soutenu par le roi de France. Traversant alors le détroit, il vint à Londres, aux fêtes de Noël, présider le grand conseil des barons normands et juger les auteurs et les complices de la dernière conspiration. Raulf de Gaël, absent et contumace, fut dépossédé de tous ses biens; Roger de Hereford comparut, et fut condamné à perdre aussi ses terres et à passer toute sa vie dans une forteresse. Au fond de sa prison, son caractère fier et indomptable lui fit souvent braver par des injures le roi qu'il n'avait pu détrôner. Un jour, aux fêtes de Pâques, Guillaume, suivant l'usage de la cour de Normandie, lui envoya, comme s'il eût été libre, un habit complet d'étoffes précieuses, cotte et manteau de soie, justaucorps garni de fourrures étrangères Roger examina en détail ces riches vêtements avec un air de satisfaction ; puis il fit allumer un grand feu et les y jeta. Le roi, qui ne s'attendait point à voir ses dons reçus de la sorte, en fut vivement courroucé, et jura que l'homme, qui lui avait fait un tel outrage, de sa vie ne sortirait de prison.

Après avoir raconté cette déplorable destinée du fils de l'homme le plus puissant après le roi, et qui avait le plus excité Guillaume à entreprendre sa conquête, l'historien né en Angleterre, et, quoique étranger d'origine, touché des misères de son pays natal, s'écrie dans une sorte d'enthousiasme patriotique : « Où est-il à présent ce
» Guillaume, fils d'Osbern, vice-roi, comte de Hereford, sénéchal
» de Normandie et d'Angleterre. Lui qui fut le premier et le plus
» grand oppresseur des Anglais, qui, par ambition et par avarice,
» encouragea la fatale entreprise où périrent tant de milliers
» d'hommes, il est tombé à son tour, et a reçu le prix qu'il méritait.
» Il avait tué beaucoup d'hommes par l'épée, et il est mort par
» l'épée ; et, après sa mort, l'esprit de discorde a fait révolter son
» fils et son gendre contre leur seigneur et leur parent. La race de
» Guillaume, fils d'Osbern, a été déracinée de l'Angleterre, tel-
» lement qu'aujourd'hui elle n'y a pas un coin où mettre le pied. »

La vengeance royale s'étendit sur tous ceux qui avaient assisté au banquet des noces de Norwich ; et la ville même où ce fatal banquet avait eu lieu fut frappée sans distinction et en masse. Des vexations multipliées en ruinèrent les habitants saxons, et forcèrent un grand nombre d'entre eux à émigrer dans la province de Suffolk, aux environs de Beecles et de Halesworth. Là, trois normands, Roger Bigot, Richard de Saint-Clair et Guillaume de Noyers, s'emparèrent de leurs personnes et en firent des serfs tributaires, bien qu'ils fussent devenus trop misérables pour être une propriété avantageuse. D'autres Saxons et les Gallois faits prisonniers les armes à la main, sur les bords de la Saverne, eurent les yeux crevés et les membres mutilés, ou furent pendus à des gibets, par sentence des comtes, des prélats, des barons et des chevaliers normands, réunis à la cour du roi.

Sur ces entrefaites, une nombreuse flotte, partie du Danemark, et conduite par l'un des fils du roi Sven, redevenu l'ami des Anglais, s'approcha de la côte orientale ; mais quand les Danois apprirent ce qui se passait, ils n'osèrent engager le combat contre les Normands, et relâchèrent en Flandre. Ce fut Waltheof qu'on accusa de les avoir appelés par des messages : il nia cette imputation ;

mais la femme normande qu'il avait reçue en mariage du roi Guillaume se fit sa dénonciatrice, et porta témoignage contre lui. Les voix de l'assemblée ou de la cour (comme on disait alors) se divisèrent sur l'arrêt à porter contre le chef saxon. Les uns votaient la mort, comme pour un Anglais révolté; les autres la prison perpétuelle, comme pour un officier du roi. Ces débats se prolongèrent presque une année, pendant laquelle Waltheof fut enfermé dans le fort royal de Winchester. A la fin, ses ennemis prévalurent, et dans l'une des cours qui se tenaient trois fois l'an, l'arrêt de mort fut prononcé. Les contemporains anglais accusent Judith, la nièce du roi, mariée à Waltheof contre son gré, d'avoir souhaité et pressé la sentence qui devait la rendre veuve et libre. En outre, beaucoup de Normands ambitionnaient les trois comtés que possédait le chef saxon; et Ives Taille-Bois, dont les terres touchaient aux siennes, et qui désirait s'arrondir, fut un des plus acharnés à sa perte. Enfin le roi, à qui Waltheof ne pouvait plus être utile, fut joyeux de trouver un prétexte pour se défaire de lui; déjà, depuis longtemps, il avait conçu ce projet, si l'on en croit les anciens narrateurs.

De grand matin, pendant que le peuple de Winchester dormait encore, les Normands conduisirent le chef saxon hors des murs de la ville. Waltheof marcha au supplice revêtu de ses habits de comte, et les distribua à des clercs et à des pauvres qui l'avaient suivi, et que les Normands laissèrent approcher à cause de leur petit nombre et de leur aspect tout pacifique. Arrivés sur une colline, à peu de distance des murs, les soldats s'arrêtèrent, et le Saxon, se prosternant la face contre terre, pria à voix basse durant quelques minutes; mais les Normands, craignant que le moindre retard ne fît répandre dans la ville la nouvelle de l'exécution, et qu'il n'y eût un soulèvement pour sauver Waltheof, lui dirent avec impatience : « Lève-toi, » afin que nous accomplissions nos ordres. » Il leur demanda pour dernière grâce d'attendre encore qu'il eût récité pour lui et pour eux l'Oraison dominicale. Ils le permirent, et Waltheof se relevant de terre, mais restant agenouillé, se mit à dire à haute voix : « Notre père, qui es dans les cieux…; » mais aux premiers mots du verset : « Et ne nous induis pas en tentation…, » le bourreau, qui aperçut peut-être quelque rayon du jour naissant, ne voulut plus tarder davantage, et, tirant subitement sa large épée, il abattit d'un seul coup la tête du condamné. Son cadavre fut jeté dans une fosse creusée à la jonction de deux chemins, et recouvert de terre à la hâte.

N'ayant pu sauver Waltheof, les Saxons portèrent le deuil de sa mort, et l'honorèrent du nom de martyr, qu'ils venaient de décerner, au même titre, à l'évêque Eghelwin, mort de faim dans l'un des donjons normands. « On a voulu, dit un contemporain, effacer » sa mémoire de ce monde; mais on n'y a pas réussi, car nous » croyons fermement qu'il est au ciel avec les bienheureux. » Le bruit courut parmi les serfs et les bourgeois de l'Angleterre qu'après quinze jours, le corps du dernier chef de race anglaise, enlevé par les moines de Croyland, avait paru intact et arrosé de sang frais. D'autres miracles s'opérèrent, dit-on, près du tombeau de Waltheof, dressé, avec la permission du roi, dans le chapitre de l'abbaye dont il avait été le bienfaiteur. La nouvelle de ces prodiges effraya l'épouse normande du chef décapité. Pour apaiser l'âme de celui qu'elle avait trahi, et dont elle avait causé la mort, elle se rendit à Croyland, au tombeau de Waltheof, et offrit un drap de soie qu'elle posa sur la pierre du sépulcre. Les chroniques du temps racontent qu'un bras invisible repoussa son offrande, qu'on vit la pièce d'étoffe soulevée et jetée au loin, comme par un violent coup de vent.

L'abbé de Croyland, Wulfketel, anglais de race, se hâta de publier ces faits miraculeux, et les prêcha en langue saxonne aux visiteurs de son couvent. Mais l'autorité normande ne le laissa pas longtemps faire en paix ses prédications, et il fut accusé d'idolâtrie devant un concile tenu à Londres. Les évêques et les comtes assemblés le dégradèrent de sa dignité ecclésiastique, et l'envoyèrent, comme simple reclus, au couvent de Glastonbury, gouverné par un normand appelé Toustain, renommé, entre tous les abbés de la conquête, pour son naturel dur et féroce. Ce châtiment ne découragea point la *croyance* populaire : fondée sur des regrets nationaux, elle ne s'éteignit qu'avec ses regrets, quand les fils des Saxons eurent oublié la vieille cause pour laquelle avaient souffert leurs aïeux. Mais ce temps ne vint pas aussi vite que l'eussent désiré les conquérants, et quarante années après la mort de Waltheof, lorsque le gouvernement du monastère de Croyland avait déjà passé, par une succession d'abbés étrangers, sous l'autorité d'un certain Geoffroy, venu de la ville d'Orléans, des miracles recommencèrent à s'opérer sur le tombeau du dernier chef saxon. Les Anglais de race venaient en foule visiter sa sépulture; et les moines d'origine normande qui se trouvaient dans l'abbaye tournaient cet empressement en ridicule, et injuriaient les pèlerins, ainsi que l'objet de leur culte, disant que c'était un méchant traître justement puni de mort.

La veuve de Waltheof hérita de tous ses biens, et même on enleva pour elle au monastère de Croyland des terres que son mari avait données en possession pleine et entière. Judith espérait partager ce vaste héritage avec un époux de son choix; mais elle se trompa, et la même puissance qui avait disposé de sa main pour faire déserter un Saxon voulut l'employer cette fois à payer les services d'un français. Sans consulter sa nièce plus qu'il n'avait fait précédemment, le roi Guillaume la donna, avec les biens de Waltheof, à un certain Simon, venu de la ville de Senlis, brave chevalier, mais boiteux et mal fait. Judith témoigna pour cet homme un dédain qui courrouça le conquérant; peu disposé à faire plier sa politique devant l'intérêt d'une femme, il adjugea à Simon de Senlis le comté de Northampton et tout l'héritage de Waltheof, dont la veuve perdit ainsi le fruit de sa trahison. Restée seule avec deux enfants, elle mena une vie obscure et triste dans plusieurs cantons retirés de l'Angleterre. Les Normands la méprisaient parce qu'elle était devenue pauvre ; les Saxons l'abhorraient comme infâme, et les vieux historiens de race anglaise montrent une sorte de joie en racontant ses années d'abandon et de chagrin.

L'exécution de Waltheof mit le comble à l'abattement du peuple vaincu. Il paraît que ce peuple n'avait point encore perdu toute espérance tant qu'il voyait l'un des siens investi d'un grand pouvoir, même sous l'autorité de l'étranger. Après le fils de Siward, il n'y eut plus en Angleterre, parmi les hommes investis d'honneurs et de fonctions politiques, un seul qui fût né dans le pays, qui ne regardât pas les indigènes comme des ennemis ou des brutes. Toute l'autorité religieuse avait aussi passé aux mains d'hommes de nation étrangère, et des anciens prélats saxons il ne restait plus que Wulfstan, évêque de Worcester. C'était un homme simple et faible d'esprit, incapable de rien oser, et qui, ainsi qu'on l'a vu plus haut, après un moment d'entraînement patriotique, s'était réconcilié de tout son cœur avec les conquérants. Depuis, il leur avait rendu d'importants services; il avait fait des visites pastorales et proclamé les amnisties du roi dans les provinces encore mal pacifiées : il avait marché en personne contre Roger de Hereford, au passage de la Saverne ; mais il était de race anglaise : son jour vint comme était venu celui des autres.

Dans l'année 1076, Wulfstan fut cité devant un concile d'évêques et de seigneurs normands, réunis dans l'église de Westminster, et présidés par le roi Guillaume et par l'archevêque Lanfranc. L'assemblée déclara unanimement que le prélat saxon était incapable d'exercer en Angleterre les fonctions épiscopales, attendu qu'il ne savait pas parler français. En vertu de cet arrêt bizarre, le roi et l'archevêque ordonnèrent au condamné de rendre le bâton et l'anneau, insignes de sa dignité. L'étonnement et l'indignation d'être si mal récompensé inspirèrent à Wulfstan une énergie toute nouvelle pour lui ; il se leva, et, tenant à la main son bâton pastoral, marcha droit au tombeau du roi Edward, enterré dans l'église ; là, s'arrêtant et s'adressant au mort en langue anglaise : Edward, dit-il, » c'est toi qui m'as donné ce bâton ; c'est à toi que je le rends et le » confie. » Puis, se tournant vers les Normands : « J'ai reçu cela de » qui valait mieux que vous ; je le lui remets, ôtez-le lui si vous » pouvez. » En prononçant ces derniers mots, le Saxon frappa vive-» ment la pierre de la tombe avec la pointe du bâton pastoral. Son air et ce geste inattendu produisirent sur l'assemblée une grande impression de surprise, mêlée d'un effroi superstitieux : le roi et le primat ne réitérèrent point leur demande, et laissèrent le dernier évêque anglais garder son bâton et son office.

Robert engagea le combat. (page 165)

V. — Depuis la querelle du roi Guillaume avec son fils aîné, Robert, jusqu'au dernier passage de Guillaume sur le continent

1077-1087

Une des phases nécessaires de toute conquête, grande ou petite, c'est que les conquérants se querellent entre eux pour la possession et le partage du bien des vaincus. Les Normands n'échappèrent pas à cette fatalité. Quand il n'y eut plus de rebelles à soumettre, l'Angleterre devint pour ses maîtres une cause de guerres intestines; et même ce fut dans la nouvelle famille royale, entre le père et son fils aîné, que la dispute éclata d'abord. Ce fils, appelé Robert, et que les Normands surnommaient, dans leur langue, *Gamberon* ou *Courte-Heuse*, à cause du peu de longueur de ses jambes, avait été, avant la bataille de Hastings, désigné par le duc Guillaume héritier de ses terres et de son titre. Cette désignation s'était faite, selon l'usage, avec le consentement formel des barons de Normandie, qui tous avaient prêté serment au jeune Robert, comme à leur seigneur futur. Lorsque Guillaume fut devenu roi, le jeune homme, dont l'ambition s'était éveillée à la vue des succès de son père, le requit d'abdiquer au moins, en sa faveur, le gouvernement de la Normandie; mais le roi refusa, voulant garder ensemble son ancien duché et son nouveau royaume. Il s'ensuivit une querelle violente, où les deux plus jeunes frères, Guillaume le Roux et Henri, prirent parti contre leur aîné, sous couleur d'affection filiale, mais réellement pour le supplanter, s'ils le pouvaient, dans la succession que leur père lui avait assurée.

Un jour que le roi était à Laigle avec ses fils, Guillaume et Henri vinrent au logement de Robert, dans la maison d'un certain Roger Chaussiègue, et, montant à l'étage supérieur, ils se mirent d'abord à jouer aux dés, à la façon des gens de guerre du temps; puis ils firent grand bruit et versèrent de l'eau sur Robert et sur ses amis qui étaient au-dessous. Irrité de cet affront, Robert courut, l'épée à la main, sur ses deux frères : il y eut un grand tumulte que le roi calma, non sans peine; et, dès la nuit suivante, le jeune homme, suivi de tous ses compagnons, sortit de la ville et gagna Rouen, dont il essaya de surprendre la citadelle. Il n'y réussit point; plusieurs de ses amis furent arrêtés; lui-même échappa avec quelques autres, et, passant la frontière de Normandie, il se réfugia dans le Perche, où Hugues, neveu d'Aubert le Ribaud, l'accueillit dans ses châteaux de Sorel et de Reymalard.

Il y eut ensuite entre le père et le fils une réconciliation qui ne fut pas de longue durée; car les jeunes gens qui entouraient ce dernier recommencèrent bientôt à stimuler son ambition par leurs conseils et leurs plaisanteries. « Noble fils de roi, lui disaient-ils, il faut que » les gens de ton père gardent bien son trésor, puisque tu n'as pas » un denier pour donner à ceux qui te suivent. Comment souffres-tu » de demeurer si pauvre, lorsque ton père est si riche? Demande-lui » donc une partie de son Angleterre, ou tout au moins le duché de » Normandie qu'il t'a promis devant tous ses barons. » Robert, excité par ces propos et d'autres semblables, alla renouveler son ancienne requête; mais le roi refusa encore une fois, et l'exhorta, d'un ton paternel, à rentrer dans le devoir, et surtout à faire choix de meilleurs conseillers, de personnes d'un âge mûr, graves et sages, telles que l'archevêque Lanfranc. « Seigneur roi, répliqua brusque- » ment Robert, je suis venu ici pour réclamer mon droit, et non pour » écouter des sermons; j'en ai entendu assez, et d'assez ennuyeux, » lorsque j'apprenais la grammaire. Réponds-moi donc positive- » ment, afin que je voie ce que j'aurai à faire; car je suis fermement » résolu à ne plus vivre du pain d'autrui, et à n'être aux gages de » personne. »

Le roi répondit, en colère, qu'il ne se dessaisirait point de la Normandie, où il était né, et ne partagerait avec qui que ce fût l'Angleterre, le prix de ses fatigues. « Eh bien! dit Robert, je m'en irai, » j'irai servir les étrangers, et peut-être obtiendrai-je chez eux ce » qu'on me refuse dans mon pays. » Il partit en effet et parcourut la Flandre, la Lorraine, l'Allemagne, puis la France et l'Aquitaine, visitant, dit l'ancien historien, des ducs, des comtes et de riches seigneurs châtelains, leur contant ses griefs, et leur demandant des secours; mais tout ce qu'il recevait pour le soutien de sa cause, il le donnait à des jongleurs, à des parasites ou à des femmes débauchées, et se trouvait bientôt obligé de mendier de nouveau, ou d'emprunter à grosse usure. Mathilde, sa mère, lui envoyait quelquefois de l'argent à l'insu du roi. Guillaume l'apprit, et le lui défendit; elle recommença, et le roi irrité lui reprocha, en termes amers, « de dis- » tribuer à ses ennemis le trésor qu'il lui donnait en garde; » puis il fit arrêter le porteur des présents de Mathilde, avec ordre de lui crever les yeux. C'était un Bas-Breton d'origine, appelé Samson; il prit la fuite et devint moine, dit la vieille chronique, pour le salut de son âme et de son corps.

Après beaucoup de voyages, le jeune Robert se rendit, sous les auspices de Philippe, roi de France, au château de Gerberoy, situé dans le Beauvaisis, sur les confins de la Normandie. Il y fut bien accueilli par Elie, vicomte du château, et par son collègue; car, dit l'ancien narrateur, c'était la coutume de Gerberoy qu'il y eût deux seigneurs égaux en pouvoir, et qu'on y reçût les fugitifs de tous pays. Là, le fils du conquérant réunit des chevaliers à gages; il lui en vint de France et de Normandie; plusieurs hommes d'armes de la maison du roi Guillaume, plusieurs de ceux qui le flattaient chaque jour et vivaient à sa table, quittèrent leurs offices pour se rendre à Gerberoy; et lui-même alors, passant la mer, vint en personne assiéger le château où son fils s'était renfermé.

Dans une sortie que fit Robert, il engagea le combat, seul à seul, avec un cavalier couvert de son armure, le blessa au bras et le renversa de son cheval; la voix du blessé lui fit reconnaître son père, et aussitôt il mit pied à terre, l'aida à se relever et à se mettre en selle, et le laissa repartir librement. Les chefs et les évêques normands s'employèrent à réconcilier de nouveau le père avec le fils. Mais Guillaume résista d'abord à leurs instances : « Pourquoi, leur » disait-il, me sollicitez-vous en faveur d'un traître qui a séduit con- » tre moi mes gens de guerre, ceux que j'avais nourris de mon pain, » et à qui j'avais donné leurs armes. » Il céda pourtant à la fin; mais le bon accord entre le père et le fils ne fut pas de longue durée; Robert s'éloigna pour la troisième fois, alla en pays étranger, et ne revint plus du vivant de son père. Le roi le maudit à son départ; et les historiens du siècle attribuent à cette malédiction les infortunes qui remplirent toute la vie du fils aîné de Guillaume le Bâtard, infortunes dont la conquête de l'Angleterre fut, comme on voit, la première cause.

De ces dissensions, qui troublaient le repos du chef des conquérants, le peuple vaincu ne retirait aucun profit; et si, dans l'absence de Guillaume, la main royale, comme on disait alors, ne pesait plus sur ce peuple, d'autres mains, celles des comtes, vicomtes, juges, prélats et abbés, de race étrangère, lui faisaient sentir leur poids. . . . .

Dans l'année 1083 mourut Mathilde, épouse du roi Guillaume. Un ancien récit dit que les conseils de cette femme adoucirent plus d'une fois l'âme du conquérant; qu'elle le disposa souvent à la clémence envers les Anglais, mais qu'après sa mort, Guillaume s'abandonna sans réserve à son humeur tyrannique. Les faits manquent pour constater cet accroissement d'oppression et de misère pour le peuple vaincu, et l'imagination ne peut guère y suppléer, car il est difficile d'ajouter un seul degré de plus au malheur des années précédentes. La seule différence qu'on puisse remarquer entre l'époque de la conquête qui suivit la mort de Mathilde et celles que le lecteur a déjà parcourues, c'est que le roi Guillaume, n'ayant plus rien à gagner en pouvoir sur les indigènes, commença dès lors à se créer une domination personnelle sur ses compagnons de victoire. La nécessité eut probablement à cette entreprise autant de part que l'ambition; et, comme il ne restait plus rien à enlever aux Anglais, le roi se vit obligé de lever sur les Normands eux-mêmes des contributions pour le maintien de la propriété commune. Dans cette année 1083, il exigea six sous d'argent pour chaque hyde ou charruée de terre, dans tout le royaume, sans distinction de possesseur. Le guerrier normand, usé par vingt ans de combats, se vit contraint de payer, sur les revenus du domaine qu'il avait conquis dans ses jours de force et de jeunesse, la solde d'une nouvelle armée.

De cette époque date l'origine d'un esprit de défiance mutuelle et d'hostilité sourde entre le roi et ses vieux amis. Ils s'accusaient réciproquement d'avarice et d'égoïsme. Guillaume reprochait aux chefs normands de tenir plus à leur bien-être personnel qu'à la sûreté commune, de songer plutôt à bâtir des fermes, à élever des troupeaux, à former des haras, qu'à se tenir prêts contre l'ennemi indigène ou étranger. A leur tour, les chefs reprochaient au roi d'être avide de gain au-delà de toute mesure, et de vouloir s'approprier, sous de faux prétextes d'utilité générale, les richesses acquises par le travail de tous. Afin d'asseoir sur une base fixe ses demandes de contributions ou de services d'argent, pour parler le langage du siècle, Guillaume fit faire une grande enquête territoriale, et dresser un registre universel de toutes les mutations de propriété opérées en Angleterre par la conquête; il voulut savoir en quelles mains, dans toute l'étendue du pays, avaient passé les domaines des Saxons, et combien d'entre eux gardaient encore leurs héritages par suite de traités particuliers conclus avec lui-même ou avec ses barons; combien, dans chaque domaine rural, il y avait d'arpents de terre; quel nombre d'arpents pouvait suffire à l'entretien d'un homme d'armes, et quel était le nombre de ces derniers dans chaque province ou comté de l'Angleterre; à quelle somme montait en gros le produit des cités, des villes, des bourgades, des hameaux; quelle était exactement la propriété de chaque comte, baron, chevalier, sergent d'armes; combien chacun avait de terre, de gens ayant fiefs sur ses terres, de Saxons, de bétail, de charrues. . . . .

Quelques Saxons dépossédés osèrent se présenter devant les commissaires de l'enquête pour faire leurs réclamations; il y en eut même plusieurs d'enregistrées avec des termes de supplication humble que nul des Normands n'employait. Ces hommes se déclaraient pauvres et misérables; ils en appelaient à la clémence et à la miséricorde du roi. Ceux qui, après beaucoup de bassesses, parvinrent à conserver quelque mince partie de leurs héritages paternels, furent obligés de payer cette grâce par des services dégradants et bizarres, ou la reçurent au titre non moins humiliant d'aumône. Des fils sont inscrits dans le rôle comme tenant par *aumône* le bien de leurs pères. Des femmes libres gardent leur champ par *aumône*. Une autre femme reste en jouissance de la terre de son mari, à condition de nourrir les chiens du roi. Enfin une mère et son fils reçoivent en *don* leur ancien héritage, à condition de dire chaque jour des prières pour l'âme de Richard, fils du roi.

Ce Richard, fils de Guillaume le Conquérant, mourut en l'année 1081, froissé par son cheval contre un arbre dans le lieu que les Normands appelaient la Forêt-Neuve. C'était un espace de trente milles, nouvellement planté d'arbres, entre Salisbury et la mer. Cette étendue de terre, avant d'être mise en bois, contenait plus de soixante paroisses que le conquérant détruisit, et dont il chassa les habitants. On ne sait si la raison de cet acte singulier ne fut pas purement politique, et si Guillaume n'eut pas pour objet spécial d'assurer à ses recrues de Normandie un lieu de débarquement sûr, où nul ennemi saxon ne pût se rencontrer; ou bien si, comme le disent la plupart des anciennes histoires, il ne voulut que satisfaire sa passion et celle de ses fils pour la chasse. C'est à cette passion effrénée qu'on attribue aussi les règlements bizarres et cruels qu'il fit sur le port d'armes dans les forêts d'Angleterre; mais il y a lieu de penser que ces règlements eurent un motif plus sérieux, et furent dirigés contre les Anglais, qui, sous prétexte de chasse, pouvaient se donner des rendez-vous en armes. « Il ordonna, dit une chroni-
» que contemporaine, que quiconque tuerait un cerf ou une biche
» eût les yeux crevés; la défense faite pour les cerfs s'étendit aux
» sangliers; et il fit même des statuts pour que les lièvres fussent à

» l'abri de tout péril. Ce roi aimait les bêtes sauvages comme s'il
» eût été leur père. » Ces lois, exécutées avec rigueur contre les
Saxons, accrurent singulièrement leur misère ; car beaucoup d'entre
eux n'avaient plus que la chasse pour unique moyen de subsistance.
« Les pauvres murmurèrent, ajoute la chronique citée plus haut,
» mais il ne tenait compte de leur haine, et force leur était d'obéir
» sous peine de la vie. »

Guillaume comprit dans son domaine royal toutes les grandes forêts de l'Angleterre, lieux redoutables pour les conquérants, asiles de leurs derniers adversaires. Ces lois, que les historiens saxons ridiculisent en les montrant destinées à garantir la vie des lièvres, étaient une puissante sauvegarde de la vie des Normands ; et, afin que l'exécution en fût mieux assurée, la chasse dans les forêts royales devint un privilége dont la concession appartenait au roi seul, qui pouvait à son gré l'octroyer ou l'interdire. Plusieurs hauts personnages de race normande, plus sensibles à leur propre gêne qu'à l'intérêt de la conquête, s'irritèrent de cette loi exclusive. Mais, tant que l'esprit de nationalité se conserva parmi les vaincus, ce désir des Normands ne prévalut pas contre la volonté de leurs rois. Soutenus par l'instinct de la nécessité politique, les fils de Guillaume conservèrent aussi exclusivement que lui le privilége de chasse ; et ce ne fut qu'à l'époque où ce privilége cessa d'être nécessaire, que leurs successeurs se virent forcés de l'abdiquer, quelque regret qu'ils en eussent.

Alors c'est-à-dire au treizième siècle, les parcs des propriétaires normands ne furent plus compris dans l'étendue des forêts royales, et le seigneur de chaque domaine obtint la libre jouissance de ses bois ; ses chiens ne furent plus soumis à la mutilation des jambes, et les *forestiers*, *verdiers* ou *regardeurs* royaux ne rôdèrent plus sans cesse autour de sa maison pour le surprendre dans quelque délit de chasse et lui faire payer une grosse amende. Au contraire, la garantie de la loi royale pour la conservation du gibier de grande et de petite espèce s'étendit au profit des descendants des riches Normands ; et eux-mêmes eurent des gardes-chasse pour tuer impunément le pauvre Anglais surpris en embuscade contre les daims et les lièvres. Plus tard[1], le pauvre lui-même, le descendant des Saxons, ayant cessé d'être redoutable aux riches issus de l'autre race, ne fut puni, quand il osa chasser, que d'une seule année d'emprisonnement, à la charge de trouver ensuite douze cautions solvables pour répondre qu'à l'avenir, il ne commettrait plus aucun délit « ni en parcs, ni en forêts, ni en garennes, ni en viviers, ni en quoi » que ce fût, contre la paix du seigneur roi..., »

C'est en l'an 1086 que fut achevée la rédaction du *Grand Rôle livre de jugement* des Saxons ; et, cette même année, eut lieu une grande convocation de tous les chefs des conquérants, laïques ou prêtres. Dans ce conseil furent débattues les réclamations diverses enregistrées dans le rôle d'enquête, et ce débat ne s'acheva point sans querelles entre le roi et ses barons ; ils eurent ensemble de graves entretiens, comme s'exprime la chronique contemporaine, sur l'importante distinction de ce qui devait être définitivement regardé comme légitime dans les prises de possession de la conquête. La plupart des envahissements individuels furent ratifiés ; mais quelques-uns ne le furent pas, et il y eut parmi les vainqueurs une minorité mécontente. Plusieurs barons et chevaliers renoncèrent à leur hommage, quittèrent Guillaume et l'Angleterre, et, passant la Tweed, allèrent offrir au roi d'Ecosse, Malcolm, le service de leurs chevaux et de leurs armes. Malcolm les accueillit favorablement, comme il avait accueilli avant eux les émigrés saxons, et leur distribua des portions de terre pour lesquelles ils devinrent ses hommes liges, ses soldats envers et contre tous. Ainsi l'Ecosse reçut une population toute différente de celles qui s'y étaient mêlées jusque-là. Les Normands, réunis par un exil commun et une hospitalité commune aux Anglais qui naguère avaient fui devant eux, devinrent, sous une bannière nouvelle, leurs compagnons et leurs frères d'armes. L'égalité régna au delà du cours de la Tweed entre deux races d'hommes qui, en deçà du même fleuve, étaient de condition si différente ; il se fit rapidement des uns aux autres un échange mutuel de mœurs et même de langage, et le souvenir de la diversité d'origine ne divisa point leurs fils, parce qu'il ne s'y mêlait aucun souvenir d'injure ni d'oppression étrangère.

Pendant que les conquérants s'occupaient ainsi à régler leurs affaires intérieures, ils furent subitement troublés par une alarme venant du dehors. Le bruit se répandit que mille vaisseaux danois, soixante vaisseaux norvégiens et cent vaisseaux de Flandre, fournis par Robert le Frison, nouveau duc de ce pays, et ennemi des Normands, se rassemblaient dans le golfe de Lymfiord, pour descendre en Angleterre et délivrer, le peuple anglo-saxon. Les rois de Danemark, qui, tant de fois depuis vingt années, avaient successivement flatté et trahi les espérances de ce peuple, ne pouvaient, à ce qu'il paraît, se résoudre à l'abandonner entièrement. . . . .

La plus grande partie des forces normandes fut promptement dirigée vers l'est ; on plaça des postes sur les côtes ; on mit des croisières en mer ; on entoura de nouveaux ouvrages les forteresses récemment bâties, et l'on releva les murs des anciennes villes démantelées par les conquérants. Le roi Guillaume fit publier en grande hâte par toute la Gaule le ban qu'il avait proclamé, vingt années auparavant, sur le point de passer le détroit. Il promit solde et récompense à tout cavalier ou piéton qui voudrait s'enrôler à son service. Il en arriva de toutes parts un nombre immense. Tous les pays qui avaient fourni des troupes d'invasion pour exécuter la conquête fournirent des garnisons pour la défendre. Les nouveaux soldats furent cantonnés dans les villes et les villages, et les comtes, vicomtes, évêques et abbés normands eurent ordre de les héberger et de les nourrir proportionnellement à l'étendue de leurs juridictions ou de leurs domaines. Pour subvenir aux frais de ce grand armement, on imagina de faire revivre l'ancien impôt appelé *danegheld*, qui, avant d'être levé par les conquérants scandinaves, l'avait été pour la défense du pays contre leurs invasions. Il fut rétabli à raison de douze deniers d'argent pour cent acres de terre. Les Normands sur lesquels pesa cet impôt s'en firent rembourser le montant par leurs fermiers ou leurs serfs anglo-saxons, qui payèrent ainsi, pour repousser les Danois venant à leur secours, ce que leurs ancêtres avaient jadis payé pour les repousser comme ennemis.

Des détachements de soldats parcoururent en tous sens les contrées du nord-est de l'Angleterre, afin de les dévaster et de les rendre inhabitables, soit pour les Danois, s'ils venaient à y débarquer, soit pour les Anglais mêmes, qu'on soupçonnait de désirer ce débarquement. Il ne resta sur le rivage de la mer, à portée des vaisseaux, ni un homme, ni une bête, ni un arbre à fruit. La population saxonne fut de nécessité refoulée vers l'intérieur, et, pour surcroît de précaution contre la bonne intelligence de cette population avec les Danois, un ban royal, publié à son de trompe dans tous les lieux voisins de la mer, prescrivit aux hommes de race anglaise de prendre des vêtements normands, des armes normandes, et de se raser la barbe à l'instar des Normands. Cet ordre bizarre avait pour objet d'ôter aux Danois le moyen de distinguer les amis qu'ils venaient secourir des ennemis qu'ils venaient combattre.

La crainte qui inspirait ces précautions n'était point sans fondement; il y avait réellement à l'ancre sur la côte du Danemark une flotte nombreuse destinée pour l'Angleterre. Olaf Kyr, roi de Norvége, fils et successeur de ce Harold qui, ayant voulu conquérir le pays des Anglais, n'y avait obtenu que sept pieds de terre, venait maintenant au secours du peuple qui avait vaincu et tué son père, sans peut-être se rendre bien compte du changement de destinée de ce peuple, et croyant aller venger Harold. Quant au roi de Danemark, Knut, fils de Sven, promoteur de la guerre et chef suprême

de l'armement, il comprenait la révolution opérée en Angleterre par la conquête normande, et c'était sciemment qu'il allait secourir les vaincus contre les vainqueurs. « Il avait cédé, disent les historiens
» danois, aux supplications des exilés anglais, à des messages reçus
» d'Angleterre, et à la pitié que lui inspiraient les misères d'une
» race d'hommes alliée de la sienne, dont tous les chefs, les riches,
» les personnages considérables avaient été tués ou bannis, et qui,
» tout entière, se voyait réduite en servitude sous la race étrangère
» des *Français*, qu'on appelait aussi *Romains*. »

Ces deux noms étaient en effet les seuls sous lesquels la nation normande fût connue dans le nord de l'Europe, depuis que les derniers restes de la langue danoise avaient péri à Rouen et à Bayeux. Quoique les seigneurs de Normandie pussent encore facilement prouver leur descendance scandinave, en oubliant l'idiome qui était le signe visible de cette descendance, ils avaient perdu leur titre au pacte de famille qui, malgré des hostilités fréquentes, produites par les passions du moment, unissait l'une à l'autre les populations teutoniques. Mais les Anglo-Saxons avaient encore droit au bénéfice de cette fraternité d'origine; c'est ce que reconnut le roi de Danemark, selon le témoignage des chroniqueurs de sa nation, et si son entreprise n'était pas pure de toute vue d'ambition personnelle, du moins était-elle ennoblie par le sentiment d'un devoir d'humanité et de parenté. Sa flotte fut retenue dans le port plus longtemps qu'il ne l'avait prévu, et, durant ce retard, des émissaires du roi normand, adroits et rusés comme leur maître, corrompirent avec l'or de l'Angleterre plusieurs des conseillers et des capitaines du Danois. Le retard, d'abord involontaire, fut prolongé par ces intrigues. Les hommes vendus secrètement à Guillaume, et surtout les évêques danois, dont la plupart se laissèrent gagner, réussirent plusieurs fois à empêcher le roi Knut de mettre à la voile, en lui suscitant des embarras et des obstacles imprévus. Pendant ce temps, les soldats, fatigués d'un campement inutile, se plaignaient et murmuraient sous la tente. Ils demandaient qu'on ne se jouât pas d'eux, qu'on les fît partir, ou qu'on les renvoyât dans leurs foyers, à leur labourage et à leur commerce. Ils tinrent des conciliabules, et firent signifier au roi, par les députés qu'ils nommèrent, leur résolution de se débander si l'ordre du départ n'était donné sans plus de délai. Le roi Knut voulut user de rigueur pour rétablir la discipline. Il emprisonna les chefs de cette révolte, et soumit l'armée entière au payement d'une amende par tête. L'exaspération, loin d'être calmée par ces mesures, s'accrut tellement, qu'au mois de juillet 1086 il y eut une émeute générale où le roi fut tué par les soldats : ce fut le signal d'une guerre civile qui enveloppa tout le Danemark; et de ce moment le peuple danois, occupé de ses propres querelles, oublia les Anglo-Saxons, leur servitude et leurs maux.

Ce fut la dernière fois que la sympathie des Teutons du Nord s'exerça en faveur de la race teutonique qui habitait l'Angleterre. Par degrés les Anglais, désespérant de leur propre cause, cessèrent de se recommander au souvenir et à la bienveillance des peuples septentrionaux. Les exilés de la conquête moururent dans les pays étrangers et y laissèrent des enfants qui, oubliant la patrie de leurs ancêtres, n'en connurent plus d'autre que la terre où ils étaient nés. Enfin, dans la suite, les ambassadeurs et les voyageurs danois qui se rendaient en Angleterre, n'entendant retentir à leurs oreilles, dans les maisons des grands et des riches, que la langue romane de Normandie, et faisant peu attention au langage que parlaient les marchands anglais dans leurs échoppes ou les bouviers dans leurs étables, s'imaginèrent que toute la population du pays était normande, ou que la langue avait changé depuis l'invasion des Normands. En voyant les trouvères français parcourir les châteaux et les villes, et faire les délices de la haute classe en Angleterre, qui eût pu croire, en effet, que, soixante ans auparavant, les scaldes du Nord y avaient joui de la même faveur? Aussi, dès le douzième siècle, l'Angleterre fut-elle regardée par les nations scandinaves comme un pays de langage absolument étranger. Cette opinion devint si forte, que, dans le droit d'aubaine du Danemark et de la Norvége, les Anglais furent classés au rang des peuples les plus maltraités. Dans le code qui porte le nom du roi Magnus, à l'article des successions, on rencontre les formules suivantes : « Si des hommes de race anglaise ou
» d'autres encore plus étrangers à nous... si des Anglais ou d'autres
» hommes parlant un idiome sans aucune ressemblance avec le
» nôtre... » Ce défaut de ressemblance ne pouvait s'entendre de la simple diversité des dialectes; car, aujourd'hui même, le patois des provinces septentrionales de l'Angleterre est, à la rigueur, intelligible pour un Danois ou un Norvégien.

Vers la fin de l'année 1086, il y eut à Salisbury, d'autres disent à Winchester, un rendez-vous général de tous les conquérants ou fils de conquérants. Chaque personnage en dignité, laïque ou prêtre, vint à la tête de ses hommes d'armes et des feudataires de ses domaines. Ils se trouvèrent soixante mille, tous possesseurs au moins d'une portion de terre suffisante pour l'entretien d'un cheval ou d'une armure complète. Ils renouvelèrent successivement au roi Guillaume leur serment de foi et d'hommage, en lui touchant les mains et en prononçant cette formule : « De cette heure en avant,

» je suis votre homme lige, de ma vie et de mes membres; honneur
» et foi vous porterai en tout temps, pour la terre que je tiens de
» vous; qu'ainsi Dieu me soit en aide. » . . . .

Guillaume avait, pour sa part de conquête, près de quinze cents manoirs; il était roi d'Angleterre, chef suprême et inamovible des conquérants de ce pays, et pourtant il n'était pas heureux. Dans les cours somptueuses qu'il tenait trois fois l'année, la couronne en tête, soit à Londres, soit à Winchester, soit à Glocester, lorsque les compagnons de sa victoire et les prélats qu'il avait institués venaient se ranger autour de lui, son visage était triste et sévère; il semblait inquiet et soucieux, et la possibilité d'un changement de fortune assiégeait son esprit. Il doutait de la fidélité de ses Normands et de la soumission du peuple anglais. Il se tourmentait de son avenir et de la destinée de ses enfants, et interrogeait sur ses pressentiments les hommes renommés comme sages dans ce siècle où la divination était une partie de la sagesse. Un poète anglo-normand du douzième siècle le représente assis au milieu de ses évêques d'Angleterre et de Normandie, et sollicitant de leur part, avec de puériles instances, quelques éclaircissements sur le sort de sa postérité.

Après avoir soumis à un ordre régulier, sinon légitime, les résultats mobiles et turbulents de la conquête, Guillaume quitta une troisième fois l'Angleterre, et traversa le détroit, disent les vieux historiens, chargé d'innombrables malédictions. Il le traversa pour ne le repasser jamais : car la mort, comme on le verra bientôt, le retint sur l'autre rive. . . . .

En terminant le récit des événements que le lecteur vient de parcourir, les chroniqueurs de race anglaise se livrent à des regrets vifs et touchants sur les misères de leur nation. « Il n'y a point à en
» douter, s'écrient les uns, Dieu ne veut plus que nous soyons un
» peuple, que nous ayons l'honneur et la sécurité. » D'autres se plaignent de ce que le nom d'Anglais est devenu une injure, et ce n'est pas seulement de la plume des contemporains que s'échappent de semblables plaintes : le souvenir d'une grande infortune et d'une grande honte nationale se reproduit de siècle en siècle dans les écrits des enfants des Saxons, quoique plus faiblement à mesure que le temps avance. Au quinzième siècle, on rattachait encore à la conquête la distinction des rangs en Angleterre; et un historien de couvent, peu suspect de théories révolutionnaires, écrivait ces paroles remarquables : « S'il y a chez nous tant de distance entre les condi-
» tions diverses, on ne doit point s'en étonner, c'est qu'il y a diver-
» sité de races; et s'il y a parmi nous si peu de confiance et d'affection
» mutuelle, c'est que nous ne sommes point du même sang. » Enfin,

un auteur qui vivait au commencement du dix-septième siècle rappelle la conquête normande par ces mots : *Souvenir de douleur;* il trouve des expressions tendres en parlant des familles déshéritées alors et tombées depuis dans la classe des pauvres, des ouvriers et des paysans ; c'est le dernier coup d'œil de regret jeté dans le passé sur l'événement qui avait amené en Angleterre des rois, des nobles et des chefs de race étrangère.

Si, résumant en lui-même tous les faits exposés plus haut, le lecteur veut se faire une idée juste de ce qu'était l'Angleterre conquise par Guillaume de Normandie, il faut qu'il se représente non point un simple changement de régime ni le triomphe d'un compétiteur, mais l'intrusion de tout un peuple au sein d'un autre peuple, dissous par le premier, et dont les fractions éparses ne furent admises dans le nouvel ordre social que comme propriétés personnelles, comme *vêtement de la terre*, pour parler le langage des anciens actes. On ne doit point poser d'un côté Guillaume roi et despote, et de l'autre des sujets grands ou petits, riches ou pauvres, tous habitants de l'Angleterre et par conséquent tous Anglais ; il faut s'imaginer deux nations, les Anglais d'origine et les Anglais par invasion, divisés sur le même pays, ou plutôt se figurer deux pays dans une condition bien différente : la terre des Normands, riche et franche de taillages ; celle des Saxons, pauvre, serve et grevée de cens ; la première, garnie de vastes hôtels, de châteaux murés et crénelés ; la seconde, parsemée de cabanes de chaume ou de masures dégradées ; celle-là peuplée d'heureux et d'oisifs, de gens de guerre et de cour, de nobles et de chevaliers ; celle-ci peuplée d'hommes de peine et de travail, de fermiers et d'artisans : sur l'une, le luxe et l'insolence ; sur l'autre, la misère et l'envie, non pas l'envie du pauvre à la vue des richesses d'autrui, mais l'envie du dépouillé en présence de ses spoliateurs.

Enfin, pour achever le tableau, ces deux terres sont, en quelque sorte, entrelacées l'une dans l'autre ; elles se touchent par tous les points, et cependant elles sont plus distinctes que si la mer roulait entre elles. Chacune a son idiome à part, idiome étranger pour l'autre ; le français est la langue de la cour, des châteaux, des riches abbayes, de tous les lieux où règnent le luxe et la puissance, tandis que l'ancienne langue du pays reste aux foyers des pauvres et des serfs. Durant longtemps ces deux idiomes se propagèrent sans mélange, et furent, l'un, signe de noblesse, et l'autre, signe de roture.

Il tomba sans prononcer un mot. (184)

VI. — Depuis la mort de Guillaume le Conquérant jusqu'a la dernière conspiration générale des Anglais contre les Normands.

1087-1137

Durant son séjour en Normandie, dans les premiers mois de l'année 1087, le roi Guillaume s'occupa de terminer avec Philippe Ier, roi de France, une ancienne contestation. A la faveur des troubles qui suivirent la mort du duc Robert, le comté de Vexin, situé entre l'Epte et l'Oise, avait été démembré de la Normandie et réuni à la France. Guillaume se flattait de recouvrer sans guerre cette portion de son héritage ; et, en attendant l'issue des négociations, il prenait du repos à Rouen ; il gardait même le lit, d'après le conseil de ses médecins, qui tâchaient de réduire par une diète rigoureuse son excessif embonpoint. Croyant avoir peu de chose à craindre d'un homme absorbé dans de pareils soins, Philippe ne faisait aux réclamations du Normand que des réponses évasives ; et, de son côté, celui-ci semblait prendre le retard en patience. Mais un jour le roi de France s'avisa de dire en plaisantant avec ses amis : « Sur ma foi, » le roi d'Angleterre est long à faire ses couches ; il y aura grande » fête aux relevailles. » Ce propos, rapporté à Guillaume, le piqua au point de lui faire tout oublier pour la vengeance. Il jura par ses plus grands serments, par la splendeur et la naissance de Dieu, d'aller faire ses relevailles à Notre-Dame de Paris, avec dix mille lances en guise de cierges.

En effet, reprenant tout à coup son activité, il assembla ses troupes, et, au mois de juillet, il entra en France par le territoire dont il revendiquait la possession. Les blés étaient encore dans les champs, et les arbres se chargeaient de fruits. Il ordonna que tout fût dévasté sur son passage, fit fouler les moissons par la cavalerie, arracher les vignes et couper les arbres fruitiers. La première ville qu'il rencontra fut Mantes-sur-Seine ; on y mit le feu par son ordre, et lui-même, dans une espèce de rage destructive, se porta au milieu de l'incendie pour jouir de ce spectacle et encourager ses soldats.

Comme il galopait à travers les décombres, son cheval mit les deux pieds sur des charbons recouverts de cendre, s'abattit, et le blessa au ventre. L'agitation qu'il s'était donnée en courant et en criant, la chaleur du feu et de la saison rendirent sa blessure dangereuse ; on le transporta malade à Rouen, et de là dans un monastère hors des murs de la ville, dont il ne pouvait supporter le bruit. Il languit durant six semaines, entouré de médecins et de prêtres, et son mal s'aggravant de plus en plus, il envoya de l'argent à Mantes pour rebâtir les églises qu'il avait incendiées ; il en envoya aussi aux couvents et aux pauvres de l'Angleterre, pour obtenir, dit un vieux poète anglais, le pardon des vols qu'il avait commis. Il ordonna qu'on mît en liberté les Saxons et les Normands qu'il retenait dans ses prisons. Parmi les premiers étaient Morkar, Siward Beorn, et Wulfnoth, frère du roi Harold, l'un de ces deux otages pour la délivrance desquels Harold fit son fatal voyage. Les Normands étaient Roger, ci-devant comte de Hereford, et Eudes, évêque de Bayeux, frère maternel du roi Guillaume.

Guillaume, surnommé le Roux, et Henri, les deux plus jeunes fils du roi, ne quittaient point le chevet de son lit, attendant avec impatience qu'il dictât ses dernières volontés. Robert l'aîné des trois, était absent depuis sa dernière querelle avec son père. C'était à lui que Guillaume, du consentement des chefs de Normandie, avait légué autrefois son titre de duc ; et, malgré la malédiction qu'il avait prononcée depuis contre Robert, il ne chercha point à le déshériter de ce titre que le vœu des Normands lui avait destiné. « Quant au
» royaume d'Angleterre, dit-il, je ne le lègue en héritage à personne,
» parce que je ne l'ai point reçu en héritage, mais acquis par la force
» et au prix du sang ; je le remets entre les mains de Dieu, me bornant à souhaiter que mon fils Guillaume, qui m'a été soumis en
» toutes choses, l'obtienne, s'il plaît à Dieu, et y prospère. — Et moi,
» mon père, que me donnes-tu donc ? lui dit vivement Henri, le plus
» jeune des fils. — Je te donne, répondit le roi, 5,000 livres d'argent
» de mon trésor. — Mais que ferai-je de cet argent, si je n'ai
» ni terre ni demeure ? — Sois tranquille, mon fils, et aie confiance
» en Dieu ; souffre que tes aînés te précèdent ; ton temps viendra
» après le leur. » Henri se retira aussitôt pour aller recevoir les 5,000 livres ; il les fit peser avec soin, et se procura un coffre-fort bien ferré et muni de bonnes serrures. Guillaume le Roux partit en

même temps pour se rendre en Angleterre, et s'y faire couronner roi.

Le 10 septembre, au lever du soleil, le roi Guillaume fut éveillé par un bruit de cloches, et demanda ce que c'était; on lui répondit que l'office de prime sonnait à l'église de Sainte-Marie. Il leva les mains en disant : « Je me recommande à madame Marie, la sainte » mère de Dieu; » et presque aussitôt il expira. Ses médecins et les autres assistants, qui avaient passé la nuit auprès de lui, le voyant mort, montèrent en hâte à cheval et coururent veiller sur leurs biens. Les gens de service et les vassaux de moindre étage, après la fuite de leurs supérieurs, enlevèrent les armes, la vaisselle, les vêtements, le linge, tout le mobilier, et s'enfuirent de même, laissant le cadavre presque nu sur le plancher. Le corps du roi demeura ainsi abandonné pendant plusieurs heures; car dans toute la ville de Rouen les hommes étaient devenus ivres, non pas de douleur, mais de crainte de l'avenir; ils étaient, dit un vieil historien, aussi troublés que s'ils eussent vu une armée ennemie devant les portes de leur ville. Chacun sortait et courait au hasard, demandant conseil à sa femme, à ses amis, au premier venu; on transportait, on cachait tous ses meubles, ou l'on cherchait à les vendre à perte.

Enfin des gens de religion, clercs et moines, ayant repris leurs sens et recueilli leurs forces, arrangèrent une procession. Revêtus des habits de leur ordre, avec la croix, les cierges et les encensoirs, ils vinrent auprès du cadavre et prièrent pour l'âme du défunt. L'archevêque de Rouen, nommé Guillaume, ordonna que le corps du roi fût transporté à Caen, et enseveli dans la balique de Saint-Étienne, premier martyr, qu'il avait bâtie de son vivant. Mais ses fils, ses frères, tous ses parents s'étaient éloignés, aucun de ses officiers n'était présent; pas un seul ne s'offrit pour avoir soin de ses obsèques, et ce fut un simple gentilhomme de la campagne, nommé Herluin, qui, par bon naturel et pour l'amour de Dieu, disent les historiens du temps, prit sur lui la peine et la dépense. Il fit venir à ses frais des ensevelisseurs et un chariot, transporta le cadavre jusqu'au bord de la Seine, et de là sur une barque, par la rivière et par mer, jusqu'à la ville de Caen. Gilbert, abbé de Saint-Étienne, avec tous ses religieux, vint à la rencontre du corps; beaucoup de clercs et de laïques se joignirent à eux; mais un incendie qui éclata subitement fit bientôt rompre le cortége, et courir au feu clercs et laïques. Les moines de Saint-Étienne restèrent seuls, et conduisirent le roi à l'église de leur couvent.

L'inhumation du grand chef, *du fameux baron*, comme disent les historiens de l'époque, ne s'acheva point sans de nouveaux inci-

dents. Tous les évêques et abbés de la Normandie s'étaient rassemblés pour la cérémonie; ils avaient fait préparer la fosse dans l'église, entre le chœur et l'autel; la messe était achevée; on allait descendre le corps, lorsqu'un homme, sortant du milieu de la foule, dit à haute voix : « Clercs, évêques, ce terrain est à moi; c'était l'empla-
» cement de la maison de mon père; l'homme pour lequel vous priez
» me l'a pris de force pour y bâtir son église. Je n'ai point vendu ma
» terre, je ne l'ai point engagée, je ne l'ai point forfaite, je ne l'ai point
» donnée ; elle est de mon droit, je la réclame. Au nom de Dieu, je
» défends que le corps du ravisseur y soit placé, et qu'on le couvre
» de ma glèbe. » L'homme qui parlait ainsi se nommait Asselin, fils d'Arthur, et tous les assistants confirmèrent la vérité de ce qu'il avait dit. Les évêques le firent approcher, et, d'accord avec lui, payèrent soixante sous pour le lieu seul de la sépulture, s'engageant à le dédommager équitablement pour le reste du terrain. Le corps du roi était sans cercueil, revêtu de ses habits royaux ; lorsqu'on voulut le placer dans la fosse, qui avait été bâtie en maçonnerie, elle se trouva trop étroite; il fallut forcer le cadavre et il creva. On brûla de l'encens et des parfums en abondance, mais ce fut inutilement; le peuple se dispersa avec dégoût, et les prêtres eux-mêmes, précipitant la cérémonie, désertèrent bientôt l'église.

Guillaume le Roux, en chemin pour l'Angleterre, avait appris la mort de son père au port de Wissant, près de Calais. Il se hâta d'arriver à Winchester, lieu de dépôt du trésor royal, et, gagnant par des promesses Guillaume de Pont-de-l'Arche, gardien du trésor, il en reçut les clefs. Il le fit inventorier et peser avec soin, et y trouva 60,000 livres d'argent fin avec beaucoup d'or et de pierres précieuses. Ensuite il fit assembler tous ceux des hauts barons normands qui se trouvaient en Angleterre, leur annonça la mort du Conquérant, fut choisi roi par eux, et sacré par l'archevêque Lanfranc dans la cathédrale de Winchester, pendant que les seigneurs restés en Normandie tenaient conseil sur la succession. Beaucoup d'entre eux souhaitaient que les deux pays n'eussent qu'un seul et même gouvernement ; ils voulaient donner la royauté au duc Robert, qui était revenu d'exil ; mais l'activité de Guillaume les prévint.

Son premier acte d'autorité royale fut d'emprisonner de nouveau les Saxons Wulfnoth, Morkar et Siward Beorn, que son père avait rendus à la liberté ; puis il tira du trésor une grande quantité d'or et d'argent qu'il fit remettre à Othon l'orfèvre, avec ordre d'en fabriquer des ornements pour la tombe de celui qu'il avait abandonné à son lit de mort. Le nom de l'orfèvre Othon mérite d'être placé dans cette histoire, parce que le registre territorial de la conquête le cite comme un des grands propriétaires nouvellement créés. Peut-être avait-il été le banquier de l'invasion, et avait-il avancé une partie des frais sur hypothèque de terres anglaises ; on peut le croire, car les orfèvres, au moyen âge, étaient en même temps banquiers ; peut-être avait-il fait simplement des spéculations commerciales sur les domaines acquis par la lance et l'épée, et donné aux gens d'armes errants, espèce d'hommes commune dans ce siècle, de l'or en échange de leurs terres.

Une sorte de concours littéraire s'ouvrit alors entre les versificateurs latins d'Angleterre et de Normandie pour l'épitaphe qui devait être gravée sur le tombeau du roi défunt, et ce fut Thomas, l'archevêque d'York, qui en remporta l'honneur. Plusieurs pièces de vers et de prose à la louange du Conquérant nous ont été conservées, et, parmi les éloges que lui donnèrent les littérateurs du siècle, il y en a d'assez bizarres : « Nation anglaise, s'écrie » l'un d'entre eux, pourquoi as-tu troublé le repos de ce prince ami » de la vertu ? » — « O Angleterre, dit un autre, tu l'aurais chéri, tu » l'aurais estimé au plus haut degré, sans ta folie et ta malice. » — « Son règne fut pacifique, dit un troisième, et son âme bienfai» sante. » Il ne nous reste rien des épitaphes que lui fit de vive voix le peuple vaincu, à moins qu'on ne regarde comme un exemple des exclamations populaires qu'excita sa mort ces vers d'un poète anglais du treizième siècle : « Les jours du roi Guillaume furent des » jours de souffrance, et beaucoup d'hommes trouvèrent sa vie trop » longue. »

Cependant, les barons anglo-normands qui n'avaient point concouru à l'élection de Guillaume le Roux repassèrent la mer, courroucés contre lui de ce qu'il était devenu roi sans leur aveu ; ils résolurent de le déposer, et de mettre à sa place son frère aîné Robert, duc de Normandie. A la tête de ce parti figuraient Eudes de Bayeux, frère du Conquérant, nouvellement sorti de prison, et beaucoup de riches Normands ou Français de l'Angleterre, comme s'exprime la chronique saxonne. Le roi Roux (car c'est ainsi que les histoires du temps le nomment), voyant que ses compatriotes conspiraient contre lui, appela à son aide les hommes de race anglaise, les engageant à le soutenir par l'espoir d'un peu de soulagement. Il convoqua auprès de lui plusieurs de ceux que le souvenir de leur puissance passée faisait encore regarder par la nation anglosaxonne comme ses chefs naturels ; il leur promit les meilleures lois qu'ils voulussent choisir, les meilleures qui eussent jamais été observées dans le pays, il leur rendit le droit de porter des armes, et la jouissance des forêts ; il arrêta la levée des tailles et de tous les tributs odieux; mais tout cela ne dura guère, disent les annales contemporaines.

Pour ces concessions de quelques jours, et peut-être aussi par un désir secret d'en venir aux mains avec des Normands, les chefs saxons consentirent à défendre la cause du roi, et firent publier en leur nom et au sien l'ancienne proclamation de guerre, celle qui faisait lever autrefois tout Anglais en état de porter les armes : « Que » celui qui n'est pas un homme de rien, soit dans les villes, soit » hors des villes, quitte sa maison et vienne. » Trente mille Saxons se rendirent au lieu assigné, reçurent des armes et s'enrôlèrent sous la bannière du roi. Ils étaient presque tous fantassins; Guillaume les conduisit en grande hâte avec sa cavalerie, composée de Normands, vers la ville maritime de Rochester, où s'étaient fortifiés l'évêque Eudes et les autres chefs des opposants, attendant l'arrivée du duc Robert pour marcher sur Canterbury et sur Londres.

Il paraît que les Saxons de l'armée royale montrèrent une grande ardeur au siége de Rochester. Les assiégés, pressés vivement, demandèrent bientôt à capituler, sous la condition de reconnaître Guillaume pour roi et de garder sous lui leurs terres et leurs honneurs. Guillaume refusa d'abord; mais les Normands de son armée ne portant pas le même zèle que les Saxons dans cette guerre qui était pour eux une guerre civile, et ne se souciant point de réduire aux dernières extrémités leurs concitoyens et leurs parents, trouvèrent le roi trop acharné contre les défenseurs de Rochester. Ils essayèrent de l'apaiser : « Nous qui t'avons assisté dans le danger, » lui disaient-ils, nous te prions d'épargner nos compatriotes, nos » parents, qui sont aussi les tiens, et qui ont aidé ton père à con- » quérir l'Angleterre. » Le roi se laissa fléchir, et accorda enfin aux assiégés la libre sortie de la ville avec leurs armes et leurs chevaux. L'évêque Eudes essaya d'obtenir, en outre, que la musique militaire du roi ne jouât pas en signe de victoire à la sortie de la garnison; mais Guillaume refusa avec colère, et dit tout haut qu'il ne ferait pas cette concession pour mille marcs d'or. Les Normands du parti de Robert quittèrent la ville qu'ils n'avaient pu défendre, les enseignes basses, au son des trompettes du roi. Dans ce moment, de grandes clameurs partirent du milieu des Anglais de l'armée royale. « Qu'on apporte des cordes, criaient-ils, nous voulons pendre ce » traître d'évêque avec tous ses complices. O roi! pourquoi le » laisses-tu ainsi se retirer sain et sauf? Il n'est pas digne de vivre, » le fourbe, le meurtrier de tant de milliers d'hommes. »

C'est au bruit de ces imprécations que sortit d'Angleterre, pour n'y jamais rentrer, le prélat qui avait béni l'armée normande à la bataille de Hastings. La guerre entre les Normands dura quelque temps encore ; mais cette querelle de famille s'apaisa peu à peu, et finit par un traité entre les deux partis et les deux frères. Les domaines que les amis de Robert avaient perdus en Angleterre, pour avoir embrassé sa cause, leur furent restitués, et Robert lui-même fit l'abandon de ses prétentions à la royauté pour des propriétés territoriales. Il fut convenu entre les deux partis que le roi, s'il survivait au duc, aurait le duché de Normandie, et que, dans le cas contraire, le duc aurait le royaume d'Angleterre : douze hommes du côté du roi et douze du côté du duc confirmèrent ce traité par serment. Ainsi se terminèrent et la guerre civile des Normands et l'alliance que cette guerre avait occasionnée entre les Anglais et le roi. Les concessions que ce dernier avait faites furent toutes révoquées, ses promesses démenties, et les Saxons redescendirent à leur rang de sujets et d'opprimés. . . . .

La paix qui régnait entre les conquérants de l'Angleterre fut encore une fois troublée, en l'année 1094, par la révolte de quelques chefs contre le roi. Une des causes de cette discorde était le droit exclusif sur les forêts de l'Angleterre, établi par Guillaume le Bâtard et maintenu rigoureusement par son fils. A la tête des mécontents se trouvait Robert, fils de Roger de Molbray, comte de Northumberland, qui possédait deux cent quatre-vingts manoirs en Angleterre. Robert manqua de se rendre à la cour du roi, dans l'un des jours fixés pour les conférences politiques des barons et chevaliers anglo-normands. Son absence donna des soupçons, et le roi fit publier que tout grand possesseur de terres qui ne se rendrait point à sa cour, aux fêtes prochaines de la Pentecôte, serait mis hors de la paix publique. Robert de Molbray n'y vint pas, de crainte d'être saisi et emprisonné, et alors Guillaume fit marcher l'armée royale vers la province de Northumberland. Il assiégea et prit plusieurs châteaux ; il bloqua celui de Bamborough, où le comte Robert s'était retiré, mais il ne put s'en rendre maître. Après des efforts inutiles, le roi fit construire vis-à-vis de Bamborough un fort de bois qu'il appela dans son langage normand *Malveisin*, ou mauvais voisin, y laissa une garnison, et reprit sa route vers le sud. Les gardiens de la nouvelle forteresse surprirent Robert dans une sortie, le blessèrent et le firent prisonnier. Il fut condamné à une prison perpétuelle, et ses complices furent bannis d'Angleterre.

Les biens de ces bannis, dans les villes et hors des villes, restèrent quelque temps sans maîtrer et sans culture. Il paraît que les favoris du roi les laissèrent en friche, après en avoir enlevé tout ce qui avait quelque valeur, se souciant peu d'une possession que son origine et l'incertitude des événements politiques rendaient trop précaire. De leur côté, les officiers royaux, pour que l'échiquier ne perdît rien de ses revenus, continuèrent de lever, sur la ville ou le canton dont les biens vacants dépendaient, la totalité de l'impôt territorial, et cette surcharge tomba spécialement sur les hommes de race anglaise. Le peuple de Colchester, suivant un ancien récit, rendit de grandes actions de grâces à Eudes, fils d'Hubert, vicomte ou gouverneur de la ville, qui avait pris sous son nom les terres des Normands déshérités, et consenti à satisfaire, pour ces terres, aux demandes du fisc. Si l'on en croit le même récit, le normand Eudes se faisait aimer des habitants de Colchester par son administration équitable et modérée. C'est le seul chef imposé aux Anglais par la puissance étrangère, dont l'histoire porte un semblable témoignage.

Cette exception à la loi de la conquête ne s'étendait guère au delà d'une seule ville; partout ailleurs les choses suivaient leur cours, et les officiers royaux étaient pires que des voleurs : ce sont les paroles mêmes des chroniques; ils pillaient sans miséricorde les greniers des laboureurs et les magasins des marchands. A Oxford commandait Robert d'Ouilly, qui n'épargnait ni pauvres ni riches; dans le nord, Odineau d'Omfreville saisissait les biens des Anglais de son voisinage, afin de les contraindre à venir tailler et voiturer des pierres pour la construction de son château. Près de Londres, le roi levait aussi par force des troupes d'hommes pour construire une nouvelle enceinte à la tour du Conquérant, un pont sur la Tamise, et, à l'ouest de la cité, un palais ou une cour d'audiences pour les assemblées de ses barons. « Les provinces aux
» quelles ces travaux échurent, dit une chronique saxonne, furent
» cruellement tourmentées; chaque année qui s'écoulait était
» pesante et pleine de douleurs, à cause des vexations sans nombre
» et des tributs multipliés. »

Des historiens moins laconiques nous ont transmis quelques détails sur ces *douleurs* et ces *tourments* que souffrait la nation subjuguée. Partout où le roi passait dans ses courses à travers l'Angleterre, ses gens et les soldats de sa suite avaient coutume de ravager le pays. Lorsqu'ils ne pouvaient consommer en totalité les denrées de diverse nature qu'ils trouvaient dans les maisons des Anglais, ils les faisaient porter au marché voisin par le propriétaire lui-même, et l'obligeaient de les vendre à leur profit. D'autres fois ils les brûlaient par passe-temps, ou, si c'était quelque boisson, ils en lavaient les pieds de leurs chevaux. « Les mauvais traitements qu'ils
» se permettaient contre les pères de famille, leurs outrages envers
» les femmes et les filles, ajoute le narrateur contemporain, feraient

» honte à raconter ; aussi, au premier bruit de l'approche du roi,
» chacun s'enfuyait de sa demeure, et se retirait, avec tout ce qu'il
» pouvait sauver, au fond des forêts ou dans les lieux déserts. »

Cinquante Saxons qui, par des hasards heureux, et peut-être par un peu de lâcheté politique, étaient parvenus à conserver quelques débris de leur ancienne fortune, furent accusés, soit faussement, soit avec raison, d'avoir chassé dans les forêts royales, et d'avoir tué, pris et mangé des cerfs : tels étaient les termes de l'accusation criminelle intentée contre eux. Ils nièrent, et les juges normands leur infligèrent l'épreuve du fer rouge, que les anciennes lois anglaises n'ordonnaient que du consentement et à la demande de l'accusé. « Au jour fixé, dit un témoin oculaire, tous subirent cette sen-
» tence sans miséricorde. C'était chose pitoyable à voir ; mais
» Dieu, en préservant leurs mains de toute brûlure, montra claire-
» ment leur innocence et la malice de leurs persécuteurs. » Quand on vint rapporter au roi Guillaume qu'après trois jours les mains des accusés avaient paru intactes : « Qu'est-ce que cela fait ? répon-
» dit-il ; Dieu n'est pas bon juge de ces choses ; c'est moi que de
» telles affaires regardent, et qui dois juger celle-ci. » L'historien garde le silence sur ce nouveau jugement et sur le sort des malheureux Anglais, qu'aucune fraude ne devait plus sauver.

Les Saxons, poursuivis par Guillaume le Roux pour les transgressions aux lois de chasse, encore plus vivement que par son père, n'avaient d'autre vengeance que de l'appeler, par dérision, *gardien de bois et berger de bêtes fauves*, et de répandre des contes sinistres sur ces forêts, où nul homme de race anglaise ne pouvait entrer armé sans péril de mort. On disait que le diable, sous des formes horribles, y apparaissait aux Normands, et leur parlait du sort épouvantable qu'il réservait au roi et à ses conseillers. Cette superstition populaire fut accréditée par le singulier hasard qui rendit fatale à la race du Conquérant la chasse dans les forêts de l'Angleterre, et surtout dans la forêt Neuve. En l'année 1081, Richard, fils aîné de Guillaume le Bâtard, s'y était blessé mortellement, dans le mois de mai de l'année 1100. Richard, fils du duc Robert et neveu du roi Guillaume le Roux, y fut tué d'un coup de flèche tiré par imprudence ; et, chose bizarre, ce roi y périt aussi de la même mort, dans le mois de juillet de la même année.

Le matin de son dernier jour, il fit un grand repas avec ses amis dans le château de Winchester, et se prépara ensuite à la chasse projetée. Pendant qu'il nouait sa chaussure, en badinant avec ses convives, un ouvrier lui présenta six flèches neuves ; il les examina, en loua le travail, en prit quatre pour lui, et donna les deux autres à

Gaultier Tirel, en disant : « Il faut de bonnes armes à qui tire de » bons coups. » Gaultier Tirel était un Français qui avait de riches possessions dans le pays de Poix et dans le Ponthieu; c'était l'ami le plus familier du roi et son compagnon assidu. Au moment du départ, entra un moine du couvent de Saint-Pierre, à Glocester, qui remit à Guillaume des dépêches de son abbé. Cet abbé, normand de naissance, et appelé Serlon, mandait avec inquiétude, qu'un de ses religieux (probablement de race anglaise) avait eu dans son sommeil une vision de mauvais augure; qu'il avait vu Jésus-Christ assis sur un trône, et à ses pieds une femme qui le suppliait en disant : « Sau- » veur du monde, regarde en pitié ton peuple, gémissant sous le » joug de Guillaume! » En entendant ce message, le roi rit aux éclats : « Est-ce qu'ils me prennent pour un Anglais, dit-il, avec » leurs songes? Me croient-ils un de ces fous qui abandonnent leur » chemin ou leurs affaires parce qu'une vieille rêve ou éternue? » Allons, Gaultier de Poix, à cheval! »

Henri, frère du roi, Guillaume de Breteuil, et plusieurs autres seigneurs, l'accompagnèrent à la forêt : les chasseurs se dispersèrent; mais Gaultier Tirel resta auprès de lui, et leurs chiens chassèrent ensemble. Tous deux se tenaient à leur poste, vis-à-vis l'un de l'autre, la flèche sur l'arbalète et le doigt sur la détente, lorsqu'un grand cerf, traqué par les batteurs, s'avança entre le roi et son ami. Guillaume tira; mais, la corde de son arbalète se brisant, la flèche ne partit pas, et le cerf, étonné du bruit, s'arrêta, regardant de tous côtés. Le roi fit signe à son compagnon de tirer; mais celui-ci n'en fit rien, soit qu'il ne vit pas le cerf, soit qu'il ne comprit pas les signes. Alors Guillaume impatienté cria tout haut : « Tire, Gaultier, tire donc, de par le diable! » Et au même instant une flèche, soit celle de Gaultier, soit une autre, vint le frapper dans la poitrine; il tomba sans prononcer un mot, et expira. Gaultier Tirel courut à lui; mais, le trouvant sans haleine, il remonta à cheval, galopa vers la côte, passa en Normandie, et de là sur les terres de France.

Au premier bruit de la mort du roi, tous ceux qui assistaient à la chasse quittèrent en hâte la forêt pour courir à leurs affaires. Son frère Henri se dirigea vers Winchester et vers le trésor royal; et le cadavre de Guillaume le Roux resta par terre, abandonné comme autrefois celui du Conquérant. Des charbonniers, qui le trouvèrent traversé de la flèche, le mirent sur leur voiture, enveloppé de vieux linges à travers lesquels le sang dégoutta sur toute la route. C'est ainsi que les restes du second roi normand s'acheminèrent vers le château de Winchester, où Henri était déjà arrivé et demandait impérieusement les clefs du trésor royal. Pendant que les gardiens hésitaient, Guillaume de Breteil, venant de la forêt Neuve, accourut, hors d'haleine, pour s'opposer à cette demande : « Toi et moi, » dit-il à Henri, nous devons nous souvenir loyalement de la foi

Naufrage de la *Blanch-Nef*.

» que nous avons promise au duc Robert, ton frère : il a reçu notre
» serment d'hommage; absent comme présent, il y a droit. » Une
querelle violente s'engagea; Henri mit l'épée à la main; et bientôt,
avec l'aide de la foule qui s'assemblait, il s'empara du trésor et des
ornements royaux.

Il était vrai, en effet, qu'aux termes du traité de paix conclu entre Guillaume et le duc Robert, et juré par tous les barons anglo-normands, la royauté était dévolue au duc; mais il se trouvait alors loin de l'Angleterre et de la Normandie. Les exhortations du pape Urbain II à tous les chrétiens, pour les engager à reconquérir la terre sainte, avaient agi vivement sur son esprit aventureux. Il était parti des premiers dans cette grande levée en masse, faite, aux cris de Dieu le veut! en l'année 1096; et, trois ans après, il avait atteint le but de son pèlerinage par la prise de Jérusalem. Lorsqu'arriva la mort de son frère Guillaume, Robert était en route pour la Normandie; mais ne se doutant point de ce que le retard devait lui faire perdre, il s'arrêta longtemps à la cour d'un des seigneurs normands établis en Italie. Pris ainsi au dépourvu et manquant de chef, ses partisans ne purent tenir contre ceux de Henri. Ce dernier, maître du trésor, vint à Londres, où les principaux d'entre les Normands se réunirent; et, trois jours après la mort de son frère, il fut élu roi par eux et couronné solennellement. Les prélats le favorisèrent, parce qu'il les aimait beaucoup, eux et la littérature du temps, ce qui lui faisait donner, en langue normande, le surnom de *Clerc* ou de *Beau-Clerc*. On dit même que les Saxons le préféraient à son compétiteur, parce qu'il était né et avait été élevé en Angleterre. Il promit à son couronnement d'observer les bonnes lois du roi Edward; mais il déclara qu'il voulait conserver, comme son père, la jouissance exclusive des forêts.

Le roi Henri, premier du nom, n'avait dans le caractère ni les mêmes défauts, ni les mêmes qualités que son frère aîné Robert. Autant celui-ci était léger, fantasque, et en même temps généreux et loyal, autant l'autre avait d'aptitude aux affaires et de penchant à la dissimulation. Malgré la facilité de son avènement au trône, il jugea prudent de ne point s'endormir sur la foi de ceux qui l'avaient élu. La fidélité des Anglo-Normands lui était suspecte; il résolut de se créer en Angleterre une force indépendante de la leur, et d'exciter à son profit le patriotisme des Saxons. Il tendit la main à ces pauvres vaincus, qu'on flattait au jour du péril, et que le lendemain on écrasait; il convoqua les principaux d'entre eux, et leur tint le discours suivant :

« Mes amis et féaux, natifs de ce pays, où je suis né, vous savez
» que mon frère en veut à mon royaume. C'est un homme orgueil-
» leux, et qui ne peut vivre en repos; il vous méprise manifeste-
» ment, vous traite de lâches et de gloutons, et ne désire que vous
» fouler aux pieds. Mais moi, comme un roi doux et pacifique, je me
» propose de vous maintenir dans vos anciennes libertés, et de vous

» gouverner d'après vos propres conseils, avec modération et
» sagesse. J'en ferai, si vous le demandez, un écrit signé de ma
» main, et je le confirmerai par serment. Tenez donc ferme pour
» moi ; car si la bravoure des Anglais me seconde, je ne crains plus
» les folles menaces des Normands. »

L'écrit promis par le roi aux Anglais, ou, pour parler le langage du siècle, sa charte royale, fut en effet dressé. On en fit autant de copies qu'il y avait de comtés normands en Angleterre, et, pour qu'elle parût plus solennelle, on y appliqua un sceau neuf, fabriqué pour cet usage. Les exemplaires furent déposés dans la principale église de chaque province ; mais ils n'y restèrent pas longtemps : tous furent enlevés quand le roi se rétracta, et, selon l'expression d'un ancien historien, faussa impudemment sa parole. Il n'en resta que trois copies qui par hasard échappèrent : une à Canterbury, une à York, et l'autre à Saint-Alban.

La même politique qui fit faire à Henri Ier cette démarche auprès des Anglais lui en inspira une autre plus décisive : c'était de prendre pour épouse une femme de race anglo-saxonne. Il y avait alors en Angleterre une fille orpheline de Malcolm, roi d'Ecosse, et de Marguerite, sœur du roi Edgar. Elle se nommait Edithe, et elle avait été élevée à l'abbaye de Rumsey, dans la province de Hants, sous la tutelle d'une autre sœur d'Edgar, appelée Christine, qui, après s'être réfugiée en Ecosse avec son frère, avait pris le voile de religieuse en l'année 1086. Comme fille du roi, plusieurs des hauts barons normands avaient recherché en mariage la nièce d'Edgar : elle fut demandée au roi Guillaume le Roux par Alain le Breton, seigneur du château de Richemont, dans la province d'York ; mais Alain mourut avant que le roi lui eût octroyé la jeune fille. Guillaume de Garenne, comte de Surrey, la désira ensuite ; mais le mariage n'eut pas lieu, on ne sait par quel empêchement. Ce fut elle que les plus habiles conseillers du roi Henri lui proposèrent comme épouse, afin de gagner, par ce moyen, l'appui de toute la race anglo-saxonne contre Robert et ses partisans.

De leur côté, beaucoup d'Anglais concevaient l'espoir frivole de voir revenir les anciens temps saxons lorsque la petite-fille des rois saxons porterait la couronne. Ceux qui avaient quelques relations avec la famille d'Edithe se rendirent auprès d'elle, et la prièrent avec instance de ne point se refuser à ce mariage. Elle montra beaucoup de répugnance, on ne sait précisément par quel motif ; mais les solliciteurs ne se rebutèrent point, et l'obsédèrent tellement, dit un ancien auteur, qu'elle céda par lassitude et à contre-cœur. « Noble
» et gracieuse femme, lui disaient-ils, si tu voulais, tu retirerais du

» néant l'antique honneur de l'Angleterre ; tu serais un signe d'al-
» liance, un gage de réconcilliation ; mais si tu t'obstines dans ton
» refus, la haine sera éternelle entre les deux races, et le sang ne
» cessera point de couler. »

Dès que la nièce d'Edgar eut accordé son consentement, on la fit changer de nom, et, au lieu d'Edithe, on l'appela Mathilde, ce qui sonnait mieux à l'oreille des Normands. Cette précaution d'ailleurs n'était pas la seule nécessaire ; car il s'éleva un grand parti contre ce mariage ; il se composait principalement des amis secrets du duc Robert, auxquels se joignirent beaucoup de gens qui, par orgueil national, trouvaient indigne qu'une femme saxonne devînt la reine des conquérants de l'Angleterre. Leur malveillance suscita des obstacles imprévus ; ils prétendirent que Mathilde, élevée depuis son enfance dans un monastère, avait été vouée à Dieu par ses parents : le bruit courut qu'on l'avait vue publiquement porter le voile ; et ce bruit fit suspendre la célébration du mariage, à la grande joie de ceux qui y étaient contraires.

Il y avait alors à la place de Lanfranc, dans l'archevêché de Canterbury, un moine du Bec, nommé Anselme, homme de science et de vertu, dont les écrivains du temps rendent cet honorable témoignage que les Anglais indigènes l'aimaient comme s'il eût été l'un d'entre eux. Anselme était venu par hasard en Angleterre, sous le règne du premier Guillaume, dans le temps où Lanfranc, voulant détruire la réputation des saints de race anglaise, attaquait avec acharnement la sainteté de l'archevêque Elfeg, assassiné jadis par les Danois. Tout préoccupé de son projet, le primat entretint le moine normand de l'histoire du saxon Elfeg, et de ce qu'il appelait son prétendu martyre. « Pour moi, lui répondit Anselme, je crois
» cet homme martyr et vraiment martyr ; car il aima mieux mourir
» que de faire tort à son pays. Il est mort pour la justice, comme
» Jean pour la vérité, et tous deux pareillement pour le Christ, qui
» est la vérité et la justice. »

Devenu à son tour primat, sous Guillaume le Roux, Anselme persista dans l'esprit d'équité qui lui avait inspiré cette réponse, et dans sa bienveillance pour les Anglais. Il fut l'un des plus zélés partisans du mariage que souhaitaient ceux-ci ; mais quand il vint à apprendre les bruits qui se répandaient sur le compte de la nièce d'Edgar, il déclara que rien ne saurait le déterminer à enlever à Dieu celle qui était son épouse, pour l'unir à un époux charnel. Désirant pourtant s'assurer de la vérité, il interrogea Mathilde, et elle nia qu'elle eût jamais été vouée à Dieu, elle nia même qu'elle eût jamais porté le voile de son plein gré, et offrit d'en donner la

preuve devant tous les prélats d'Angleterre : « Je dois confesser,
» dit-elle, que quelquefois j'ai paru voilée ; mais en voici la raison :
» dans ma première jeunesse, quand j'étais sous la tutelle de Chris-
» tine, ma tante, pour me garantir, à ce qu'elle disait, contre le
» libertinage des Normands, qui en voulaient à l'honneur de toutes
» les femmes, elle avait coutume de placer sur ma tête un morceau
» d'étoffe noire, et quand je refusais de m'en couvrir, elle me trai-
» tait fort durement. En sa présence, je portais ce morceau d'étoffe ;
» mais dès qu'elle s'était éloignée, je le jetais à terre, et marchais
» dessus avec une colère d'enfant. »

Anselme ne voulut point prononcer seul sur cette grande difficulté, et convoqua une assemblée d'évêques, d'abbés, de religieux
et de seigneurs laïques, dans la ville de Rochester. Des témoins
cités devant ce concile confirmèrent la vérité des paroles de la
jeune fille. Deux archidiacres normands, Guillaume et Humbault,
furent envoyés au monastère où Mathilde avait été élevée, et dépo-
sèrent que la voix publique, ainsi que le témoignage des sœurs,
était d'accord avec sa déclaration. Au moment où l'assemblée
allait délibérer, l'archevêque Anselme se retira pour n'être point
suspect d'exercer la moindre influence ; et, quand il revint, celui
qui portait la parole au nom de tous énonça en ces termes la décision commune : « Nous pensons que la jeune fille est libre, et peut
» disposer de son corps, nous autorisant du jugement rendu dans
» une semblable cause par le vénérable Lanfranc, au temps où les
» femmes saxonnes, réfugiées dans les monastères par crainte des
» soldats du grand Guillaume, réclamèrent leur liberté. »

L'archevêque Anselme répondit qu'il adhérait pleinement à cette
décision, et peu de jours après il célébra le mariage du roi normand et de la nièce du dernier roi de race anglaise ; mais, avant de
prononcer la bénédiction nuptiale, voulant dissiper tous les soupçons et désarmer la malveillance, il monta sur une estrade devant la
porte de l'église, et exposa au peuple assemblé tout le débat et la
décision des évêques. Ces faits sont racontés par un témoin oculaire, par Edmer, saxon de naissance et moine de Canterbury.

Toutes ces précautions ne purent vaincre ce que l'historien
Edmer appelle la malice de cœur de certains hommes, c'est-à-dire
la répugnance de beaucoup de Normands contre la mésalliance de
leur roi Ils s'égayèrent sur le compte des nouveaux époux, les appelant Godrik et Godive, et employant ces noms de la langue
saxonne comme des sobriquets de dérision. « Henri le savait et
» l'entendait, dit un ancien chroniqueur, mais il affectait d'en rire
» aux éclats, cachant adroitement son dépit. » Lorsque le duc Ro-

bert eut débarqué en Normandie, l'irritation des mécontents prit un caractère plus grave; beaucoup de seigneurs anglo-normands passèrent la mer pour aller soutenir les droits du frère dépossédé, ou lui envoyèrent des messages. Ils l'invitaient à presser son débarquement en Angleterre, et l'assuraient de leur fidélité, selon le pacte conclu autrefois avec Guillaume le Roux. En effet, à l'arrivée de Robert, son armée se grossit rapidement d'un grand nombre de barons et de chevaliers; mais les évêques, les simples hommes d'armes et les Anglais de naissance demeurèrent dans le parti du roi. Les derniers surtout, suivant leur vieil instinct de haine nationale, désiraient ardemment que les deux factions en vinssent aux mains. Il n'y eut point de combat au débarquement, parce que Robert aborda sur la côte de Hants, pendant que son frère l'attendait sur celle de Sussex. Il fallait quelques jours aux deux armées pour arriver à la rencontre l'une de l'autre; les moins fougueux parmi les Normands des deux partis, profitant de l'intervalle, s'entremirent et apaisèrent cette querelle de parents et de compatriotes. Il fut décidé que Robert renoncerait encore une fois à ses prétentions sur le royaume d'Angleterre, pour une pension annuelle de deux mille livres d'argent, et que les confiscations faites par le roi sur les amis du duc, et par le duc sur les amis du roi, seraient gratuitement restituées.

Ce traité priva les Anglais de l'occasion de satisfaire impunément leur aversion nationale contre leurs vainqueurs, et de tuer des Normands à l'abri d'une bannière normande. Mais, peu de temps après, cette occasion s'offrit de nouveau et fut avidement saisie. Robert de Belesme, l'un des comtes les plus puissants en Normandie et en Angleterre, fut cité à l'assemblée générale tenue dans le palais du roi, pour répondre sur quarante-cinq chefs d'accusation. Robert comparut, et demanda, suivant l'usage, la faculté d'aller librement prendre conseil, avec ses amis sur ses moyens de défense; mais, une fois hors de l'assemblée, il monta vite à cheval et gagna l'un de ses châteaux forts. Le roi et les seigneurs, qui attendirent vainement sa réponse, le déclarèrent ennemi public, à moins qu'il ne revînt se présenter à la prochaine cour. Mais Robert de Belesme, se préparant à la guerre, garnit de munitions et d'armes ses châteaux d'Arundel et de Tickehill, ainsi que la citadelle de Shrewsbury qu'il avait en garde. Il fortifia de même Bridgenorth, sur la frontière du pays de Galles; et c'est vers ce dernier point que l'armée royale se mit en marche pour l'atteindre.

Il y avait trois semaines que le roi Henri assiégeait Bridgenorth, quand les comtes et les barons normands entreprirent de faire cesser la guerre, et de réconcilier Robert de Belesme avec ce roi. « Car ils pensaient, dit un vieil historien, que la victoire du roi sur » le comte Robert lui donnerait le moyen de les contraindre tous à » plier sous sa volonté. » Ils vinrent en grand nombre trouver Henri, et lui demandèrent une conférence, ou, comme on s'exprimait alors en langue française, un *parlement* pour traiter de la paix. L'assemblée se tint dans une plaine auprès du camp royal. Il y avait sur le coteau voisin un corps de trois mille Anglais, qui, sachant ce dont il était question dans la conférence des chefs normands, s'agitaient beaucoup, et criaient : « O roi Henri, ne les crois » pas, ils veulent te tendre un piège; nous sommes là, nous t'assis» terons et livrerons l'assaut pour toi; ne fais point de paix avec le » traître, que tu ne le tiennes vif ou mort. » Pour cette fois, les Normands ne réussirent point dans leur tentative de conciliation; le siége de Bridgenorth fut poussé vivement, et la forteresse prise; celle de Shrewsbury le fut ensuite, et Robert de Belesme, réduit à capituler, fut déshérité et banni.

La vanité des Anglais de race enrôlés sous la bannière royale pouvait être flattée de leurs succès militaires contre les Normands insurgés, mais la nation entière n'en retirait aucun soulagement; et, si elle se vengeait de quelques-uns de ses ennemis, c'était au profit d'un autre ennemi. Quoique le roi eût épousé une femme saxonne, et malgré le sobriquet saxon que lui donnaient les chefs normands, il était normand dans le cœur. Son ministre favori, le comte de Meulan, se faisait remarquer, entre tous les autres dignitaires étrangers, par sa haine contre les indigènes. Il est vrai que la voix populaire surnommait Mathilde la *bonne reine;* elle conseillait, disait-on, au roi d'aimer le peuple; mais les faits ne révèlent aucune trace de ces conseils ni de son influence. Voici comment la chronique saxonne du monastère de Peterborough prélude au récit des événements qui suivirent le mariage si désiré de Henri et de la nièce d'Edgar : « Ce n'est pas chose facile que de raconter toutes les » misères dont le pays fut affligé, cette année, par les tributs in» justes et sans cesse renouvelés. Partout où voyagea le roi, les » gens de sa suite vexèrent le pauvre peuple, et commirent en plu» sieurs lieux des meurtres et des incendies... » Chaque année qui succède à l'autre dans la série chronologique est marquée par la répétition des mêmes plaintes, énoncées à peu près dans les mêmes termes, et cette monotonie donne une couleur plus sombre au récit... « L'année 1105 fut grandement malheureuse, à cause de la » perte des récoltes, et des tributs dont la levée ne cessa point. . » L'année 1110 fut pleine de misères, à cause de la mauvaise sai-

» son, et des impôts que le roi exigea pour la dot de sa fille... »
Cette fille, nommée Mathilde, comme sa mère, et qui avait alors cinq ans, fut mariée à Henri, cinquième du nom, empereur d'Allemagne. « Tout cela, dit la chronique saxonne, coûta cher à la nation » anglaise. »

Ce qui lui coûta cher encore, ce fut une invasion que le roi Henri entreprit contre son frère, le duc de Normandie. Personnellement, Henri n'avait aucun motif pour rompre le premier la paix qui existait entre Robert et lui, depuis que ce dernier avait renoncé à toute prétention sur le royaume d'Angleterre. Il y avait peu de temps que le duc était venu visiter son frère comme un ami de cœur; et même, en retour de l'hospitalité qu'il reçut alors, il avait fait don à sa belle-sœur Mathilde des deux mille livres de pension que le roi devait lui payer, aux termes de leur traité de paix. Cet acte de courtoisie n'était pas le seul bon office que Henri eût éprouvé de la part de son frère aîné, l'homme le plus généreux et le moins politique de cette famille. Anciennement, lorsque Henri était encore sans terres et mécontent de sa condition, il avait essayé de s'emparer du mont Saint-Michel en Normandie; Robert et Guillaume le Roux l'y assiégèrent, et, le serrant de près, le réduisirent à manquer d'eau. L'assiégé fit prier ses frères de ne pas lui dénier la libre jouissance de ce qui appartient à tous les hommes, et Robert, sensible à cette plainte, ordonna à ses soldats de laisser ceux de Henri se pourvoir d'eau. Mais alors Guillaume le Roux s'emporta contre Robert : « Vous faites preuve d'habileté en fait de guerre, lui dit-il, » vous qui fournissez à boire à l'ennemi; il ne manque plus que de » lui donner aussi des vivres. — Quoi ! répliqua vivement le duc, » devais-je laisser un frère périr de soif? et quel autre frère » aurions-nous, si nous le perdions? »

Le souvenir de ce service et de cette affection fraternelle s'évanouit du cœur de Henri aussitôt qu'il fut roi. Il chercha de toute façon à nuire à Robert, et à profiter, même contre lui, de son caractère insouciant et facile jusqu'à l'imprudence. Cette disposition d'esprit rendait le duc de Normandie malhabile à gouverner ses affaires. Beaucoup d'abus et de désordres s'introduisaient dans son duché; il y avait une foule de mécontents, et la légèreté naturelle à Robert l'empêchait de les apercevoir, ou sa douceur de les punir. Le roi Henri se prévalut avec art de ces circonstances pour s'entremettre dans les querelles des Normands avec leur duc, d'abord sous le personnage de conciliateur; puis, quand les discordes recommencèrent, il leva le masque et se déclara protecteur de la Normandie contre le mauvais gouvernement de son frère. Il somma

Robert de lui céder la province en échange d'une somme d'argent. « Tu as le titre de seigneur, lui mandait-il dans son message, mais » tu ne l'es plus réellement; car ceux qui doivent t'obéir se mo- » quent de toi. » Le duc, indigné de cette proposition, refusa d'y accéder; et alors Henri Ier se mit à poursuivre à main armée la ruine de son frère.

Près de partir pour la Normandie, il ordonna en Angleterre une grande levée d'argent, pour les frais de cette expédition; et ses collecteurs de taxes usèrent de la plus cruelle violence envers les bourgeois et les paysans saxons. Ils chassaient de leurs pauvres masures ceux qui n'avaient rien à donner; ils en enlevaient les portes et les fenêtres, et prenaient jusqu'aux derniers meubles. Contre ceux qui paraissaient posséder quelque chose on intentait des accusations imaginaires; ils n'osaient se présenter en justice, et l'on confisquait leurs biens. « Beaucoup de personnes, dit un » contemporain, ne trouveraient rien de nouveau dans ces griefs, » sachant qu'ils existèrent durant tout le règne de Guillaume, » frère du roi actuel, pour ne pas parler de ce qui se passa du temps » de leur père. Mais, de nos jours, il y avait un motif pour que ces » vexations, déjà anciennes, fussent encore plus dures et plus in- » supportables : c'est qu'elles s'adressaient à un peuple dépouillé » de tout, entièrement ruiné, et contre lequel on s'irritait de ce » qu'il n'avait plus rien à perdre. » Un autre écrivain de l'époque raconte que des troupes de laboureurs venaient au palais du roi ou sur son passage, et jetaient devant lui leurs socs de charrue, en signe de détresse, et comme pour déclarer qu'ils renonçaient à cultiver leur terre natale.

Le roi partit pour la Normandie, vainquit le duc Robert, et le fit prisonnier, avec ses amis les plus fidèles, dans une bataille livrée près du château de Tinchebray, à trois lieues de Mortain. Un incident remarquable de cette victoire, c'est que le roi saxon Edgar se trouva parmi les prisonniers. Après avoir renoncé à ses anciennes espérances pour son pays et pour lui-même, il était allé s'établir en Normandie, auprès du duc Robert, avec lequel il se lia d'affection, et qu'il accompagna même à la terre sainte. Il fut ramené en Angleterre, et le roi, qui avait épousé sa nièce, lui accorda une pension modique, de laquelle il vécut, jusqu'à ses derniers jours, au fond d'une campagne, dans l'isolement et l'obscurité. Le duc Robert éprouva, de la part de son frère, un traitement plus rigoureux : il fut envoyé sous bonne garde au château de Cardiff, bâti sur la côte méridionale du pays de Galles, vis-à-vis de celle de Glocester, dans un lieu récemment conquis sur les Gallois. Robert, séparé de l'Angleterre par le cours de la Saverne, jouit d'abord d'une sorte de liberté ; il pouvait se promener dans la campagne et les forêts voisines ; mais un jour il tenta de s'évader, et saisit un cheval ; on le poursuivit, on le ramena en prison, et depuis lors il n'en sortit plus. Quelques historiens, mais du siècle suivant, assurent qu'il eut les yeux crevés par l'ordre de son frère.

Au moment de sa défaite, Robert avait un fils encore en bas âge nommé Guillaume, dont le roi Henri tâcha de s'emparer, mais qui fut sauvé et conduit en France par le zèle d'un ami de son père. Louis, roi des Français, adopta le jeune Guillaume et le fit élever dans son hôtel ; il lui donna chevaux et harnais, suivant la coutume du siècle, et feignant de s'intéresser à ses malheurs, se servit de lui pour causer de l'inquiétude au duc-roi son voisin, dont la puissance lui faisait ombrage. Au nom du fils de Robert, le roi de France forma une ligue dans laquelle entrèrent les Flamands et les Angevins. Le roi Henri fut attaqué sur tous les points de sa frontière de Normandie ; il perdit des villes et des châteaux, et, en même temps, les amis du duc Robert conspirèrent contre sa vie. Durant plusieurs années, il ne dormit jamais sans avoir au chevet de son lit une épée et un bouclier. Mais, quelque formidable que fût la confédération de ses ennemis extérieurs et intérieurs, elle ne prévalut point contre la puissance qu'il tirait de la Normandie unie à l'Angleterre.

Le jeune fils de Robert continua de vivre aux gages du roi de France, comme son vassal, et à suivre ce roi dans ses guerres. Ils allèrent ensemble en Flandre, après une sédition où avait péri le duc des Flamands, Karle ou Charles, fils du Knut, roi des Danois, tué aussi dans une sédition. Le roi de France entra en Flandre avec l'aveu des gens les plus considérables du pays, pour punir les meurtriers du dernier duc ; mais, aussi cet aveu, en vertu de son droit de suzeraineté féodale (droit fort sujet à litige), il mit à la place du duc mort le jeune Guillaume, qu'il avait à cœur de rendre puissant pour l'opposer au roi Henri. Il y eut peu de résistance contre ce duc impopulaire, tant que le roi de France et ses soldats demeurèrent en Flandre ; mais, après leur départ, une révolte universelle éclata contre le nouveau seigneur imposé par les étrangers. La guerre commença avec des chances diverses entre les barons de Flandre et le fils de Robert. Les insurgés mirent à leur tête le comte d'Alsace Thiedrik, de la même race qu'eux, et parent de leurs anciens ducs. Ce candidat populaire attaqua l'élu du roi de France, qui, blessé au siège d'une ville, mourut peu de temps après. Thiedrik d'Alsace lui succéda, et le roi Louis se vit obligé, malgré ses prétentions hautaines, de reconnaître comme légitime duc des Flamands celui qu'ils avaient eux-mêmes choisi.. . . . .

Le fils du roi Henri et de Mathilde ne tenait rien de sa mère dans ses dispositions envers les Anglais. On l'entendait dire publiquement que si jamais il venait à régner sur ces misérables Saxons, il leur ferait tirer la charrue comme à des bœufs. A l'âge où ce fils, nommé Guillaume, reçut en cérémonie ses premières armes, tous les barons normands l'agréèrent pour successeur du roi, et lui jurèrent d'avance fidélité. Quelque temps parès, il fut marié à la fille de Foulques, comte d'Anjou. Cette union détacha les Angevins de la confédération formée par le roi de France, qui lui-même renonça bientôt à la guerre, à condition que Guillaume, fils de Henri, se reconnaîtrait son vassal pour la Normandie, et lui en ferait hommage. La paix se trouvant ainsi complétement rétablie, dans l'année 1120, au commencement de l'hiver, le roi Henri, son fils légitime Guillaume, plusieurs de ses enfants naturels et les seigneurs normands d'Angleterre se disposèrent à repasser le détroit.

La flotte fut rassemblée au mois de décembre dans le port de Barfleur. Au moment du départ, un certain Thomas, fils d'Etienne, vint trouver le roi, et lui offrant un marc d'or, lui parla ainsi : « Etienne, » fils d'Erard, mon père, a servi toute sa vie le tien sur mer, et c'est » lui qui conduisait le vaisseau sur lequel ton père monta pour aller » à la conquête; seigneur roi, je te supplie de me bailler en fief le » même office : j'ai un navire appelé *la Blanche Nef*, et disposé » comme il convient. » Le roi répondit qu'il avait choisi le navire sur lequel il voulait passer, mais que, pour faire droite à la requête du fils d'Etienne, il confierait à sa conduite ses deux fils, sa fille et tout leur cortége. Le vaisseau qui devait porter le roi mit le premier à la voile par un vent du sud, au moment où le jour baissait, et le lendemain matin il aborda heureusement en Angleterre; un peu plus tard, sur le soir, partit l'autre navire; les matelots qui le conduisaient avaient demandé du vin au départ, et les jeunes passagers leur en avaient fait distribuer avec profusion. Le vaisseau était manœuvré par cinquante rameurs habiles : Thomas, fils d'Etienne, tenait le gouvernail, et ils naviguaient rapidement, par un beau clair de l'une, longeant la côte voisine de Barfleur. Les matelots, animés par le vin, faisaient force de rames pour atteindre le vaisseau du roi. Trop occupés de ce désir, ils s'engagèrent imprudemment parmi des rochers à fleur d'eau dans un lieu alors appelé le *Ras de Catte*, aujourd'hui Ras de Catteville. *La Blanche Nef* donna contre un écueil, de toute la vitesse de sa course, et s'entr'ouvrit par le flanc gauche : l'équipage poussa un cri de détresse qui fut entendu sur les vaisseaux du roi déjà en pleine mer ; mais personne n'en soupçonna la cause. L'eau entrait en abondance, le navire fut bientôt englouti avec tous les passagers, au nombre de trois cents personnes, parmi lesquelles il y avait dix-huit femmes. Deux hommes seulement se retinrent à la grande vergue, qui resta flottante sur l'eau : c'était un boucher de Rouen, nommé Bérauld, et un jeune homme de naissance plus relevée, appelé Godefroi, fils de Gilbert de l'Aigle.

Thomas, le patron de *la Blanche Nef*, après avoir plongé une fois, revint à la surface de l'eau ; apercevant les têtes des deux hommes qui tenaient la vergue : « Et le fils du roi, leur dit-il, qu'est-il » arrivé de lui ? — Il n'a point reparu, ni lui, ni son frère, ni sa sœur, » ni personne de leur compagnie. — Malheur à moi ! » s'écria le fils d'Etienne ; et il replongea volontairement. Cette nuit de décembre fut extrêmement froide, et le plus délicat des deux hommes qui survivaient, perdant ses forces, lâcha le bois qui le soutenait, et descendit au fond de la mer en recommandant à Dieu son compagnon. Bérauld, le plus pauvre de tous les naufragés, dans son justaucorps de peau de mouton, se soutint à la surface de l'eau : il fut le seul qui vit revenir le jour ; des pêcheurs le recueillirent dans leur barque ; il survécut, et c'est de lui qu'on apprit les détails de l'événement.

La plupart des chroniqueurs anglais, en rapportant cette catastrophe douloureuse pour leurs maîtres, paraissent compatir extrêmement peu aux malheurs des familles normandes. Ils nomment ce malheur une vengeance divine, un jugement de Dieu, et se plaisent à trouver quelque chose de surnaturel dans ce naufrage arrivé par un temps serein sur une mer tranquille. Ils rappellent le mot du jeune Guillaume et ses desseins sur la nation saxonne : « L'orgueil- » leux, s'écrie un contemporain, il pensait à son règne futur ; mais » Dieu a dit : Il n'en sera pas ainsi, impie, il n'en sera pas ainsi ; et » il est arrivé que son front, au lieu d'être ceint de la couronne d'or, » s'est brisé contre les rochers. » Enfin ils accusent ce jeune homme et ceux qui périrent avec lui, de vices infâmes et, à ce qu'ils prétendent, inconnus en Angleterre avant l'arrivée des Normands. Leurs invectives et leurs accusations passent souvent toute mesure ; et souvent aussi ils se montrent flatteurs et obséquieux à l'excès, comme des gens qui haïssent et qui tremblent. « Tu as vu, écrit l'un » d'eux dans une lettre qui devait rester secrète, tu as vu Robert de » Belesme, cet homme qui faisait du meurtre sa plus douce récréa- » tion ; tu as vu Henri, comte de Warwick, et son fils Roger, l'âme » ignoble ; tu as vu le roi Henri, meurtrier de tant d'hommes, viola- » teur de ses serments, geôlier de son frère. »

Selon les vieux historiens, on ne vit plus sourire le roi Henri depuis le naufrage de ses enfants. Mathilde, sa femme, était morte, et reposait à Winchester, sous une tombe dont l'épitaphe contenait quelques mots anglais, ce qui de longtemps ne devait reparaître sur la sépulture des riches et des grands d'Angleterre. Henri prit une seconde épouse, hors de la race anglo-saxonne, maintenant retombée dans le mépris parce que le fils du Conquérant n'avait plus besoin d'elle. Ce nouveau mariage du roi fut stérile, et toute sa tendresse se réunit dès lors sur un fils naturel nommé Robert, le seul qui lui restât. Vers le temps où ce fils parvint à l'âge nubile, il arriva qu'un certain Robert, fils d'Aymon, riche normand, possesseur de grands domaines dans la province de Glocester, mourut, laissant pour héritière de ses biens une fille unique appelée Aimable, et familièrement *Mable* ou *Mabile*. Le roi Henri négocia avec les parents de cette jeune fille un mariage entre elle et Robert, son bâtard : les parents consentirent; mais Aimable refusa. Elle refusa longtemps, sans expliquer les motifs de sa répugnance, jusqu'à ce qu'enfin, poussée à bout, elle déclara qu'elle ne serait jamais la femme d'un homme qui ne portait pas deux noms.

Les deux noms, ou le double nom, composé d'un nom propre et d'un surnom, soit purement généalogique, soit indiquant la possession d'une terre ou l'exercice d'un emploi, était un des signes par lesquels la race normande en Angleterre se distinguait de l'autre race. En ne portant que son nom propre, dans les siècles qui suivirent la conquête, on risquait de passer pour Saxon; et la vanité prévoyante de l'héritière de Robert, fils d'Aymon, s'alarma d'avance de l'idée que son époux futur pourrait être confondu avec la masse des indigènes. Elle avoua nettement ce scrupule dans une conversation qu'elle eut avec le roi, et que rapporte de la manière suivante une chronique en vers.

« Sire, dit la jeune Normande, je sais que vos yeux se sont arrê» tés sur moi, beaucoup moins pour moi-même que pour mon héri» tage; mais ayant un si bel héritage, ne serait-ce pas grande honte » que de prendre un mari qui n'eût pas double nom? De son vivant, » mon père s'appelait sir Robert, fils d'Aymon; je ne veux être » qu'à un homme dont le nom montre aussi d'où il vient. — Bien » parlé, demoiselle, répondit le roi Henri; sir Robert, fils d'Aymon, » était le nom de ton père; sir Robert, *fils de roi*, sera le nom de » ton mari. — Voilà, j'en conviens, un beau nom pour lui faire » honneur toute sa vie; mais comment appellera-t-on ses fils et les » fils de ses fils? » Le roi comprit cette demande, et reprenant aussitôt la parole : « Demoiselle, dit-il, ton mari aura un nom sans

» reproche, pour lui-même et pour ses héritiers ; il se nommera
» Robert de Glocester, car je veux qu'il soit comte de Glocester,
» lui et tous ceux qui viendront de lui. »

A côté de cette historiette sur la vie et les mœurs des conquérants de l'Angleterre, peuvent se placer quelques traits moins gais de la destinée des indigènes. En l'année 1124, Raoul Basset, grand justicier, et plusieurs autres barons anglo-normands tinrent une grande assemblée dans la province de Leicester ; ils y firent comparaître un grand nombre de Saxons, accusés d'avoir fait le brigandage, c'est-à-dire la guerre de parti, qui avait succédé à la défense régulière contre le pouvoir étranger. Quarante-quatre qu'on accusait de vol à main armée furent condamnés à la peine de mort, et six autres à la perte des yeux par le juge Basset et ses assesseurs. « Des personnes dignes de foi, dit la chronique contemporaine,
» attestent que la plupart moururent injustement ; mais Dieu qui
» voit tout, sait que son malheureux peuple est opprimé contre
» toute justice ; d'abord on le dépouille de ses biens, et ensuite on
» lui ôte la vie. Cette année fut dure à passer ; quiconque possédait
» quelque peu de chose en fut privé par les taillages et par les arrêts
» des puissants ; quiconque n'avait rien périt de faim. » . . . .

Des deux seuls enfants légitimes du roi Henri, il lui restait encore Mathilde, épouse de Henri V, empereur d'Allemagne. Elle devint veuve en l'année 1126, et retourna auprès de son père ; malgré son veuvage, les Normands continuaient de la surnommer par honneur l'*emperesse*, c'est-à-dire l'impératrice. Aux fêtes de Noël, Henri tint sa cour, en grande pompe, dans les salles du château de Windsor, et tous les seigneurs normands des deux pays, rassemblés à son invitation, promirent fidélité à Mathilde, tant pour le duché de Normandie que pour le royaume d'Angleterre, jurant de lui obéir comme à son père, après la mort de son père. Le premier qui prêta ce serment fut Etienne, fils du comte de Blois et d'Adèle, fille de Guillaume le Conquérant, l'un des amis les plus intimes et presque le favori du roi. Dans la même année Foulques, comte d'Anjou, suivant le nouvel enthousiasme du siècle, se fit ce qu'on appelait soldat du Christ, marqua d'une croix sa cotte d'armes, et partit pour Jérusalem. Dans l'incertitude de son retour, il remit le comté à son fils Geoffroy, surnommé *Plante-Genest*, à cause de l'habitude qu'il avait de mettre, en guise de plume, une branche de genêt fleuri à son chaperon.

Le roi Henri se prit de grande amitié pour son jeune voisin, le comte Geoffroy d'Anjou, à cause de sa bonne mine, de l'élégance de ses manières et de sa réputation de courage ; il voulut même

devenir son parrain en chevalerie, et faire à ses frais, à Rouen, la cérémonie de la réception de Geoffroy dans cette haute classe militaire. Après le bain, où, suivant l'usage, on plongea le nouveau chevalier, Henri lui donna, comme à son fils d'armes, un cheval d'Espagne, une cotte et des chausses de mailles à l'épreuve de la lance et du trait, des éperons d'or, un écu orné de figures de lion en or, un heaume enrichi de pierreries, une lance de frêne avec un fer de Poitiers, et une épée dont la lame était d'une trempe si parfaite qu'elle passait pour un ouvrage de Waland, l'artiste fabuleux des vieilles traditions du Nord. L'amitié du roi d'Angleterre ne se borna pas à ces témoignages, et il résolut de marier en secondes noces au comte d'Anjou sa fille Mathilde, l'*emperesse*. Cette union fut conclue, mais sans l'aveu préalable des seigneurs de Normandie et d'Angleterre, circonstance qui eut des suites fâcheuses pour la fortune des deux époux. Leurs noces se firent aux octaves de la Pentecôte, dans l'année 1127, et les fêtes se prolongèrent durant trois semaines. Le premier jour, des hérauts en grand costume parcoururent les places et les rues de Rouen, criant, à chaque carrefour, cette bizarre proclamation : « De par le roi Henri, que nul
» homme ici présent, habitant ou étranger, riche ou pauvre, noble
» ou vilain, ne soit si hardi que de se dérober aux réjouissances
» royales; car quiconque ne prendra point sa part des divertisse-
» ments et des jeux sera coupable d'offense envers son seigneur
» le roi. »

Du mariage de Mathilde, fille de Henri I*er*, avec Geoffroy Plante-Genest, naquit, en l'année 1133, un fils qui fut appelé Henri, comme son aïeul, et que les Normands surnommèrent *Filz emperesse*, c'est-à-dire fils de l'impératrice, pour le distinguer de l'aïeul, qu'ils surnommaient *Filz-Guillaume-Conquéreur*. A la naissance de son petit-fils, le roi normand convoqua encore une fois ses barons d'Angleterre et de Normandie, et les requit de reconnaître, pour ses successeurs, les enfants de sa fille, après lui et après elle; ils y consentirent en apparence et le jurèrent. Le roi mourut deux ans après, en Normandie, croyant laisser sans contestation la couronne à sa fille et à son petit-fils; mais il en arriva tout autrement. Au premier bruit de sa mort, Etienne de Blois, son neveu, fit voile en grande hâte pour l'Angleterre, où il fut élu roi par les prélats, les comtes et les barons qui avaient juré de donner la royauté à Mathilde. L'évêque de Salisbury déclara que ce serment était nul, parce que le roi avait marié sa fille sans le consentement des seigneurs; d'autres dirent qu'il serait honteux pour tant de nobles chevaliers d'être sous les ordres d'une femme. L'élection d'Etienne fut solennisée par la bénédiction du primat de Canterbury, et, ce qui était important dans ce siècle, approuvée par une lettre du pape Innocent II.

« Nous avons appris, disait le pontife au nouveau roi, que tu as
» été élu par le vœu commun et le consentement unanime, tant des
» seigneurs que du peuple, et que tu as été sacré par les prélats du
» royaume, Considérant que les suffrages d'un si grand nombre
» d'hommes n'ont pu se réunir sur ta personne sans une coopéra-
» tion spéciale de la grâce divine, et que, d'ailleurs, tu es parent du
» dernier roi au plus proche degré, nous tenons pour agréable tout
» ce qui a été fait à ton égard, et t'adoptons spécialement, d'affec-
» tion paternelle, pour fils du bienheureux apôtre Pierre et de la
» sainte Eglise romaine. »

Etienne de Blois était très populaire auprès des Anglo-Normands, à cause de sa bravoure éprouvée et de son humeur affable et libérale. Il promit, en recevant la couronne, de rendre à chacun de ses barons la jouissance libre des forêts que s'était appropriées le roi Henri, à l'exemple des deux Guillaume. Les premiers temps du nouveau règne furent paisibles et heureux, du moins pour la race normande. Le roi était prodigue et magnifique, il donna beaucoup à ceux qui l'entouraient ; il puisa largement dans le trésor que le Conquérant avait amassé, et que ses deux successeurs avaient encore accru. Il aliéna ou distribua en fiefs les terres que Guillaume avait réservées pour sa part de conquête, et qu'on appelait le domaine royal ; il créa des comtes et des gouverneurs indépendants dans des lieux administrés jusque-là, pour le profit du roi seul, par les préposés royaux. Geoffroy d'Anjou, mari de Mathilde, s'engagea à rester en paix avec lui, moyennant une pension de cinq mille marcs ; et Robert de Glocester, fils naturel du dernier roi, qui d'abord avait manifesté l'intention de faire valoir les droits de sa sœur, prêta entre les mains d'Etienne le serment de foi et d'hommage.

Mais ce calme ne dura guère, et, vers l'année 1137, plusieurs jeunes barons et chevaliers, qui avaient inutilement demandé au nouveau roi une part de ses domaines et de ses châteaux, commencèrent à s'en emparer à main armée. Hugues Bigot saisit le fort de Norwich ; un certain Robert prit celui de Badington : le roi se les fit rendre ; mais l'esprit d'opposition s'accrut sans relâche du moment qu'il eut éclaté. Le fils bâtard du roi Henri rompit subitement la paix qu'il avait jurée à Etienne ; il lui envoya de Normandie un message pour le défier et lui dire qu'il renonçait à son hommage.

« Ce qui excita Robert à prendre ce parti, dit un auteur contem-

» porain, ce furent les réponses de plusieurs hommes de religion
» qu'il consulta, et surtout un décret du pape, qui lui enjoignait
» d'obéir au serment qu'il avait prêté à Mathilde sa sœur, en pré-
» sence de leur père. » Ainsi se trouvait annulé le bref du même
pape en faveur du roi Etienne; et la guerre seule pouvait décider
entre les deux compétiteurs. Les mécontents, encouragés par la
défection du fils du dernier roi, furent en éveil par toute l'Angleterre, et se préparèrent au combat. « Ils m'ont fait roi, disait Etienne,
» et à présent ils m'abandonnent; mais, par la naissance de Dieu,
» jamais on ne m'appellera roi déposé. » Pour avoir une armée
dont il fût sûr, il assembla des auxiliaires de toutes les parties de la
Gaule : « comme il promettait une forte paye, les soldats venaient à
» l'envi se faire inscrire sur ses rôles, gens de cheval et gens d'ar-
» mure légère, surtout Flamands et Bretons. »

La population conquérante de l'Angleterre était encore une fois
divisée en deux factions ennemies. L'état des choses devenait le
même que sous les deux règnes précédents, quand les fils des vaincus s'étaient mêlés aux querelles de leurs maîtres, et avaient fait
pencher la balance de l'un des deux côtés, dans le vain espoir d'obtenir une condition un peu meilleure. Quand de semblables con-
jonctures se présentèrent sous le règne d'Etienne, les Anglais de
race se tinrent à l'écart, désabusés par l'expérience du passé. Dans
la querelle d'Etienne et des partisans de Mathilde, ils ne furent ni
pour le roi établi, qui prétendait que sa cause était celle de l'ordre
et de la paix publique, ni pour la fille du Normand et de la Saxonne:
ils tentèrent d'être pour eux-mêmes ; et l'on vit se former en Angleterre, ce que l'on n'y avait point vu depuis la dispersion du camp
d'Ely, une conspiration nationale, en vue de l'affranchissement du
pays. « A un jour fixé, dit un auteur contemporain, on devait par-
» tout massacrer les Normands. »

L'historien ne détaille pas comment ce complot avait été préparé,
quels en furent les chefs, quelles classes d'hommes y entrèrent, ni
dans quels lieux et à quels signes il devait éclater. Seulement il
rapporte que les conjurés de 1137 avaient renouvelé l'ancienne
alliance des patriotes saxons avec les habitants du pays de Galles et
de l'Ecosse, et que même ils avaient dessein de mettre à la tête de
leur royaume affranchi un Ecossais, peut-être David, le roi actuel,
fils de Marguerite, sœur d'Edgar. L'entreprise échoua, parce que des
révélations ou de simples indices parvinrent au normand Richard
Lenoir, évêque d'Ely, qui fit part de sa découverte aux autres évêques et aux agents supérieurs de l'autorité : mais, malgré la promptitude de leurs mesures, beaucoup de conjurés, et les plus considéra-

bles, dit le narrateur contemporain, eurent le temps de prendre la fuite. Ils se retirèrent chez les Gallois, afin d'exciter ce peuple à la guerre contre les Normands. Ceux qui furent saisis périrent, en grand nombre, par le gibet ou d'autres genres de supplices.

Cet événement eut lieu soixante-six ans après la dernière défaite des insurgés d'Ely, et soixante-douze après la bataille de Hastings. Soit que les chroniqueurs ne nous aient pas tout dit, soit qu'après ce temps le fil qui rattachait encore les Saxons aux Saxons, et en faisait un peuple, n'ait pu se renouer, on ne trouve plus dans les époques suivantes aucun projet de délivrance conçu, de commun accord, entre toutes les classes de la population anglo-saxonne.

La reine galopait sur la route d'Oxford. (page 215)

VII. — Depuis la bataille de l'Etendard jusqu'a l'insurrection des Poitevins et des Bretons contre le roi Henri II
1137-1189

L'amitié qui, au moment de la conquête de Guillaume, s'était formée tout à coup entre le peuple anglo-saxon et celui d'Ecosse, attiédie depuis par plusieurs circonstances, n'avait cependant jamais été entièrement rompue. Le jour où Malcolm Kenmore, le beau-frère du roi Edgar, fut contraint de s'avouer vassal du Conquérant, une sorte de barrière morale s'éleva, il est vrai, entre les rois écossais et les Anglais de race; mais Malcolm lui-même et ses successeurs supportèrent impatiemment cette condition de vasselage que la force leur avait imposée. Plus d'une fois, voulant s'y soustraire, ils devinrent agresseurs des Anglo-Normands, et descendirent au sud de la Tweed; plus d'une fois aussi, les Normands passèrent ce fleuve par représailles, et le serment de sujétion féodale fut rompu et renouvelé tour à tour, au gré des chances de la guerre. D'ailleurs, jamais les rois d'Ecosse ne mirent au nombre des devoirs qu'ils avaient contractés, en acceptant le titre d'*hommes liges*, l'obligation de fermer leur pays aux émigrés anglo-saxons.

La multitude d'hommes de tout rang et de tout état qui, après une lutte inutile contre les envahisseurs, s'expatrièrent sur le territoire écossais, vint y augmenter considérablement l'ancienne masse de population germanique établie entre la Tweed et le Forth. Les rois qui succédèrent à Malcolm ne se montrèrent pas moins généreux que lui envers ces réfugiés. Ils leur donnèrent des terres et des emplois et les admirent dans leur conseil d'Etat, où peu à peu la vraie langue écossaise, la langue galliaque ou erse, fut supplantée par le dialecte anglo-danois parlé sur les basses terres d'Ecosse. Par suite de la même révolution, les rois écossais se défirent des surnoms patronymiques qui rappelaient leur origine celtique, et ne gardèrent que de simples noms propres, soit saxons, soit étrangers, comme Edgar, Alexandre, David, etc.

Cette hospitalité, que les chefs de l'Ecosse accordaient aux hommes de race saxonne fuyant devant les Normands, ils l'offrirent aussi, comme on l'a déjà vu, aux hommes de race normande mécontents du lot qui leur était échu dans le partage de la conquête, ou bannis de l'Angleterre par sentence de leurs propres chefs. Ces fils des conquérants vinrent en grand nombre chercher fortune où les vaincus avaient trouvé recours. La plupart étaient des soldats éprouvés. Les rois écossais les prirent à leur service, joyeux d'avoir des chevaliers normands à opposer aux Normands de par delà la Tweed. Ils les admirent dans leur intimité, leur conférèrent de grands commandements, et même, pour rendre leur cour plus agréable à ces nouveaux hôtes, ils s'étudièrent à introduire dans le langage teutonique, qu'on y parlait, un grand nombre de mots et d'idiotismes français. La mode et l'usage naturalisèrent peu à peu ces locutions exotiques sur tout le pays situé au sud du Forth, et la langue nationale y devint, en assez peu de temps, un composé bizarre de tudesque et de français presque également mélangés.

Cette langue, qui est encore aujourd'hui le dialecte populaire des habitants du midi de l'Ecosse, ne conserva qu'une faible quantité de mots celtiques, soit erses, soit bretons, la plupart destinés à représenter des objets propres au pays, tels que les divers accidents d'un sol extrêmement varié. Mais, malgré le peu de figure que faisaient dans le nouveau langage les débris de l'ancien idiome des plaines écossaises, on pouvait facilement reconnaître, à l'esprit et aux mœurs de la population de ces contrées, que c'était une race celtique, où d'autres races d'hommes étaient venues se fondre, sans la renouveler entièrement. La vivacité d'imagination, le goût pour la musique et la poésie, l'habitude de redoubler, en quelque sorte, le lien social par des liens de parenté qui se notent et se réclament jusqu'au degré le plus éloigné, sont des traits originels qui distinguaient, et distinguent encore, les habitants de la rive gauche de la Tweed, de leurs voisins méridionaux.

A mesure qu'on avançait vers l'ouest, dans les plaines d'Ecosse, ces traits de physionomie celtique paraissaient marqués plus fortement, parce que le peuple y était plus éloigné de l'influence des villes royales de Scone et d'Edinburgh, où affluait la multitude des émigrants étrangers. Dans la province de Galloway, par exemple, l'autorité administrative n'était encore regardée, au douzième siècle, que comme une fiction de l'autorité paternelle, et nul homme envoyé par le roi pour gouverner cette contrée ne pouvait y exercer en paix le commandement, s'il n'était agréé comme *tête de famille* ou chef de clan par le peuple qu'il devait régir. Si les habitants ne jugeaient pas à propos de décerner ce titre à l'officier du roi, ou si l'ancien chef héréditaire de la tribu ne lui cédait pas volontairement son privilége, la tribu ne le reconnaissait point, malgré sa commission royale, et lui-même était bientôt forcé de résigner ou de vendre cette commission au chef préféré par le peuple.

Dans les lieux où les émigrés de l'Angleterre, soit saxons, soit normands, obtenaient des domaines territoriaux, sous condition de foi et de service, ils avaient coutume de bâtir une église, un moulin, une brasserie et quelques maisons pour leur suite, que les Saxons appelaient *the hirede*, et les Normands *la ménie*. La réunion de tous ces édifices, entourés d'une palissade ou d'un mur, se nommait l'*enclos, the tun*, dans la langue des basses terres d'Ecosse. Les habitants de ces enclos, maîtres et valets, propriétaires et fermiers, composaient une sorte de petite cité, unie comme un clan celtique, mais par d'autres liens que la parenté : par le service et le salaire, l'obéissance et le commandement. Le chef, dans sa tour carrée, bâtie au milieu des demeures plus humbles de ses vassaux ou de ses laboureurs, ressemblait en apparence au Normand d'Angleterre, dont le château fort dominait les huttes de ses serfs. Mais entre la condition réelle de l'un et de l'autre la différence était grande. En Écosse, la subordination du pauvre au riche n'était point servitude : on donnait, il est vrai, à ce dernier le nom de *lord* en langue teutonique, et de *sire* en langue française ; mais, comme il n'était ni conquérant, ni fils de conquérant, on ne le haïssait point, et l'on ne tremblait point devant lui. Une sorte de familiarité rapprochait l'habitant de la tour de celui de la cabane ; ils savaient que leurs ancêtres ne leur avaient point légué d'injures mortelles à venger l'un sur l'autre.

Quand la guerre les rassemblait en armes, ils ne formaient pas deux peuples séparés, l'un de cavaliers, l'autre de fantassins ; l'un couvert d'armures complètes, l'autre à qui les éperons étaient interdits sous peine de châtiments ignominieux. Chacun, armé, selon sa richesse, d'une cotte de mailles ou d'un pourpoint doublé, montait son propre cheval bien ou mal enharnaché. En Ecosse, la condition de laboureur sur le domaine d'autrui n'était point humiliante comme en Angleterre, où le mot normand *villain* est devenu, dans le langage vulgaire, la plus odieuse des épithètes. Un fermier écossais était appelé communément *le bon homme, the gude-man*. Son lord n'avait à prétendre de lui que des rentes et des services établis de gré à gré ; il n'était point taillé haut et bas comme en pays de conquête : aussi ne vit-on jamais en Ecosse aucune insurrection de paysans ; le pauvre et le riche sympathisaient ensemble, parce que la pauvreté et la richesse n'avaient point pour cause première la victoire et l'expropriation. Les races d'hommes, comme les différents idiomes, s'étaient mélangées dans tous les rangs, et la même langue se parlait au château, à la ville et dans la chaumière. . . .

. . . .

Depuis longtemps il arrivait en foule auprès des rois écossais, neveux du dernier roi anglo-saxon, des émissaires du peuple anglais, les conjurant, par la mémoire d'Edgar leur oncle, de venir au secours de la nation opprimée, dont ils étaient parents. Mais les fils de Malcolm Kenmore étaient peu disposés à se commettre dans une révolte nationale. Ils restèrent sourds aux plaintes des Anglais et aux suggestions de leurs propres courtisans, tant que vécut le roi Henri Ier, avec lequel ils avaient aussi quelque lien de parenté par sa femme Mathilde, fille de Malcolm. Lorsque Henri fit jurer aux chefs normands de donner, après sa mort, le royaume à la fille qu'il avait eue de Mathilde, David, alors roi d'Ecosse, fut présent à cette assemblée, et il y prêta serment comme vassal de Henri Ier ; mais après que les seigneurs d'Angleterre, manquant à leur parole, au lieu de Mathilde, eurent choisi Etienne de Blois, le roi d'Ecosse commença à trouver que la cause des Saxons était la meilleure : il promit de les assister dans leur projet d'exterminer tous les Normands, et peut-être, en récompense de cette promesse vague, stipula-t-il, ce fut le bruit du temps, qu'on le ferait roi d'Angleterre si l'entreprise réussissait. . . . .

Les troupes du roi d'Ecosse, nombreuses et en grande partie irrégulières, occupèrent sans résistance tout le pays situé entre la Tweed et la limite septentrionale de la province d'York. Les rois normands n'avaient point encore bâti dans cette contrée les forteresses importantes qu'ils y élevèrent dans un temps postérieur, et ainsi aucun obstacle n'arrêta le passage des *fourmis écossaises*, comme les appelle un vieil auteur. Il paraît que cette armée commit beaucoup de cruautés dans les lieux qu'elle traversa ; les historiens parlent de femmes et de prêtres massacrés, d'enfants jetés en l'air et reçus à la pointe des lances ; mais, comme ils s'expliquent avec peu de précision, on ne sait si ces excès tombèrent seulement sur les hommes de descendance normande et furent les représailles des Anglais de race, ou si l'aversion native de la population gallique contre les habitants de l'Angleterre s'exerça indifféremment sur le serf et le maître, le Saxon et le Normand. Les seigneurs du nord, et surtout l'archevêque d'York, nommé Toustain, profitèrent du bruit de ces atrocités, répandu vaguement et d'une manière peut-être exagérée, pour prévenir, dans l'esprit des habitants saxons des rives de l'Humber, l'intérêt naturel que devait leur inspirer la cause des ennemis du roi normand.

Afin de déterminer leurs sujets à marcher avec eux contre le roi d'Ecosse, les barons normands flattèrent avec adresse d'anciennes croyances locales; ils invoquèrent les noms des saints de race anglaise, qu'eux-mêmes avaient traités autrefois avec tant de mépris; ils les prirent, en quelque façon, pour généralissimes de leur armée, et l'archevêque Toustain leva les bannières de saint Cuthbert de Durham, de saint Jean de Beverley et de saint Wilfrid de Rippon.

Ces étendards populaires, qui, depuis la conquête, devaient avoir peu vu le jour, furent tirés de la poussière des églises pour être transportés à Elfertun, aujourd'hui Allerton, à trente-deux milles au nord d'York, lieu où les chefs normands résolurent d'attendre l'ennemi. C'étaient Guillaume Piperel et Gaultier Espec, du comté de Nottingham, avec Guilbert de Lacy et son frère Gaultier, du du comté d'York, qui devaient commander la bataille. L'archevêque ne put s'y rendre pour cause de maladie, et il envoya à sa place Raoul, évêque de Durham, probablement expulsé de son église par l'invasion des Ecossais. Autour des bannières saxonnes élevées dans le camp d'Allerton par les seigneurs de race étrangère, un instinct demi-religieux, demi-patriotique, fit accourir en grand nombre les habitants anglais des villes voisines et du plat pays. Ils ne portaient plus la grande hache de combat, l'arme favorite de leurs aïeux, mais étaient armés de grands arcs et de flèches longues de deux coudées. La conquête avait opéré ce changement de deux manières différentes : d'abord, ceux des indigènes qui s'étaient pliés à servir en guerre les rois normands, pour le pain et la solde, avaient dû s'exercer à la tactique normande; et quant à ceux qui, plus indépendants, s'étaient voués à la vie de partisans sur les routes, et de francs-chasseurs dans les forêts, ils avaient dû pareillement quitter les armes propres au combat de près, pour d'autres plus capables d'atteindre à la course les chevaliers de Normandie et les daims du roi. Les fils des uns et des autres ayant été, dès leur enfance, exercés au tir de l'arc, l'Angleterre était, en moins d'un siècle, devenue le pays des bons archers, comme l'Ecosse était le pays des bonnes lances.

Pendant que l'armée écossaise passait la rivière de Tees, les barons normands se préparaient avec activité à recevoir son attaque. Ils dressèrent sur quatre roues un mât de navire, au sommet duquel fut placée une petite boîte d'argent qui contenait une hostie consacrée, et autour de la boîte furent suspendues les bannières qui devaient exciter les Anglais à bien combattre. Cet étendard, d'une espèce assez commune au moyen âge, occupait le centre de l'armée en bataille. Les chevaliers anglo-normands prirent leur poste alentour, après s'être confédérés par la foi et le serment, et avoir juré de rester unis pour la défense du territoire, à la vie et à la mort. Les archers saxons flanquaient le corps de bataille et formaient l'avant-garde. Au bruit de l'approche des Ecossais, qui s'avançaient avec rapidité, le Normand Raoul, évêque de Durham, monta sur une éminence, et parla ainsi en langue française.

« Nobles seigneurs de race normande, vous qui faites trembler la
» France et avez conquis l'Angleterre, voici que les Ecossais, après
» vous avoir fait hommage, entreprennent de vous chasser de vos
» terres. Mais si nos pères, en petit nombre, ont soumis une grande
» partie de la Gaule, ne vaincrons-nous pas ces gens à demi nus,
» qui n'opposent à nos lances et à nos épées que la peau de leurs
» corps, ou un bouclier de cuir de veau? Leurs piques sont longues,
» il est vrai, mais le bois en est fragile et le fer de mauvaise trempe.
» On les a entendus, dans leur jactance, ces habitants du Galloway,
» dire que le breuvage le plus doux était le sang d'un Normand.
» Faites en sorte que pas un d'eux ne retourne vers les siens se van-
» ter d'avoir tué des Normands. »

L'armée écossaise, ayant pour étendard une simple lance à banderole, marchait divisée en plusieurs corps. Le jeune Henri, fils du roi d'Ecosse, commandait les hommes des basses terres et les volontaires anglais du Cumberland et du Northumberland; le roi lui-même était à la tête de tous les clans des montagnes et des îles, et les chevaliers d'origine normande, armés de toutes pièces, formaient sa garde. L'un d'entre eux, appelé Robert de Brus, homme d'un grand âge, qui tenait pour le roi d'Ecosse, en raison de son fief d'Annandal, et n'avait d'ailleurs aucun motif personnel d'inimitié contre ses compatriotes d'Angleterre, s'approcha du roi au moment où il allait donner le signal de l'attaque, et lui parlant d'un air triste : « O roi, dit-il, songes-tu bien contre qui tu vas combattre?
» C'est contre les Normands et les Anglais, qui toujours t'ont si
» bien servi de conseils et d'armes, et sont parvenus à te faire obéir
» de tes peuples de race gallique. Tu te crois donc bien sûr mainte-
» nant de la soumission de ces tribus? tu espères donc les mainte-
» nir dans le devoir avec le seul appui de tes hommes d'armes
» écossais? Mais souviens-toi que c'est nous qui d'abord les avons

» mis sous ta main, et que de là vient la haine dont ils sont animés
» contre nos compatriotes. » Ce discours parut faire une grande
impression sur le roi. Mais Guillaume, son neveu, s'écria avec impatience : « Voilà des paroles de traître ! » Le vieux Normand ne répondit à cet affront qu'en abjurant, suivant la formule du siècle, son serment de foi et d'hommage, et il piqua des deux vers le camp des ennemis.

Alors les montagnards qui entouraient le roi d'Ecosse élevèrent la voix et crièrent l'ancien nom de leur pays, *Alben! Alben!* Albanie! Albanie! Ce fut le signal du combat. Les gens du Cumberland et des vallées de Liddel et de Teviot chargèrent d'une manière ferme et rapide le centre de l'armée normande, et, selon l'expression d'un ancien narrateur, le rompirent comme une toile d'araignée ; mais, étant mal soutenus par les autres corps écossais, ils n'arrivèrent point jusqu'à l'étendard des Anglo-Normands. Ceux-ci rétablirent leurs rangs et repoussèrent les assaillants avec perte. A une seconde charge, les longs javelots des Ecossais du sud-ouest se brisèrent contre les hauberts de mailles et les écus des Normands. Alors les montagnards tirèrent leurs grandes épées pour combattre de près ; mais les archers saxons, se déployant sur les côtés, les assaillirent d'une grêle de flèches, pendant que les cavaliers normands les chargeaient de front, en rangs serrés et la lance basse. « Il faisait beau voir, dit un contemporain, les mouches piquantes
» sortir en bourdonnant des carquois des hommes du sud, et tom-
» ber dru comme la pluie. »

Les Galls, hardis et braves, mais peu faits pour les évolutions régulières, se dispersèrent du moment qu'ils se sentirent incapables d'entamer les rangs de l'ennemi. Toute l'armée d'Ecosse, obligée de faire retraite, rétrograda jusqu'à la Tyne. Les vainqueurs ne la poursuivirent point au delà de ce fleuve, et le pays, qui s'était insurgé à l'approche des Ecossais, demeura, malgré leur défaite, affranchi de la domination normande. Durant un assez long espace de temps après cette journée, le Westmoreland, le Cumberland et le Northumberland firent partie du royaume d'Ecosse ; le nouvel état de ces trois provinces empêcha l'esprit et le caractère anglo-saxon de s'y effacer autant que dans les autres parties de l'Angleterre. Les traditions nationales et les chants populaires survécurent et se perpétuèrent au nord de la Tyne : c'est de là que la poésie anglaise, méprisée et oubliée dans les lieux qu'habitaient les Normands, redescendit plus tard sur les provinces méridionales.

Pendant que ces choses se passaient au nord de l'Angleterre, la nation des Gallois, qui avait promis secours aux Saxons dans leur grand complot de délivrance, exécutant sa promesse, malgré le mauvais succès de l'entreprise, commença sur toute la ligne de ses frontières l'attaque des châteaux forts bâtis par les Normands. Les Cambriens, race d'hommes impétueuse et passionnée, se portèrent avec une sorte de fanatisme national à cette agression soudaine; il n'y eut quartier pour aucun homme parlant la langue française : barons, chevaliers et soldats impatronisés sur les terres galloises; prêtres et moines intrus dans les églises, et dotés sur les terres des Gallois, tous furent tués ou chassés des domaines qu'ils occupaient. Les Cambriens se montrèrent cruels dans ces représailles ; mais eux-mêmes avaient subi des cruautés inouïes de la part des Anglo-Normands. Hugues le Loup et Robert de Maupas avaient presque dépeuplé d'habitants indigènes la contrée de Flint, voisine du comté de Chester; Robert de Ruddlan les avait enlevés de leurs maisons pour en faire des serfs; et les historiens du temps disent de Robert de Belesme, comte de Shrewsbury, qu'il avait déchiré les Gallois avec des ongles de fer.

Les conquérants de l'Angleterre, non contents de posséder les terres fertiles de ce pays, avaient de bonne heure envahi avec une égale avidité les marais et les rochers de la Cambrie. Ceux des chefs de bandes qui s'établirent dans les provinces de l'ouest sollicitèrent presque tous du roi Guillaume ou de ses fils, comme une sorte de supplément de solde, la *licence* de conquérir sur les Gallois ; c'est l'expression des anciens actes : beaucoup d'hommes obtinrent cette permission ; d'autres la prirent d'eux-mêmes, et sans lettres de marque, coururent sus aux Cambriens, qui résistèrent bravement, et défendirent pied à pied leur territoire. Les Normands s'étant rendus maîtres des extrémités orientales du pays de Galles, y bâtirent, suivant leur coutume, une ligne de châteaux forts.

Cette chaîne de forteresses s'était graduellement resserrée; et lorsqu'en l'année 1138, les Gallois entreprirent de la rompre, presque tout le sud du pays, les vallées de Glamorgan et de Brecknock, et le grand promontoire de Pembrocke, étaient déjà détachés de l'ancienne Cambrie. . . . .

Le roi Etienne n'eut pas besoin de quitter sa résidence du sud pour marcher à la rencontre, soit des Ecossais, soit des Gallois. Mais, peu de temps après, les partisans normands de Mathilde, fille de Henri Iᵉʳ, lui donnèrent plus d'inquiétude. Appelée en Angleterre par ses amis, Mathilde débarqua le 22 septembre de l'année 1139, se jeta dans le château d'Arondel sur la côte de Sussex, et de là gagna celui de Bristol, que tenait son frère Robert, comte de Glocester. Au bruit de l'arrivée de la prétendante, beaucoup de mé-

contentements et d'intrigues secrètes se dévoilèrent. La plupart des chefs du nord et de l'ouest firent leur renonciation solennelle à l'hommage et à l'obéissance d'Etienne de Blois, et renouvelèrent le serment qu'ils avaient prêté à la fille du roi Henri. Toute la race normande d'Angleterre parut divisée en deux factions qui s'observaient avec défiance avant d'en venir aux mains. « Le voisin, disent
» les historiens du temps, soupçonnait son voisin, l'ami son ami,
» le frère son frère. »

Des bandes de soldats brabançons, engagés, soit par l'un, soit par l'autre des deux partis rivaux, vinrent, avec armes et bagages, par différents ports et diverses routes, aux rendez-vous assignés par le roi et par Mathilde : de part et d'autre, on leur avait promis pour solde les terres de la faction ennemie. Afin de soutenir les frais de cette guerre civile, les fils des Normands se mirent à vendre et à revendre leurs domaines, leurs villages et leurs bourgs d'Angleterre, avec les habitants, corps et biens. Plusieurs firent des incursions sur les domaines de leurs adversaires, et y enlevèrent les chevaux, les bœufs, les moutons et les hommes de race anglaise, qu'on saisissait jusque dans les villes et qu'on emmenait garrottés. La terreur était telle parmi eux, que, si les habitants de quelque cité ou de quelque bourg voyaient approcher de loin seulement trois ou quatre cavaliers, ils prenaient aussitôt la fuite.

Cet effroi exagéré provenait des bruits sinistres qui couraient sur le sort des hommes que les Normands avaient saisis et enfermés dans leurs châteaux. « Car ils enlevaient, dit une chronique saxonne,
» tous ceux qui leur paraissaient avoir quelque bien, hommes et
» femmes, de jour comme de nuit; et quand ils les tenaient empri-
» sonnés, pour en tirer de l'or et de l'argent, ils leur infligeaient
» des tortures comme jamais martyr n'en éprouva. Les uns étaient
» suspendus par les pieds, la tête au-dessus de la fumée ; d'autres
» étaient pendus par les pouces, avec une lourde charge aux pieds;
» à quelques-uns ils serraient la tête avec des cordes, jusqu'au point
» d'enfoncer le crâne ; d'autres étaient jetés dans des cachots rem-
» plis de serpents, de crapauds et de toutes sortes de reptiles ; d'au-
» tres étaient mis en *chambre de crucette*, c'est-à-dire dans un
» coffre court, étroit, peu profond, garni de cailloux pointus, et où
» le patient se trouvait serré jusqu'à la rupture des membres.

» Dans la plupart des châteaux il y avait un trousseau de chaînes
» d'un poids si lourd, que deux ou trois hommes pouvaient à peine
» le soulever; le malheureux qu'on en chargeait était tenu debout
» par un collier de fer scellé dans un poteau et ne pouvait ni s'as-
» seoir, ni se coucher, ni dormir. Ils tuèrent par la faim plusieurs

» milliers de personnes. Ils imposèrent tributs sur tributs aux
» bourgs et aux villes, et ils appelaient cela *tensérie*. Lorsque les
» bourgeois n'avaient plus rien à leur donner, ils pillaient et incen-
» diaient la ville. On eût pu voyager tout un jour sans trouver une
» âme dans les bourgs, ni à la campagne un champ cultivé. Les
» pauvres mouraient de faim, et ceux qui autrefois avaient eu quel-
» que chose mendiaient leur pain de porte en porte. Quiconque put
» s'expatrier abandonna le pays. Jamais plus de douleurs et de
» maux ne fondirent sur cette terre, et les païens, dans leurs inva-
» sions, en avaient moins fait qu'eux. Ils n'épargnaient ni les cime-
» tières ni les églises, prenaient tout ce qu'il y avait à prendre, et
» puis mettaient le feu à l'église. C'était en vain qu'on labourait la
» terre; autant eût valu labourer le sable, et l'on disait tout haut
» que le Christ et ses saints dormaient. »

C'était aux environs de Bristol, où l'*emperesse* Mathilde et ses Angevins avaient établi leur quartier général, que régnait la plus grande terreur. Tout le jour on voyait amener à la ville des hommes liés et bâillonnés, soit avec un bâton, soit avec un mors de fer. Il en sortait incessamment des troupes de soldats déguisés, qui, sous l'habit anglais, cachant leurs armes et leur langage, se répandaient dans les lieux populeux, se mêlaient à la foule, dans les marchés et dans les rues, puis tout à coup s'emparaient de ceux dont l'aspect semblait annoncer quelque aisance, et les conduisaient à leur quartier pour les y mettre à rançon. Ce fut contre Bristol que le roi Etienne dirigea d'abord son armée. Cette ville forte et bien défendue résista, et les soldats royaux s'en vengèrent en dévastant et brûlant les environs. Le roi attaqua ensuite, un à un, avec plus de succès, les châteaux normands situés sur la frontière du pays de Galles, dont presque tous les seigneurs s'étaient déclarés contre lui.

Pendant qu'il était occupé de cette guerre longue et pénible, l'insurrection éclata du côté de l'est; les terres marécageuses d'Ely, qui avaient servi de refuge aux derniers des Saxons libres, devinrent un camp pour les Normands de la faction angevine. Baudoin de Reviers et Lenoir, évêque d'Ely, élevèrent contre le roi Etienne des retranchements de pierre et de ciment aux lieux mêmes où Hereward avait bâti un fort de bois. Ces lieux, toujours considérés comme redoutables par l'autorité normande, à cause des facilités qu'ils offraient pour s'y réunir et s'y défendre, avaient été mis par Henri Ier sous le pouvoir d'un évêque dont la surveillance devait se joindre à celle du comte et du vicomte de la province. Le premier évêque du nouveau diocèse d'Ely fut ce même Hervé que les Gallois avaient expulsé de Bangor; le second fut Lenoir, qui découvrit et dénonça la grande conspiration des Anglais, en l'année 1137. Ce ne fut point par zèle personnel pour le roi Etienne, mais par patriotisme, comme normand, qu'il servit alors ce roi contre les Saxons; et dès que les Normands se furent déclarés contre Etienne, Lenoir se joignit à eux, et entreprit de faire des îles de son diocèse un rendez-vous pour les amis de Mathilde.

Etienne attaqua ses adversaires dans ce camp de la même manière que Guillaume le Conquérant y avait autrefois attaqué les réfugiés saxons. Il construisit des ponts de bateaux, sur lesquels passa la cavalerie, et mit en pleine déroute les troupes de Baudoin de Reviers et de l'évêque Lenoir. L'évêque s'enfuit vers Glocester, où se trouvait alors la fille de Henri Ier avec les principaux de ses partisans. Tous ceux qu'elle avait dans l'ouest, encouragés par l'absence du roi, réparaient les brèches de leurs châteaux, ou, transformant en forteresses les clochers des grandes églises, les garnissaient de machines de guerre; ils creusaient alentour des fossés, dans le terrain même des cimetières, de façon que les cadavres étaient mis à découvert et les ossements dispersés. Les prélats normands ne se faisaient aucun scrupule de prendre part à ces opérations militaires, et n'étaient pas les moins actifs ni les moins occupés à torturer les Anglais pour leur faire donner rançon. On les voyait, comme dans les premiers temps de la conquête, montés sur des chevaux de bataille, couverts d'armes, la lance ou le bâton au poing, diriger les travaux et les attaques, ou tirer le butin au sort.

L'évêque de Chester et celui de Lincoln se faisaient remarquer parmi les plus belliqueux. Ce dernier rallia les troupes battues au camp d'Ely, et récompensa, sur la côte de l'est, une armée que le roi Etienne vint attaquer, mais avec moins de succès que la première fois; ses troupes, victorieuses à Ely, se débandèrent près de Lincoln : abandonné de ceux qui l'entouraient, le roi se défendit seul quelque temps; mais, à la fin, obligé de se rendre, il fut conduit à Glocester, aux quartiers de la comtesse d'Anjou, qui, de l'avis de son conseil de guerre, l'enferma au donjon de Bristol. Cette défaite ruina la cause royale. Les Normands du parti d'Etienne, le voyant vaincu et captif, passèrent en foule du côté de Mathilde. Son propre frère, Henri, évêque de Winchester, se déclara pour la faction victorieuse; et les paysans saxons, qui haïssaient également les deux partis, profitèrent du désastre des vaincus pour les dépouiller et les maltraiter dans leur déroute.

La petite fille de Guillaume le Conquérant fit son entrée triomphale dans la cité de Winchester : l'évêque Henri la reçut aux portes, à la tête du clergé de toutes les églises. Elle se mit en possession

des ornements royaux, ainsi que du trésor d'Etienne, et convoqua un grand conseil de prélats, de comtes, de barons et de chevaliers. L'assemblée décida que Mathilde prendrait le titre de reine, et l'évêque qui la présidait prononça la formule suivante : « Ayant in-
» voqué premièrement, et comme il convient, l'aide de Dieu tout-
» puissant, nous élisons pour dame de l'Angleterre et de la Norman-
» die la fille du glorieux, riche, bon et pacifique roi Henri, et lui
» promettons foi et soutien. » Mais l'heureuse fortune de la reine Mathilde la rendit bientôt dédaigneuse et arrogante ; elle cessa de prendre conseil de ses anciens amis, et traita peu gracieusement ceux d'entre ses adversaires qui voulaient se rapprocher d'elle. Les auteurs de son élévation, s'ils lui faisaient quelque demande, essuyaient souvent des refus, et quand ils s'inclinaient devant elle, dit un vieil historien, elle ne se levait point pour eux. Cette conduite refroidit le zèle de ses plus dévoués partisans, et la plupart, s'éloignant d'elle, sans pourtant se déclarer pour le roi détrôné, attendirent en repos l'événement.

De Winchester, la nouvelle reine se rendit à Londres. Elle était fille d'une Saxonne ; les bourgeois saxons, par une sorte de sympathie nationale, la virent plus volontiers dans leur ville que le roi de pure race étrangère ; mais l'empressemet de ces serfs de la conquête toucha peu le cœur altier de l'épouse du comte d'Anjou, et la première parole qu'elle fit adresser aux gens de Londres fut la demande d'un énorme taillage. Les bourgeois, que les dévastations de la guerre et les exactions d'Etienne avaient réduits à un tel point de détresse qu'ils craignaient une famine prochaine, supplièrent la reine d'avoir pitié d'eux, et d'attendre, pour imposer de nouveaux tributs, qu'ils fussent relevés de leur misère présente. Le roi ne nous a rien
» laissé, » lui dirent d'un ton soumis les députés des citoyens. —
« J'entends, reprit avec dédain la fille de Henri Ier. Vous avez tout
» donné à mon adversaire ; vous avez conspiré avec lui contre moi,
» et vous voulez que je vous épargne !... » Obligés de payer le taillage, les bourgeois de Londres saisirent cette occasion pour présenter à la reine une humble requête : « Noble dame, lui dirent-ils, qu'il
» nous soit permis de suivre les bonnes lois du roi Edward, ton
» grand-oncle, au lieu de celles de ton père le roi Henri, qui sont
» mauvaises et trop dures pour nous. » Mais, comme si elle eût rougi de ses aïeux maternels et renié sa descendance anglo-saxonne, Mathilde s'irrita de cette requête, traita d'insolents ceux qui osaient la lui adresser, et proféra contre eux de grandes menaces. Blessés au fond du cœur, mais dissimulant leur peine, les bourgeois retournèrent à leur salle de conseil, où les Normands, devenus moins om-

brageux, leur permettaient alors de s'assembler pour faire entre eux, de gré à gré, la répartition des tailles ; car le gouvernement avait pris la coutume d'imposer les villes en masse, sans s'occuper de la manière dont l'impôt serait rempli par les contributions individuelles.

La reine Mathilde attendait en pleine sécurité, soit dans la tour du Conquérant, soit dans le nouveau palais de Guillaume le Roux, à Westminster, que les députés des habitants vinssent lui offrir à genoux les sacs d'or qu'elle avait demandés, quand tout à coup les cloches de la ville sonnèrent l'alarme : une grande foule se répandit dans les rues et sur les places. De chaque maison sortait un homme armé du premier instrument de combat qu'il avait trouvé sous sa main. Un ancien auteur compare la multitude qui s'amassait en tumulte aux abeilles sortant de la ruche. La reine et ses barons normands et angevins se voyant surpris, et n'osant risquer dans des rues étroites et tortueuses un combat où la supériorité de l'armure et la science militaire ne pouvaient être d'aucun usage, montèrent promptement à cheval et s'enfuirent. Ils avaient à peine passé les dernières maisons du faubourg, qu'une troupe d'Anglais, accourus vers leurs logements, en brisa les portes, et, ne les y trouvant point, pilla tout ce qu'ils avaient laissé. La reine galopait sur la route d'Oxford avec ses barons et ses chevaliers ; de distance en distance, quelqu'un d'entre eux se détachait du cortége pour s'enfuir plus sûrement tout seul par des chemins de traverse et de sentiers détournés ; elle entra dans Oxford avec son frère, le comte de Glocester, et le petit nombre de ceux qui avaient choisi cette route comme la plus sûre, ou qui avaient oublié leur propre danger pour le sien.

En réalité, ce danger était peu de chose ; car les habitants de Londres, satisfaits d'avoir chassé de leurs murs la nouvelle reine d'Angleterre, ne se mirent point à la poursuivre. Leur soulèvement, né d'un accès d'indignation, sans projet conçu d'avance, sans liaison avec d'autres mouvements, n'était point le premier acte d'une insurrection nationale. L'expulsion de Mathilde et de ses adhérents ne tourna point au profit du peuple anglais, mais des partisans du roi Etienne. Ceux-ci rentrèrent bientôt à Londres, occupèrent la cité et la garnirent de leurs troupes, sous leur d'alliance avec les citoyens. L'épouse du roi prisonnier se rendit à Londres et y établit ses quartiers ; tout ce qu'obtinrent alors les bourgeois, ce fut d'être enrégimentés au nombre de mille hommes, portant le casque et le haubert, parmi les troupes qui se rassemblèrent au nom d'Etienne, et de servir, comme auxiliaires des Normands sous Guillaume et Roger de La Chesnaye..

L'évêque de Winchester, voyant le parti de son frère reprendre ainsi quelque force, déserta le parti contraire, et se déclara de nouveau pour le prisonnier de Bristol; il arbora la bannière du roi sur le château de Winchester et sur sa maison épiscopale, qu'il avait fortifiée et crénelée comme un château. Robert de Glocester et les partisans de Mathilde vinrent en faire le siége. La garnison du château, bâti au milieu de la ville, mit le feu aux maisons pour gêner les assiégeants; et, pendant ce temps, l'armée de Londres, attaquant ces derniers à l'improviste, les obligea de se retrancher dans les églises, qu'on incendia pour les en faire sortir. Robert de Glocester fut fait prisonnier, et ceux qui le suivaient se dispersèrent. Barons et chevaliers jetèrent leurs armes, et, marchant à pied pour n'être point reconnus, traversèrent, sous de faux noms, les villes et les villages. Mais, outre les partisans du roi qui les serraient de près, ils trouvèrent sur leur chemin d'autres ennemis, les paysans saxons, acharnés contre eux dans leur déroute, comme naguère ils l'avaient été contre la faction opposée; ils arrêtaient ces fiers Normands, que, malgré leurs efforts pour se déguiser, on reconnaissait au langage, et les faisaient courir devant eux à grands coups de fouet. L'archevêque de Canterbury, d'autres évêques et nombre de seigneurs furent maltraités de la sorte et dépouillés de tous leurs habits. Ainsi, cette guerre fut à la fois pour les Anglais de race un sujet de misère et de joie, de cette joie frénétique qu'on éprouve au milieu de la souffrance, en rendant le mal pour le mal. Le petit-fils d'un homme mort à Hastings se voyait maître de la vie d'un baron ou d'un prélat normand, et les Anglaises qui tournaient le fuseau au service des hautes dames normandes, riaient d'entendre raconter les souffrances de la reine Mathilde à son départ d'Oxford, comment elle s'était enfuie avec trois chevaliers, la nuit, à pied, par la neige, et comment elle avait passé, en grande alarme, près des postes ennemis, tremblante au moindre bruit d'hommes et de chevaux où à la voix des sentinelles.

Peu de temps après que le frère de Mathilde, Robert, comte de Glocester, eut été fait prisonnier, les deux partis conclurent un accord par lequel le roi et le comte furent rendus l'un pour l'autre, de manière que la dispute revint à ses premiers termes. Etienne sortit de la tour de Bristol, et reprit l'exercice de la royauté; son gouvernement s'étendit alors sur la portion du pays où dominaient ses partisans, c'est-à-dire sur les provinces du centre et de l'est de l'Angleterre. Quant à la Normandie, aucun de ses ordres n'y parvint; car, durant sa captivité, tout le pays s'était rendu au comte Geoffroi, mari de Mathilde, lequel, peu de temps après, du consentement des Normands, céda à son fils aîné Henri le titre de duc de Normandie. Le parti d'Etienne perdit ainsi l'espérance de se recruter outre-mer ; mais comme il était maître des côtes, il eut le moyen d'empêcher que de semblables renforts ne parvinssent à ses adversaires, resserrés dans la contrée de l'ouest. Leur seule ressource fut de solder des corps de Gallois, qui, bien que mal armés, arrêtèrent quelque temps par leur bravoure et leur tactique bizarre la marche des partisans du roi.

Pendant que la lutte se prolongeait assez mollement de part et d'autre, Henri, fils de Mathilde, parti de Normandie avec une petite armée, réussit à débarquer en Angleterre. Au premier bruit de son arrivée, beaucoup de gens commencèrent à abandonner la cause d'Etienne; mais, dès qu'ils apprirent que Henri n'avait que peu de monde et peu d'argent, beaucoup revinrent au roi, et la désertion s'arrêta. La guerre se poursuivit sous le même aspect qu'auparavant; il y eut des châteaux pris et repris, des villes pillées et brûlées. Les Anglais, fuyant de leurs maisons par force ou par crainte, allaient bâtir de petites cabanes sous les murs des églises; mais ils ne tardaient pas à en être expulsés par l'un ou l'autre parti, qui transformait l'église en forteresse, crénelait le haut des tours et y braquait ses machines de guerre.

Le fils unique du roi Etienne, nommé Eustache, qui s'était plus d'une fois signalé par son courage, mourut, après avoir pillé un domaine consacré à saint Edmund, roi et martyr; sa mort fut, selon les Anglais de naissance, la suite de l'outrage qu'Eustache avait osé faire à ce saint de race anglaise. Etienne, n'ayant plus de fils auquel il pût désirer de transmettre la royauté, fit alors proposer à Henri d'Anjou, son rival, de terminer la guerre par un accord; il demandait que les Normands d'Angleterre et du continent le laissassent régner en paix durant sa vie, à condition qu'après lui le fils de Mathilde serait roi. Les Normands y consentirent, et la paix fut rétablie. La teneur du traité, juré par les évêques, les comtes, les barons et les chevaliers des deux partis, s'offre sous deux faces très différentes dans les historiens du temps, selon la faction qu'ils favorisent. Les uns disent que le roi Etienne adopta Henri pour son fils, et qu'en vertu de cet acte préalable, les seigneurs jurèrent de donner en héritage au fils adoptif le royaume de son père; d'autres, au contraire, prétendent que le roi reconnut positivement le droit héréditaire du fils de Mathilde sur le royaume, et qu'en retour ce dernier lui octroya bénévolement de régner le reste de sa vie. Ainsi des contemporains, également dignes de foi, font provenir de deux principes entièrement opposés la légitimité qu'ils accordent au petit-fils de Henri I⁰ʳ. Lesquels doit-on croire en cela? Ni les uns, ni les autres; et la vérité est que les mêmes barons qui avaient élu Etienne malgré le serment prêté à Mathilde, qui ensuite élurent Mathilde malgré le serment prêté à Etienne, par un nouvel acte de volonté, désignèrent, pour succéder à Etienne, le fils de Mathilde, et non sa mère. De cette volonté toute-puissante dérivait la légitimité royale.

Peu de temps avant son expédition en Angleterre, Henri avait pris pour femme l'épouse divorcée du roi de France, Eléonore ou Aliénor, ou plus familièrement Aanor, fille de Guillaume, comte de Poitou et duc d'Aquitaine, c'est-à-dire souverain de toute la côte occidentale de la Gaule, depuis l'embouchure de la Loire jusqu'au pied des Pyrénées. Suivant les usages de ce pays, Eléonore y jouissait de tout le pouvoir qu'avait exercé son père; et, de plus, son mari, quoique étranger, pouvait entrer avec elle en partage de la souveraineté. Le roi Louis VII eut ce privilége tant qu'il resta uni à la fille du comte Guillaume, et il entretint des officiers et des garnisons dans les villes de l'Aquitaine ; mais, aussitôt qu'il l'eut répudiée, il lui fallut rappeler ses sénéchaux et ses hommes d'armes. Ce fut en Palestine, où Eléonore avait suivi son mari partant pour la croisade, que leur mésintelligence éclata. Persuadé, soit à tort, soit à raison, que la reine le trompait pour un jeune Sarrasin, Louis sollicita et obtint de l'autorité ecclésiastique la rupture de son mariage.

Il se tint, à Beaugency-sur-Loire, un concile devant lequel la reine de France fut obligée de comparaître. L'évêque qui portait la parole comme accusateur annonça que le roi demandait le divorce, « parce qu'il ne se fiait point en sa femme, et jamais ne serait assuré » de la lignée qui viendrait d'elle. » Le concile passa outre sur cette scandaleuse requête, et déclara le mariage nul sous prétexte de parenté, s'apercevant un peu tard qu'Eléonore était cousine de son mari à l'un des degrés prohibés. L'épouse répudiée se mit en route pour retourner dans son pays, et s'arrêta quelque temps à Blois. Durant son séjour dans cette ville, Thibaut, comte de Blois, tâcha de lui plaire et d'obtenir sa main. Indigné du refus qu'il essuya, le comte résolut de retenir en prison dans son château la duchesse d'Aquitaine, et même de l'y épouser de force, comme s'exprime un vieil historien. Elle soupçonna ce mauvais dessein, et, partant de nuit, descendit la Loire jusqu'à Tours, ville qui faisait alors partie du comté d'Anjou. Au bruit de son arrivée, le second fils du comte d'Anjou et de l'impératrice Mathilde, nommé Geoffroy, épris du même désir que Thibaut de Blois, vint se placer en embuscade à un port de la Creuse, qu'on appelait le *Port-de-Piles*, sur la limite commune du Poitou et de la Touraine, pour arrêter le cortége de la duchesse, l'enlever elle-même et l'épouser; mais Eléonore, dit l'historien, en fut avertie par son bon ange, et prit subitement un autre chemin pour aller à Poitiers.

C'est là que Henri, fils aîné de Mathilde et du comte d'Anjou, plus courtois que son frère, se rendit pour solliciter l'amour de la fille des ducs d'Aquitaine. Il fut agréé, conduisit sa nouvelle épouse en Normandie, et envoya dans les cités de la Gaule méridionale des baillis, des justiciers et des hommes d'armes normands. Au titre de duc de Normandie il joignit dès lors ceux de duc d'Aquitaine et de comte de Poitou, et, son père ayant déjà l'Anjou et la Touraine, leur souveraineté s'étendait sur toute la partie occidentale de la Gaule, entre la Somme et les Pyrénées, à l'exception de la pointe de Bretagne. Les terres du roi de France, bornées par la Loire, la Saône et la Meuse, étaient loin d'avoir une pareille étendue. Ce roi s'alarma de voir s'accroître à un tel point la puissance normande, rivale de la sienne depuis sa naissance, et encore plus depuis la conquête de l'Angleterre. Il avait fait de grands efforts pour prévenir l'union du jeune Henri avec Eléonore d'Aquitaine, et l'avait sommé, comme son vassal pour le duché de Normandie, de ne point contracter mariage sans l'aveu de son seigneur suzerain. Mais les obligations de l'homme lige envers le suzerain, même quand les deux partis les avaient expressément avouées et consenties, n'avaient guère de valeur entre gens d'égale puissance. Henri ne tint nul compte de la défense de se marier, et Louis VII fut obligé de se contenter des nouveaux serments d'hommage que lui prêta le futur roi d'Angleterre pour le comté de Poitou et le duché d'Aquitaine.

Des serments de ce genre, vagues dans leur teneur, prêtés de mauvaise grâce et en quelque sorte pour la forme, étaient depuis longtemps le seul lien qui existât entre les successeurs des anciens rois franks et les chefs souverains du pays compris entre la Loire et les deux mers; car la domination franke n'avait pu prendre racine dans ces contrées aussi fortement que dans celle qui était voisine de la Germanie. Au septième siècle, les peuples de l'Europe qui entretenaient quelques relations avec la Gaule avaient déjà coutume de la désigner tout entière par le nom de *France;* mais, au sein même du territoire gaulois, ce nom était loin d'avoir une pareille universalité. Le cours de la Loire formait la limite méridionale de la Gaule franke ou du pays français; et au delà se trouvait le pays romain, différent de l'autre par la langue et les mœurs, surtout par la civilisation. . . . .

Peu de temps après le mariage qui le fit duc d'Aquitaine, Henri devint comte d'Anjou, par la mort de son père, mais sous la condition expresse de remettre cette province à son jeune frère le jour où lui-même deviendrait roi. Il en prêta le serment avec un appareil lugubre sur le cadavre du mort, mais ce serment fut violé, et Henri garda le comté d'Anjou, lorsque les barons normands, plus fidèles que lui à leur parole, l'eurent appelé en Angleterre pour succéder au roi Etienne. Dès qu'il eut pris possession de la royauté, il qualifia Etienne d'usurpateur, et s'occupa d'abolir tout ce qui s'était fait de son vivant. Il chassa d'Angleterre les Brabançons qui s'y étaient établis après avoir servi la cause royale contre Mathilde. Il confisqua les terres que ces hommes avaient reçues en solde, et démolit leurs châteaux forts et ceux des partisans du dernier roi, voulant, disait-il, en réduire le nombre à ce qu'il était sous le roi Henri, son aïeul. Les compagnies d'auxiliaires étrangers, venues en Angleterre durant la guerre civile, avaient commis beaucoup de pillages sur les Normands du parti contraire à celui qu'elles servaient ; leurs chefs avaient enlevé des domaines et des maisons, et les avaient ensuite fortifiés contre les seigneurs normands dépossédés, imitant les pères de ces derniers, qui avaient de même fortifié leurs habitations conquises sur les Anglais. L'expulsion des Flamands fut pour toute la race anglo-normande un sujet de joie pareille à ce que l'expulsion de cette même race eût été pour les Saxons : « Nous les vîmes tous, dit un auteur du siècle, passer la » mer pour retourner du camp à la charrue, et redevenir serfs, » après avoir été maîtres. »

Quiconque, vers l'année 1140, à l'invitation du roi Etienne, avait dételé ses bœufs pour passer le détroit et venir à la bataille de Lincoln, était ainsi traité d'usurpateur par ceux dont les ancêtres avaient dételé, en 1066, pour suivre Guillaume le Bâtard. Les conquérants de l'Angleterre se regardaient déjà comme possesseurs légitimes ; ils avaient effacé de leur esprit tout souvenir de leur usurpation violente et de leur ancienne fortune, s'imaginant que leurs nobles familles n'avaient jamais exercé d'autre emploi que celui de gouverner les hommes. Mais les Saxons avaient plus de mémoire ; et, dans les plaintes que leur arrachait la dureté de leurs seigneurs, ils disaient de plus d'un comte et de plus d'un prélat de race normande : « Il nous harcèle et nous pique comme son aïeul » piquait les bœufs de l'autre côté de la mer. »

Malgré cette conscience de sa propre situation et de l'origine de son gouvernement, la race saxonne, fatiguée par la souffrance, se laissait aller à une résignation apathique. Le peu de sang anglais que l'impératrice Mathilde avait transmis à Henri II était, disait-on, un gage assuré de sa bienveillance pour le peuple, et l'on oubliait comment cette même Mathilde, plus Saxonne pourtant que son fils, avait traité les bourgeois de Londres. Des écrivains, soit simples et de bonne foi, soit payés pour préconiser d'avance le nouveau règne, publièrent que l'Angleterre possédait enfin un roi anglais de nation ; qu'elle avait des évêques, des abbés, des barons et des chevaliers issus de l'une et de l'autre race, et qu'ainsi la haine nationale était désormais sans motif. Nul doute, en effet, que les femmes saxonnes, enlevées et mariées de force, soit après la bataille de Hastings, soit après les déroutes d'York et d'Ely, n'eussent, au milieu du désespoir, donné des fils à leurs maîtres ; mais ces fils de pères étrangers se croyaient-ils les frères des bourgeois et des serfs du pays, et le désir d'effacer auprès des Normands de race pure la tache de leur naissance ne devait-il pas, au contraire, les rendre plus orgueilleux envers leurs compatriotes maternels ? Il était vrai aussi que, dans les premiers temps de l'invasion, Guillaume le Conquérant avait offert des femmes de sa nation et même de sa famille à des chefs saxons encore libres ; mais ces sortes d'unions furent peu nombreuses. D'ailleurs, quand il eût été constant que beaucoup d'Anglais de naissance, en reniant la cause de leur pays, en désapprenant leur langue, en jouant le rôle de flatteurs et de parasites, se fussent élevés aux priviléges des hommes de race étrangère, cette fortune individuelle n'atténuait point, pour la masse des vaincus, les tristes effets de la conquête.

Peut-être même le mélange des races était-il alors en Angleterre plus favorable aux oppresseurs qu'aux opprimés ; car, à mesure que les premiers perdaient, si l'on peut s'exprimer ainsi, leur caractère d'étrangeté, le penchant à la résistance s'affaiblissait dans le cœur des autres. Une réaction violente, seul recours efficace contre les injustices de la conquête, devenait moins possible. Aux chaînes de la domination usurpée se joignaient des liens moraux, le respect des hommes pour leur propre sang, et ces affections bienveillantes qui nous rendent si patients à supporter le despotisme domestique. Aussi Henri II vit-il sans déplaisir des moines saxons, dans la dédicace de leurs livres, lui étaler sa généalogie anglaise, et, sans faire mention ni de son aïeul Henri Ier, ni de son bisaïeul le Conquérant, le louer d'être issu du roi Alfred. « Tu es fils, lui disaient-ils, de la
» très glorieuse impératrice Mathilde, dont la mère fut Mathilde,
» fille de Marguerite, reine d'Écosse, dont le père fut Edward, fils

» du roi Edmund Côte-de-Fer, l'arrière-petit-fils du noble roi
» Alfred. »

Soit par hasard, soit à dessein, il circulait aussi dans le même temps de fausses prédictions qui annonçaient le règne de Henri d'Anjou comme une époque de soulagement, et, en quelque sorte, de résurrection pour le peuple anglais. L'une de ces prophéties était attribuée au roi Edward à son lit de mort, et l'on disait qu'il l'avait prononcée, afin de rassurer ceux qui craignait alors pour l'Angleterre les projets ambitieux du duc de Normandie. « Quand l'arbre » vert, leur avait-il dit, après avoir été coupé au pied et éloigné de » sa racine à la distance de trois arpents, s'en rapprochera de lui-» même, fleurira et portera des fruits, alors un meilleure temps » viendra. » Cette allégorie, faite après coup, s'interprétait sans grande peine. L'arbre coupé, c'était la famille d'Edward, qui avait perdu la royauté à l'élection de Harold ; après Harold étaient venus Guillaume le Conquérant et son fils Guillaume le Roux : ce qui complétait le nombre de trois rois étrangers à l'ancienne famille ; car il faut remarquer qu'on supprimait le roi Edgar, parce qu'il avait encore des parents en Angleterre ou en Ecosse, et qu'en fait de descendance du noble roi Alfred, l'Angevin Henri leur eût paru fort inférieur. L'arbre s'était rapproché de sa racine quand Mathilde avait épousé Henri Ier; il avait fleuri par la naissance de l'impératrice Mathilde, et enfin porté des fruits par celle de Henri II... Ces misérables contes ne sont dignes de figurer dans l'histoire qu'à cause de l'effet moral qu'ils ont pu produire sur les hommes d'autrefois. Ils avaient pour but de détourner de la personne du roi la haine que les Saxons nourrissaient contre tous les Normands; mais rien ne pouvait faire que Henri II ne fût pas le représentant de la conquête, et l'on avait beau le surnommer mystiquement la pierre angulaire où s'unissaient les deux murailles, c'est-à-dire les deux races, il n'y avait point d'union possible au milieu d'une telle inégalité de droits, de biens et de puissance.

Quelque difficile qu'il fût déjà pour un Anglo-Saxon du douzième siècle de reconnaître comme successeur naturel des rois de race anglaise un homme qui ne savait pas même comment on disait roi en anglais, les conciliateurs obstinés des Saxons avec les Normands mirent en avant des assertions beaucoup plus extraordinaires : ils entreprirent d'ériger le Conquérant lui-même en héritier légitime du roi Alfred. Une très vieille chronique, citée par un auteur déjà ancien, raconte que Guillaume le Bâtard était le propre petit-fils du roi Edmund Côte-de-Fer. « Edmund, dit cette chronique, eut deux » fils, Edwin et Edward, et de plus, une fille unique dont l'histoire

» tait le nom, à cause de sa mauvaise vie ; car elle entretint un com-
» merce illicite avec le pelletier du roi. » Le roi, courroucé, bannit
d'Angleterre son pelletier, avec sa fille. Tous deux passèrent en
Normandie, où vivant de la charité publique, ils eurent successivement trois filles. Un jour qu'ils étaient venus mendier à Falaise, à la porte du duc Robert, le duc, frappé de la beauté de la
femme et de ses trois enfants, lui demanda qui elle était : « Je
suis, dit-elle, anglaise et de sang royal. » A cette réponse, le duc
la traita honorablement, prit le pelletier à son service, et fit élever
dans son hôtel une de leurs filles, qui fut la mère de Guillaume, dit
le Bâtard, lequel, pour plus de vraisemblance, demeurait toujours
le petit-fils d'un pelletier de Falaise, bien que, par sa mère, il fût
Saxon et issu des rois saxons.

La violation du serment que Henri II avait, comme on l'a vu plus
haut, prêté à son frère Geoffroy, lui attira, peu de temps après son
arrivée en Angleterre, une guerre sur le continent. A l'aide des
partisans de ses droits sur le comté d'Anjou, Geoffroy s'était mis
en possession de plusieurs places fortes. Henri envoya contre lui
une armée d'hommes de race anglaise. Les Anglais, par suite de
l'antipathie qu'ils nourrissaient depuis la conquête contre les populations de la Gaule, poursuivirent vivement la guerre et firent
triompher en peu de temps le frère ambitieux et injuste. Geoffroy
vaincu fut contraint d'accepter, en échange de ses terres et de son
titre de comte, une pension de mille livres anglaises et de deux
mille livres d'Anjou : il était redevenu simple baron angevin, lorsque, par un hasard heureux pour lui, les habitants de Nantes le prirent pour comte de leur ville et de leur territoire. Par cette élection, ils se détachèrent du gouvernement de la Bretagne armori-
caine, auquel ils avaient été jadis incorporés par conquête, mais
qu'ils avaient préféré à la domination des rois franks, sans pourtant
l'aimer de grande affection, à cause de la différence des langues.

Agrandie par des guerres heureuses, dans l'intervalle du neuvième au onzième siècle, la Bretagne fut, dès le siècle suivant, tra-
vaillée de divisions intestines provenant de cette prospérité même.
Ses frontières, qui s'étendaient jusqu'au delà du cours de la Loire,
renfermaient deux populations de race différente, dont l'une parlait
l'idiome celtique, l'autre la langue romane de France et de Normandie ; et, selon que les comtes ou ducs de tout le pays jouissaient
de la faveur de l'une de ces deux races d'hommes, ils étaient mal
vus de l'autre. Les Nantais, qui choisirent pour comte Geoffroy
d'Anjou, appartenaient naturellement au premier de ces deux partis, et ils n'appelèrent le prince angevin à les gouverner que pour

se soustraire au pouvoir d'un seigneur de pure race celtique. Geoffroy d'Anjou ne vécut pas longtemps dans sa nouvelle dignité, et, à sa mort, la ville passa, sinon librement, du moins sans répugnance, sous la suzeraineté de Conan, comte héréditaire de Bretagne, et possesseur en Angleterre du château de Richemont, bâti, au temps de la conquête, par le breton Alain Fergan. Alors le roi Henri II, par une prétention toute nouvelle, réclama la ville de Nantes comme portion de l'héritage de son frère ; il traita d'usurpateur le comte de Bretagne, confisqua la terre de Richemont, puis, traversant le détroit, vint avec une grosse armée contraindre les bourgeois de Nantes à le reconnaître pour seigneur et à désavouer le comte Conan. Incapables de résister aux forces du roi d'Angleterre, les bourgeois obéirent malgré eux ; le roi mit garnison dans leurs murs, et occupa tout le pays compris entre la Loire et la Vilaine.

Ayant ainsi pris pied sur le territoire breton, Henri II porta plus loin ses vues, et fit avec ce même Conan, à qui il venait d'enlever la ville de Nantes, un pacte menaçant pour l'indépendance de toute la Bretagne. Il fiança le plus jeune de ses fils, Geoffroy, âgé de huit ans, à la fille de Conan, appelée Constance, et alors âgée de cinq ans. D'après ce traité, le comte breton s'engageait à faire hériter de son pouvoir le futur mari de sa fille, et le roi, en retour, garantissait à Conan la possession viagère du comté de Bretagne, lui promettant aide, secours et appui envers et contre tous. Ce traité, qui devait avoir pour résultat infaillible d'étendre un jour la domination des Anglo-Normands sur toute la Gaule occidentale, mit en grande alarme le roi de France ; il négocia auprès du pape Alexandre III, afin de l'engager à interdire l'union de Geoffroy et de Constance pour cause de parenté, attendu que Conan était le petit-fils d'une fille bâtarde de l'aïeul de Henri II ; mais le pape ne reconnut point cette parenté, et les noces prématurées des deux époux se firent en l'année 1166.

Peu de temps après, une insurrection nationale éclata en Bretagne contre le chef qui trafiquait, avec un roi étranger, de l'indépendance du pays. Conan appela Henri II à son secours ; et, aux termes de leur traité d'alliance, les troupes du roi entrèrent par la frontière de Normandie, sous prétexte de défendre contre les révoltés le comte légitime des Bretons. Henri s'empara de la ville de Dol et de plusieurs bourgs, où il mit garnison. Bientôt après, moitié de gré, moitié par force, le comte Conan abdiqua le pouvoir entre les mains de son protecteur, lui laissant exercer l'autorité administrative et lever des tributs par toute la Bretagne. Les timides et les faibles allèrent trouver le roi angevin dans son camp, et, suivant le cérémonial du siècle, lui firent hommage de leurs terres. Mais le droit de l'usurpation étrangère ne fut pas reconnu universellement, et les amis de la vieille patrie bretonne, se rassemblant de tous les cantons, formèrent contre le roi Henri une confédération par serment, à la vie et à la mort.

Le lien de la nationalité était déjà trop affaibli en Bretagne pour que ce pays pût tirer de lui-même assez de ressources dans sa rébellion. Les insurgés pratiquèrent donc des intelligences à l'extérieur ; ils s'entendirent avec les habitants du Maine, leurs voisins, qui, depuis le règne de Guillaume le Bâtard, obéissaient contre leur gré aux princes normands. Beaucoup de Manceaux entrèrent dans la ligue jurée en Bretagne contre le roi d'Angleterre, et tous les membres de cette ligue prirent pour patron le roi de France, rival politique de Henri II, et le plus puissant de ses rivaux. Le roi Louis VII promit des secours aux Bretons insurgés, non par amour pour leur indépendance, que ses prédécesseurs avaient attaquée durant tant de siècles avec tant d'acharnement, mais par haine du roi d'Angleterre et par envie d'acquérir lui-même en Bretagne la suprématie qu'y perdrait son ennemi. Pour atteindre ce but à peu de frais, il ne fit aux confédérés que de simples promesses, leur laissant tout le fardeau de l'entreprise dont il devait partager les profits. Attaqués bientôt par toutes les forces du roi Henri, les insurgés bretons furent vaincus, perdirent les villes de Vannes, de Léon, d'Auray et de Fougères, leurs châteaux, leurs domaines, leurs soldats, leurs femmes et leurs filles, que le roi prit pour otages et qu'il se fit un jeu de déshonorer par séduction ou par violence : l'une d'entre elles, la fille d'Eudes, vicomte de Porrhoët, était sa parente au second degré.

Vers le même temps l'ennui de la domination du roi d'Angleterre se fit sentir aux habitants de l'Aquitaine, surtout à ceux du Poitou et de la Marche de France, qui, sur un pays montagneux, avaient plus d'âpreté dans l'humeur et plus de moyens pour soutenir une guerre patriotique. Quoique mari de la fille du comte de Poitou, Henri II était un étranger pour les Poitevins, et ceux-ci souffraient de voir des officiers de race étrangère violer ou détruire les coutumes de leurs pays par des ordonnances rédigées en langue angevine ou normande. Plusieurs de ces nouveaux magistrats furent chassés, et l'un d'entre eux, originaire du Perche, et comte de Salisbury, en Angleterre, fut tué à Poitiers par le peuple. Il se forma une grande conspiration sous la conduite des principaux seigneurs et des hommes riches du nord de l'Aquitaine, le comte de la Marche, le duc d'Angoulême, le vicomte de Thouars, l'abbé de Charroux, Aymery de Lezinan ou Luzignan, Hugues et Robert de Silly. Les conjurés poitevins se placèrent, comme avaient fait les Bretons, sous le patronage du roi de France, qui leur demanda des otages, et s'engagea, en retour, à ne point faire de paix avec le roi Henri sans les y comprendre ; mais ils furent écrasés comme les Bretons, pendant que Louis VII restait simple spectateur de leur guerre avec le roi angevin.

Les plus considérables d'entre eux capitulèrent avec le vainqueur, les autres s'enfuirent sur les terres du roi de France, qui, pour leur malheur, commençait à se lasser d'être en guerre avec le roi Henri et désirait conclure une trêve. Ces deux princes, après avoir longtemps travaillé à se nuire, se réconcilièrent en effet dans la petite ville de Montmirail en Perche. Il y fut décidé que le roi de France garantirait à l'autre roi la possession de la Bretagne, et lui rendrait les réfugiés de ce pays et ceux du Poitou ; qu'en revanche, le roi d'Angleterre s'avouerait expressément vassal et homme-lige du roi de France, et que la Bretagne serait comprise dans le nouveau serment d'hommage. Les deux rivaux se donnèrent la main et s'embrassèrent cordialement ; puis, en vertu de la souveraineté nouvelle que le roi de France lui reconnaissait sur les Bretons, Henri II institua duc de Bretagne, d'Anjou et du Maine, son fils aîné, qui, en cette qualité, prêta serment de vasselage entre les mains du roi de France. Dans cette entrevue, le roi angevin étala des sentiments de tendresse exagérés jusqu'au ridicule envers l'homme qui, la veille, était son plus mortel ennemi. « Je mets, lui disait-il, à votre » disposition, moi, mes enfants, mes terres, mes forces, mes tré- » sors, pour en user, en abuser, les garder ou les donner à plaisir et » à volonté. » Il semblait que sa raison fût un peu troublée par la joie d'avoir en sa puissance les émigrés poitevins et bretons. Le roi Louis les lui livra sous la condition dérisoire qu'il les reprendrait en grâce et leur rendrait leurs biens. Henri le promit, et leur donna même publiquement le baiser de paix, pour garantie de cette promesse ; mais la plupart finirent leur vie en prison ou au milieu des supplices.

Lorsque les deux rois se furent séparés dans cette apparence d'harmonie parfaite, qui pourtant ne fut pas de longue durée, Henri, fils aîné du roi d'Angleterre, remit à son jeune frère, Geoffroy, la dignité de duc de Bretagne, ne gardant que le comté d'Anjou. Geoffroy fit hommage à son frère, comme celui-ci l'avait fait au roi de France ; puis il se rendit à Rennes pour y tenir sa cour et recevoir les soumissions des seigneurs et des chevaliers du pays. C'est ainsi que les deux ennemis héréditaires de la liberté des Bretons leur enlevèrent, de commun accord, la souveraineté de leur terre natale; le prince angevin se fit seigneur direct, le prince français seigneur suzerain, et cette grande révolution eut lieu sans violence apparente. Conan, le dernier comte de pure race bretonne, ne fut point déposé, mais son nom ne reparut plus dans les actes publics; dès lors, à proprement parler, il n'y eut plus de nation en Bretagne; il y eut un parti français et un parti angevin ou normand, qui travaillèrent en sens divers pour l'une ou pour l'autre puissance.

La vieille langue nationale, abandonnée par tous ceux qui voulaient plaire à l'un ou à l'autre des deux rois, s'altéra peu à peu dans la bouche des pauvres et des paysans; eux seuls y tinrent fidèlement et la conservèrent, à travers les siècles, avec la ténacité de mémoire et de volonté qui est propre aux hommes de race celtique. Malgré la désertion de leurs chefs nationaux vers l'étranger, soit normand, soit français, et la servitude publique et privée qui en fut la suite, les gens du peuple en basse Bretagne n'ont jamais cessé de reconnaître dans les nobles de leur pays des enfants de la terre natale. Ils ne les ont point haïs de cette haine violente qu'on portait ailleurs à des seigneurs issus de race étrangère, et, sous les titres féodaux de baron et de chevalier, le paysan breton retrouvait encore les *tierns* et les *mac-tierns* (chefs et fils de chefs) des temps de son indépendance : il leur obéissait avec zèle dans le bien comme dans le mal, s'engageait dans leurs intrigues et leurs querelles politiques, souvent sans les comprendre, mais par habitude et par le même instinct de dévouement qu'avaient pour leurs chefs de tribus les Gallois et les montagnards d'Ecosse.

Les populations voisines des terres de France, comme les Bretons et les Poitevins, ne furent pas les seules qui, dans leurs querelles avec le roi d'Angleterre, voulurent faire alliance et cause commune avec son rival politique. Après la rupture de la paix de Montmirail, Louis VII reçut d'un pays avec lequel il n'avait eu jusque-là aucune espèce de relations, et dont il soupçonnait à peine l'existence, des dépêches conçues en ces termes :

« Au très excellent roi des Français, Owen, prince de Galles,
» son homme-lige et son fidèle ami, salut, obéissance et dévouement.

» La guerre que le roi d'Angleterre avait longtemps méditée
» contre moi vient d'éclater l'été passé sans aucune provocation de
» ma part; mais, grâce à Dieu et à vous, qui occupiez ailleurs ses

» forces, il a perdu plus d'hommes que moi sur les champs de ba-
» taille. Dans son dépit, il a méchamment démembré les otages
» qu'il tenait de moi, et, se retirant sans conclure ni paix ni trêve,
» il a donné ordre à ses gens d'être prêts pour Pâques prochain à
» marcher de nouveau contre nous. Je supplie donc votre clémence
» de m'annoncer par le porteur des présentes si vous êtes dans
» l'intention de guerroyer alors contre lui, afin que, de mon côté,
» je vous serve en lui faisant tort selon vos souhaits. Faites-moi
» savoir ce que vous me conseillez, et quels secours aussi vous
» voudrez bien me fournir; car, sans aide et conseil de votre part,
» je doute que je sois assez fort contre notre ennemi commun. »

Cette lettre fut apportée par un clerc gallois qui la présenta au roi de France dans sa cour plénière. Mais le roi, ayant fort peu, en sa vie, entendu parler du pays de Galles, soupçonna le messager d'imposture, et ne voulut point le reconnaître, ni lui ni les dépêches d'Owen. Owen fut donc obligé d'écrire une seconde missive pour certifier le contenu de la première. « Vous n'avez pas cru, disait-il, » que ma lettre fût vraiment de moi; pourtant c'était la vérité, je » l'affirme et j'en atteste Dieu. » Le chef cambrien continuait à se qualifier du nom de fidèle et de vassal du roi de France. Ce trait mérite d'être cité, parce qu'il enseigne à ne point prendre à la lettre, sans un sérieux examen, les formules et les locutions du moyen âge. Souvent les mots *vassal* et *seigneur* exprimaient un rapport réel de subordination et de dépendance, mais souvent aussi ils n'étaient, dans le langage, qu'une simple forme de politesse, surtout quand le faible réclamait l'alliance d'un homme puissant.

Le duché d'Aquitaine ou de Guienne, selon la langue vulgaire, ne s'étendait que jusqu'aux limites orientales de la seconde des anciennes provinces aquitaniques; et ainsi les villes de Limoges, de Cahors et de Toulouse n'y étaient point comprises. Cette dernière ville, ancienne résidence des rois visigoths et des chefs gallo-romains, qui, après eux, avaient gouverné les deux Aquitaines unies pour résister aux Franks, était devenue la capitale d'un petit Etat séparé, qu'on appelait le comté de Toulouse. Il y avait eu de grandes rivalités d'ambition entre les comtes de Toulouse et les ducs de Guienne, et, de part et d'autre, diverses tentatives pour soumettre à une autorité unique tout le pays situé entre le Rhône, l'Océan et les Pyrénées. De là étaient nés beaucoup de différends, de traités et d'alliances, tour à tour conclus et défaits, au gré de la mobilité naturelle aux hommes du Midi. Devenu duc d'Aquitaine, le roi Henri II se mit à fouiller dans les registres de ces conventions antérieures, et, y trouvant par hasard un prétexte pour attaquer l'indépendance du comté de Toulouse, il fit avancer des troupes, et mit le siège devant la ville. Le comte de Toulouse, Raymond de Saint-Gilles, leva contre lui sa bannière, et la commune de Toulouse, corporation de citoyens libres, leva aussi la sienne.

Le conseil commun de la cité et des faubourgs (c'était le titre que prenait le gouvernement municipal des Toulousains) entama, de son chef, des négociations avec le roi de France, pour obtenir de lui quelques secours. Ce roi marcha vers Toulouse par le Berry, qui lui appartenait en grande partie, et le Limousin, qui lui livra passage; il contraignit le roi d'Angleterre à lever le siége de la ville, et y fut accueilli avec grande joie, disent les auteurs du temps, par le comte et par les citoyens. Ces derniers, réunis en assemblée solennelle, lui décernèrent une lettre de remerciement, où ils lui rendaient grâce de les avoir secourus comme un patron et comme un père, expression de reconnaissance affectueuse qui n'impliquait de leur part aucun aveu de sujétion civile ou féodale.

Mais cette habitude d'implorer le patronage d'un roi contre un autre devint une cause de dépendance, et l'époque où le roi d'Angleterre, comme duc d'Aquitaine et comte de Poitou, obtint de l'influence sur les affaires du midi de la Gaule, commença pour ses habitants une nouvelle époque de décadence et de malheur. Placés dès lors entre deux puissances rivales et également ambitieuses, ils s'attachèrent tantôt à l'une, tantôt à l'autre, au gré des circonstances, et furent tour à tour soutenus, délaissés, trahis, vendus par toutes les deux. Depuis le douzième siècle, les méridionaux ne se sentirent bien que quand les rois de France et d'Angleterre étaient en querelle. « Quand donc finira la trêve des sterlings avec les » tournois? » disaient-ils dans leurs chansons politiques, et ils avaient sans cesse les yeux fixés vers le nord, se demandant : Que font les deux rois?

Ils haïssaient les étrangers; et une turbulence inquiète, un amour désordonné de la nouveauté et du mouvement les poussaient vers leur alliance, tandis qu'intérieurement ils étaient travaillés de querelles domestiques et de petites rivalités d'homme à homme, de ville à ville, de province à province. Ils aimaient passionnément la guerre, non par l'ignoble soif du gain, ni même par l'impulsion élevée du dévouement patriotique, mais pour ce que les combats ont de pittoresque et de poétique, pour le bruit, l'appareil et les émotions du champ de bataille, pour voir les armes reluire au soleil et entendre les chevaux hennir au vent. Un seul mot d'une femme les faisait courir à la croisade sous la bannière de l'Eglise romaine, et ils se laissaient aller, par fougue d'opposition, à la plus violente et à la plus fatale des révoltes contre cette Eglise.

A cette légèreté de caractère, ils joignaient les grâces de l'imagination, le goût des arts et des jouissances délicates; ils avaient l'industrie et la richesse; la nature leur avait tout donné, tout, hors la prudence politique et l'union, comme issus d'une même race et enfants d'une même patrie : leurs ennemis s'entendaient pour leur nuire, et eux ne s'entendaient point pour s'aimer, se défendre et faire cause commune. Ils en ont durement porté la peine, en perdant leur indépendance, leurs richesses et jusqu'à leurs lumières. Leur langue, la seconde langue romaine, presque aussi polie que la première, a fait place, dans leur propre bouche, à un langage étranger, dont l'accentuation leur répugne, tandis que leur idiome national, celui de leur liberté et de leur gloire, celui de la belle poésie dans le moyen âge, est devenu le patois des journaliers et des servantes. Mais aujourd'hui les regrets causés par ces changements seraient inutiles : il y a des ruines que le temps a faites et qu'il ne relèvera jamais.

Thomas se mit à sourire... (page 236)

VIII. — Depuis l'origine de la querelle entre le roi Henri II et l'archevêque Thomas jusqu'au meurtre de l'archevêque
1160-1171

Sous le règne de Henri Ier, il y avait à Londres un jeune bourgeois, saxon d'origine, mais assez riche pour faire compagnie avec les Normands de la ville, et que les historiens du temps appellent Gilbert Beket. On peut croire que son vrai nom était Bek, et que les Normands parmi lesquels il vivait, y joignirent un diminutif qui leur était familier, et en firent Beket, comme les Anglais de race et de langue en faisaient Bekie. Vers l'année 1115, Gilbert Bekie ou Beket prit la croix par un vœu de pénitence ou pour aller courir la fortune au royaume chrétien de Jérusalem. Mais il fut moins heureux en Palestine que les écuyers et les sergents de Normandie ne l'avaient été en Angleterre, et, au lieu de devenir, comme eux, puissant et opulent par conquête, il fut pris et réduit en esclavage.

Tout malheureux et méprisé qu'il était, l'esclave anglais sut inspirer de l'amour à la fille d'un chef sarrasin. Il s'évada par le secours de cette femme, et revint dans son pays; mais sa libératrice ne pouvant vivre sans lui, abandonna bientôt la maison paternelle pour courir à sa recherche. Elle ne savait que deux seuls mots intelligibles pour les habitants de l'Occident : c'étaient *Londres* et *Gilbert*. A l'aide du premier, elle passa en Angleterre sur un vaisseau de marchands et de pèlerins ; et, par le moyen du second, courant de rue en rue et répétant Gilbert! Gilbert! à la foule qui s'amassait autour d'elle, elle retrouva l'homme qu'elle aimait. Gilbert Beket, après avoir pris sur cet incident merveilleux l'opinion de plusieurs évêques, fit baptiser la jeune fille, dont il changea le nom sarrasin en celui de Mathilde, et l'épousa. Ce mariage fit grand bruit par sa singularité, et devint le sujet de plusieurs romances populaires, dont deux, qui se sont conservées jusqu'à nos jours, renferment des détails touchants. Enfin, en l'année 1119, Gilbert et Mathilde eurent un fils, qui fut appelé Thomas Beket, suivant la mode des doubles noms introduite en Angleterre par les Normands.

Telle fut, selon le récit de quelques anciens chroniqueurs, la naissance romanesque d'un homme destiné à troubler d'une manière aussi violente qu'imprévue l'arrière-petit-fils de Guillaume le Conquérant dans la jouissance heureuse et paisible de son pouvoir. Cet homme, né pour le tourment de la race anglo-normande, reçut l'éducation la plus propre à lui donner accès auprès des nobles et des grands, et à lui attirer leur faveur. Jeune, on l'envoya en France pour étudier les lois, les sciences et les langues du continent, et perdre l'accent anglais, qui était alors en Angleterre une chose de mauvais ton. Thomas Beket, au retour de ses voyages, se trouva capable de converser et de vivre avec les gens les plus raffinés de la nation dominatrice, sans choquer leurs oreilles ou leur bon goût par aucun mot ni aucun geste qui rappelât son origine saxonne. Il mit de bonne heure ce talent en usage, et, tout jeune, il s'insinua dans la familiarité d'un des riches barons qui habitait près de Londres. Il devint son convive de tous les jours et le compagnon de ses plaisirs. Il faisait des courses sur les chevaux de son patron, et chassait avec ses chiens et ses oiseaux, passant la journée dans ces divertissements interdits à tout Anglais qui n'était ni le serviteur, ni le commensal d'un homme d'origine étrangère.

Thomas, plein de gaieté et de souplesse, caressant, poli, obséquieux, acquit bientôt une grande réputation dans la haute société normande. L'archevêque de Canterbury, Thibaut, qui, grâce à la primatie instituée par le Conquérant, était la première personne après le roi, entendit parler du jeune Anglais, voulut le voir, et, le trouvant à son gré, se l'attacha. Il lui fit prendre les ordres, le nomma archidiacre de son église métropolitaine, et l'employa dans plusieurs négociations délicates avec la cour de Rome. Sous le règne d'Etienne, l'archidiacre Thomas conduisit auprès du pape Eugène une intrigue des évêques d'Angleterre partisans de Mathilde, pour obtenir de ce pape une défense formelle de sacrer le fils du roi. Lorsque, peu d'années après, le fils de Mathilde eut obtenu la couronne, on lui présenta Thomas Beket comme un zélé serviteur de sa cause pendant le temps de l'usurpation ; car c'est ainsi que le règne d'Etienne était appelé alors par la plupart de ceux qui l'avaient élu, sacré, défendu contre les prétentions de Mathilde.

L'archidiacre de Canterbury plut si fort au nouveau roi, qu'en peu d'années la faveur royale l'éleva au grand office de chancelier d'Angleterre, c'est-à-dire gardien du sceau à trois lions, qui était le signe légal du pouvoir fondé par la conquête. Henri II confia en outre à l'archidiacre l'éducation de son fils aîné, et attacha à ces deux emplois de gros revenus, qui, par un hasard assez étrange, furent assis sur des lieux de funeste mémoire pour un Anglais : c'étaient la prébende de Hastings, la garde du château de Berkhamsted, et le gouvernement de la Tour de Londres.

Thomas était le compagnon le plus assidu et le plus intime du roi Henri ; il partageait ses amusements les plus mondains et les plus frivoles. Elevé en dignité au-dessus de tous les Normands d'Angleterre, il affectait de les surpasser en luxe et en pompe seigneuriale. Il entretenait à sa solde sept cents cavaliers complètement armés. Les harnais de ses chevaux étaient couverts d'or et d'argent; sa vaisselle était magnifique, et il tenait table ouverte pour les personnes de haut rang. Ses pourvoyeurs faisaient venir de loin, à grands frais, les choses les plus rares et les plus délicates. Les comtes et les barons tenaient à honneur de lui rendre visite, et aucun étranger venant à son hôtel ne s'en retournait sans un présent soit de chiens ou d'oiseaux de chasse, soit de chevaux ou de riches vêtements. Les seigneurs lui envoyaient leurs fils pour servir dans sa maison et être élevés près de lui ; il les gardait quelque temps, puis il les armait chevaliers et, en les congédiant, leur donnait toutes les pièces de l'équipement militaire.

Dans sa conduite politique, Thomas se comportait en vrai et loyal chancelier d'Angleterre, selon le sens déjà attaché à ces mots, c'est-à-dire qu'il travaillait de tous ses efforts à maintenir, à augmenter même le pouvoir personnel du roi envers et contre tous les hommes, sans distinction de race ni d'état, normands ou saxons, clercs ou laïques. Quoique membre de l'ordre ecclésiastique, il entra plus d'une fois en lutte avec cet ordre, dans l'intérêt du fisc ou de l'échiquier royal. Au temps où le roi Henri II entreprit la guerre contre le comte de Toulouse, on leva en Angleterre, pour les frais de la campagne, la taxe que les Normands appelaient *escuage*, c'est-à-dire taxe des écus, parce qu'elle était due par tout possesseur d'une terre suffisante à l'entretien d'un homme d'armes qui, dans le délai prescrit par les appels, ne se présentait point à la revue tout armé et l'écu au bras. Les riches prélats et les riches abbés de race normande, dont l'esprit belliqueux s'était calmé, s'excusèrent de ne pas se rendre à l'appel des gens de guerre, parce que, disaient-ils, l'Eglise leur défendait de verser le sang; ils refusèrent, en outre, par le même motif, de payer la taxe d'absence ; mais le chancelier voulut les y contraindre. Le haut clergé se répandit alors en invectives contre l'audace de Thomas : Gilberet Foliot, évêque de Londres, l'accusa publiquement de plonger l'épée dans le sein de sa mère, l'Eglise, et l'archevêque Thibaut, quoique son ancien patron, menaça de l'excommunier. Thomas ne s'émut point des censures ecclésiastiques, et peu après il s'y exposa de nouveau, en combattant de sa propre main dans la guerre de Toulouse, et en montant des premiers, tout diacre qu'il était, à l'assaut des forteresses. Un jour, dans une assemblée du clergé, quelques évêques affectèrent d'étaler des maximes d'indépendance exagérées à l'égard du pouvoir royal : le chancelier, qui était présent, les contredit ouvertement, et leur rappela d'un ton sévère qu'ils étaient tenus envers le roi par le même serment que les gens d'épée, par le serment de lui conserver sa vie, ses membres, sa dignité et son honneur.

La bonne harmonie qui avait régné dans les premiers temps de la conquête entre les barons et les prélats normands, ou, pour parler le langage du siècle, entre l'empire et le sacerdoce, n'avait pas été de longue durée. En même temps qu'il s'éleva des disputes entre les rois et les barons, il y eut mésintelligence entre les barons et le clergé, entre cet ordre et la royauté : ces trois puissances se divisèrent quand la puissance ennemie de toutes les trois, c'est-à-dire la race anglo-saxonne, eut cessé de se faire craindre. C'était mal à propos que le premier Guillaume avait compté sur une plus longue union quand il donna au corps ecclésiastique établi par la conquête un pouvoir jusqu'alors inconnu en Angleterre. Il croyait obtenir par ce moyen un accroissement de puissance personnelle ; et peut-être eut-il raison pour lui-même, mais il eut tort pour ses successeurs.

Le lecteur connaît le décret royal par lequel, détruisant l'ancienne responsabilité des prêtres devant les juges civils, et attribuant aux membres du haut clergé le privilége d'être juges, Guillaume avait institué des cours épiscopales, arbitres de certains procès de laïques et de tous les procès intentés à des clercs. Les clercs normands, clercs de fortune, si l'on peut se servir de ce mot, ne tardèrent pas à étaler en Angleterre les mœurs les plus désordonnées. Le seul moyen d'arrêter et de punir ces désordres était d'abolir le privilége ecclésiastique établi par le Conquérant, et dont la nécessité temporaire avait cessé, puisque les rébellions des Anglais n'inspiraient plus beaucoup de crainte. C'était une réforme raisonnable ; et en outre, par un motif moins pur, pour l'agrandissement de leurs propres juridictions territoriales, les gens d'épée la désiraient, et blâmaient la loi votée par leurs aïeux dans le grand conseil du roi Guillaume Ier.

Dans l'intérêt de la puissance temporelle dont il était le souverain dépositaire, et aussi, on doit le croire, par des motifs de raison et de justice, Henri II songeait à exécuter cette réforme; mais pour qu'elle s'opérât facilement et sans troubles, il fallait que la primatie de Canterbury, cette espèce de royauté ecclésiastique, tombât entre les mains d'un homme dévoué à la personne du roi, aux intérêts de la puissance royale et à la cause des barons contre les gens d'église. Il fallait, en outre, que cet homme fût peu sensible au plus ou au moins de souffrance des Anglais indigènes; car la loi de l'indépendance cléricale, autrefois dirigée spécialement contre la population vaincue, après lui avoir beaucoup nui lorsqu'elle résistait encore, lui était devenue favorable. Tout serf saxon qui parvenait à se faire ordonner prêtre était dès lors à jamais exempt de servitude, parce qu'aucune action intentée contre lui comme esclave fugitif, soit par les baillis royaux, soit par les officiers des seigneurs, ne pouvait le forcer de comparaître devant la justice séculière; quant à l'autre justice, elle ne consentait point à laisser retourner à la charrue ceux qui étaient devenus les oints du Christ. Les maux de l'asservissement national avaient multiplié en Angleterre le nombre de ces clercs par nécessité, qui n'avaient point d'église, qui vivaient d'aumônes, mais qui, au moins, à la différence de leurs pères et de leurs compatriotes, n'étaient ni attachés à la glèbe, ni parqués dans l'enceinte des villes royales. Le faible espoir de ce recours contre l'oppression étrangère était alors, après les misérables succès de la servilité et de l'adulation, la plus brillante perspective pour un homme de race anglaise. Aussi le bas peuple se passionnait-il pour les priviléges cléricaux.

Le chancelier, qui avait passé sa jeunesse au milieu des gens de haut parage, semblait dégagé de toute espèce d'intérêt de nation pour les opprimés de l'Angleterre. D'un autre côté, toutes ses liaisons d'amitié étaient avec des laïques; il semblait ne connaître au monde d'autres droits que ceux de la puissance royale; il était le favori du roi et l'homme le plus habile en affaires : aussi les partisans de la réforme ecclésiastique le jugèrent-ils très propre à en devenir le principal instrument; et, bien longtemps avant la mort de l'archevêque Thibaut, c'était déjà le bruit commun à la cour que Thomas Beket obtiendrait la primatie. En l'année 1161, Thibaut mourut; et aussitôt le roi recommanda son chancelier au choix des évêques. Ils opposèrent une résistance que le pouvoir royal n'était pas habitué à rencontrer de leur part. Ils déclarèrent qu'en leur conscience ils ne croyaient pas pouvoir élever au siége du bienheureux Lanfranc un chasseur et un guerrier de profession, un homme du monde et du bruit.

De leur côté, les seigneurs normands qui vivaient hors de l'intimité de la cour, et surtout ceux d'outre-mer, montrèrent une opposition violente à la nomination de Thomas; la mère du roi fit de grands efforts pour le dissuader du projet de faire le chancelier archevêque. Peut-être ceux qui n'avaient point vu Beket assez souvent ni d'assez près pour avoir en lui pleine confiance éprouvaient-ils une sorte de pressentiment du danger de confier un aussi grand pouvoir à un homme d'origine anglaise; mais la sécurité du roi était sans bornes. Il s'obstina contre toutes les remontrances, et jura par Dieu que son ami serait primat d'Angleterre. Henri II tenait alors sa cour en Normandie, et Thomas s'y trouvait avec lui. Dans une des conférences qu'ils avaient habituellement ensemble sur les affaires de l'Etat, le roi lui dit qu'il devait se préparer à repasser la mer pour une commission importante. « J'obéirai, répon-
» dit le chancelier, aussitôt que j'aurai reçu mes instructions. —
» Quoi ! reprit le roi d'un ton expressif, tu ne devines pas ce dont
» il s'agit, et que je veux fermement que ce soit toi qui deviennes
» archevêque? » Thomas se mit à sourire, et levant un pan de son riche habit : « Voyez un peu, dit-il, l'homme édifiant, le saint
» homme que vous voudriez charger de si saintes fonctions. D'ail-
» leurs, vous avez sur les affaires de l'Eglise des vues auxquelles je
» ne pourrais me prêter ; et je crois que si je devenais archevêque,
» nous ne serions bientôt plus amis. » Le roi reçut cette réponse comme un simple badinage ; et sur-le-champ l'un de ses justiciers porta de sa part aux évêques d'Angleterre, qui depuis treize mois retardaient l'élection, l'ordre formel de nommer sans délai le candidat de la cour. Les évêques, fléchissant sous ce qu'on appelait alors la main royale, obéirent avec une bonne grâce apparente.

Thomas Beket, cinquième primat depuis la conquête, et le premier qui ait été Anglais de race, fut ordonné prêtre le samedi de la Pentecôte de l'année 1162, et le lendemain consacré archevêque par le prélat de Winchester, en présence des quatorze suffragants du siége de Canterbury. Peu de jours après sa consécration, ceux qui le virent ne le reconnaissaient plus. Il avait dépouillé ses riches vêtements, démeublé sa maison somptueuse, rompu avec ses nobles hôtes, et fait amitié avec les pauvres, les mendiants et les Saxons. Comme eux il portait un habit grossier, vivait de légumes et d'eau, avait l'air humble et triste, et c'était pour eux seulement que sa salle de festin était ouverte et son argent prodigué. Jamais changement de vie ne fut plus soudain, et n'excita d'un côté autant de colère, et de l'autre autant d'enthousiasme. Le roi, les comtes, les barons, tous ceux que Beket avait servis autrefois, et qui avaient contribué à son élévation, se crurent indignement trahis. Les évêques et le clergé normand, ses anciens antagonistes, restèrent en suspens et l'observèrent : mais il devint l'idole des gens de basse condition; les simples moines, le clergé inférieur et les indigènes de tout état virent en lui un frère et un protecteur.

L'étonnement et le dépit du roi passèrent toute mesure quand il reçut en Normandie un message du primat qui lui remettait le sceau royal, et déclarait que, se croyant insuffisant pour son nouvel office, il ne pouvait en cumuler deux. Henri soupçonna d'hostilité cette abdication, par laquelle l'archevêque semblait vouloir s'affranchir de tout lien de dépendance à son égard, et il en eut d'autant plus de ressentiment qu'il s'y était moins attendu. Son amitié se tourna en aversion violente, et, à son retour en Angleterre, il accueillit dédaigneusement son ancien favori, et affecta de mépriser, quand il le vit paraître en froc de moine, celui qu'il avait tant fêté sous l'habit de courtisan normand, avec le poignard au côté, la toque à plumes sur la tête, et les chaussures à longues pointes recourbées en cornes de bélier.

Le roi commença dès lors contre l'archevêque un système régulier d'attaques et de vexations personnelles. Il lui enleva l'archidiaconat de Canterbury, qu'il cumulait encore avec le siége épiscopal; puis il suscita un certain Clérambault, moine de Normandie, homme audacieux, qui avait quitté le froc dans son pays, et que le roi fit abbé du monastère de Saint-Augustin à Canterbury. Clérambault, soutenu par la cour, refusa de prêter serment d'obéissance canonique entre les mains du primat, malgré l'ordre établi autrefois par Lanfranc pour ruiner l'indépendance des moines de Saint-Augustin, lorsque les religieux saxons résistaient encore aux Normands. Le nouvel abbé motiva ce refus sur ce qu'anciennement, c'est-à-dire avant la conquête, son monastère avait joui d'une pleine et entière liberté. Beket revendiqua la prérogative que les premiers rois normands avaient attribuée à son siége. La dispute s'échauffa de part et d'autre, et Clérambault, conseillé par le roi et les courtisans, remit sa cause au jugement du pape.

A cette époque, l'empereur d'Allemagne, Frédérik, reconnaissait, comme pape légitime Victor, qui était désavoué par les rois de France et d'Angleterre; ceux-ci reconnaissaient son compétiteur Alexandre, troisième du nom, chassé de Rome par ses adversaires, et réfugié alors en France. C'est à ce dernier que le nouvel abbé de Saint-Augustin adressa une protestation contre le primat d'Angleterre, au nom des antiques libertés de son couvent; ces libertés, furent déclarées inviolables par le pape Alexandre III.

Thomas, irrité de sa défaite, rendit aux courtisans attaque pour attaque, et comme ils venaient de se prévaloir contre lui de droits antérieurs à la conquête, lui-même se mit à réclamer tout ce que son église avait perdu depuis l'invasion des Normands. Il somma Gilbert de Clare de restituer au siège de Canterbury la terre de Tumbridge, que son aïeul avait reçue en fief, et il éleva des prétentions du même genre contre plusieurs autres barons et contre les officiers du domaine royal. Ces réclamations tendaient, quoique indirectement, à ébranler dans son principe le droit de propriété de toutes les familles anglo-normandes, et pour cette raison elles causèrent une alarme générale. On invoqua la prescription, et Beket répondit nettement qu'il ne connaissait point de prescription pour l'injustice, et que ce qui avait été pris sans bon titre devait être rendu. Les fils des compagnons de Guillaume le Bâtard crurent voir l'âme du roi Harold descendue dans le corps de celui qu'eux-mêmes avaient fait primat.

L'archevêque ne leur donna pas le temps de se remettre du premier trouble, et violant encore un des usages les plus respectés depuis la conquête, il plaça un prêtre de son choix dans l'église vacante d'Aynesford, sur la terre du normand Guillaume, chevalier et tenant en chef du roi. Ce Guillaume, comme tous les Normands, prétendait disposer, et disposait en effet sur son fief, des églises aussi bien que des métairies. Il nommait à son gré les prêtres comme les fermiers, administrant par des hommes de son choix les secours et l'enseignement religieux à ses Saxons, libres ou serfs; privilége qu'on appelait alors droit de patronage. En vertu de ce droit, Guillaume d'Aynesford chassa le prêtre envoyé chez lui par l'archevêque; mais Beket excommunia Guillaume pour avoir fait violence à un clerc. Le roi intervint contre le primat; il se plaignit de ce qu'on avait excommunié, sans l'en prévenir, l'un de ses tenanciers en chef, un homme capable d'être appelé à son conseil et à sa cour, et ayant qualité pour se présenter devant lui en tout temps et en tout lieu. « Puisque je n'ai point été averti, disait » Henri II, et puisque ma dignité a été lésée en ce point essentiel, » l'excommunication de mon vassal est nulle; j'exige donc que » l'archevêque la rétracte. » L'archevêque céda de mauvaise grâce, et la haine du roi s'en aigrit. « Dès ce jour, dit-il publiquement, » tout est fini entre cet homme et moi. »

Dans l'année 1164, les justiciers royaux, révoquant de fait l'ancienne loi du Conquérant, citèrent devant leurs assises un prêtre accusé de meurtre ; mais l'archevêque de Canterbury, comme supérieur ecclésiastique de toute l'Angleterre, déclara la citation nulle, en vertu des priviléges du clergé, aussi anciens dans le pays que ceux de la royauté normande. Il fit saisir par ses propres agents le coupable, qui fut amené devant un tribunal ecclésiastique, privé de sa prébende, battu publiquement de verges, et suspendu de tout office pour plusieurs années. Cette affaire, où les juges royaux eurent complètement le dessous, fit grand scandale. Les hommes de descendance normande se divisèrent en deux partis, dont l'un approuvait et l'autre blâmait fortement le primat. Les évêques étaient pour lui, et contre lui les gens d'épée, la cour et le roi. Le roi, opiniâtre par caractère, changea tout à coup le différend particulier en question législative ; et, convoquant en assemblée solennelle tous les seigneurs et tous les prélats d'Angleterre, il leur exposa les délits nombreux commis chaque jour par des clercs. Il ajouta qu'il avait découvert des moyens de réprimer ces délits dans les anciennes coutumes de ses prédécesseurs, et surtout dans celles de Henri Ier, son aïeul. Il demanda, suivant l'usage, à tous les membres de l'assemblée, s'ils ne trouvaient pas bon qu'il fît revivre les coutumes de son aïeul. Les laïques dirent qu'ils le souhaitaient; mais tous les clercs, et Thomas à leur tête, répondirent : « Sauf » l'honneur de Dieu et de la sainte Église. — Il y a du venin dans » ces paroles, » répliqua le roi en colère ; il quitta aussitôt les évêques sans les saluer, et l'affaire demeura indécise.

Peu de jours après, Henri II fit appeler séparément auprès de lui l'archevêque d'York, Roger, Robert de Melun, évêque de Hereford, et plusieurs autres prélats d'Angleterre, dont les noms, purement français, indiquent assez l'origine. Par des promesses, de longues explications, et peut-être des insinuations sur les desseins présumés de l'anglais Beket contre tous les grands d'Angleterre, enfin par plusieurs raisons que les historiens ne détaillent pas, les évêques anglo-normands furent presque tous gagnés au parti du roi : ils promirent de favoriser le rétablissement des prétendues coutumes de Henri Ier, qui, pour dire la vérité, n'en avait jamais pratiqué d'autres que celles de Guillaume le Conquérant, fondateur du privilége ecclésiastique. En outre, et pour la seconde fois depuis ses différends avec le primat, le roi s'adressa au pape Alexandre. Il députa aussi un messager spécial avec des lettres apostoliques pour enjoindre à tous les prélats, et nommément à celui de Canterbury, d'accepter et d'observer toutes les lois du roi d'Angleterre, quelles qu'elles fussent. Demeuré seul dans son opposition, et privé de tout espoir d'appui, Beket fut contraint de céder. Il alla trouver le roi à sa résidence de Woodstock, et promit, comme les autres évêques, d'observer de bonne foi et sans aucune restriction toutes les lois qui seraient faites. Pour que cette promesse fût renouvelée authentiquement au sein d'une assemblée solennelle, le roi Henri convoqua, dans le bourg de Clarendon, à peu de distance de Winchester, le grand conseil des Anglo-Normands, archevêques, évêques, abbés, prieurs, comtes, barons et chevaliers.

L'assemblée de Clarendon se tint au mois de mars de l'année 1164, sous la présidence de Jean, évêque d'Oxford. Les gens du roi y exposèrent les réformes et les dispositions toutes nouvelles qu'il lui plaisait d'intituler anciennes coutumes et libertés de Henri Ier, son aïeul. Les évêques donnèrent solennellement leur approbation à tout ce qu'ils venaient d'entendre ; mais Beket refusa la sienne, et s'accusa, au contraire, de folie et de faiblesse pour avoir promis d'observer sans réserve les lois du roi, quelles qu'elles fussent. Tout le conseil normand fut en rumeur. Les évêques supplièrent Thomas et les barons le menacèrent. Deux chevaliers du Temple lui demandèrent avec larmes de ne point faire déshonneur au roi ; et, pendant que cette scène avait lieu dans la grande salle, on aperçut à travers les portes, dans l'appartement voisin, des hommes qui bouclaient leurs cottes de mailles et ceignaient leurs épées. L'archevêque eut peur, et donna sa parole d'observer sans restriction les coutumes de l'aïeul du roi, ne demandant que la faculté d'examiner plus à loisir et de vérifier ces coutumes. L'assemblée nomma des commissaires chargés de les rédiger par articles, et s'ajourna au lendemain.

Vers le soir, l'archevêque se mit en route pour Winchester, où était son logement. Il allait à cheval avec une nombreuse suite de clercs, qui, chemin faisant, causaient ensemble des événements de cette journée. La conversation, d'abord paisible, s'échauffa par degrés, et devint une dispute où chacun prit parti selon son opinion. Les uns louaient la conduite du primat ou l'excusaient d'avoir cédé à la force des circonstances. D'autres exprimaient leur blâme avec vivacité, disant que la liberté ecclésiastique allait périr en Angleterre par la faute d'un seul homme. Le plus animé de tous était un Saxon appelé Edward Grimm, qui portait la croix de l'archevêque ; emporté par la chaleur du débat, il parlait très haut et gesticulait beaucoup. « Je le vois bien, disait-il, aujourd'hui l'on
» n'estime plus que ceux qui ont pour les princes une complai-
» sance sans bornes ; mais que deviendra la justice ? qui combattra

» pour elle, lorsque le chef s'est laissé vaincre, et quelles vertus
» trouverons-nous désormais chez celui qui a perdu le courage ? »
Ces derniers mots furent entendus de Thomas, que l'agitation et les
éclats de voix avaient attiré. « A qui en voulez-vous, mon fils ?
» dit-il au porte-croix. A vous-même, répondit celui-ci dans une
» sorte d'enthousiasme; à vous, qui avez renoncé à votre con-
» science, en levant la main pour promettre l'observation de ces
» détestables coutumes. » A ce violent reproche, où le sentiment
national avait peut-être autant de part que la conviction religieuse,
l'archevêque ne s'irrita point, et parut un moment pensif; puis, s'a-
dressant du ton le plus doux à son compatriote : « Mon fils, lui dit-
» il, vous avez raison ; j'ai commis une grande faute et je m'en
» repens. »

Le lendemain, les prétendues coutumes ou *constitutions* de
Henri Ier furent produites par écrit, divisées en seize articles, qui
contenaient un système entier de dispositions contraires aux ordonnances de Guillaume le Conquérant. Il s'y trouvait, en outre, plusieurs règlements spéciaux, dont l'un portait défense d'ordonner
prêtres, sans le consentement de leur seigneur, ceux qu'en langue
normande on appelait *natifs* ou *naïfs*, c'est-à-dire les serfs, qui
étaient tous de race indigène. Les évêques furent requis d'apposer
leurs sceaux en cire au bas du rôle de parchemin qui contenait les
seize articles : ils le firent tous, à l'exception de Thomas, qui, sans
rétracter ouvertement sa première adhésion, demanda encore des
délais. Mais l'assemblée passa outre, et ce refus de l'archevêque
n'empêcha point les nouvelles lois d'être aussitôt promulguées. Il
partit de la chancellerie royale des lettres adressées à tous les juges
ou justiciers normands d'Angleterre et du continent. Ces lettres
leur ordonnaient, au nom de Henri, par la grâce de Dieu, roi
d'Angleterre, duc de Normandie, duc d'Aquitaine et comte
d'Anjou, de faire exécuter et observer par les archevêques, évêques, abbés, prêtres, comtes, barons, citoyens, bourgeois et
paysans, les ordonnances décrétées au grand conseil de Clarendon.

Une lettre de l'évêque de Poitiers, qui reçut alors de semblables
dépêches, apportées dans son diocèse par Simon de Tournebu et
Richard de Lucy, justiciers, fait connaître en détail les instructions
qu'elles contenaient. Ces instructions sont curieuses à rapprocher
des lois publiées quatre-vingts ans auparavant, au nom de Guillaume Ier et de ses barons; car des deux côtés on trouve les mêmes
menaces et les mêmes pénalités sanctionnant des ordres contraires.

« Ils m'ont défendu, dit l'évêque de Poitiers, d'appeler en cause

» qui que ce soit de mes diocésains, à la requête d'aucune veuve,
» d'aucun orphelin, ni d'aucun prêtre, à moins que les officiers du
» roi ou le seigneur au fief duquel ressortit la cause en litige n'aient
» fait déni de justice ; ils ont déclaré que si quelqu'un se rendait à
» ma sommation, tous ses biens seraient aussitôt confisqués et lui-
» même emprisonné ; enfin, ils m'ont signifié que si j'excommuniais
» ceux qui refuseraient de comparaître devant ma justice épisco-
» pale, les excommuniés pourraient, sans nullement déplaire au roi,
» s'attaquer à ma personne ou à celle de mes clercs, et à mes pro
» pres biens ou à ceux de mon église. »

Du moment que ces lois, faites par des Normands dans un bourg d'Angleterre, furent décrétées comme obligatoires pour les habitants de presque tout l'ouest de la Gaule, Angevins, Manceaux, Bretons, Poitevins et Aquitains, et que ces diverses populations furent en rumeur pour la querelle de Henri II et de l'archevêque Thomas Beket, la cour de Rome se mit à regarder avec attention une affaire qui, en si peu de temps, avait pris une telle importance. L'archevêque de Rouen, Rotrou, homme moins intéressé que les Normands d'Angleterre dans le conflit de la royauté et de la primatie anglaise, vint, avec une mission du pape, pour observer les choses de plus près, et proposer, à tout hasard, un accommodement, sous la médiation pontificale ; mais le roi, fier de son triomphe, répondit qu'il n'accepterait cette médiation que dans le cas où le pape confirmerait préalablement par une bulle apostolique les articles de Clarendon ; et le pape, qui pouvait plutôt gagner que perdre au retard, refusa de donner sa sanction jusqu'à ce qu'il fût mieux informé.

Alors Henri II, sollicitant, pour la troisième fois, l'appui de la cour pontificale contre son antagoniste Beket, envoya vers Alexandre III une ambassade solennelle, lui demandant pour Roger, archevêque d'York, le titre de légat apostolique en Angleterre, avec le pouvoir de faire et de défaire, de nommer et de destituer. Alexandre n'accorda point cette requête ; mais il conféra au roi lui-même, par une commission en forme, le titre et les droits de légat, avec la toute-puissance d'agir, excepté en un seul point, qui était la destitution du primat. Le roi reçut avec des marques de dépit cette commission, et la renvoya aussitôt. « Nous em-
» ploierons nos propres forces, dit-il, et nous croyons qu'elles
» seront suffisantes pour faire rentrer dans le devoir ceux qui en
» veulent à notre honneur. » Le primat, abandonné par les barons et les évêques anglo-normands, et n'ayant plus dans son parti que

de pauvres moines, des bourgeois et des serfs, sentit qu'il serait trop faible contre son antagoniste s'il demeurait en Angleterre, et résolut de chercher ailleurs des secours et un asile. Il se rendit au port de Romney, et monta deux fois sur un vaisseau prêt à partir; mais deux fois les vents furent contraires, ou le patron du navire, craignant la colère du roi, refusa de mettre à la voile.

Quelques mois après l'assemblée de Clarendon, Henri II en convoqua une nouvelle à Northampton; et Thomas reçut, comme les autres évêques, sa lettre de convocation. Il arriva au jour fixé, et prit un logement dans la ville; mais à peine l'eût-il retenu, que le roi le fit occuper par ses gens et par ses chevaux. Outré de cette vexation, l'archevêque envoya dire qu'il ne se rendrait point au parlement, à moins que sa maison ne fût évacuée par les chevaux et les gens du roi. On la lui rendit en effet; mais l'incertitude où il était de l'issue que devait avoir cette lutte inégale lui fit craindre de s'y engager plus avant, et quelque humiliant qu'il fût pour lui de supplier un homme qui venait de lui faire insulte, il se rendit à l'hôtel du roi et demanda audience : il attendit inutilement tout le jour, tandis que Henri II se divertissait avec ses faucons et ses chiens. Le lendemain, il revint se placer dans la chapelle du roi pendant la messe, et, au sortir, l'abordant d'un air respectueux, il lui demanda la permission de passer en France. « Bien, répondit le » roi; mais avant tout, il faudra que vous me rendiez raison de plu- » sieurs choses, et spécialement du tort que vous avez fait dans » votre cour à Jean, mon maréchal. »

Il y avait, en effet, quelque temps que le normand Jean, surnommé le Maréchal à cause de son office, était venu devant la cour de justice épiscopale de Canterbury réclamer une terre de l'évêché, qu'il prétendait avoir droit de tenir en fief héréditaire. Les juges avaient rejeté sa réclamation comme mal fondée; et alors le plaignant avait *faussé* la cour, c'est-à-dire protesté avec serment qu'elle lui déniait justice. « J'avoue, répondit Thomas au roi, que Jean le » Maréchal s'est présenté devant ma cour; mais loin d'y recevoir » aucun tort de moi, c'est lui qui m'a fait injure ; car il a exhibé un » volume de plain-chant, et s'est mis à jurer sur ce livre que ma » cour était fausse et déniait justice; tandis que, selon la loi du » royaume, quiconque veut fausser la cour d'autrui doit jurer sur » les saints Évangiles. » Le roi affecta de ne tenir aucun compte de cette excuse. L'accusation de déni de justice portée contre l'archevêque fut poursuivie devant le grand conseil normand, qui le condamna, et, par sa sentence, l'adjugea à la merci du roi, c'est-à-dire adjugea au roi tout ce qu'il lui plairait de prendre sur les biens du condamné. Beket fut d'abord tenté de protester contre cet arrêt, et de fausser jugement, comme on disait alors ; mais la conscience de sa faiblesse le détermina à entrer en composition avec ses juges, et il capitula pour une amende de 500 livres d'argent.

Beket retourna à sa maison, le cœur attristé des dégoûts qu'il venait d'éprouver ; le chagrin l'y fit tomber malade. Aussitôt que le roi apprit cette nouvelle, il se hâta de lui envoyer la sommation de comparaître de nouveau dans le délai d'un jour devant l'assemblée de Northampton, pour y rendre compte des fonds et des revenus publics dont il avait eu la gestion pendant qu'il était chancelier. « Je » suis faible et souffrant, répondit Thomas aux officiers royaux, et » d'ailleurs le roi sait, comme moi-même, qu'au jour où je fus con- » sacré archevêque, les barons de son échiquier et Richard de » Lucy, grand justicier d'Angleterre, m'ont déclaré quitte de tout » compte et de toute réclamation. » La citation légale n'en demeura pas moins faite ; mais Thomas négligea de s'y rendre, prétextant sa maladie. Des gens de justice vinrent, à plusieurs reprises, constater à quel point il était incapable de marcher, et lui signifièrent la note des réclamations du roi, montant à quarante-quatre mille marcs. L'archevêque offrit de payer deux mille marcs pour se racheter de ce procès désagréable et intenté de mauvaise foi ; mais Henri II refusa toute espèce d'accommodement ; car ce n'était pas l'argent qui le tentait dans cette affaire « Ou je ne serai plus roi, disait-il, » ou cet homme ne sera plus archevêque. »

Les délais accordés par la loi étaient expirés ; il fallait que Beket se présentât ; et, d'un autre côté, on l'avait averti que, s'il paraissait à la cour, ce ne serait pas sans danger pour sa liberté ou pour sa vie. Dans cette extrémité, recueillant toute sa force d'âme, il résolut de marcher et d'être ferme. Le matin du jour décisif, il célébra la messe de Saint-Etienne, premier martyr, dont l'office commence par ces paroles : « Les princes se sont assis en conseil pour » délibérer contre moi. » Après la messe, il se revêtit de son habit pontifical ; et, ayant pris sa croix d'argent des mains de celui qui la portait d'ordinaire, il se mit en chemin, la porta lui-même dans la main droite, et tenait de la gauche les rênes de son cheval. Seul, et toujours tenant sa croix, il arriva dans la grande salle d'assemblée, traversa la foule, et s'assit. Henri II se tenait alors dans un appartement plus secret avec ses amis particuliers, et s'occupait à discuter dans ce conseil privé les moyens de se défaire de l'archevêque avec le moins d'éclat possible. La nouvelle de l'appareil inattendu avec lequel il venait de faire son entrée troubla le roi et ses conseillers. L'un d'entre eux, Gilbert Foliot, évêque de Londres, sortit

Passage de Thomas Beket à travers la France. (page 251)

en hâte du petit appartement, et marchant vers la place où Thomas était assis : « Pourquoi viens-tu ainsi, lui dit-il, armé de ta croix ? » Et il saisit la croix pour s'en emparer ; mais le primat la retint fortement. L'archevêque d'York vint alors se joindre à l'évêque de Londres, et dit, en s'adressant à Beket : « C'est porter défi au roi,
» notre seigneur, que de venir en armes à sa cour ; mais le roi a
» une épée dont la pointe est mieux affilée que celle d'un bâton
» pastoral. » Les autres évêques, témoignant moins de violence, se contentèrent de conseiller à Thomas, au nom de son propre intérêt, de remettre sa dignité d'archevêque à la merci du roi ; mais il ne les écouta point.

Pendant que cette scène avait lieu dans la grande salle, Henri II éprouvait un vif dépit de voir son adversaire sous la sauvegarde de ses ornements pontificaux ; les évêques, qui, dans le premier moment, avaient peut-être consenti aux projets de violence formés contre leur collègue, se turent alors, et se gardèrent d'encourager les courtisans à porter la main sur l'étole et sur la croix. Les conseillers du roi ne savaient plus que résoudre, quand l'un d'eux, prenant la parole, dit : « Que ne le suspendons-nous de tous ses droits
» et priviléges par un appel au saint-père ? Voilà le moyen de le
» désarmer. » Cet avis, reçu comme un trait de lumière, plut singulièrement au roi, et, par son ordre, l'évêque de Chichester, s'avançant vers Thomas Beket, à la tête de tous les autres, lui parla de la manière suivante :

« Naguère, tu étais notre archevêque ; mais aujourd'hui nous te
» désavouons, parce qu'après avoir promis fidélité au roi, notre
» commun seigneur, et juré de maintenir ses ordonnances, tu t'es
» efforcé de les détruire. Nous te déclarons donc traître et parjure,
» et disons hautement que nous n'avons plus à obéir à celui qui s'est
» parjuré, plaçant notre cause sous l'approbation de notre seigneur
» le pape, devant qui nous te citons. »

A cette déclaration, faite avec tout l'appareil des formes légales et toute l'emphase de la confiance, Beket ne répondit que ces seuls mots : « J'entends ce que vous dites. » La grande assemblée des seigneurs s'ouvrit ensuite, et Gilbert Foliot accusa devant elle le *ci-devant archevêque* d'avoir célébré, en mépris du roi, une messe sacrilége sous l'invocation de l'esprit malin ; puis vint la demande en reddition de comptes sur les revenus de l'office de chancelier, et la réclamation de quarante-quatre mille marcs. Beket refusa de plaider, attestant la déclaration solennelle qui l'avait déchargé autrefois de toute responsabilité ultérieure. Alors le roi, se levant, dit aux barons et aux prélats : « Par la foi que vous me devez, faites-

» moi prompte justice de celui-ci, qui est mon homme-lige, et qui,
» dûment sommé, refuse de répondre en ma cour». Les barons normands allèrent aux voix, et rendirent contre Thomas Beket une sentence d'emprisonnement. Lorsque Robert, comte de Leicester, chargé de lire l'arrêt, prononça, en langue française, les premiers mots de la formule consacrée : *Oyez ci le jugement rendu contre vous...*, l'archevêque l'interrompit : « Comte, lui dit-il, je vous dé-
» fends, au nom de Dieu tout-puissant, de donner ici jugement
» contre moi, qui suis votre père spirituel; j'en appelle au souve-
» rain pontife, et vous cite par-devant lui. »

Après cette sorte de contre-appel au pouvoir que ses adversaires avaient invoqué les premiers, Beket se leva et traversa lentement la foule. Un murmure s'éleva de toutes parts; les Normands criaient: « Le traître, le parjure, où va-t-il? Pourquoi le laisse-t-on aller
» en paix? Reste ici, traître, et écoute ton jugement. » Au moment de sortir, l'archevêque se retourna, et regardant froidement autour de lui : « Si mon ordre sacré, dit-il, ne me l'interdisait, je saurais
» répondre par les armes à ceux qui m'appellent traître et parjure. »
Il monta à cheval, se rendit à la maison où il logeait, fit dresser des tables pour un grand repas, et donna ordre de rassembler tous les pauvres qu'on trouverait dans la ville. Il en vint un grand nombre qu'il fit manger et boire. Il soupa avec eux, et, dans la nuit même, pendant que le roi et les chefs normands prolongeaient leur repas du soir, il quitta Northampton, accompagné de deux frères de l'ordre des Cîteaux, l'un Anglais de race, appelé Skaiman, et l'autre d'origine française, appelé Robert de Caune. Il atteignit, après trois jours de marche, les marais du comté de Lincoln, et s'y cacha dans la cabane d'un ermite. De là, sous un déguisement complet, et sous le faux nom de Dereman, dont la tournure saxonne était une garantie d'obscurité, il gagna Canterbury, puis la côte voisine de Sandwich. On était à la fin de novembre, époque où le passage du détroit devient périlleux. L'archevêque monta sur un petit bateau pour écarter tout soupçon, et, à travers beaucoup de risques, navigua jusqu'au port de Gravelines. Il se rendit ensuite à pied et en mauvais équipage au monastère de Saint-Bertin, dans la ville de Saint-Omer.

A la nouvelle de sa fuite, un édit royal fut publié dans toutes les provinces du roi d'Angleterre sur les deux rives de l'Océan. Aux termes de cet édit, tous les parents de Thomas Beket en ligne ascendante et descendante, jusqu'aux vieillards, aux femmes et aux enfants en bas âge, étaient condamnés au bannissement. Tous les biens de l'archevêque et de ses adhérents, ou prétendus tels, furent séquestrés entre les mains du roi, qui en fit des présents à ceux dont il avait éprouvé le zèle dans cette affaire. Jean, évêque de Poitiers, suspect d'amitié pour le prélat et de partialité pour sa cause, reçut du poison d'une main inconnue, et n'échappa à la mort que par hasard. Des lettres royales, où Henri II appelait Thomas son adversaire et défendait de prêter aucun secours ni conseil à lui ou aux siens, furent envoyées dans tous les diocèses d'Angleterre. D'autres lettres, adressées au comte de Flandre et à tous les hauts barons de ce pays, les invitaient à se saisir de *Thomas, ci-devant archevêque*, traître au roi d'Angleterre, et *fugitif à mauvais dessein*. Enfin l'évêque de Londres, Gilbert Foliot, et Guillaume, comte d'Arundel, se rendirent auprès du roi de France, Louis VII, à son palais de Compiègne, et lui remirent des dépêches scellées du grand sceau d'Angleterre et conçues dans les termes suivants :

« A son seigneur et ami Louis, roi des Français, Henri, roi
» d'Angleterre, duc de Normandie, duc d'Aquitaine et comte d'An-
» jou.

» Sachez que Thomas, ci-devant archevêque de Canterbury, après
» un jugement public, rendu en ma cour par l'assemblée plénière
» des barons de mon royaume, a été convaincu de fraude, de par-
» jure et de trahison envers moi; qu'ensuite il a fui de mon royaume
» comme un traître et à mauvaise intention. Je vous prie donc ins-
» tamment de ne point permettre que cet homme, chargé de cri-
» mes, ou qui que ce soit de ses adhérents, séjourne sur vos terres,
» ni qu'aucun des vôtres prête à mon plus grand ennemi secours,
» appui ou conseil; car je proteste que vos ennemis ou ceux de
» votre royaume n'en recevraient aucun de ma part ni de celle de
» mes gens. J'attends de vous que vous m'assistiez dans la ven-
» geance de mon honneur, et dans la punition de mon ennemi,
» comme vous aimeriez que je fisse moi-même pour vous, s'il en
» était besoin. »

De son asile, à Saint-Bertin, Thomas attendit l'effet des lettres de Henri II au roi de France et au comte de Flandre, pour savoir de quel côté il pourrait se tourner sans péril. « Les dangers sont nom-
» breux, le roi a les mains longues » lui écrivait celui de ses amis qu'il avait chargé d'essayer le terrain auprès du roi Louis VII, et de la cour papale, alors établie à Sens. Le roi de France fit, dès le premier abord, un accueil favorable au messager de Thomas Beket, et, après avoir tenu conseil avec ses barons, il octroya à l'archevêque et à ses compagnons d'exil paix et sécurité dans son royaume, ajoutant gracieusement que c'était un des anciens fleurons de la

couronne de France que la protection accordée aux exilés contre leurs persécuteurs.

Quant au pape, il hésita deux jours entiers à recevoir ceux qui se rendirent à Sens de la part de l'archevêque ; et quand ils lui demandèrent pour Thomas une lettre d'invitation à sa cour, il la refusa positivement. Mais, à l'aide du libre asile que lui accordait le roi de France, Beket vint à la cour papale sans être invité. Il fut reçu avec froideur par les cardinaux, dont la plupart alors le traitaient de brouillon, et disaient qu'il fallait réprimer son caractère entreprenant. Il exposa devant eux l'origine et toute l'histoire de son différend avec Henri II. « Je ne me pique pas de grande sagesse, » leur disait-il ; mais je ne serais pas si fou que de tenir tête à un roi » pour des riens. Car sachez que si j'eusse voulu faire sa volonté en » toutes choses, il n'y aurait pas maintenant dans son royaume de » pouvoir égal au mien. » Sans prendre dans la querelle aucun parti décidé, le pape donna au fugitif la permission de recevoir du roi de France des secours en argent et en vivres. Il lui permit en outre d'excommunier tous ceux qui avaient saisi et qui retenaient des biens de son église, à l'exception du roi qui leur en avait fait présent. Enfin, il lui demanda de réciter en détail les articles de Clarendon, que le pape Alexandre lui-même, à la sollicitation du roi Henri, avait approuvés, à ce qu'il paraît, sans les bien connaître. Alexandre jugea cette fois les seize articles grandement contraires à l'honneur de Dieu et de la sainte Eglise. Il les traita d'usurpations tyranniques et reprocha durement à Beket l'adhésion passagère qu'il y avait autrefois donnée d'après l'injonction formelle d'un légat pontifical. Le pape n'excepta de cette réprobation que six articles, parmi lesquels se trouvait celui qui enlevait aux serfs le droit d'être affranchis en devenant prêtres, et il prononça solennellement anathème contre les partisans des dix autres.

L'archevêque disserta ensuite sur les antiques libertés de l'église de Canterbury, à la cause desquelles il assura qu'il voulait se dévouer ; et, s'accusant d'avoir été intrus dans son siége par la puissance royale, au mépris de ces mêmes libertés, il se démit entre les mains du pape de sa dignité épiscopale. Le pape l'en revêtit de nouveau en prononçant ces paroles : « Maintenant, allez apprendre » dans la pauvreté à être le consolateur des pauvres. » Thomas Beket fut recommandé au supérieur de l'abbaye de Pontigny, sur les confins de la Bourgogne et de la Champagne, pour vivre dans ce couvent comme simple moine. Il se soumit à tout, prit l'habit des religieux de Cîteaux, et commença à suivre, dans toute sa rigueur, la discipline de la vie monastique.

Dans sa retraite de Pontigny, Thomas écrivit beaucoup et reçut beaucoup de lettres. Il en reçut des évêques d'Angleterre et de tout le corps du clergé anglo-normand, qui étaient pleines d'amertume et d'ironie. « La renommée nous a porté la nouvelle que, renonçant
» désormais à machiner des complots contre votre seigneur et roi,
» vous supportiez humblement la pauvreté à laquelle vous vous
» êtes réduit, et que vous rachetiez votre vie passée par l'étude et
» les abstinences. Nous vous en félicitons, et vous conseillons de
» persévérer dans cette bonne voie. » La même lettre lui reprochait, en termes humiliants, la bassesse de sa naissance et son ingratitude envers le roi, qui, du rang de Saxon et d'homme de rien, l'avait élevé jusqu'à lui-même. Tels étaient sur le compte de Beket les propos des évêques et des seigneurs d'Angleterre. Ils s'emportaient contre ce qu'ils appelaient l'insolence du parvenu ; mais, dans les rangs inférieurs, soit des clercs, soit des laïques, on l'aimait, on le plaignait, et l'on faisait, quoique en silence, dit un contemporain, des vœux ardents pour qu'il réussît à tout ce qu'il entreprendrait. En général, il avait pour adhérents tous ceux qui étaient en hostilité avec le gouvernement anglo-normand, soit comme sujets par conquête, soit comme ennemis politiques. Un des hommes qui s'exposèrent le plus courageusement à la persécution pour le suivre, était un Gallois nommé Guelin. Un Saxon de naissance fut mis en prison et y resta longtemps à cause de lui ; et le poison donné à l'évêque de Poitiers semble prouver qu'on redoutait ses partisans dans les provinces de la Gaule méridionale, qui obéissaient avec peine à un roi de race étrangère ; il avait aussi des amis zélés en Basse-Bretagne ; mais il ne paraît point qu'il ait eu de bien chauds partisans en Normandie, où l'obéissance au roi Henri était regardée comme un devoir national. Quant au roi de France, il favorisait l'antagoniste de Henri II par des motifs d'une nature moins élevée, sans affection réelle, et simplement pour susciter des embarras à son rival politique.

Dans l'année 1166, Henri II passa d'Angleterre en Normandie, et, à la nouvelle de son embarquement, Thomas sortit du couvent de Pontigny et se rendit à Vezelay, près d'Auxerre. Là, en présence du peuple assemblé dans la principale église, le jour de l'Ascension, il monta en chaire, et, avec le plus grand appareil, au son des cloches et à la lueur des cierges, il prononça un arrêt d'excommunication contre les défenseurs des constitutions de Clarendon, les détenteurs des biens séquestrés de l'église de Canterbury, et ceux qui retenaient des clercs ou des laïques en prison pour sa cause. Beket prononça en outre nominativement la même sentence contre les normands Richard de Lucy, Jocelin Bailleul, Alain de Neuilly, Renouf de Broc, Hugues de Saint-Clair et Thomas, fils de Bernard, courtisans et favoris du roi. Le roi était alors à Chinon, ville de son comté de Touraine, et, à la nouvelle de ce signe de vie donné par son adversaire, un accès de fureur violente s'empara subitement de lui ; il s'écria tout hors de sens, qu'on voulait lui tuer le corps et l'âme, qu'il était assez malheureux pour n'avoir autour de lui que des traîtres, dont pas un ne songeait à le délivrer des vexations d'un seul homme. Il ôta son chaperon et le jeta par terre, déboucla son baudrier, quitta ses habits, arracha l'étoffe de soie qui couvrait son lit, et s'y roula devant tous les chefs, mordant le matelas et en arrachant avec ses dents la laine et le crin.

Revenu un peu à lui-même, il dicta une lettre pour le pape, lui reprochant de protéger les traîtres, et il envoya au clergé de la province de Kent l'ordre d'écrire, de son côté, au souverain pontife, qu'on tenait pour nulles les sentences d'excommunication lancées par l'archevêque. Le pape répondit au roi qu'il lui députait deux légats extraordinaires avec pouvoir d'absoudre toutes les personnes excommuniées. En effet, il envoya en Normandie, sous ce titre et avec cette puissance, Guillaume et Othon, prêtres-cardinaux.

Mais l'archevêque se plaignit amèrement, dans une lettre adressée au pape lui-même, de la fausseté dont on usait à son égard. « Il y a » des gens, disait-il, qui prétendent qu'à dessein vous avez prolongé » pendant un an mon exil et celui de mes compagnons d'infortune, » pour faire, à nos dépens, un meilleur traité avec le roi. J'hésite à » le croire ; mais me donner pour juges des hommes tels que vos » deux légats, n'est-ce pas vraiment m'administrer le calice de pas- » sion et de mort ? » Dans son indignation, Thomas envoyait à la cour papale des dépêches où il ne ménageait pas le roi, l'appelant tyran plein de malice. Avant d'entrer, selon leur mission, en conférence avec le roi, les légats invitèrent l'archevêque à une entrevue particulière ; il s'y rendit plein de défiance et d'un mépris qu'il cachait mal. Les légats ne l'entretinrent que de la grandeur et de la puissance du roi Henri, du bas état dont le roi l'avait tiré, et du péril qu'il y avait pour lui à braver un homme si puissant.

Arrivés en Normandie, les envoyés pontificaux trouvèrent Henri II entouré de seigneurs et de prélats anglo-normands. La discussion s'ouvrit sur les causes de la querelle avec le primat, et Gilbert Foliot, évêque de Londres, prit la parole pour exposer les faits ; il dit que tout le différend provenait d'une somme de quarante-quatre mille marcs, dont l'archevêque s'obstinait à ne vouloir rendre aucun compte, prétendant que sa consécration ecclésiastique l'avait exempté de toute dette, comme le baptême exempte de tout péché. Foliot joignit à ces jeux d'esprit d'autres railleries sur les excommunications prononcées par Beket, disant qu'on ne les recevait point en Angleterre par pure économie de chevaux et d'hommes, attendu qu'elles étaient si nombreuses que quarante courriers ne suffiraient pas à les distribuer toutes. Au moment de la séparation, Henri pria humblement les cardinaux d'intercéder pour lui auprès du pape, afin qu'il le délivrât du tourment que lui causait un seul homme. En prononçant ces mots, les larmes lui vinrent aux yeux; et celui des deux cardinaux qui était vendu au roi pleura comme par sympathie; l'autre eut peine à s'empêcher de rire.

Quand le pape Alexandre, réconcilié avec tous les Romains par la mort de son compétiteur Victor, fut de retour en Italie, il envoya de Rome à Henri II des lettres dans lesquelles il annonçait que décidément Thomas serait suspendu de toute autorité comme archevêque, jusqu'au jour de sa rentrée en grâce avec le roi. A peu près dans le même temps, un congrès diplomatique se tint à la Ferté-Bernard, en Vendômois, entre les rois d'Angleterre et de France. Le premier y montra publiquement les lettres du pape, en disant d'un air joyeux : « Grâce au ciel, voilà notre Hercule sans » massue. Il ne peut plus rien désormais contre moi ni contre mes » évêques, et ses grandes menaces ne sont que risibles. » Cette confiance dans le succès de ses intrigues donna au roi d'Angleterre une nouvelle ardeur de persécution contre son antagoniste; et, peu après, le chapitre général de Cîteaux, de qui dépendait l'abbaye de Pontigny, reçut une dépêche où Henri II signifiait aux prieurs de l'ordre que, s'ils tenaient à leurs possessions en Angleterre, en Normandie, en Anjou et en Aquitaine, ils cessassent de garder chez eux son ennemi.

A la réception de cette lettre, il y eut une grande alarme dans le chapitre de Cîteaux. Le supérieur se mit en route vers Pontigny, avec un évêque et plusieurs abbés de l'ordre. Ils vinrent trouver Thomas Beket, et lui dirent d'un ton doux, mais significatif : « A Dieu ne plaise que, sur de pareilles injonctions, le chapitre vous congédie; mais c'est un avertissement que nous venons vous don- » ner, afin que vous-même, dans votre prudence, jugiez ce qu'il y a » à faire. » Thomas répondit sans hésiter qu'il allait tout disposer pour son départ. Il quitta le monastère de Pontigny au mois de novembre 1168, après deux années de séjour, et écrivit alors au roi de France pour lui demander un autre asile. En recevant sa lettre, le roi s'écria : « O religion! religion! où es-tu! Voilà que ceux que

» nous croyions morts pour le siècle bannissent, en vue des choses
» du siècle, l'exilé pour la cause de Dieu ? » Il recueillit l'archevêque sur ses terres.

Environ une année après, il y eut un retour de bonne intelligence entre les rois de France et d'Angleterre ; un rendez-vous fut assigné de part et d'autre à Montmirail en Perche, pour convenir des termes de la trêve ; car, depuis que les Normands régnaient en Angleterre, il n'y avait plus de longues paix entre les deux pays Il se tenait cependant de fréquentes assemblées dans les villes ou près des villes frontières de la Normandie, du Maine ou de l'Anjou ; et les intérêts opposés s'y discutaient avec d'autant plus de facilité, que les rois et les seigneurs de France et d'Angleterre parlaient exactement la même langue. Les premiers amenèrent avec eux Thomas Beket au congrès de Montmirail. Usant de l'empire que leur donnait sur lui l'état de dépendance où il se trouvait à leur égard, ils l'avaient déterminé à venir faire, sous leur patronage, acte de soumission envers le roi d'Angleterre, pour se réconcilier avec lui ; et l'archevêque avait cédé à ces instances intéressées, par ennui de sa vie errante et de l'humiliation qu'il éprouvait à manger le pain des étrangers.

Dès que les deux antagonistes furent en présence l'un de l'autre, Thomas, dépouillant son ancienne fierté, mit un genou en terre, et dit au roi : « Seigneur, tout le différend qui, jusqu'à ce jour, a existé
» entre nous, je le remets ici à votre jugement, comme souverain
» arbitre en tout point, sauf l'honneur de Dieu. » Mais au moment où cette restriction fatale sortit de la bouche de l'archevêque, le roi, ne comptant pour rien ni sa démarche ni sa posture suppliante, l'accabla d'un torrent d'injures, l'appela orgueilleux, ingrat, mauvais cœur ; et, se tournant vers le roi de France : « Savez-vous, dit-
» il, ce qui m'arriverait, si je passais sur cette réserve ? Il préten-
» drait que tout ce qui me plaît et ne lui plaît pas est contraire à
» l'honneur de Dieu ; et, au moyen de ces deux seuls mots, il m'en-
» lèverait tous mes droits. Mais je veux lui faire une concession.
» Certes, il y a eu avant moi en Angleterre des rois moins puis-
» sants que moi, et sans nul doute aussi il y a eu dans le siège de
» Canterbury des archevêques plus saints que lui ; qu'il agisse seu-
» lement avec moi comme le plus saint de ses prédécesseurs en a
» usé avec le moindre des miens, et je me tiendrai satisfait. »

A cette proposition évidemment ironique, et qui renfermait pour le moins autant de restriction mentale de la part du roi que Thomas en avait pu mettre dans la clause *sauf l'honneur de Dieu*, l'assemblée tout entière, Français et Normands, s'écria que c'était bien

assez, que le roi s'humiliait assez; et, comme l'archevêque restait silencieux, le roi de France à son tour lui dit : « Hé bien ! qu'atten-
» dez-vous? voilà la paix, la voilà entre vos mains. » L'archevêque répondit avec calme qu'il ne pouvait en conscience faire la paix, se livrer lui-même, et aliéner sa liberté d'agir, que *sauf l'honneur de Dieu*. A ces mots, tous les assistants des deux nations l'accusèrent à qui mieux mieux d'orgueil démesuré, d'*outrecuidance*, comme on parlait alors. Un des barons français s'écria tout haut que celui qui résistait aux conseils et à la volonté unanime des seigneurs de deux royaumes ne méritait plus d'asile. Les rois remontèrent à cheval sans saluer l'archevêque, qui se retira fort abattu. Personne au nom du roi de France ne lui offrit plus ni gîte ni pain, et, dans son voyage de retour, il fut réduit à vivre des aumônes des prêtres et du peuple.

Pour que sa vengeance fût complète, Henri II n'avait besoin que d'un peu plus de décision de la part du pape Alexandre. Afin d'obtenir la destitution qui était l'objet de toutes ses démarches, il épuisa les ressources que lui offrait la diplomatie du temps, ressources beaucoup plus étendues qu'on ne le suppose aujourd'hui. Les villes lombardes, dont la cause nationale était alors unie à celle du pape contre l'empereur Frédéric Ier, reçurent presque toutes des messages du roi d'Angleterre. Il offrit aux Milanais trois mille marcs d'argent et les frais de réparation de leurs murailles, que l'empereur avait détruites ; aux Crémonais, il proposa trois mille marcs ; aux Parmésans, mille marcs, et autant aux Bolonais, s'ils voulaient s'engager à solliciter auprès d'Alexandre III, leur allié, la dégradation de Beket, ou tout au moins sa translation à un siège épiscopal inférieur. Henri s'adressa en outre aux seigneurs normands de l'Apulie pour qu'ils employassent de même leur crédit en faveur d'un roi issu de la même race qu'eux. Il promit au pape lui-même autant d'argent qu'il lui en faudrait pour éteindre à Rome les derniers restes du schisme, et de plus dix mille marcs, avec la faculté de disposer absolument de la nomination aux évêchés et aux archevêchés vacants en Angleterre. Cette dernière proposition prouve que, dans son hostilité contre l'archevêque Thomas, Henri II poursuivait alors un tout autre objet que la diminution de l'autorité papale. De nouveaux édits défendirent, sous des peines extrêmement sévères, de laisser arriver sur le sol anglais ni amis ni parents de l'exilé, ni lettres de lui ou de ses amis, ni lettres du pape favorables à sa cause.

Pour correspondre en Angleterre, malgré cette prohibition, l'archevêque et ses amis employèrent le déguisement de noms saxons, qui, à cause du bas état de ceux qui les portaient, éveillaient peu l'inquiétude des autorités normandes. Jean de Salisbury, homme qui avait perdu ses biens par attachement pour le primat, et l'un des auteurs les plus spirituels du temps, écrivait sous le nom de Godrik, et s'intitulait chevalier à la solde de la commune de Milan. Comme les Milanais étaient alors en guerre avec l'empereur Frédéric, il mettait dans ses lettres, sur le compte de ce dernier, tout le mal qu'il voulait faire entendre du roi d'Angleterre. Le nombre de ceux que l'autorité normande persécutait à cause de cette affaire fut considérablement augmenté par un décret royal, conçu dans les termes suivants : « Que tout Gallois, clerc ou laïque, qui entrera en » Angleterre sans lettres de passage du roi, soit saisi et gardé en » prison, et que tous les Gallois en général soient chassés des » écoles d'Angleterre. » Pour découvrir les motifs de cette ordonnance, et bien comprendre d'ailleurs où était le point qui blessait sensiblement les intérêts du roi et des barons anglo-normands dans la résistance de Thomas Beket, il faut que le lecteur tourne un moment ses yeux vers les terres nouvellement conquises sur la nation cambrienne.

Le pays de Galles, entamé, comme on l'a vu, par des invasions en différents sens, offrait alors les mêmes scènes d'oppression et de lutte nationale que l'Angleterre avait présentées dans les cinquante premières années de la conquête. Il y avait insurrection journalière contre les conquérants, surtout contre les prêtres venus à la suite des soldats, et qui, soldats eux-mêmes sous un habit de paix, dévoraient avec leurs parents, établis auprès d'eux, ce qu'avait épargné la guerre. S'imposant de force aux indigènes comme pasteurs spirituels, ils venaient, en vertu du brevet d'un roi étranger, s'asseoir à la place d'anciens prélats, élus autrefois par le clergé et le peuple du pays. Recevoir les sacrements de l'Eglise de la main d'un étranger et d'un ennemi, était pour les Gallois une gêne insupportable et peut-être la plus cruelle des tyrannies de la conquête. Aussi, du moment que l'archevêque anglais Beket eut levé la tête contre le roi d'Angleterre, l'opinion nationale des Cambriens se déclarat-elle fortement pour l'archevêque, d'abord par cette raison populaire que tout ennemi de l'ennemi est un ami, et ensuite parce qu'un prélat de race saxonne, en lutte avec le petit-fils du vainqueur des Saxons, semblait, en quelque sorte, le représentant des droits religieux de tous les hommes réunis par force sous la domination normande. Quoique Thomas Beket fût complètement étranger à la nation cambrienne, d'affection comme de naissance ; quoiqu'il n'eût jamais donné le moindre signe d'intérêt pour elle, cette nation l'aimait, et eût aimé de même tout étranger qui, de loin, indirectement, sans nulle intention bienveillante, eût éveillé en elle l'espoir d'obtenir de nouveau des prêtres nés dans son sein et parlant son langage.

Ce sentiment patriotique, enraciné chez les habitants du pays de Galles, se manifestait avec une opiniâtreté invincible dans les chapitres ecclésiastiques, où se trouvaient ensemble des étrangers et des indigènes. Presque jamais il n'était possible de déterminer ces derniers à donner leurs suffrages à un homme qui ne fût pas Gallois de race pure, sans mélange de sang étranger; et, comme le choix de pareils candidats n'était jamais confirmé par le pouvoir royal d'Angleterre, et que d'ailleurs rien ne pouvait vaincre l'obstination des votants, il y avait une sorte de schisme perpétuel dans la plupart des églises de la Cambrie, schisme plus raisonnable que d'autres qui ont fait plus de bruit dans le monde. C'est ainsi qu'à la cause de l'archevêque Thomas, quel que fût le mobile personnel de cet homme, soit l'ambition, soit l'amour de la résistance et l'entêtement, soit la conscience d'un grand devoir, se joignait de toutes parts une cause nationale, celle des races d'hommes asservis par les aïeux du roi dont il s'était déclaré l'adversaire.

L'archevêque, délaissé par le roi de France, son ancien protecteur, et réduit à subsister d'aumônes, vivait à Sens, dans une pauvre hôtellerie. Un jour qu'il était assis dans la salle commune, s'entretenant avec ses compagnons d'exil, un serviteur du roi Louis se présenta, et leur dit : « Le roi, mon seigneur, vous invite à vous » rendre à sa cour. — Hélas! reprit l'un des assistants, c'est sans » doute pour nous bannir. Voilà que l'entrée de deux royaumes va » nous être interdite. » Ils suivirent l'envoyé, tristes et soucieux comme des gens qui prévoient un malheur. Mais, à leur grande surprise, le roi les accueillit avec des signes extraordinaires d'affection et même de tendresse. Il pleura en les voyant venir; il » dit à Thomas : « C'est vous, mon père, c'est vous seul qui aviez » bien vu ; et nous tous, nous étions des aveugles en vous donnant » conseil contre Dieu. Je me repens, mon père, je me repens, et » vous promets désormais de ne plus manquer ni à vous ni aux » vôtres. » La vraie cause de ce retour si prompt et si vif n'était » autre qu'un nouveau projet de guerre du roi de France contre Henri II.

Le prétexte de cette guerre fut la vengeance exercée par le roi d'Angleterre sur les réfugiés bretons et poitevins que l'autre roi lui avait livrés à condition de les recevoir en grâce. Il est probable qu'en signant la paix à Montmirail, le roi Louis ne s'attendait nulle-

ment à l'exécution de cette clause insérée par simple pudeur; mais peu de temps après, et lorsque Henri II eut fait périr les plus riches d'entre les Poitevins, le roi de France, ayant des raisons d'intérêt pour recommencer la guerre, s'autorisa de la déloyauté de l'Angevin envers les réfugiés ; et son premier acte d'hostilité fut de rendre à Thomas Beket sa protection et ses secours. Henri II se plaignit, par un message exprès, de cette violation flagrante de la paix de Montmirail. « Allez, répondit le roi de France au messager, allez
» dire à votre roi que, s'il tient aux coutumes de son aïeul, je puis
» bien tenir à mon droit héréditaire de secourir les exilés. »

Bientôt l'archevêque, reprenant l'offensive, lança de nouveaux arrêts d'excommunication contre les courtisans, les serviteurs et les chapelains du roi d'Angleterre, surtout contre les détenteurs des biens de l'évêché de Canterbury. Il en excommunia un si grand nombre, que, dans le doute où l'on se trouvait si la sentence n'était pas ratifiée secrètement par le pape, il n'y avait plus dans la chapelle du roi personne qui, à l'office de la messe, osât lui donner le baiser de paix. Thomas adressa, en outre, à l'évêque de Winchester, Henri, frère du roi Étienne, et comme tel ennemi secret de Henri II, un mandement pour interdire en Angleterre toutes les cérémonies religieuses, excepté le baptême des enfants et la confession des mourants, à moins que le roi, dans un délai fixé, ne donnât satisfaction à l'église de Canterbury. Il y eut un prêtre anglais qui, d'après ce mandement, refusa de célébrer la messe; mais son archidiacre le lui ordonna, ajoutant : « Et si l'on venait de la part de l'ar-
» chevêque vous dire de ne plus manger, est-ce que vous ne man-
» geriez plus? » La sentence d'interdit, n'ayant obtenu l'assentiment d'aucun évêque en Angleterre, ne fut point exécutée, et l'évêque de Londres partit pour Rome. Il en rapporta une déclaration authentique, affirmant que le pape n'avait point ratifié, et qu'il ne ratifierait point les sentences d'excommunication lancées par l'archevêque. Le pape lui-même écrivit à Beket pour lui ordonner de révoquer ces sentences dans le plus court délai.

Mais la cour de Rome, voulant se ménager des sûretés personnelles, demanda que les excommuniés, en recevant leur absolution, prêtassent le serment de ne jamais se séparer de l'Église. Tous, et notamment les chapelains du roi, y eussent consenti volontiers; mais le roi ne le leur permit pas, aimant mieux les laisser, comme on disait alors, sous le glaive de saint Pierre que de s'ôter à lui-même un moyen d'inquiéter l'Église romaine. Pour terminer ce nouveau différend, deux légats, Vivien et Gratien, allèrent trouver Henri à Domfront. Il était à la chasse au moment de leur arrivée, et il quitta la forêt pour les visiter à leur logement. Pendant son entrevue avec eux, toute la troupe des chasseurs, conduite par le jeune Henri, fils aîné du roi, vint à l'hôtellerie des légats, criant et sonnant du cor pour annoncer la prise d'un cerf. Le roi interrompit brusquement son entretien avec les envoyés de Rome, alla aux chasseurs, les complimenta, dit qu'il leur faisait présent de la bête, et retourna ensuite auprès des légats, qui ne se montrèrent offensés ni de ce bizarre incident, ni de la légèreté avec laquelle le roi d'Angleterre les traitait, eux et l'objet de leur mission.

Une seconde conférence eut lieu au parc de Bayeux ; le roi s'y rendit à cheval, avec plusieurs évêques d'Angleterre et de Normandie. Après quelques paroles insignifiantes, il demanda aux légats si décidément ils ne voulaient point absoudre ses courtisans et ses chapelains sans aucune condition. Les légats répondirent que cela ne se pouvait. « Par les yeux de Dieu, répliqua le roi, jamais plus » de ma vie je n'entendrai parler du pape ; » et il courut à son cheval. Les légats, après avoir fait quelques semblants de résistance, lui accordèrent tout ce qu'il voulait. « Ainsi donc, reprit Henri II, vous allez passer en Angleterre pour que l'excommunication soit levée « le plus solennellement possible. » Les légats hésitèrent à répondre. « Hé bien ! dit le roi avec humeur, faites ce qu'il vous » plaira ; mais sachez que je ne tiens nul compte de vous ni de vos » excommunications, et que je m'en soucie comme d'un œuf. » Il remonta précipitamment à cheval ; mais les archevêques et les évêques normands coururent après lui, en criant, pour lui persuader de descendre et de renouer l'entretien. « Je sais, je sais aussi bien que » vous tout ce qu'ils peuvent faire, disait le roi, toujours marchant ; » ils mettront mes terres sous l'interdit ; mais est-ce que moi, qui » peux m'emparer d'une ville forte en un jour, je n'aurais pas raison » d'un prêtre qui viendrait interdire mon royaume ? »

A la fin, les esprits se calmant de part et d'autre, on en vint à une nouvelle discussion sur le différend du roi avec Thomas Beket. Les légats dirent que le pape souhaitait la fin de ce scandale, qu'il ferait beaucoup pour la paix, et s'engagerait à rendre l'archevêque plus docile et plus traitable. « Le pape est mon père spirituel, reprit » alors le roi, tout à fait radouci, et je consentirai, pour ma part, à » faire beaucoup à sa requête ; je rendrai même, s'il le faut, à celui » dont nous parlons, son archevêché et mes bonnes grâces, pour » lui et pour tous ceux qui, à cause de lui, se sont fait bannir de mes » terres. » L'entrevue, où l'on devait convenir des termes de la paix, fut fixée au lendemain ; mais, dans cette conférence, le roi Henri se mit à pratiquer l'expédient des restrictions qu'il reprochait à l'archevêque, et voulut faire inscrire qu'il ne serait tenu à rien que sauf l'honneur et la dignité de son royaume. Les légats refusèrent d'accéder à cette clause inattendue ; mais leur refus modéré, en suspendant la décision de l'affaire, ne troubla point la bonne intelligence qui régnait entre eux et le roi. Ils donnèrent plein pouvoir à Rotrou, archevêque de Rouen, d'aller, par l'autorité du pape, délier de son excommunication Gilbert Foliot, évêque de Londres. Ils envoyèrent en même temps à Thomas des lettres qui lui recommandaient, au nom de l'obéissance qu'i devait à l'Eglise, l'humilité, la douceur et la circonspection envers le roi.

On se rappelle avec combien de soins Guillaume le Bâtard et son conseiller Lanfranc avaient travaillé à établir, pour le maintien de la conquête, la suprématie absolue du siége de Canterbury. On se rappelle aussi que l'un des priviléges attachés à cette suprématie était le droit exclusif de sacrer les rois d'Angleterre, de peur que le métropolitain d'York ne fût quelque jour entraîné, par la rébellion de ses diocésains, à opposer un roi saxon oint et couronné par lui aux rois de la race conquérante. Ce danger n'existant plus, après un siècle de possession, les politiques de la cour de Henri II, afin d'énerver le pouvoir de Thomas Beket, résolurent de faire un roi d'Angleterre, sacré et couronné sans sa participation.

Pour exécuter ce dessein, le roi Henri présenta aux barons anglo-normands son fils aîné, et leur exposa que, pour le bien de ses vastes provinces, un collègue dans la royauté lui était devenu nécessaire, et qu'il souhaitait de voir Henri, son fils, décoré du même titre que lui. Les barons n'opposèrent aucun obstacle aux intentions de leur roi, et le jeune homme reçut l'onction royale des mains de l'archevêque d'York, assisté des évêques suffragants de l'archevêché de Canterbury, dans l'église de Westminster, immédiatement dépendante du même archevêché. Toutes ces circonstances constituaient, selon le code ecclésiastique, une complète violation des priviléges de la primatie anglaise. Au festin qui suivit ce couronnement, le roi voulut servir son fils à table, disant, dans l'effusion de sa joie paternelle, que depuis ce jour la royauté cessait de lui appartenir. Il ne s'attendait pas qu'avant peu d'années ce propos, jeté légèrement, serait relevé contre lui-même, et que son propre fils le sommerait de ne plus prendre le titre de roi, puisqu'il l'avait solennellement abdiqué.

Avant de rien entreprendre, Henri II s'était muni d'une lettre apostolique, qui l'autorisait à faire sacrer son fils comme il voudrait et par qui il voudrait. Mais, comme cette lettre devait rester secrète, la chancellerie romaine ne se fit point scrupule d'envoyer à Thomas Beket une autre lettre, également secrète, dans laquelle on faisait dire au pape que le couronnement du jeune roi par l'archevêque d'York s'était fait malgré lui, et que malgré lui encore l'évêque de Londres avait été relevé de son excommunication. A ces faussetés manifestes, Thomas perdit toute patience; et il adressa, en son propre nom et au nom de ses compagnons d'exil, à un cardinal romain, appelé Albert, une lettre pleine de reproches, dont l'âcreté passait toute mesure.

« Je ne sais comment il arrive que, devant la cour de Rome, ce
» soit toujours le parti de Dieu qu'on sacrifie; de sorte que Barabbas
» se sauve et que le Christ soit mis à mort. Voici la septième année
» que, par l'autorité de cette cour, je continue d'être proscrit, et
» l'Eglise d'être en souffrance. Les malheureux, les exilés, les inno-
» cents sont condamnés devant vous par la seule raison qu'ils sont
» faibles, qu'ils sont les pauvres de Jésus-Christ, et qu'ils tiennent à
» la justice. Je sais que les envoyés du roi distribuent ou promet-
» tent mes dépouilles aux cardinaux et aux courtisans; mais que les
» cardinaux se lèvent contre moi s'ils le veulent, qu'ils arment non
» seulement le roi d'Angleterre, mais le monde entier pour ma
» perte, je ne m'écarterai de la fidélité due à l'Eglise ni en la vie ni
» en la mort, remettant ma cause aux mains de Dieu, pour qui je
» souffre la proscription et l'exil. J'ai désormais le ferme propos de
» ne plus importuner la cour pontificale. »

Ces accusations énergiques n'étaient pas capables de faire reculer d'un seul pas la diplomatie ultra-montaine; mais des menaces positives du roi de France, alors en rupture ouverte avec l'autre roi, vinrent prêter un appui efficace à la remontrance de l'exilé. Le pape Alexandre, qui se disait lui-même placé comme l'enclume entre deux marteaux (c'est ainsi qu'il appelait les deux rois), voyant que le marteau de France se levait pour frapper, recommença à croire que la cause de l'archevêque était vraiment la cause de Dieu. Il fit parvenir à Thomas un bref de suspension pour l'archevêque d'York et pour tous les prélats qui avaient assisté au couronnement du jeune roi; il alla jusqu'à menacer Henri II de la censure ecclésiastique, s'il ne faisait promptement droit au primat contre les courtisans détenteurs de ses biens et les évêques usurpateurs de ses priviléges. Henri II, effrayé du bon accord qui régnait entre le pape et le roi de France, céda pour la première fois; mais ce fut par des motifs d'intérêt, et non par crainte d'un banni que tous ses protecteurs abandonnaient et trahissaient tour à tour.

Le roi d'Angleterre annonça donc qu'il voulait entamer définitivement des négociations pour la paix ; l'archevêque d'York, ainsi que les évêques de Londres et de Salisbury, essayèrent de l'en dissuader. Travaillant de tous leurs efforts pour empêcher toute conciliation, ils dirent au roi que la paix ne serait d'aucun avantage pour lui, à moins que les donations faites sur les biens de l'évêché de Canterbury ne fussent ratifiées à jamais; « et l'on sait, ajoutaient-» ils, que l'annulation de ces dons royaux sera le point principal des » demandes de l'archevêque. » De graves raisons de politique extérieure déterminèrent Henri II à ne point se rendre à ces conseils, bien qu'ils fussent parfaitement d'accord avec son aversion personnelle contre Thomas Beket. Les négociations commencèrent; il y eut échange de lettres entre le roi et l'archevêque, indirectement et par des mains tierces, comme entre deux puissances contractantes. Une des lettres de Thomas, rédigée en forme de note diplomatique, mérite d'être citée comme spécimen curieux de la diplomatie du moyen âge.

« L'archevêque, disait Beket parlant de lui-même, tient beaucoup
» à ce que le roi, si la réconciliation a lieu, lui donne publiquement
» le baiser de paix; car cette formalité est d'un usage solennel chez
» tous les peuples et dans toutes les religions, et nulle part, sans
» elle, il ne se conclut de paix entre personnes ci-devant ennemies.
» Le baiser d'un autre que le roi, de son fils, par exemple, ne ré-
» pondrait point au but; car on pourrait en induire que l'archevê-
» que est rentré en grâce avec le fils plutôt qu'avec le père ; et, si
» une fois ce mot était jeté par le monde, quelles ressources ne four-
» nirait-il pas aux malveillants! Le roi, de son côté, pourrait pré-
» tendre que son refus de donner le baiser voulait dire qu'il ne s'en-
» gageait point de bon cœur, et, par la suite, manquer à sa parole
» sans se croire noté d'infamie. D'ailleurs, l'archevêque se souvient
» de ce qui est arrivé à Robert de Silly et aux autres Poitevins qui
» firent leur paix à Montmirail ; ils furent reçus en grâce par le roi
» d'Angleterre avec le baiser de paix, et pourtant, ni cette marque
» de sincérité publiquement donnée, ni la considération due au roi
» de France, médiateur dans cette affaire, n'ont pu leur assurer la
» paix ni la vie. Ce n'est donc pas trop demander que d'exiger cette
» garantie, elle-même si peu sûre. »

Le 22 juillet de l'année 1170, dans une vaste prairie, entre Freteval et la Ferté-Bernard, il y eut un congrès solennel pour la double pacification du roi de France avec le roi d'Angleterre, et de celui-ci avec Thomas Beket. L'archevêque s'y rendit, et lorsque, après la discussion des affaires politiques, on en vint à parler des siennes, il eut avec son adversaire une conférence à part et en plein champ. L'archevêque demanda au roi, premièrement, qu'il lui fût permis de punir l'injure faite à la dignité de son église par l'archevêque d'York et par ses propres suffragants. « Le couronnement de votre fils par » un autre que moi, dit-il, a énormément lésé les droits antiques de » mon siége. — Mais qui donc, répliqua vivement le roi, a cou» ronné mon bisaïeul Guillaume, le conquérant de l'Angleterre ? » n'est-ce pas l'archevêque d'York ? » Beket répondit qu'au moment de la conquête, l'Eglise de Canterbury se trouvait sans légitime pasteur ; qu'elle était, pour ainsi dire, captive sous un certain Stigand, archevêque réprouvé par le pape, et que, dans cette nécessité, il fallait bien que le prélat d'York, dont le titre était meilleur, couronnât le Conquérant. Après cette citation historique, dont le lecteur peut apprécier la justesse, et plusieurs autres propos, le roi promit de faire droit à toutes les plaintes de Thomas : mais, pour la demande du baiser de paix, il l'écarta poliment, disant à l'archevêque : « Nous nous reverrons bientôt en Angleterre, et c'est là que » nous nous embrasserons. »

Au moment de se séparer du roi, Beket le salua en inclinant le genou ; et, par un retour de courtoisie qui étonna les assistants, Henri II, comme il remontait à cheval, lui arrangea et lui tint l'étrier. Le jour suivant, on crut remarquer entre eux quelque retour de leur ancienne familiarité. Des messagers royaux portèrent au jeune Henri, collègue et lieutenant de son père, des lettres conçues en ces termes : « Sachez que Thomas de Canterbury a fait sa » paix avec moi, à ma pleine satisfaction. Je vous demande donc de » lui faire tenir, à lui et aux siens, toutes leurs possessions libre» ment et paisiblement. » L'archevêque retourna à Sens pour se préparer au voyage ; ses amis, pauvres et dispersés dans différents lieux, préparèrent leur mince bagage, et se réunirent ensuite pour aller saluer le roi de France, qui, selon leurs propres paroles, ne les avait point rebutés quand le monde les abandonnait. « Vous allez » donc partir, dit Louis VII à l'archevêque : je ne voudrais pas » pour mon pesant d'or vous avoir donné ce conseil ; et, si vous » m'en croyez, ne vous fiez point à votre roi, tant que vous n'aurez » pas reçu le baiser de paix. »

Plusieurs mois s'étaient déjà écoulés depuis l'entrevue de réconciliation, et, malgré les dépêches ostensibles envoyées par le roi en Angleterre, l'on n'apprenait nullement que les détenteurs des biens de l'église de Canterbury eussent été contraints de les restituer ; au contraire, ils se moquaient publiquement de la crédulité et de la simplicité du primat, qui se croyait rentré en grâce. Le normand Renouf de Broc était allé jusqu'à dire que, si l'archevêque venait en Angleterre, on ne lui laisserait pas le temps d'y manger un pain entier. Thomas reçut, en outre, de Rome, des lettres qui l'avertissaient que la paix du roi n'était qu'une paix en paroles, et lui recommandaient, pour sa propre sûreté, d'être humble, patient et circonspect. Il sollicita une seconde entrevue pour s'expliquer avec le roi sur ces nouveaux motifs de plainte, et le rendez-vous eut lieu à Chaumont, près d'Amboise, sous les auspices du comte de Blois. Il n'y eut, cette fois, que de la froideur dans les manières de Henri II, et les gens de sa suite affectèrent de ne pas regarder l'archevêque. La messe qu'on célébra dans la chapelle royale fut une messe de l'office des morts; elle avait été choisie exprès, parce que, selon cet office, les assistants ne s'offraient point mutuellement le baiser de paix à l'Evangile. L'archevêque et le roi, avant de se quitter, firent quelque route ensemble, et se chargèrent à l'envi de propos amers et de reproches. Au moment de la séparation, Thomas fixa les yeux sur Henri d'une manière expressive, et lui dit, avec une sorte de solennité : « Je crois bien que je ne vous reverrai plus. » — Me prenez-vous donc pour un traître? » répliqua vivement le roi, qui devina le sens de ces paroles. L'archevêque s'inclina et partit.

Dans les divers entretiens qu'ils avaient eus ensemble, le jour de la réconciliation, Henri II avait promis d'aller à Rouen, à la rencontre du primat, d'y acquitter pour lui toutes les dettes qu'il avait contractées dans l'exil, et de l'accompagner ensuite en Angleterre, ou, tout au moins, de le faire accompagner par l'archevêque de Rouen. Mais, à son arrivée à Rouen, Beket ne trouva ni le roi, ni l'argent promis, ni aucun ordre de l'accompagner transmis à l'archevêque. Il emprunta trois cents livres, et, au moyen de cette somme, il se mit en route vers la côte voisine de Boulogne. On était alors au mois de novembre, dans la saison des mauvais temps de mer; le primat et ses compagnons furent contraints d'attendre quelques jours au port de Wissant, près de Calais. Une fois qu'ils se promenaient sur le rivage, ils virent un homme accourir vers eux, et le prirent d'abord pour le patron de leur vaisseau, venant les avertir de se préparer au passage; mais cet homme leur dit qu'il était clerc et doyen de l'église de Boulogne, et que le comte, son seigneur, l'envoyait les prévenir de ne point s'embarquer, parce que des troupes de gens armés se tenaient en observation sur la côte d'Angleterre, pour saisir ou tuer l'archevêque. « Mon fils, ré-

» pondit Thomas au messager, quand j'aurais la certitude d'être
» démembré et coupé en morceau sur l'autre bord, je ne m'arrête-
» rais point dans ma route. C'est assez de sept ans d'absence pour le
» pasteur et pour le troupeau. » Les voyageurs s'embarquèrent ;
mais, pour tirer quelque profit de l'avertissement qu'ils venaient de
recevoir, ils évitèrent d'entrer dans un port fréquenté, et prirent
terre dans la baie de Sandwich, au lieu qui offrait le moins de distance de la mer à Canterbury.

Malgré leurs précautions, le bruit courut que l'archevêque avait
débarqué près de Sandwich. Aussitôt le normand Gervais, vicomte
de Kent, se mit en marche vers cette ville avec tous ses hommes
d'armes, accompagné de Renouf de Broc et de Renauld de Garenne, deux seigneurs puissants et les plus mortels ennemis de
Beket. Ce qu'il y a de remarquable, c'est qu'à la même nouvelle, les
bourgeois de Douvres, hommes de race anglaise, prirent les armes
de leur côté pour secourir l'archevêque, et que ceux de Sandwich
s'armèrent aussi quand ils virent approcher les cavaliers normands.
« S'il a eu l'effronterie d'aborder, disait le vicomte Gervais, je lui
» coupe la tête de ma propre main. » L'ardeur des Normands fut un
peu ralentie par l'attitude du peuple ; ils s'avancèrent cependant
l'épée nue, et Jean, doyen d'Oxford, qui accompagnait le primat,
courut au-devant d'eux en criant : « Que faites-vous? Remettez vos
» épées ; voulez-vous que le roi passe pour un traître? » La multitude s'amassant, les Normands remirent l'épée au fourreau, se contentèrent de visiter les coffres de l'archevêque pour y chercher des
brefs du pape, et retournèrent à leurs châteaux.

Sur toute la route de Sandwich à Canterbury, les paysans, les
ouvriers et les marchands vinrent au-devant de l'archevêque, le
saluant, criant et s'attroupant en grand nombre ; mais, des riches,
des personnages honorés, des hommes de race normande, presque
pas un ne venait voir et féliciter l'exilé ; au contraire, ils s'éloignaient des lieux de son passage, se renfermaient dans leurs maisons fortes, et faisaient courir d'un château à l'autre le bruit que
Thomas Beket déchaînait les serfs des champs et les tributaires des
villes, et qu'il les promenait à sa suite ivres de joie et de frénésie.
De sa ville métropolitaine, le primat se rendit à Londres pour
saluer le fils de Henri II. Toute la bourgeoisie de la grande cité
descendit dans les rues à son passage ; mais un messager royal vint
lui barrer le chemin, au nom du jeune roi, et lui signifier l'ordre
formel de retourner à Canterbury, avec défense d'en sortir. Dans
ce moment, un bourgeois de Londres, enrichi par son commerce
malgré les exactions des Normands, s'avançait vers Beket pour lui

tendre la main : « Et vous aussi, lui dit le messager, vous allez à
» l'ennemi du roi ?... »

L'archevêque reçut avec dédain l'injonction de retourner sur ses pas, et dit qu'il ne repartirait point s'il n'était d'ailleurs rappelé à son église par une grande solennité prochaine. En effet, le temps de Noël approchait ; Thomas revint à Canterbury, entouré de pauvres gens qui, à leur propre péril, s'armèrent d'écus et de lances rouillées et l'escortèrent. Ils furent plusieurs fois insultés par des hommes qui semblaient chercher l'occasion d'engager une querelle, afin de fournir aux soldats royaux un prétexte pour intervenir et tuer l'archevêque sans scandale au milieu du tumulte. Mais les Anglais essuyèrent toutes ces provocations avec un sang-froid imperturbable. L'ordre signifié au primat de se renfermer dans l'enceinte des dépendances de son église fut publié à son de cor dans les villes, comme édit de l'autorité publique ; d'autres édits déclarèrent ennemi du roi et du royaume quiconque lui ferait bon visage ; et un grand nombre de citoyens de Londres furent cités devant les juges normands pour répondre sur la charge de trahison envers le roi, à cause de l'accueil fait à l'archevêque dans leur ville. Toutes ces manœuvres des gens en pouvoir firent pressentir à Thomas que sa fin était proche, et il écrivit au pape pour lui demander de faire dire, à son intention, les prières des agonisants. Il monta en chaire, et, devant le peuple assemblé dans la grande église de Canterbury, il prononça un sermon sur ce texte : « Je suis venu vers vous pour
» mourir au milieu de vous. »

Il faut dire que la cour de Rome, après avoir envoyé à l'archevêque l'ordre d'absoudre les prélats qui avaient sacré le fils du roi, lui avait donné de nouveau la permission d'excommunier le prélat d'York et de suspendre les autres. C'était Henri II qui, cette fois, était joué par le pape ; car il ignorait entièrement qu'à son départ pour l'Angleterre Thomas fût muni de pareilles lettres. Ce dernier s'était d'abord proposé de les employer comme un simple moyen comminatoire pour contraindre ses ennemis à capituler. Mais la crainte qu'on ne saisît ces papiers à son débarquement le décida plus tard à les faire partir avant lui, et ainsi la lettre du pape et les nouvelles sentences d'excommunication devinrent trop tôt publiques ; le ressentiment des évêques, frappés comme à l'improviste, s'irrita au delà de toute mesure. Celui d'York et plusieurs autres, se hâtant de passer le détroit, allèrent trouver Henri II en Normandie, et, se présentant devant lui : « Nous vous
» implorons, lui dirent-ils, pour la royauté et pour le sacerdoce ;
» vos évêques d'Angleterre sont excommuniés parce qu'ils ont

» d'après vos ordres, couronné le jeune roi votre fils. — Si cela est,
» répondit le roi avec un ton qui marquait la surprise, si tous ceux
» qui ont consenti au sacre de mon fils sont excommuniés, par les
» yeux de Dieu, je le suis aussi. — Sire, ce n'est pas tout, reprirent
» les évêques : l'homme qui vous a fait cette injure va mettre le
» royaume en feu ; il marche avec des troupes de cavaliers et de
» piétons armés, rôdant autour des forteresses et cherchant à se
» les faire ouvrir. »

En entendant cette relation exagérée, le roi fut saisi d'un de ces accès de colère violente auxquels il était sujet ; il changea de couleur, et, frappant ses mains l'une contre l'autre : « Quoi ! s'écri. t-il, » un homme qui a mangé mon pain, un homme qui est venu à ma » cour sur un cheval boiteux, lève le pied pour m'en frapper ! Il » insulte son roi, la famille royale et tout le royaume, et pas un de » ces lâches serviteurs, que je nourris à ma table, n'ira me venger » de celui qui me fait un pareil affront ? » Ces paroles ne sortirent point en vain de la bouche du roi, et quatre chevaliers du palais, Richard le Breton, Hugues de Morville, Guillaume de Traci, et Renault, fils d'Ours, qui les entendirent, se conjurant ensemble à la vie et à la mort, partirent subitement pour l'Angleterre le jour de Noël. On ne s'aperçut point de leur absence ; la cause n'en fut nullement soupçonnée, et même, pendant qu'ils galopaient en toute hâte vers la mer, le conseil des barons de Normandie, assemblé par le roi, nomma trois commissaires chargés d'aller saisir légalement et emprisonner Thomas Beket, comme prévenu de haute trahison ; mais les conjurés, qui avaient les devants, ne laissèrent rien à faire aux commissaires royaux.

Cinq jours après la fête de Noël, les quatre chevaliers normands arrivèrent à Canterbury. Cette ville était alors en rumeur, pour de nouvelles excommunications que venait de prononcer l'archevêque contre des hommes qui l'avaient insulté, et notamment contre Renouf de Broc, qui s'était diverti à mutiler un de ses chevaux en lui coupant la queue. Les quatre chevaliers entrèrent à Canterbury avec une troupe de gens d'armes qu'ils avaient rassemblés dans les châteaux sur leur route. Ils requirent d'abord le prévôt de la ville de faire marcher les citoyens en armes, pour le service du roi, à la maison de l'archevêque ; le prévôt refusa, et les Normands lui enjoignirent de prendre au moins ses mesures pour que, de tout le jour, aucun bourgeois ne remuât, quoi qu'il pût arriver. Ensuite les quatre conjurés, avec douze de leurs amis, se rendirent à la maison et à l'appartement du primat.

Thomas Beket venait d'achever son dîner, et ses serviteurs

étaient encore à table ; il salua les Normands à leur entrée, et demanda le sujet de leur visite. Ceux-ci ne lui firent aucune réponse intelligible, s'assirent, et le regardèrent fixement pendant quelques minutes. Renault, fils d'Ours, prit ensuite la parole. « Nous venons, » dit-il, de la part du roi, pour que les excommuniés soient absous, » que les évêques suspendus soient rétablis, et que vous-même ren- » diez raison de vos desseins contre le roi. — Ce n'est pas moi, ré- » pondit Thomas, c'est le souverain pontife qui a excommunié » l'archevêque d'York, et qui seul, par conséquent, a droit de l'ab- » soudre. Quant aux autres, je les rétablirai, s'ils veulent me faire » leur soumission. — Mais de qui donc, demanda Renault, tenez- » vous votre archevêché ? Est-ce du roi ou du pape ? — J'en tiens » les droits spirituels de Dieu et du pape, et les droits temporels du » roi. — Quoi ! ce n'est pas le roi qui vous a tout donné ? — Nulle- » ment, répondit Beket. » Les Normands murmurèrent à cette réponse, traitèrent la distinction d'argutie, et firent des mouvements d'impatience, s'agitant sur leurs siéges et tordant leurs gants qu'ils tenaient à la main. — Vous me menacez, à ce que je crois, dit le pri- » mat, mais c'est inutilement ; quand toutes les épées de l'Angle- » terre seraient tirées contre ma tête, vous ne gagneriez rien sur » moi. — Aussi ferons-nous mieux que menacer, » répliqua le fils d'Ours se levant tout à coup ; et les autres le suivirent vers la porte, en criant aux armes.

La porte de l'appartement fut fermée aussitôt derrière eux ; Renault s'arma dans l'avant-cour, et prenant une hache des mains d'un charpentier qui travaillait, il frappa contre la porte pour l'ouvrir ou la briser. Les gens de la maison, entendant les coups de hache, supplièrent le primat de se réfugier dans l'église, qui communiquait à son appartement par un cloître ou une galerie ; il ne le voulut point, et on allait l'y entraîner de force, quand un des assistants fit remarquer que l'heure des vêpres avait sonné. « Puisque » c'est l'heure de mon devoir, j'irai à l'église, » dit l'archevêque ; et faisant porter sa croix devant lui, il traversa le cloître à pas lents, puis marcha vers le grand autel, séparé de la nef par une grille de fer entr'ouverte. A peine il avait le pied sur les marches de l'autel, que Renault, fils d'Ours, parut à l'autre bout de l'église, revêtu de sa cotte de mailles, tenant à la main sa large épée à deux tranchants, et criant : « A moi, à moi, vassaux du roi ! » Les autres conjurés le suivirent de près, armés comme lui de la tête aux pieds, et brandissant leurs épées. Les gens qui étaient avec le primat voulurent alors fermer la grille du chœur ; lui-même le leur défendit, et il quitta l'autel pour les en empêcher ; ils le supplièrent avec de grandes instances de se mettre en sûreté dans l'église souterraine, ou de monter l'escalier par lequel, à travers beaucoup de détours, on parvenait au faîte de l'édifice. Ces deux conseils furent repoussés aussi positivement que les premiers. Pendant ce temps, les hommes armés s'avançaient; une voix cria : « Où est le traître? » » Personne ne répondit. — « Où est l'archevêque? — Le voici, ré-» pondit Beket; mais il n'y a pas de traître ici ; que venez-vous faire » dans la maison de Dieu avec un pareil vêtement? Quel est votre » dessein? — Que tu meures. — Je m'y résigne; vous ne me verrez » point fuir devant vos épées ; mais, au nom de Dieu tout-puissant, » je vous défends de toucher à aucun de mes compagnons, clerc ou laïque, grand ou petit. » Dans ce moment, il reçut par derrière un coup de plat d'épée entre les deux épaules, et celui qui le lui porta lui dit : « Fuis, ou tu es mort. » Il ne fit pas un mouvement; les hommes d'armes entreprirent de le tirer hors de l'église, se faisant scrupule de l'y tuer. Il se débattit contre eux, et déclara fermement qu'il ne sortirait point et les contraindrait à exécuter sur la place leurs intentions ou leurs ordres.

Durant cette lutte, les clercs qui accompagnaient le primat s'enfuirent et l'abandonnèrent tous, à l'exception d'un seul : c'était le porte-croix Edward Grim, le même qui avait parlé avec tant de hardiesse après la conférence de Clarendon. Les conjurés, le voyant sans armes d'aucune espèce, firent peu d'attention à lui, et l'un d'eux, Guillaume de Traci, leva son épée pour frapper l'archevêque à la tête; mais le fidèle et courageux Saxon étendit aussitôt son bras droit afin de parer le coup : il eut le bras coupé, et Thomas ne reçut qu'une légère blessure. « Frappez, frappez, vous autres ! » dit le Normand à ses compagnons; et un second coup, porté à la tête, renversa l'archevêque la face contre terre; un troisième coup lui fendit le crâne, et il fut asséné avec une telle violence, que l'épée se brisa sur le pavé. Un homme d'armes, appelé Guillaume Maltret, poussa du pied le cadavre immobile, en disant : « Qu'ainsi meure » le traître qui a troublé le royaume et fait insurger les Anglais ! »

En effet, un historien rapporte que les habitants de Canterbury se soulevaient et se rassemblaient tumultueusement dans les rues. On ne voyait dans ces rassemblements ni un noble ni un riche; tous se tenaient clos dans leurs maisons et semblaient intimidés de l'effervescence populaire. Des hommes et des femmes, qu'à leurs habits on reconnaissait pour indigènes, coururent vers l'église cathédrale et y entrèrent pêle-mêle. A la vue du cadavre encore étendu près des marches de l'autel, ils pleuraient et criaient qu'ils avaient perdu leur père; les uns lui baisaient les pieds ou les mains;

d'autres trempaient des linges dans le sang qui couvrait le pavé. De son côté, l'autorité normande ne resta pas inactive, et un édit, proclamé à son de trompe, défendit à qui que ce fût de dire publiquement que Thomas de Canterbury était un martyr.

Ces efforts des hommes puissants pour persécuter jusqu'au delà du tombeau celui qui avait osé leur tenir tête, rendirent sa mémoire plus chère encore à la population opprimée; elle en fit un saint, au mépris de l'autorité normande, et sans l'aveu de l'Eglise romaine. Comme autrefois Waltheof, Thomas Beket opéra, sur le lieu de sa mort, des miracles visibles pour les imaginations saxonnes, et dont la nouvelle, accueillie avec enthousiasme, se répandit par toute l'Angleterre. Il s'écoula deux années entières avant que le nouveau saint fût reconnu et canonisé à Rome; durant tout ce temps ce ne fut pas sans péril que les prêtres qui croyaient en lui le nommèrent dans leurs messes, et que les pauvres et les malades visitèrent sa sépulture. La cause qu'il avait soutenue avec une admirable constance était celle de l'esprit contre la force, des faibles contre les puissants, et en particulier celle des vaincus de la conquête normande. De quelque point de vue qu'on envisage son histoire, cet intérêt tout national s'y trouve; on peut le subordonner à d'autres, mais on ne saurait le nier. Il est certain que la voix populaire associa dans les mêmes complaintes la mémoire de saint Thomas de Canterbury aux souvenirs de la conquête. On disait, sans fondement peut-être, mais avec une poésie dont le sens n'est pas douteux, que la mort du saint avait été jurée dans le même château et dans la même chambre où fut prêté le serment de Harold, puis le serment de l'armée pour l'expédition d'Angleterre.

Une chose digne de remarque, c'est que le seul primat de race normande qui, avant l'anglais Beket, eût eu quelques démêlés avec la puissance laïque, était un ami des Saxons, et peut-être le seul ami qu'ils aient trouvé dans la race de leurs vainqueurs. Ce fut Anselme, le même qui avait plaidé contre Lanfranc la cause des saints de la vieille Angleterre. Anselme, devenu archevêque, tenta de relever l'ancienne coutume des élections ecclésiastiques contre le droit absolu de nomination royale, introduit par Guillaume le Conquérant. Il eut à combattre à la fois Guillaume le Roux, tous les évêques d'Angleterre, et le pape Urbain, qui soutenait le roi et les évêques. Après Anselme, vinrent des archevêques plus dociles aux traditions de la conquête, Raoul, Guillaume de Corbeil et Thibaut, le prédécesseur de Thomas. Aucun d'eux n'essaya d'entrer en opposition avec le pouvoir royal, et le bon accord régna, comme au temps de l'invasion, entre la royauté et le sacerdoce, jusqu'au moment où un Anglais de naissance obtint la primatie.

Un fait non moins remarquable, c'est que, peu d'années après la mort de Thomas Beket, il s'éleva dans le pays de Galles un prêtre qui, à son exemple, mais par des motifs proprement nationaux, et avec une fin moins tragique, lutta contre Henri II, et surtout contre Jean, son fils et son second successeur. En l'année 1176, le clergé de l'ancienne église métropolitaine de Saint-David, dans la province de Pembroke, choisit pour évêque, sauf l'approbation du roi d'Angleterre, Giraud de Barri, archidiacre, homme de grand savoir et de haute considération, fils d'un Normand, et petit-fils d'un Normand et d'une Galloise. Les membres du chapitre de Saint-David arrêtèrent leur choix sur ce candidat d'origine mixte, parce qu'ils savaient positivement, dit Giraud de Barri lui-même, que jamais le roi ne souffrirait qu'un Cambrien de race pure devînt chef de la principale église du pays de Galles. Cette modération fut inutile, et le seul choix d'un homme né dans ce pays, et Gallois par son aïeule, fut regardé comme un acte d'hostilité contre la puissance anglo-normande. Les biens de l'église de Saint-David furent saisis, et les principaux clercs de cette église cités devant le roi en personne, à son palais de Winchester.

Henri II leur demanda avec menace comment, d'eux-mêmes et sans son ordre, ils avaient eu la hardiesse non seulement de choisir un évêque, mais de s'occuper d'élection; puis, dans sa propre chambre à coucher, il leur enjoignit d'élire, sur l'heure, un moine normand appelé Pierre, qu'ils ne connaissaient point, qu'on ne leur amena point, et dont on leur dit seulement le nom. Ils l'acceptèrent tout tremblants, et retournèrent dans leur pays, où, peu de temps après, arriva l'évêque Pierre, accompagné de serviteurs et de parents auxquels il fit part des possessions territoriales de l'église de Saint-David, pendant que lui-même faisait passer en Angleterre tout ce qu'il touchait de revenus. Il imposa la taille aux prêtres de cette église, prit la dîme de leurs bestiaux, exigea de tous ses diocésains des aides extraordinaires et des présents aux quatre grandes fêtes de l'année. Il vexa si cruellement les habitants du pays, que, malgré le danger de la résistance à un évêque imposé par les Anglo-Normands, ils le chassèrent de chez eux, après l'avoir souffert huit ans.

Pendant que l'élu de Henri II pillait l'église de Saint-David, l'élu du clergé de cette église était réfugié en France, sans nul appui, parce qu'aucun roi ne pensait qu'en protégeant un évêque obscur du petit pays de Galles, il ferait grand tort au roi d'Angleterre. Giraud de Barri, fatigué de l'exil et privé de ressources à l'étranger, résolut de retourner dans son pays. Il attendait, pour quitter Paris, des nouvelles et un envoi d'argent dont le retard le désespérait. Dans sa tristesse, il alla prier et implorer le secours d'en haut à la chapelle que l'archevêque de Reims, frère du roi Louis VII, avait consacrée à la mémoire de Thomas Beket, comme saint et martyr, dans l'église de Saint-Germain l'Auxerrois.

Revenu en Angleterre, l'archidiacre Giraud ne reçut point de mauvais traitements, grâce à son impuissance; et même, par suite d'une négociation avec le prélat normand que les Gallois avaient chassé de Saint-David, il fut chargé, par intérim, et comme simple vicaire, de l'administration épiscopale. Mais il y renonça bientôt par dégoût des contrariétés que lui suscitait le titulaire, qui, chaque jour, lui envoyait l'ordre de suspendre ou d'excommunier dans le chapitre quelqu'un de ses propres partisans et de ses amis les plus dévoués. C'était le temps où les Normands d'Angleterre venaient d'entreprendre la conquête de l'Irlande. Ils offrirent à Giraud, qu'ils ne voulaient pas laisser devenir métropolitain dans le pays de Galles, trois évêchés et un archevêché dans le pays des Irlandais; mais, quoique petit-fils de l'un des conquérants de la Cambrie, Giraud ne consentit point à devenir, pour un peuple étranger, un instrument d'oppression. « Je refusai, dit-il dans le récit de sa pro-
» pre vie, parce que les Irlandais, de même que les Gallois, ne
» prendront jamais pour évêque, à moins d'y être contraints par
» violence, un homme né hors de chez eux. »

En l'année 1198, sous le règne de Jean, fils de Henri II, l'évêque normand de Saint-David mourut en Angleterre; et alors le chapitre gallois, par un acte unanime de volonté et de courage, nomma, pour la seconde fois, son ancien élu, Giraud de Barri. A cette nouvelle, le roi Jean entra dans une colère violente. Il fit déclarer l'élection nulle par l'archevêque de Canterbury, en vertu de ce droit de suprématie religieuse, sur toute la Bretagne, que les Cambriens avaient refusé si constamment de reconnaître. L'élu de Saint-David nia cette suprématie, déclarant que son église était, de toute antiquité, métropolitaine et libre, sans sujétion envers aucune autre que celle de Rome, et que, par conséquent, aucun primat n'avait le pouvoir de le révoquer. Tel avait été, avant la conquête du pays de Pembroke, sous le règne de Henri I*er*, le droit de l'église de Saint-David, héritière de l'antique métropole de Caerleon sur l'Usk. L'une des premières opérations de l'autorité anglo-normande fut, comme on l'a vu plus haut, d'anéantir cette prérogative, et d'enlever ainsi aux Cambriens qui résistaient à la conquête, la force morale que leur donnaient l'autonomie religieuse et l'indépendance ecclé-

siastique. « De ma vie je ne permettrai, disait Henri II, que les
» Gallois aient un archevêque. »

Ainsi la querelle de privilége élevée entre l'évêque Giraud et le siége de Canterbury n'était autre chose qu'une des faces de la grande question de l'asservissement du pays de Galles. Une bonne armée pouvait seule trancher le différend; et Giraud n'avait point d'armée. Il se rendit à Rome auprès du pape, seul supérieur que reconnût son église, et auquel ceux qui l'avaient élu recommandèrent avec confiance leur cause et la sienne. Son espérance était de voir reconnaître les droits de la métropole cambrienne et d'être lui-même confirmé et consacré archevêque par le souverain pontife. Il trouva à la cour pontificale un commissaire du roi d'Angleterre, qui l'avait devancé.

En attendant que l'ambassadeur du roi Jean, Regnaud Foliot (qui par hasard portait le même nom que l'un des ennemis mortels de Thomas Beket) fît annuler par le sacré collége l'élection faite à Saint-David, tous les biens de cette église et les propres biens de Giraud de Barri furent séquestrés. Des proclamations déclarèrent traître au roi le soi-disant élu des Cambriens, le téméraire qui voulait soulever contre le roi ses sujets du pays de Galles et former contre lui une confédération des chefs encore indépendants. Raoul de Bienville, bailli de Pembroke, homme doux, et qui ménageait les vaincus, fut destitué de sa charge, et un certain Nicolas Avenel, connu pour son caractère farouche, vint le remplacer. Le grand justicier d'Angleterre adressa au clergé du diocèse de Saint-David des dépêches conçues dans les termes suivants : « Sachez que l'archi-
» diacre Giraud est ennemi du roi, et aggresseur de la couronne, et
» que, si l'un de vous ose entretenir quelque correspondance avec
» lui, sa maison, sa terre et ses meubles seront livrés au premier
» occupant. » Dans l'intervalle de trois voyages que l'archidiacre fit à Rome, et entre lesquels il fut obligé de se tenir caché par prudence, on lui signifia, à son ancien domicile, des avis menaçants, dont l'un portait ce qui suit : « Nous t'ordonnons et te conseillons,
» si tu aimes ton corps et tes membres, de ne tenir ni chapitres ni
» synodes en aucun lieu de la terre du roi ; et tiens-toi pour averti
» que, si tu te mêles de quoi que ce soit qui regarde l'évêché de
» Saint-David, ton corps, avec tout ce qui t'appartient, en quelque
» endroit qu'on le trouve, sera mis à la merci du seigneur roi, et
» sous bonne garde. »

Après quatre années, pendant lesquelles la cour de Rome préluda à son jugement définitif par des décisions flottantes et tour à tour favorables ou contraires à chacune des deux parties, Giraud fut

condamné sur le témoignage de quelques Gallois de basse condition vendus aux Anglo-Normands, et que Regnaud Foliot avait fait venir, avec grand appareil, pour déposer contre leur propre pays. La persécution et la terreur poussèrent même les membres du chapitre de Saint-David à délaisser l'évêque de leur choix et à reconnaître la suprématie d'une métropole étrangère. Lorsque Giraud de Barri, après la perte de son procès, revint dans le pays de Galles, personne n'osait lui ouvrir sa porte; et l'on fuyait comme un pestiféré l'homme qui s'était rendu redoutable aux conquérants. Ceux-ci pourtant ne songèrent point à le poursuivre de leur vengeance, et il fut seulement cité en Angleterre devant un synode d'évêques pour y recevoir son arrêt de destitution canonique. Les prélats normands prirent plaisir à lui adresser des railleries sur ses grands travaux et leur peu de succès. « Vous étiez bien fou, lui dit
» l'évêque d'Ely, de tant vous donner de peines pour procurer à ces
» gens un bien dont ils ne se souciaient pas, et pour les rendre libres
» malgré eux; car vous voyez qu'aujourd'hui ils vous désavouent.
» — Il est vrai, répondit Giraud, et j'étais loin de m'y attendre. Je ne
» pensais pas que des clercs gallois, qui, il y a si peu d'années,
» jouissaient, avec toute leur nation, d'une liberté originelle, fus-
» sent capables de plier sous le joug comme vos Anglais, qui sont
» depuis longtemps serfs et subjugués, et pour qui la servitude est
» devenue une seconde nature. »

Giraud de Barri renonça aux affaires ecclésiastiques, et, se livrant tout entier à la culture des lettres, sous le nom de Giraud le Cambrien, il fit comme écrivain élégant plus de bruit dans le monde qu'il n'en avait fait comme antagoniste du pouvoir. En effet, bien peu de gens en Europe, au douzième siècle, s'intéressaient à ce qu'un reste de l'antique population bretonne ne perdît point sa liberté religieuse, et, avec elle, la garantie de son indépendance nationale. Il n'existait guère alors parmi les étrangers de sympathie pour un pareil malheur; mais, au sein même du pays de Galles, dans la portion du territoire où la terreur des lances normandes n'avait pas encore pénétré, les travaux de Giraud pour la patrie galloise étaient un sujet universel d'entretien et d'éloges. « Notre
» pays, disait le chef de la province de Powis dans une assemblée
» politique, a soutenu de grands combats contre les hommes de
» l'Angleterre; cependant, jamais aucun de nous n'a tant fait contre
» eux que l'élu de Saint-David; car il a tenu tête à leur roi, à leur
» primat, à leurs clercs, à eux tous, pour l'honneur du pays de
» Galles. » A la cour de Lewellyn, prince de la Cambrie septentrionale, dans un festin solennel, un barde se leva, et dit qu'avant de

faire entendre un chant nouveau sur l'homme qui avait entrepris de relever la dignité du siége de Saint-David, il proposait à tous les assistants cette question : si, pour une telle entreprise, la gloire devait dépendre du succès. Lewellyn, parlant le premier, répondit en ces termes : « Je dis que celui qui a tiré de l'oubli et réclamé » contre toute l'Angleterre les droits de Saint-David a fait assez » pour sa gloire, quoi qu'il arrive ; car, tant que durera le pays de » Galles, sa noble action sera célébrée d'âge en âge par l'histoire » écrite et par la bouche de ceux qui chantent. »

Une grande erreur des historiens au siècle dernier fut le jugement partial et dédaigneux porté alors sur les querelles entre rois et évêques, qui éclatèrent si fréquemment et causèrent tant de troubles dans les siècles du moyen âge. Dans le récit de la plus tragique de ces luttes, celle de Henri II et de Thomas Beket, nos devanciers n'ont pas hésité à se déclarer sans réserve contre le plus faible et le plus malheureux des deux adversaires. Ils ont complètement oublié, envers un homme assassiné avec des circonstances odieuses, les principes de justice et d'humanité dont ils faisaient profession. Après six siècles, ils ont poursuivi sa mémoire avec une sorte d'acharnement ; et pourtant il n'y avait rien de commun entre la cause des ennemis de Thomas Beket au douzième siècle et celle de la civilisation au dix-huitième. Les résistances épiscopales aux prétentions de la royauté, les litiges ecclésiastiques, les appels au saint-siége, n'étaient pas quelque chose d'aussi spécial qu'on se l'est figuré ; à part ce qui touche les droits de la conscience et de la liberté religieuse, il y avait là en jeu des intérêts et des droits d'un autre ordre. A cette chancellerie romaine, centre de la diplomatie du monde chrétien, arrivèrent souvent des pétitions laïques dénonçant au chef de l'Eglise des griefs purement et profondément nationaux. . . . .

Que t'a fait ton malheureux père ? (page 324)

IX. — Depuis l'invasion de l'Irlande par les Normands établis en Angleterre jusqu'a la mort de Henri II
1171-1189

Il faut que le lecteur quitte la Bretagne et la Gaule, où jusqu'ici l'a retenu cette histoire, et que, pour quelques moments, il se transporte dans l'île occidentale, que ses habitants appelaient Erin, et les Anglais, Irlande. Le peuple de cette île, frère des montagnards d'Ecosse, formant, avec ceux-ci, le dernier reste d'une grande population qui, dans les temps antiques, avait couvert la Bretagne, la Gaule et une partie de la péninsule espagnole, offrait plusieurs des caractères physiques et moraux qui distinguent les races originaires du Midi. La majeure partie des Irlandais étaient des hommes à cheveux noirs, à passions vives, aimant et haïssant avec véhémence, prompts à s'irriter, et pourtant d'une humeur sociable. Enthousiastes en beaucoup de choses, et surtout en religion, ils mêlaient le christianisme à leur poésie et à leur littérature, la plus cultivée peut-être de toute l'Europe occidentale. Leur île comptait une foule de saints et de savants, vénérés en Angleterre et en Gaule ; car aucun pays n'avait fourni, au moyen âge, plus de missionnaires chrétiens, ni d'hommes empressés de répandre chez les nations étrangères les études de leur patrie. Les Irlandais étaient grands voyageurs, et se faisaient toujours aimer des hommes qu'ils visitaient par l'extrême aisance avec laquelle ils se conformaient à leurs usages et à leur manière de vivre.

Cette facilité de mœurs s'alliait en eux à un amour extrême de l'indépendance nationale. Envahis à plusieurs reprises par différentes nations, soit du midi, soit du nord, ils n'avaient jamais admis de prescription pour la conquête, ni fait de paix volontaire avec les fils de l'étranger; leurs vieilles annales contenaient des récits de vengeances terribles exercées à l'improviste par les indigènes sur leurs vainqueurs. Les débris des anciennes races conquérantes, ou les petites bandes d'aventuriers qui étaient venues, dans un temps ou dans l'autre, chercher des terres en Irlande, évitèrent les effets de cette intolérance patriotique, en s'incorporant dans les tribus irlandaises, en se soumettant à l'ancien ordre social et en adoptant la langue du pays. C'est ce que firent, après beaucoup d'autres, les pirates danois et norvégiens qui, du neuvième au onzième siècle, fondèrent, sur les côtes de l'est et du sud-est, plusieurs colonies, où, renonçant à leurs anciens brigandages, ils bâtirent des villes et devinrent commerçants.

L'invasion des hommes du Nord, sous laquelle succomba l'Angleterre, tandis que l'Irlande ne fut jamais entièrement conquise par eux, fit à ce dernier pays, par la ténacité même et la longue durée de la lutte, des maux irréparables. Après une guerre de plus de deux cents ans, durant laquelle l'île, attaquée sur toutes ses côtes, fut traversée dans tous les sens, lorsque le flot des envahisseurs s'arrêta et qu'il y eut un moment de repos, on chercha l'ancienne paix du pays et on ne la retrouva plus. La vieille constitution, qui établissait dans l'île cinq rois confédérés, et, au-dessus d'eux, un roi suprême, revint, il est vrai, mais avec un conflit d'ambitions rivales qui mettaient les rois provinciaux en guerre les uns contre les autres et faisaient de la royauté du pays le droit et la conquête du plus fort. On ne vit plus s'assembler régulièrement, comme autrefois, les états généraux de l'Irlande qui élisaient le roi de l'île entière et délibéraient sur les affaires communes à tout le pays dans la ville fédérale de Tarah. Il ne restait guère de l'ancien ordre social que ce qu'avait laissé debout l'invasion sans cesse renouvelée, c'est-à-dire l'organisation des tribus irlandaises et l'esprit de clan avec ses mœurs, source primordiale et toujours vivace des mœurs et des coutumes de la nation.

Soustraite jadis à la conquête romaine par l'obstacle de deux mers, et visitée assez tard par cet enseignement chrétien qui propageait, avec la foi de l'Evangile, les traditions du monde civilisé, l'Irlande avait conservé, plus fortement qu'aucun autre peuple de même race, la vie de tribu et ce que celle-ci a de contraire à la véritable vie civile, soit dans la famille, soit dans l'Etat. Quand le pays, au commencement du onzième siècle, fut rendu à lui-même désorganisé et divisé, il se trouva que le dévouement aux chefs patriarcaux, n'ayant plus son contre-poids dans l'obéissance à des lois communes, après avoir soutenu la résistance contre l'étranger, nourrit l'esprit de faction et l'anarchie. L'ordre public manquait de ressort, et, dans l'ordre domestique, l'adoption, par tout chef de famille, des veuves de ses proches parents, altérait, si elle ne la détruisait pas, l'unité du mariage, et produisait, au moins en apparence, un scandale qui choquait vivement les hommes formés à la double discipline du droit romain et du christianisme.

Par un privilége singulier, l'Eglise d'Irlande résista mieux que la société laïque aux influences qui tendaient à ramener le pays vers la barbarie. Cette Eglise, d'une nature contemplative plus qu'active, s'était recueillie en elle-même et avait continué avec énergie sa vie studieuse et presque monastique, au milieu des désastres nationaux et du trouble des guerres civiles. Mais de cette qualité remarquable du clergé irlandais il était résulté un vice. Les prêtres, réunis en congrégations régulières autour des évêques, avaient plus de relations entre eux qu'avec le peuple. Ils célébraient les offices, ils administraient les sacrements à ceux qui les demandaient, mais ils négligeaient la prédication religieuse et l'instruction des enfants. Ils n'entraient pas en lutte ouverte contre les passions des chefs de clan, qui attiraient à eux et retenaient dans leurs tribus, par toutes sortes de violences, non seulement les pouvoirs politiques, mais encore les dignités ecclésiastiques. En un mot, ils aimaient la perfection pour eux-mêmes plus qu'ils ne travaillaient à la répandre autour d'eux, trop amis du repos, ou désespérant trop vite d'une nation que ceux qui l'appelaient barbare reconnaissaient plus mêlée que toute autre de bons et de mauvais instincts, et tour à tour excessive dans le bien comme dans le mal.

En effet, à travers l'anarchie et la décadence de civilisation qui accompagnèrent et suivirent le temps des invasions danoises, l'Irlande n'avait jamais cessé de produire des saints adoptés par l'Eglise, et elle conservait ses écoles de grammaire et de philosophie d'où sortirent, jusqu'au douzième siècle, des hommes reconnus pour maîtres par tout l'Occident. Le peuple, quelque ignorant qu'il fût, sentait le prix des lettres et de la science, et il accordait son estime à quiconque en avait la moindre teinture. On regardait, dans l'île d'Erin, comme la plus haute gloire celle d'un grand littérateur; son nom était dans toutes les bouches, et la curiosité publique s'attachait aux noms étrangers dont la réputation avait passé la mer et pénétré dans cette île où les poètes étaient vénérés à côté des prêtres, et où la royauté avait pour insignes une couronne et une harpe.

Si, comme on l'a vu, la cause anglo-saxonne et le malheur des fils du roi Harold trouvèrent en Irlande de vives sympathies et des auxiliaires contre la conquête, plus tard, la promotion de Lanfranc à l'archevêché de Canterbury et l'arrivée en Angleterre de cet homme célèbre comme l'un des plus savants docteurs de l'Eglise et du siècle, fut pour les Irlandais lettrés une grande nouvelle. Il semble que cet événement ait éveillé parmi eux l'une des passions familières à leurs compatriotes voyageurs, celle de questionner l'étranger en renom sur des matières controversées ou des problèmes de solution difficile. Vers 1073, Donald, évêque de Cashell, dans le royaume de Munster, et plusieurs autres personnes, probablement ecclésiastiques, s'entendirent pour adresser au prélat de Canterbury des lettres où ils le consultaient en commun sur un point de théologie et sur différents points de littérature. La question théologique roulait sur la nécessité de joindre l'eucharistie au sacrement du baptême ; ni le sujet, ni le nombre des autres ne nous sont connus ; mais leur pluralité certaine est ici un trait de caractère, une preuve du vif intérêt attaché par le clergé d'Irlande aux problèmes de science laïque. Il paraît que, tout savant qu'il était lui-même, le primat d'Angleterre goûta peu ce mélange ; dans sa réponse, il discuta le point de dogme, mais il refusa dédaigneusement de traiter aucun point de littérature. « Vous nous avez envoyé » à résoudre, dit-il, des questions de lettres séculières ; mais il ne » convient pas qu'un évêque donne ses soins à ce genre d'études. » Autrefois, il est vrai, j'y ai employé mes années de jeunesse ; mais » quand je suis monté à l'office pastoral, j'ai résolu d'y renoncer. »

Bientôt l'occasion s'offrit pour des relations de plus grave conséquence entre l'Irlande et le grand homme d'église qui occupait le siège primatial de Canterbury. Les royaumes de Leinster et de Munster, les plus voisins de l'île de Bretagne, comprenaient les villes maritimes fondées ou agrandies par les Danois, Wexford, Waterford, Cork, Limerick et Dublin. Cette dernière, la plus considérable de toutes, avait dans sa dépendance un petit territoire peuplé comme elle d'hommes du Nord, et elle était politiquement la capitale des colonies danoises d'Irlande. Lorsque, vers la fin du dixième siècle, ces colonies embrassèrent le christianisme, Dublin, chef-lieu du gouvernement scandinave, qui les régissait, fut naturellement désigné, dans la formation de cette nouvelle Eglise, comme devant être le siège épiscopal. Pour la consécration de leur évêque, les colons danois ne voulurent pas recourir au ministère de l'Eglise d'Irlande, qui leur était suspecte, parce qu'ils avaient avec la nation, comme intrus à main armée sur son territoire, une inimitié naturelle ; s'adressant là où nul esprit de malveillance n'existait contre eux, ils eurent recours à l'Eglise d'Angleterre et au métropolitain de Canterbury. On ne peut dire si de leur part cet appel religieux se fit avant ou après que l'Angleterre elle-même fût devenue possession danoise. Mais le dernier évêque de Dublin, encore vivant à la fin de l'année 1073, avait reçu l'épiscopat en 1038, sous le règne de Hardeknut. Il mourut en 1074, et alors le clergé et le peuple de la ville, ayant choisi, pour lui succéder, un prêtre nommé Patrice, suivirent leur coutume en dépit des changements politiques, et demandèrent la consécration de leur élu à l'archevêque de Canterbury. Lanfranc reçut d'eux une requête appuyée par Godred, roi norvégien de l'île de Man et des Hébrides, et maître du territoire de Dublin que lui disputait alors le roi irlandais de Leinster.

L'archevêque Lanfranc s'empressa de répondre à cet hommage rendu à la dignité de son siège, hommage qui ouvrait à la domination normande un moyen d'influence capable de contrebalancer les sympathies des Irlandais indigènes pour la cause anglo-saxonne. Avec la clairvoyance et la décision qui lui étaient naturelles, il fit ce qu'on lui demandait et quelque chose de plus. Après avoir reçu de l'évêque de Dublin, sacré par lui, une profession écrite d'obéissance, il le renvoya chargé de présents magnifiques pour son église. Il annonça au roi Godred que, par courtoisie, il qualifiait roi de l'Irlande, qu'il venait de faire droit à sa demande et à celle du peuple de Dublin, et, profitant des informations qu'on lui avait données sur l'état moral des territoires soumis à ce roi, il lui désigna, comme devant être interdites par lui, des infractions à la loi chrétienne du mariage, qui, en partie, dérivaient des anciennes mœurs irlandaises, et, en partie, des mœurs teutoniques apportées en Irlande par les colons scandinaves. « On assure, lui disait-il, que
» dans votre royaume il y a des hommes qui prennent des épouses,
» soit de leur propre parenté, soit de celle de leurs femmes décé-
» dées ; que d'autres abandonnent sans motif et à leur fantaisie
» celles qui leur sont jointes par mariage légitime ; que plusieurs
» donnent leurs femmes à d'autres et reçoivent celles d'autrui par
» un échange abominable. Si ces crimes et d'autres existent sur les
» terres qui sont en votre puissance, au nom de Dieu et pour le
» salut de votre âme, ordonnez-en la répression. »

L'évêque Patrice, attaché d'affection et d'obéissance à la primatie anglo-normande, fut pour l'archevêque Lanfranc un informateur assidu de tout ce qui, en Irlande, pouvait concerner l'intérêt de l'Eglise et celui des conquérants de l'Angleterre. Il vécut jusqu'à la fin de l'année 1084, et, un peu avant cette époque, il fit à la métropole anglaise un voyage au retour duquel il mourut. C'était le temps

où commençait la grande alarme qui occupa si fort les Normands dans l'année 1085. Le bruit d'un armement des Danois plus formidable que tous les autres rendait nécessaire une assurance d'amitié ou de neutralité de la part des nations voisines. Durant le temps que l'évêque de Dublin avait passé à Canterbury, Lanfranc l'avait interrogé sur l'état de l'Irlande, et il avait appris de lui que Terdelvach, ou Turlogh O'Brien, devenu roi de toute l'île, sinon sans contestation, du moins avec une prépondérance décisive, serait flatté de voir son titre pleinement reconnu à l'étranger. Lanfranc lui écrivit une lettre de compliment, où la louange excessive était revêtue des expressions les plus affectueuses. « Notre frère et co-
» évêque Patrice nous a tant parlé de votre grandeur, de sa pieuse
» humilité envers les bons, de sa sévérité envers les méchants et de
» sa justice envers tous, que, bien que nous ne vous ayons jamais
» vu, nous vous aimons comme s'il nous avait été donné de vous
» voir; et nous désirons vous servir fidèlement et vous conseiller
» utilement, comme une personne qu'on a vue et que l'on connaît
» bien. » Aux remontrances déjà faites précédemment sur les mœurs des habitants irlandais ou danois de race, le primat ajoutait des reproches dirigés contre l'église d'Irlande. Il disait que les évêques y étaient sacrés par un seul évêque, que les enfants y étaient baptisés sans l'onction du saint-chrême, que l'ordination y était donnée à prix d'argent par les évêques, et il demandait sans retard la prohibition de ces pratiques sous la menace de châtiments ultérieurs.

Si les faits allégués étaient exacts, la censure était juste ; mais elle avait un défaut, celui de venir d'une autorité non compétente, du primat de l'Angleterre, devenu chef religieux des colonies scandinaves contre les droits du primat de l'Irlande, l'archevêque d'Armagh, successeur de saint Patrice, l'apôtre des Irlandais. Désormais l'Eglise d'Angleterre avait les yeux, et en partie la main, sur celle d'Irlande, et celle-ci devait souffrir du contrôle exercé sur sa discipline par un prélat étranger, suspect de malveillance et d'une ambition au service des intérêts de son pays. La question d'une métropole étrangère placée entre l'Eglise de Rome et l'Eglise nationale, le conflit de Dol contre Tours pour les Bretons armoricains, de Caerleon contre Canterbury pour les Bretons cambriens, de Saint-David contre le même siège pour le pays de Galles, s'élevait, pour l'Irlande, entre la primatie d'Armagh et la primatie anglaise, avec les mêmes conséquences, c'est-à-dire avec un froissement de la susceptibilité nationale, qui devait amener dans la sphère religieuse une réaction du principe d'autonomie et de l'esprit d'indépendance.

L'archevêque Lanfranc sacra, en 1085, un nouvel évêque de Dublin, et mourut en 1089. Sous l'épiscopat d'Anselme, son successeur, les habitants de Waterford, ville danoise du royaume de Munster, jusque-là rangés dans le ressort de l'évêché de Dublin, voulurent avoir un évêque à eux, soumis, comme celui de Dublin, à l'archevêché de Canterbury. Ce désir, qui n'était qu'un développement de la discipline religieuse adoptée par les colonies danoises depuis leur conversion au christianisme, ne fut point contrarié par l'Eglise d'Irlande ni par le pouvoir indigène. Au contraire, et probablement pour le bien de la paix entre les deux races, le roi de Munster, le vice-roi de Leinster, et les évêques de ces deux royaumes, appuyèrent de leurs signatures la requête des habitants de Waterford, portée au primat de Canterbury par l'évêque de leur choix dont ils lui demandaient l'institution canonique. Ainsi, le siège de Canterbury compta dès lors deux suffragants en Irlande, et sa suprématie put paraître, non plus un fait d'exception, mais un droit reconnu successivement. Dans cette situation nouvelle, le langage du primat d'Angleterre envers le clergé irlandais fit un progrès en assurance et en résolution. Il passa du conseil proprement dit à quelque chose qui tenait le milieu entre le conseil et l'ordre. Dans une lettre aux évêques signataires de la pétition de Waterford, Anselme les invita formellement à recourir à ses décisions dans leurs litiges et dans toutes les causes qui dépasseraient l'autorité que les canons donnent à de simples évêques.

Lorsqu'en l'année 1121, les bourgeois et le clergé de Dublin demandèrent à l'archevêque Raoul, successeur d'Anselme, de sacrer un nouvel évêque élu par eux, leur lettre portait : « Sachez que les » évêques d'Irlande, et surtout celui qui réside à Armagh, ont à » notre égard une extrême jalousie, parce que nous ne voulons pas » nous soumettre à leur ordination, mais demeurer toujours sous » votre gouvernement. » Le douzième siècle, en effet, venait de voir commencer en Irlande une réaction du patriotisme joint à l'esprit de réforme chrétienne. D'une part, la population indigène repoussait avec défiance l'intervention, dans ses affaires religieuses, du primat d'un peuple étranger ; de l'autre, elle était prise d'un désir passionné d'amender elle-même ce qu'on blâmait en elle pour les mœurs et la discipline ecclésiastiques, et d'accomplir cette révolution en pleine liberté d'examen dans des conciles nationaux. Un premier synode, composé de laïques et d'ecclésiastiques, s'assembla, en 1112, à Fiodh-Ængusa, dans le royaume de Munster. Murkertach O'Brien, roi de Munster, et les grands de ce royaume, l'évêque de Cashell, cinquante autres évêques, trois cents prêtres et trois mille personnes du clergé inférieur y assistèrent. Peu de temps après, une assemblée du même genre eut lieu à Rath-Breasail, dans le royaume d'Ulster, sous la présidence de Gillebert, évêque de Limerick, nommé récemment légat du siége apostolique en Irlande, et le premier, à ce qu'il semble, qui ait été décoré de ce titre. Dans le synode de Rath-Breasail, aujourd'hui Clanbrassil, près d'Armagh, une division régulière des diocèses d'Irlande fut établie; leurs limites respectives furent déterminées, et le nombre des petits siéges épiscopaux et des évêques à titre honorifique, l'un des anciens abus de l'Eglise d'Irlande, fut en partie corrigé.

Dans la lutte d'influence et d'autorité canonique entre le primat d'Armagh et le primat de Canterbury, l'avantage du second sur le premier consistait en ce que son siége était décoré du pallium, ornement qui manquait à l'autre siége. C'est par là qu'il exerçait un prestige capable de lui conquérir des suffragants, même dans les territoires uniquement peuplés d'Irlandais indigènes. Or, le titre de légat pontifical donné à un évêque irlandais rétablissait l'équilibre entre l'Eglise d'Irlande et la métropole étrangère; il suppléait au désavantage honorifique de la métropole indigène et, pour un temps du moins, éteignait le schisme de discipline qui divisait l'ancienne population de l'île et les colons de race danoise. Supérieur à l'un comme à l'autre des deux métropolitains, l'évêque irlandais, investi de la légation romaine, commandait à tous au nom du chef de l'Eglise universelle, sans porter nulle part l'idée blessante du commandement donné par le chef spirituel d'un peuple rival dont l'intérêt pouvait devenir hostile aux intérêts nationaux. C'est de là que vint aux synodes patriotiques tenus par les rois et le clergé d'Irlande le pouvoir de jeter les fondements d'une grande réforme, qui bientôt se développa d'elle-même par suite d'une révolution arrivée dans l'église primatiale d'Armagh.

Cette église, fondée par saint Patrice, lieu de sa sépulture, et, à ce titre, métropole de toute l'Irlande, était tombée depuis plus d'un siècle sous le joug imposé par l'organisation des clans celtiques. Une puissante famille, celle des Amalgaid, occupait héréditairement la dignité métropolitaine, et ses membres, étroitement ligués, ne souffraient pas qu'elle fût donnée à un homme né hors de leur tribu. Ils soutenaient cette prétention, qu'ils nommaient leur droit, par des menaces d'inimitié mortelle, et, grâce à la crainte qu'ils inspiraient, il s'établit en leur faveur une sorte de prescription étrange. En 1127, cette tribu avait déjà fourni au siége d'Armagh une succession de huit archevêques, tous mariés, mais en même temps lettrés, ce qui était un trait de mœurs par où les clans de l'Irlande se distinguaient de la féodalité germanique. Le dernier d'entre eux, Celse ou Célestin, homme d'un esprit sacerdotal, résolut de rompre lui-même cette scandaleuse coutume. A son lit de mort, il eut le courage d'exproprier sa parenté et de faire un testament où il se donnait pour successeur le prêtre le plus vertueux de son diocèse, Malachy O'Morgair, qui devait être l'un des plus grands saints du siècle, l'ami vénéré de saint Bernard. L'archevêque Celse fit cet acte au nom de l'autorité qu'il tenait comme vicaire de saint Patrice ; il le notifia aux grands et au roi d'Irlande, et le suffrage de tous ceux qui désiraient une réforme ecclésiastique y répondit. Mais l'opposition du clan des Amalgaid ne fut pas vaincue aisément ; ils s'emparèrent d'Armagh et y intronisèrent comme évêque un des leurs, appelé Maurice. Ils tinrent en échec, pendant cinq ans, l'autorité royale, et ce ne fut qu'après ce temps que Malachy, invité par un concile national à prendre possession de son siége, fit son entrée pontificale sous la protection d'une armée conduite par le roi d'Ulster. Sa présence termina le scandale contre lequel avait protesté sa nomination, devenue plus tard une élection canonique. Il gagna tous les esprits par sa douceur et ses vertus, et il entreprit d'achever par ses travaux l'œuvre de la réorganisation et de l'affranchissement complet de l'Eglise d'Irlande.

Pour mettre fin au schisme qui existait entre le clergé indigène et celui des colonies danoises, le nouvel archevêque d'Armagh commença par accorder à l'évêque de Dublin le titre de métropolitain que lui refusait impérieusement le primat de Canterbury. Il le détacha ainsi de ce dernier et l'attacha par reconnaissance à la primatie irlandaise. Ensuite, comme celle-ci était, dans l'ordre hiérarchique de l'Eglise, inférieure à la primatie de Canterbury, parce qu'elle n'avait pas l'usage du pallium romain, il résolut d'aller à Rome demander trois choses : la confirmation, pour le siége de Dublin, du titre de métropole ; la concession du pallium pour le siége d'Armagh, et la même concession pour le nouveau siége archiépiscopal de Dublin. Il obtint la première demande, mais non les deux autres, et revint en Irlande investi de l'autorité de légat du saint-siége, et ayant réussi en partie à soustraire le siége de Dublin à la dépendance de l'église de Canterbury. Ce siége était désormais une métropole placée entre deux primaties et encore soumise, par l'usage, à la plus qualifiée des deux. Enlever tout motif à un usage né de la diversité des races, injurieux pour l'Eglise d'Irlande et dangereux pour le pays, devint le but de tous les efforts de saint

Un second coup porté à la tête renversa l'archevêque. (page 269)

Malachy et l'objet d'un nouveau voyage qu'il fit pour aller trouver en France le pape Innocent II. Il mourut dans ce voyage, au monastère de Clairvaux, n'ayant pas encore eu de réponse définitive, et n'ayant pas eu le temps d'accomplir toute son œuvre à la fois religieuse et patriotique.

Lorsque Henri, fils de Geoffroy Plante-Genest, fut devenu roi d'Angleterre, il lui vint à l'esprit de signaler son avénement, comme premier roi de race angevine, par une conquête presque aussi importante que celle du normand Guillaume, son bisaïeul maternel. Il résolut de s'emparer de l'Irlande, et, à l'exemple du conquérant de l'Angleterre, son premier soin fut d'envoyer vers le pape, pour lui proposer de concourir à cette nouvelle entreprise, comme son prédécesseur, Alexandre II, avait pris part à la première. Le pape alors régnant était Adrien IV, homme de naissance anglaise, dont le nom de famille était Brekespeare, et qui, en s'expatriant fort jeune, avait échappé à la condition de misère faite à ses compatriotes. Trop fier pour travailler aux champs ou pour mendier en Angleterre, dit un ancien historien, il prit une résolution hardie, inspirée par la nécessité; il alla en France, puis en Provence, puis en Italie, entra dans une riche abbaye en qualité de secrétaire, devint abbé, ensuite évêque, et enfin pape. Sur le trône pontifical, Adrien parut avoir oublié tous les ressentiments d'un Anglais contre les oppresseurs de sa nation. Il affectait pour le roi Henri II la plus grande complaisance. Il reçut gracieusement son message relatif au projet de subjuguer l'Irlande, et, d'après l'avis du sacré collége, il y répondit par une bulle, dont voici quelques fragments :

« Adrien, évêque, serviteur des serviteurs de Dieu, à son très
» cher fils en Jésus-Christ l'illustre roi des Anglais, salut et béné-
» diction apostolique...
» Tu nous as fait savoir, très cher fils en Jésus-Christ, que tu
» voulais entrer dans l'île d'Hibernie pour en soumettre le peuple
» au joug des lois, y extirper les semences du vice, et aussi pour y
» faire payer au bienheureux apôtre Pierre la pension annuelle d'un
» denier pour chaque maison... Accordant à ce louable et pieux
» désir la faveur qu'il mérite, et à ta requête une réponse bienveil-
» lante, nous tenons pour agréable, qu'afin d'agrandir les limites
» de la sainte Eglise, de borner le cours des vices, de corriger les
» mœurs, d'enraciner la vertu et de propager la religion chrétienne,
» tu fasses ton entrée dans cette île, et y exécutes, selon ta pru-
» dence, tout ce que tu jugeras à propos pour l'honneur de Dieu et
» le salut des âmes. Que le peuple de cette contrée te reçoive et
» t'honore comme son seigneur et maître, sauf le droit des églises,

» qui doit rester intact, et aussi la pension annuelle d'un denier, due
» par chaque maison au bienheureux Pierre et à la très sainte Eglise
» romaine...
» Si donc tu juges à propos de mettre à exécution ce que tu as
» conçu dans ta pensée, emploie tes soins à former ce peuple aux
» bonnes mœurs, et que, tant par tes efforts que par ceux d'hommes
» reconnus suffisants de foi, de parole et de vie, l'Eglise soit, dans
» ce pays, décorée d'un nouveau lustre; que la religion du Christ y
» soit plantée et croisse; qu'en un mot, toute chose concernant
» l'honneur de Dieu et le salut des âmes soit, par ta prudence, or-
» donnée de telle manière que tu deviennes digne d'obtenir aux
» cieux la récompense éternelle, et sur la terre un nom glorieux
» dans tous les siècles. »

Ce flux d'éloquence mystique servait, comme on peut le voir, d'une sorte d'enveloppe décente pour un pacte absolument semblable à celui de Guillaume le Bâtard avec le pape Alexandre II. Henri II se serait probablement hâté d'accomplir, comme Guillaume, son étrange mission religieuse, si une autre conquête, celle de l'Anjou, sur son propre frère Geoffroy, n'eût presque aussitôt détourné son attention. Ensuite il guerroya contre les Bretons et les Poitevins, qui tentaient de soutenir contre lui leur indépendance nationale. Enfin la rivalité du roi de France, qui ne cessait jamais de s'exercer, soit ouvertement, soit en secret, et surtout la longue et sérieuse querelle avec l'archevêque de Canterbury, l'empêchèrent d'aller conquérir, en Irlande, la royauté pour lui-même, et pour le pape la suprématie absolue jointe à un tribut annuel. Lorsque Adrien IV mourut, sa bulle dormait encore, attendant de l'emploi, au fond du trésor des chartes royales d'Angleterre, et elle y eût peut-être vieilli durant toute la vie du roi, si des événements imprévus n'avaient amené l'occasion de la faire paraître au grand jour.

On a vu plus haut comment des aventuriers normands et flamands de naissance avaient conquis le territoire de Pembroke et une portion des côtes occidentales du pays de Galles. En s'établissant sur les domaines usurpés par eux, ces hommes n'avaient point quitté leurs anciennes mœurs pour des habitudes d'ordre et de repos; ils consommaient au jeu ou en débauches tout le revenu de leurs terres, et les épuisaient au lieu de les améliorer, comptant sur de nouvelles expéditions, plutôt que sur l'économie domestique, pour réparer un jour leur fortune. En un mot, dans la condition de grands propriétaires, de riches seigneurs terriens, pour parler le langage de l'époque, ils avaient conservé le caractère de soldats d'aventure, toujours disposés à tenter les chances de la guerre au dehors, soit pour leur propre compte, soit aux gages d'autrui.

C'est sous cet aspect qu'ils se firent remarquer des habitants de l'île d'Erin, qui souvent venaient visiter, pour des affaires de négoce, les côtes du pays de Galles. Pour la première fois alors, il se trouvait dans le voisinage de l'Irlande une colonie d'hommes exercés à porter l'armure complète, que, dans ce siècle, on appelait l'armure française; la vue des cottes de mailles et des grands chevaux flamands des compagnons de Richard Strong-bow, chose nouvelle pour les Irlandais, qui ne connaissaient que les armes légères, leur causa une grande surprise. Les voyageurs et les marchands, à leur retour, firent des récits merveilleux de la force et de l'adresse guerrière des nouveaux habitants de l'ouest de la Grande-Bretagne. Vers l'année 1169, le chef de la province orientale de l'Irlande, Dermot Mac-Morrogh, roi de Leinster, vaincu en guerre par les chefs ses voisins et détrôné par ses propres sujets, s'avisa de passer en Angleterre, puis en Aquitaine, pour y voir le roi Henri II et lui demander un secours capable de le rétablir dans son royaume. Henri II ne lui donna autre chose que des lettres patentes qui l'autorisaient à traiter de gré à gré dans toute l'étendue des possessions anglo-normandes, avec toute personne disposée à s'engager militairement pour sa cause. Muni de ces lettres, Dermot Mac-Morrogh traversa de nouveau l'Angleterre; mais il ne trouva l'occasion d'en faire un usage utile qu'à son arrivée dans le pays de Pembroke, où il devait s'embarquer pour retourner en Irlande.

Les Normands et les Flamands de ce pays s'empressèrent d'accepter les propositions que leur faisait le roi de Leinster. Ils convinrent avec lui du taux de la solde en terre ou en argent, et s'embarquèrent au nombre de quatre cents chevaliers, écuyers et archers, sous la conduite de Robert, fils d'Étienne; Maurice, fils de Giraudet, et Hervé de Mont-Maurice. Ils naviguèrent en droite ligne de la pointe la plus occidentale du pays de Galles à la pointe la plus orientale de l'Irlande, et abordèrent près de Wexford, l'une des villes fondées par les Danois durant leurs courses de piraterie et de commerce. Cette ville, qui faisait partie du royaume de Dermot Mac-Morrogh, lui avait été enlevée par l'invasion de ses adversaires et la défection des habitants. Ceux qui la gardaient sortirent à la rencontre de l'armée ennemie; mais, quand ils virent les armures complètes, les chevaux bardés de fer et l'ordre de bataille, nouveau pour eux, des cavaliers venus du pays de Galles, une sorte de terreur panique les saisit. Quoique beaucoup plus nombreux, ils n'osèrent engager le combat en rase campagne, et brûlant, dans leur retraite, tous les villages voisins, avec les provisions qu'ils ne pouvaient emporter, ils s'enfermèrent dans les murs de Wexford.

Dermot et les Normands en firent le siège et livrèrent trois assauts consécutifs avec peu de succès, parce que les grands chevaux, les lances de huit coudées, l'arbalète et les cuirasses de mailles n'avaient de grands avantages qu'en plaine. Mais les intrigues de l'évêque de Wexford, qui eut le crédit de réconcilier les habitants avec leur roi, firent ouvrir les portes à l'allié des étrangers, qui, entré dans la ville sans coup férir, marcha aussitôt, dans la direction du nord-ouest, à la poursuite de ses adversaires et à la délivrance de son royaume. Dans cette expédition, la tactique militaire et l'armure complète de ses alliés lui furent d'un grand secours. Les armes les plus redoutables des habitants d'Erin étaient une petite hache d'acier, de longs javelots et des flèches courtes, mais très aiguës. Les Normands, que leur vêtement de fer préservait de l'atteinte de cette espèce d'armes, abordaient de près les indigènes, et, pendant que le choc de leurs grands *dextriers* culbutait les petits chevaux des Irlandais, ils attaquaient, avec leurs fortes lances ou leurs larges épées, l'homme qui n'avait pour armure défensive qu'un bouclier de bois léger et de longues tresses de cheveux serrées en nattes des deux côtés de la tête. Tout le pays de Leinster fut reconquis par le fils de Morrogh, qui, ravi du secours prodigieux que lui avaient prêté les Normands, après leur avoir payé leur solde avec fidélité, les invita à demeurer près de lui, et leur offrit, pour les retenir, plus de terres qu'ils n'en possédaient ailleurs. Dans l'effusion de sa reconnaissance, il donna à Robert, fils d'Étienne, et à Maurice, fils de Giraudet, le gouvernement et tout le revenu de la ville de Wexford et de sa banlieue; à Hervé de Mont-Maurice deux districts sur la côte, entre Wexford et Waterford, et à tous les autres des possessions proportionnées à leur grade et à leur talent militaire.

Cet appel des étrangers dans les querelles intérieures du pays, et surtout l'établissement de ces étrangers en colonies permanentes dans les villes et sur le territoire du roi de Leinster, alarma toutes les provinces voisines, et l'inimitié particulière contre Dermot se transforma en hostilité nationale. Il fut mis, comme ennemi public, au ban de la confédération irlandaise, et, au lieu d'un seul roi, presque tous lui déclarèrent la guerre. Les nouveaux colons, voyant leur cause intimement liée à la sienne, résolurent de faire tous leurs efforts pour le soutenir en se défendant eux-mêmes, et, au premier bruit de l'orage qui s'amassait, ils envoyèrent quelqu'un des leurs en Angleterre recruter des aventuriers et des vagabonds, normands, français, ou même anglais de race. On leur promettait une solde et des terres; il en vint un grand nombre que le roi Dermot accueillit comme les premiers, et auxquels il fit, dès le débarquement, une fortune toute différente de leur fortune antérieure, dont le mauvais état se trahissait par les surnoms mêmes de quelques-uns d'entre eux, comme Raymond le Pauvre, qui, sans changer de sobriquet, devint haut et puissant baron sur la côte orientale de l'Irlande.

La colonie étrangère, graduellement accrue sous les auspices du chef de Leinster, qui voyait désormais en elle son unique sauvegarde, avait, malgré ses engagements, une tendance à séparer sa cause de celle du roi irlandais, et à former par elle-même une société indépendante. Bientôt les aventuriers dédaignèrent de marcher au combat sous la conduite de celui dont ils recevaient la solde, d'un homme ignorant la tactique, ou, comme on s'exprimait alors, les *faits d'armes* de la chevalerie. Ils voulurent avoir un capitaine d'une grande réputation en guerre, et invitèrent à venir les commander Richard, fils de Gilbert Strong-bow, et petit-fils du premier comte de Pembroke. Cet homme, fameux entre les descendants des conquérants du pays de Galles, comme celui qui possédait les plus vastes domaines, se trouvait alors tellement appauvri par ses dépenses excessives et si fort inquiété par ses créanciers, que, pour fuir leurs poursuites et réparer sa fortune, il n'hésita pas à se rendre à l'appel des Normands d'Irlande.

Sa réputation et son rang lui firent trouver de nombreux compagnons. Il aborda, avec plusieurs vaisseaux, des soldats et des munitions de guerre, au même lieu où les alliés de Dermot avaient débarqué deux ans auparavant, et fut reçu avec de grands honneurs par ses compatriotes et par le roi de Leinster, forcé d'accueillir avec joie ce nouvel ami, qui pouvait devenir un jour redoutable pour lui-même. Richard joignit son armée à la colonie normande, et prenant le commandement de toutes ces forces, il attaqua Waterford, ville du royaume de Mumham ou de Munster, la plus voisine du territoire occupé par les Normands. Cette ville, fondée par les corsaires septentrionaux, comme l'atteste son nom teutonique, fut alors prise d'assaut. Les Normands y laissèrent une garnison, et, se dirigeant vers le nord, ils allèrent attaquer Dyvlin ou Dublin, autre ville fondée par les Danois, la plus grande et la plus riche de la côte orientale. Soutenus par toutes les troupes du roi Dermot, ils prirent Dublin, et se mirent ensuite à faire des excursions en différents sens sur le plat pays, s'emparèrent de plusieurs cantons, s'en assurèrent d'autres par capitulation, et jetèrent les fondements de plusieurs châteaux forts, édifices plus rares encore en Irlande qu'ils ne l'avaient été en Angleterre avant la conquête.

Les Irlandais, vivement frappés de ce progrès rapide des étrangers, l'attribuèrent à la colère divine; et, mêlant un sentiment d'humanité à leurs craintes, ils crurent conjurer le fléau qui leur venait d'Angleterre en affranchissant tous les hommes de race anglaise qui se trouvaient esclaves en Irlande, après avoir été enlevés par des pirates ou achetés à prix d'argent. Cette résolution généreuse, décrétée dans un grand conseil des chefs et des évêques du pays, ne fit point tomber l'épée des mains de Richard, fils de Gilbert. Maître du royaume de Leinster, sous le nom de l'irlandais Dermot, dont il épousa la fille, et qui devint le protégé et le vassal de ses anciens soldats à gages, le Normand menaçait de conquérir tout le pays, à l'aide de nouvelles recrues d'aventuriers qu'il appelait à lui d'Angleterre.

Mais le bruit de l'accroissement prodigieux de cette nouvelle puissance, parvenant au roi Henri II, lui inspira une grande jalousie. Jusqu'alors il avait vu sans peine et même avec satisfaction l'établissement des hommes d'armes de Pembroke sur les côtes de l'Irlande, et leur liaison avec l'un des rois du pays, qui se trouvait, de cette manière, engagé contre ses compatriotes dans une hostilité favorable aux desseins du roi d'Angleterre, si jamais il réalisait son ancien plan de conquête. Mais la possession d'une grande partie de l'île par un homme de race normande, qui chaque jour augmentait ses forces en ouvrant un asile aux aventuriers, et qui pouvait déjà, s'il le voulait, payer au pape la rente d'un denier par maison, alarma fortement l'ambition du roi. Il fit publier une proclamation menaçante, pour ordonner à tous ceux de ses hommes-liges qui séjournaient présentement en Irlande, d'être de retour en Angleterre à la prochaine fête de Pâques, sous peine de *forfaiture de tous leurs biens* et de bannissement perpétuel. Il défendit en outre qu'aucun vaisseau, parti de ses domaines d'Angleterre ou du continent, abordât en Irlande sous quelque prétexte que ce fût. Cette prohibition arrêta les progrès de Richard Strong-bow, qui se trouva subitement privé de tout nouveau renfort d'hommes, de provisions et d'armes.

Faute de hardiesse personnelle, ou de moyens réels pour se maintenir par ses propres forces, Richard essaya de négocier un accommodement avec le roi, et députa vers lui, en Aquitaine, Raymond le Gros, l'un de ses lieutenants. Celui-ci fut mal reçu du roi, qui ne voulut répondre à aucune de ses propositions, ou plutôt y répondit d'une manière assez expressive, en confisquant tous les domaines de Richard en Angleterre et dans le pays de Galles. Dans le même temps, la colonie normande du pays de Leinster essuya une attaque violente de la part des hommes de race danoise établis sur la côte nord-est de l'Irlande, réunis aux Irlandais de race indigène. Les confédérés étaient soutenus par Godred, roi de l'île de Man, scandinave de nom et d'origine, et chef d'un peuple mélangé de Galls et de Teutons. Ils tentèrent de reprendre Dublin; les Normands résistèrent; mais, craignant les effets de cette nouvelle ligue formée contre eux dans le dénûment où ils se trouvaient de tout secours extérieur, par suite des ordonnances royales, ils crurent ne pouvoir mieux faire que de se réconcilier avec le roi, à quelque prix que ce fût. Henri II exigea des conditions fort dures; mais le comte de Pembroke et ses compagnons s'y soumirent. Ils donnèrent au roi la cité de Dublin avec les meilleures des villes qu'ils avaient conquises. Pour prix de cet abandon, le roi rendit à Richard, fils de Gilbert, ses domaines confisqués, et confirma aux Normands d'Irlande leurs possessions territoriales, pour les tenir de lui en fief, sous condition de foi et d'hommage. De chef souverain qu'il était, Richard Strong-bow devint sénéchal du roi d'Angleterre en Irlande; et le roi lui-même se mit promptement en route pour aller visiter les nouvelles possessions qu'il venait d'acquérir sans aucune peine.

Le lieu du rendez-vous assigné à l'armée royale fut la côte occidentale du comté de Pembroke. Avant de monter sur son vaisseau, Henri II fit ses dévotions dans l'église de Saint-David, et recommanda au ciel le voyage qu'il entreprenait, disait-il, pour l'accroissement de la sainte Eglise. Il prit terre à Waterford, où les chefs normands du royaume de Leinster, et Dermot, fils de Morrogh, encore roi de nom, mais dont la royauté titulaire expirait nécessairement à l'entrée du roi étranger, le reçurent comme, dans ce siècle, les vassaux recevaient un seigneur suzerain. Leurs troupes se joignirent à son armée, qui marcha vers l'ouest, et parvint sans résistance jusqu'à la ville de Cashell. Les habitants de tout le pays voisin, désespérant de tenir tête à de si grandes forces, émigrèrent en foule et se réfugièrent dans la contrée montagneuse qui est au delà du grand fleuve de Shannon. Les rois des provinces du sud, laissés par cette terreur panique à la merci de l'étranger, furent contraints de se rendre à ses sommations, de lui jurer fidélité et de s'avouer tributaires. Les Normands partagèrent entre eux les terres des Irlandais fugitifs; et, quand ces derniers revinrent poussés par la détresse, les vainqueurs les reçurent à titre de serfs sur la glèbe de leurs propres champs. Des garnisons normandes furent placées dans les villes, des officiers normands remplacèrent les anciens chefs nationaux, et tout un royaume, celui de Cork, fut donné par le roi Henri à Robert, fils d'Etienne, l'un des capitaines d'aventuriers qui lui avaient ouvert si aisément le chemin de l'Irlande.

Après avoir ainsi partagé et organisé les provinces du sud, le roi se transporta vers le nord, dans la grande ville de Dublin. Dès qu'il y fut arrivé, au nom de son droit de seigneurie, fondé, à ce qu'il disait, sur une donation de l'Eglise, il somma tous les rois irlandais de venir à sa cour, afin de lui prêter le serment de foi et d'hommage. Les rois du midi s'y rendirent; mais celui de la grande province occidentale de Connaught, auquel appartenait alors la suprématie sur tous les autres et le titre national de roi du pays, répondit qu'il ne se rendrait à la cour de personne, puisque lui seul était chef de toute l'Irlande. La hauteur des montagnes et l'étendue des marais de sa province lui permirent de donner impunément cet exemple de fierté patriotique. Ce fut aussi vainement que les sommations du roi d'Angleterre parvinrent dans le nord de l'île : pas un chef de la province de Thuall ou d'Ulster ne vint faire hommage à la cour normande de Dublin, et la souveraineté nominale de Henri II resta bornée par une ligne tirée, du nord-est au sud-ouest, depuis l'embouchure de la Boyne jusqu'à celle du Shannon.

On éleva à Dublin un palais de bois poli et peint, suivant la mode d'Irlande, et c'est là que passèrent les fêtes de Noël ceux des chefs qui avaient consenti à placer leurs mains, comme vassaux, entre les mains du roi étranger. Là furent étalées, durant plusieurs jours, toutes les pompes de la royauté normande ; et le peuple irlandais, peuple doux et sociable, ami de la nouveauté et susceptible d'impressions vives, se plut, si l'on en croit les vieux auteurs, à considérer avec des regards curieux l'éclat dont s'entouraient ses maîtres, leurs chevaux, leurs armes et la dorure de leurs habits. Les membres du clergé et surtout les archevêques, installés peu d'années auparavant par les légats pontificaux, jouèrent un grand rôle dans cette soumission au droit de la force. Il est vrai que les prélats des contrées de l'ouest et du nord ne vinrent pas à Dublin, non plus que les chefs politiques de ces contrées; mais ceux du midi et de l'est jurèrent au roi Henri fidélité envers et contre tous les hommes. Ils adressaient au porteur de la bulle d'Adrien IV ce verset souvent appliqué par le clergé aux conquérants : « Béni soit » celui qui vient « au nom du Seigneur. » Mais Henri II ne se contenta point de ces témoignages précaires d'obéissance et de résignation; il en exigea de plus durables, et voulut que chacun des évêques irlandais lui remît des lettres signées et scellées en forme de carte authentique, par lesquelles tous déclaraient avoir constitué, de leur propre mouvement, « roi et seigneur de l'Irlande, le

Henri II fait amende honorable au tombeau de Thomas Beket.

» glorieux Henri, *fils de l'Emperesse*, et ses héritiers, à tout
» jamais. »

Ces choses se passèrent près de deux années après le meurtre de Thomas Beket, dans un temps où le roi Henri se trouvait ramené par la nécessité politique à de grandes dispositions d'humilité envers le pape ; tout son ancien orgueil vis-à-vis des cardinaux et des légats, et sa volonté de maintenir, contre le pouvoir épiscopal, ce qu'il appelait naguère les droits et la dignité de sa couronne, étaient alors évanouis. Le besoin d'obtenir l'aide et l'appui du souverain pontife, pour assurer sa puissance en Irlande, n'était pas la seule cause de ce changement, et la mort du primat de Canterbury y avait aussi contribué. Quelque désir qu'eût le roi d'être délivré de son antagoniste, quelque vivement qu'il eût exprimé ce désir dans ses accès d'irritation, les circonstances de l'assassinat, commis en plein jour, au pied de l'autel, lui déplurent et l'inquiétèrent. « Il » était fâché, dit un contemporain, de la manière dont le martyre » avait eu lieu, et craignait d'être appelé traître pour avoir, à la » vue de tout le monde, donné pleine et entière paix au saint » homme, et l'avoir presque aussitôt envoyé périr en Angleterre. »

Les ennemis politiques de Henri II avaient saisi avidement cette accusation de trahison et de parjure ; ils la répandaient avec zèle, et donnaient le nom de *pré aux traîtres* à la prairie où s'était faite la réconciliation du primat et du roi d'Angleterre. Le roi de France s'épuisait en invectives et en messages, pour exciter de toutes parts la haine contre son rival, et surtout pour renouveler le soulèvement des provinces d'Aquitaine et de Bretagne. A l'exemple de la population anglo-saxonne, mais par de tout autres motifs, le roi Louis n'attendit pas un décret de l'Eglise romaine pour ériger en saint et en martyr celui qu'il avait tour à tour secouru, délaissé et secouru de nouveau, au gré de son propre intérêt. L'impression d'horreur que le meurtre de l'archevêque avait produite sur le continent lui fournit un prétexte pour rompre la trêve avec le roi Henri, et il se flatta d'avoir le souverain pontife pour auxiliaire dans la guerre qu'il voulait recommencer. « Que le glaive de saint » Pierre, lui écrivait-il, soit tiré du fourreau pour la vengeance du » martyr de Canterbury ; car son sang crie au nom de l'Eglise uni- » verselle, et demande satisfaction à l'Eglise. » Thibaut, comte de Blois, vassal du roi de France, et qui désirait arrondir, aux dépens de l'autre roi, ses terres voisines de la Touraine, fut encore plus violent dans les dépêches qu'il envoya au pape. « Le sang du juste, » disait-il, a été versé ; les chiens de cour, les familiers, les domes- » tiques du roi d'Angleterre se sont faits les ministres de son crime. » Très saint père, le sang du juste crie vers vous ; que le Père tout- » puissant vous inspire la volonté et vous communique la force de » le venger. »

Enfin l'archevêque de Sens, qui s'intitulait primat des Gaules, lança un arrêt d'interdit sur toutes les provinces continentales du roi d'Angleterre. C'était un moyen puissant de réveiller dans ces provinces les mécontentements populaires, car l'exécution d'une sentence d'interdit était accompagnée d'un appareil lugubre qui frappait vivement les esprits. On dépouillait les autels, on renversait les crucifix, on tirait de leurs châsses les ossements des saints, et on les dispersait sur le pavé des églises; on enlevait les portes, qu'on remplaçait par des amas de ronces et d'épines ; et aucune cérémonie religieuse n'avait plus lieu, si ce n'est le baptême des enfants nouveau-nés et la confession des mourants.

Les prélats de Normandie, qui n'avaient aucune haine politique contre Henri II, n'exécutèrent point cette sentence; et l'archevêque de Rouen, qui s'érigeait en primat des provinces continentales soumises au roi d'Angleterre, défendit, par des lettres pastorales, aux évêques d'Anjou, de Bretagne et d'Aquitaine, d'obéir à l'interdit jusqu'à ce qu'il eût été ratifié par le pape. Trois évêques et plusieurs clercs normands partirent en ambassade pour Rome, afin d'y justifier le roi Henri de l'accusation de meurtre et de parjure. Aucun des membres du clergé aquitain ne fut mêlé dans cette affaire, soit que le roi se défiât d'eux, soit qu'ils eussent manifesté des dispositions peu favorables à sa cause. On peut juger de l'esprit qui les animait par la lettre suivante, adressée au roi lui-même par Guillaume de Trahinac, prieur de l'abbaye de Grandmont, près de Limoges, abbaye que Henri II aimait beaucoup, et dont il faisait alors rebâtir l'église. « Ah! seigneur roi, qu'est-ce que j'apprends
» de vous? Je ne veux pas que vous ignoriez que, depuis le jour où
» je sais que vous êtes tombé de chute mortelle, j'ai renvoyé les
» ouvriers qui bâtissaient à vos gages l'église de notre maison de
» Grandmont, afin qu'il n'y ait plus rien de commun entre vous et
» nous. »

Pendant que le roi de France et les autres ennemis de Henri II lui imputaient directement le meurtre de l'archevêque de Canterbury, et s'efforçaient de présenter le crime des quatre chevaliers normands comme l'effet d'une mission expresse, les amis du roi essayaient d'accréditer une version toute contraire. Ils voulaient faire passer la mort violente de Thomas Beket pour un simple accident, où la haine du roi n'avait eu aucune espèce de part. Une prétendue narration des faits, rédigée et signée par un évêque, fut envoyée au pape Alexandre III, au nom de tout le clergé de Normandie. Les prélats normands racontaient que, se trouvant un jour réunis auprès du roi pour traiter des affaires de l'Eglise et de l'Etat, ils avaient appris inopinément de la bouche de certaines personnes

revenant d'Angleterre, que certains ennemis de l'archevêque, poussés à bout par ses provocations, s'étaient jetés sur lui et l'avaient tué ; qu'on avait caché quelque temps au roi cette fâcheuse nouvelle, mais qu'à la fin elle lui était parvenue, parce qu'on ne pouvait lui laisser ignorer un crime dont la punition lui appartenait par le droit de la puissance et du glaive ; qu'aux premiers mots du triste récit, il s'était répandu en gémissements, et abandonné à une douleur qui mettait à découvert l'âme de l'ami plutôt que celle du prince, paraissant tantôt comme stupéfait, et tantôt jetant des cris et sanglotant ; qu'il avait passé trois jours entiers renfermé dans sa chambre, refusant toute nourriture et toute consolation, et paraissant avoir le projet de mettre fin à sa vie : « Tellement, ajou-
» tent les narrateurs, que nous, qui d'abord nous lamentions sur le
» sort du primat, nous commençâmes à désespérer du roi, et à
» croire que la mort de l'un amènerait malheureusement celle de
» l'autre. Enfin ses amis intimes se hasardèrent à lui demander ce
» qui l'affligeait à ce point et l'empêchait de revenir à lui-même.
» — C'est que je crains, répondit-il, que les auteurs et les complices
» de cet abominable forfait ne se soient promis l'impunité, se fiant
» sur mon ancienne rancune, et que ma réputation ne souffre des
» mauvais propos de mes ennemis, qui ne manqueront pas de m'at-
» tribuer tout ; mais, par le Dieu tout-puissant, je n'y ai coopéré en
» aucune façon, ni de volonté ni·de conscience, à moins que l'on
» ne regarde comme un délit de ma part l'opinion, conservée en-
» core par certains hommes, que j'aimais peu l'archevêque. »

Ce récit, dans lequel l'exagération des sentiments, l'appareil dramatique, l'affectation de présenter le roi comme l'ami le plus tendre du primat, sont des signes évidents de fausseté, obtint peu de crédit à la cour de Rome et dans le monde. Il n'empêcha point les malveillants de propager la croyance, également fausse, que Thomas avait été tué par l'ordre formel de Henri II. Pour affaiblir ces impressions, le roi prit le parti d'adresser lui-même au pape une relation du meurtre et de ses propres regrets plus conforme à la vérité que celle des prélats de Normandie, sans cesser pourtant d'être inexacte. Dans cette lettre, le roi d'Angleterre se gardait bien d'avouer que les quatre assassins étaient partis de sa cour, après l'avoir entendu proférer une exclamation de fureur qui pouvait passer pour un ordre, et il exagérait ses bons offices envers le primat, ainsi que les torts de ce dernier. « Je lui avais rendu, disait-
» il, mon amitié et la pleine possession de ses biens ; je lui avais
» accordé de rentrer en Angleterre honorablement défrayé par
» moi ; mais, à son retour, au lieu des joies de la paix, il a apporté

» le glaive et l'incendie. Il a mis en question ma dignité royale, et
» excommunié sans raison mes plus zélés serviteurs. Alors, ceux
» qu'il avait excommuniés, et d'autres encore, ne pouvant sup-
» porter plus longtemps l'insolence de cet homme, se sont jetés
» sur lui, et l'ont tué : ce que je ne puis dire sans douleur. » . . .

Le roi Henri avait déjà obtenu de la cour de Rome sa radiation de la liste des personnes excommuniées pour le meurtre de Thomas Beket; mais cette cour, alors souveraine dans de pareilles causes, laissait toujours peser sur lui l'accusation de complicité indirecte. Un pardon absolu et définitif ne devait être prononcé qu'après de nouvelles négociations et de nouveaux sacrifices pécuniaires. Dans le cas où le roi ne souscrirait point aux conditions du traité, les légats étaient chargés de mettre en interdit l'Angleterre et les possessions du continent : ce qui devait ouvrir au roi de France l'entrée de la Bretagne et du Poitou. Mais, en revanche, si Henri II se pliait à toutes leurs demandes, les légats devaient forcer le roi de France, par la menace d'une pareille sentence, à conclure aussitôt la paix avec l'autre roi.

La première entrevue du roi d'Angleterre avec les légats eut lieu dans un couvent près d'Avranches. Les demandes des Romains, qui sentaient la position fâcheuse où se trouvait le roi, furent tellement exorbitantes, que ce dernier, malgré sa résolution de faire beaucoup pour plaire à l'Eglise, refusa de se soumettre à ce qu'ils lui proposaient. Il leur dit en les quittant : « Je retourne en Irlande,
» où j'ai beaucoup d'affaires; quant à vous, allez en paix sur mes
» terres, partout où il vous plaira, et accomplissez votre mission. »
Mais Henri II ne tarda pas à songer que le poids de ses affaires d'Irlande serait bientôt trop lourd pour lui sans la faveur pontificale, et, de leur côté, les cardinaux devinrent un peu moins exigeants. On se réunit de nouveau, et, après des concessions mutuelles, la paix fut conclue entre la cour de Rome et le roi, qui, selon la relation officielle envoyée par les légats, se montra plein d'humilité, de crainte de Dieu et d'obéissance à l'Eglise. Les conditions imposées à Henri II furent un tribut en argent pour les frais de la guerre contre les Sarrasins, l'obligation de se rendre en personne à cette guerre, ou de prendre la croix, comme on disait alors, enfin l'abolition des statuts de Clarendon et de toutes les lois, soit anciennes soit nouvelles, qui seraient condamnées par le pape.

En vertu d'un arrangement préalable, le roi se rendit en cérémonie dans la grande église d'Avranches, et, posant la main sur l'Evangile, jura, devant tout le peuple, qu'il n'avait ni ordonné ni voulu la mort de l'archevêque de Canterbury, et que, l'ayant apprise, il en avait ressenti plus de chagrin que de joie. On lui récita les articles de la paix et les promesses qu'il avait faites, et il fit serment de les exécuter toutes de bonne foi et sans *mal engin*. Henri, son fils aîné et son collègue dans la royauté, le jura en même temps que lui; et, pour garantie de cette double promesse, on en dressa une charte, au bas de laquelle fut apposé le sceau royal. Ce roi qu'on avait vu naguère si plein de fierté devant la puissance pontificale, engageait les cardinaux à ne l'épargner en rien. « Seigneurs » légats, leur disait-il, voici mon corps, il est en vos mains; et » sachez pour sûr que, quoi que vous ordonniez, je suis prêt à » obéir. » Les légats se contentèrent de le faire agenouiller devant eux pour lui donner l'absolution de sa complicité indirecte, l'exemptant de l'obligation de recevoir sur son dos nu les coups de verge qu'on administrait aux pénitents. Le même jour, il expédia en Angleterre des lettres scellées de son grand sceau pour annoncer à tous les évêques qu'ils étaient dorénavant dispensés de leur promesse d'observer les statuts de Clarendon, et annoncer à tout le peuple que la paix était rétablie, à l'honneur de Dieu et de l'Eglise, du roi et du royaume. Un décret pontifical qui déclarait l'archevêque Thomas saint et martyr, et dont les légats s'étaient munis, comme d'une pièce diplomatique nécessaire à leur mission, fut aussi envoyé en Angleterre, avec ordre de le promulguer dans les églises et sur les places publiques, dans tous les lieux où jusqu'à ce moment avaient été fouettés et piloriés ceux qui osaient appeler crime l'assassinat de l'*ennemi du roi*. »

A l'arrivée de ces nouvelles et du bref de canonisation, il y eut une grande rumeur parmi les hauts personnages d'Angleterre, laïques et prêtres; car il s'agissait pour eux de changer subitement de langage et d'opinion, et d'adopter comme un objet de culte public l'homme qu'ils avaient persécuté avec tant d'acharnement. Les comtes, les vicomtes et les barons qui avaient attendu Thomas Beket sur le rivage pour le tuer, les évêques qui l'avaient insulté dans son exil, qui avaient envenimé la haine du roi contre lui, et porté en Normandie la dénonciation qui fut cause de sa mort, s'assemblèrent dans la grande salle de Westminster pour entendre la lecture du bref papal conçu en ces termes :

« Nous vous avertissons, tous tant que vous êtes, et vous enjoi-
» gnons par notre autorité apostolique, de célébrer solennellement
» la mémoire de Thomas, le glorieux martyr de Canterbury, cha-
» que année, au jour de sa passion, afin qu'en lui adressant vos
» prières et vos vœux, vous obteniez le pardon de vos fautes, et que
» celui qui, vivant, a subi l'exil, et, mourant, a souffert le martyre

» pour la cause du Christ, étant invoqué par les fidèles, intercède
» pour nous auprès de Dieu. »

A peine la lecture de cette lettre était-elle achevée, que tous les Normands, clercs et laïques, élevèrent ensemble la voix, et s'écrièrent : *Te Deum laudamus*. Pendant que quelques-uns des évêques continuaient de chanter les versets du cantique de réjouissance, les autres fondaient en larmes, et disaient d'un ton passionné : « Hélas! malheureux que nous sommes, nous n'avons
» point eu pour notre père le respect que nous lui devions, ni dans
» son exil, ni quand il revint d'exil, ni même après son retour.
» Plutôt que de le secourir dans ses traverses, nous l'avons persé-
» cuté obstinément. Nous confessons notre erreur et notre ini-
» quité... »

Les avantages politiques qui devaient résulter de ce grand changement ne tardèrent pas à être obtenus par le roi d'Angleterre. D'abord, par l'entremise des légats, il eut avec le roi de France une entrevue sur la frontière de Normandie, et y conclut la paix à des conditions aussi favorables qu'il pouvait l'espérer. Ensuite, pour prix de l'abandon qu'il venait de faire de ses anciens projets de réforme ecclésiastique, il reçut du pape Alexandre III la bulle suivante, relative aux affaires d'Irlande :

« Alexandre, évêque, serviteur des serviteurs de Dieu, à son très
» cher et illustre fils Henri, roi d'Angleterre, salut, grâce et béné-
» diction apostolique.

» Attendu que les dons octroyés, pour bonne et valable cause,
» par nos prédécesseurs, doivent être par nous ratifiés et confirmés,
» après avoir mûrement pesé et considéré l'octroi et le privilége de
» possession de la terre d'Hibernie à nous appartenant, délivré par
» notre prédécesseur Adrien, nous ratifions, confirmons et accor-
» dons semblablement ledit octroi et privilége, à la réserve de la
» pension annuelle d'un denier par chaque maison due à saint
» Pierre et à l'Eglise romaine, aussi bien en Hibernie qu'en Angle-
» terre, pourvu toutefois que le peuple d'Hibernie soit réformé
» dans sa vie et dans ses mœurs abominables, qu'il devienne chré-
» tien de fait comme il l'est de nom, et que l'église de ce pays,
» aussi désordonnée et grossière que la nation elle-même, soit ra-
» menée sous de meilleures lois... »

Tout semblait donc s'arranger à souhait pour l'arrière-petit-fils du conquérant de l'Angleterre. L'homme qui l'avait importuné pendant neuf ans n'était plus, et le pape, qui s'était servi de l'obstination de cet homme pour alarmer l'ambition du roi, le secondait amicalement dans ses projets de conquête. Pour que rien ne troublât son repos, il le dispensait, par l'absolution, de tout remords qui eût pu inquiéter sa conscience après un meurtre commis, sinon par son ordre, du moins pour lui complaire. Il le dispensait même, implicitement, de l'obligation de punir ceux qui avaient commis ce meurtre par excès de zèle pour son intérêt ; et les quatre Normands Traci, Morville, fils d'Ours, et Le Breton, demeurèrent en sûreté et en paix dans un château royal du nord de l'Angleterre. Nulle justice ne les poursuivit, excepté celle de l'opinion populaire, qui répandait sur eux mille contes sinistres ; par exemple, que les animaux mêmes avaient horreur de leur présence, et que les chiens refusaient de toucher aux restes de leurs repas. En gagnant l'appui du pape contre l'Irlande, Henri II se trouvait, par cet accroissement de puissance à l'extérieur, amplement dédommagé de la diminution de son influence sur les affaires ecclésiastiques ; et rien ne prouve qu'il ne s'y soit pas résigné de bon cœur. Le pur goût du bien n'était pas ce qui l'avait conduit dans ses réformes législatives ; et l'on doit se souvenir qu'une fois déjà il avait proposé au pape de lui abandonner les statuts de Clarendon, et plus encore, si, de son côté, il voulait consentir à sacrifier Thomas Beket. Ainsi, après de longues agitations, Henri II goûtait en paix la joie de l'ambition satisfaite ; mais ce calme ne dura guère, et de nouveaux chagrins, où, par une fatalité bizarre, le souvenir de l'archevêque se trouve encore mêlé, vinrent bientôt affliger le roi.

Le lecteur se rappelle que, durant la vie du primat, Henri II, ne pouvant déterminer le pape à lui enlever son titre, avait résolu d'abolir la primatie elle-même, et que, dans cette vue, il avait fait couronner roi son fils aîné par les mains de l'archevêque d'York. Cette démarche, qui paraissait n'avoir d'importance qu'en ce qu'elle attaquait par sa base la hiérarchie religieuse établie depuis la conquête, eut des suites que personne n'avait prévues. Comme il y avait deux rois d'Angleterre, les courtisans et les flatteurs se partagèrent entre le père et le fils. Les plus jeunes et les plus actifs en intrigues se rangèrent du côté du dernier. Une circonstance particulière lui attira surtout l'affection des Aquitains et des Poitevins, gens habiles, insinuants, persuasifs, avides de nouveautés par caractère, et prompts à saisir tous les moyens d'affaiblir la puissance anglo-normande, à laquelle ils n'obéissaient qu'à regret. Il y avait déjà longtemps que la bonne intelligence n'existait plus entre Éléonore de Guienne et son mari. Celui-ci, une fois en possession des honneurs et des titres que la fille du comte Guillaume lui avait apportés en dot, et pour lesquels seulement, au dire des vieux historiens, il l'avait aimée et épousée, s'était mis à entretenir des maîtresses de tout rang et de toute nation. La duchesse d'Aquitaine, passionnée et vindicative comme une femme du Midi, s'efforça d'inspirer à ses fils de l'éloignement pour leur père, et les entoura de soins et de tendresse pour s'en faire un soutien contre lui. Du moment que l'aîné fut entré en partage de la dignité royale, elle lui donna des amis, des conseillers, des confidents intimes, qui, durant les absences nombreuses de Henri II, excitèrent, autant qu'ils purent, l'ambition et l'orgueil du jeune homme. Ils eurent peu de peine à lui persuader que son père, en le faisant couronner roi, avait pleinement abdiqué en sa faveur, que lui seul était roi d'Angleterre, et que nul autre ne devait prendre ce titre, ni exercer le souverain pouvoir.

Le vieux roi, c'est le nom qu'on employait alors pour désigner Henri II, ne tarda pas à s'apercevoir des mauvaises dispositions où les confidents de son fils s'étudiaient à l'entretenir ; plusieurs fois il le força de changer d'amis et de congédier ceux qu'il aimait le plus. Mais ces mesures, auxquelles les occupations continuelles de Henri II sur le continent, et ensuite en Irlande, ne lui permettaient pas de donner beaucoup de suite, aigrissaient le jeune homme sans le corriger, et lui donnaient une sorte de droit à se dire persécuté et à se plaindre de son père. Les choses en étaient à ce point, lorsque la paix fut rétablie, par l'entremise du pape, entre les rois de France et d'Angleterre. Une des causes de leur dernière brouillerie était que le roi Henri, en faisant couronner son fils par l'archevêque d'York, n'avait point fait alors sacrer de même son épouse Marguerite, fille du roi de France. Ce tort fut réparé à la paix ; et Marguerite, couronnée reine, souhaita de visiter son père à Paris. Henri II, n'ayant aucune raison pour s'opposer à cette demande, laissa le jeune roi accompagner sa femme à la cour de France ; mais, au retour, celui-ci parut plus mécontent que jamais ; il se plaignait d'être roi sans terre et sans trésor, et de n'avoir pas une maison en propre où il pût demeurer avec sa femme ; il alla jusqu'à demander à son père de lui abandonner en toute souveraineté ou le royaume d'Angleterre, ou le duché de Normandie, ou le comté d'Anjou. Le vieux roi lui conseilla de se tranquilliser et d'avoir patience jusqu'au temps où la succession de tous ses Etats viendrait à lui échoir. Mais cette simple réponse porta au dernier point le mécontentement du jeune homme ; et depuis ce jour, disent les historiens du temps, il n'adressa plus une parole de paix à son père.

Henri II, concevant des craintes sur sa conduite, et voulant l'observer de près, le fit voyager avec lui dans la province d'Aquitaine.

Ils tinrent leur cour à Limoges, où Raymond, comte de Toulouse, quittant l'alliance du roi de France, vint faire hommage au roi d'Angleterre, suivant la politique flottante des méridionaux, sans cesse ballottés, et passant alternativement de l'un à l'autre des rois leurs ennemis. Le comte Raymond donna fictivement à son nouvel allié le territoire qu'il gouvernait; puis il le reçut fictivement en fief, et prêta le même serment que le vassal à qui un seigneur concédait réellement quelque terre. Il jura de garder au roi Henri *féauté et honneur*, de lui donner aide et conseil envers et contre tous, de ne jamais trahir son secret, et de lui révéler, dans l'occasion, le secret de ses ennemis. Lorsque le comte de Toulouse en vint à cette dernière partie du serment d'hommage : « J'ai à vous » avertir, dit-il au roi, de mettre en sûreté vos châteaux de Poitou » et de Guienne, et de vous défier de votre femme et de votre fils. » Henri ne laissa rien entrevoir de cette confidence, qui semblait annoncer un complot auquel le comte de Toulouse avait été sollicité de se joindre : seulement il prit prétexte de plusieurs grandes parties de chasse qu'il fit avec des gens dévoués, pour visiter les forteresses du pays, les mettre en état de défense, et s'assurer des hommes qui y commandaient.

Au retour de leur voyage en Aquitaine, le roi et son fils s'arrêtèrent à Chinon pour y coucher, et dans la nuit même, le fils, sans avertir son père, le quitta et marcha seul jusqu'à Alençon. Le père se mit à le poursuivre, mais sans pouvoir l'atteindre; le jeune homme vint à Argentan, et de là passa de nuit sur les terres de France. Dès que le vieux roi l'eut appris, il monta aussitôt à cheval, et parcourut, avec la plus grande vitesse possible, toute la frontière de Normandie, dont il inspecta les places fortes, pour les mettre à l'abri d'un coup de main. Il envoya ensuite des dépêches à tous les châtelains d'Anjou, de Bretagne, d'Aquitaine et d'Angleterre, leur ordonnant de réparer au plus vite et de garder avec soin leurs forts et leurs villes. Des messagers se rendirent aussi près du roi de France, afin d'apprendre quels étaient ses desseins, et de réclamer le fugitif au nom de l'autorité paternelle. Le roi Louis reçut ces ambassadeurs dans sa cour plénière, ayant à sa droite le jeune Henri, revêtu d'ornements royaux. Lorsque les envoyés eurent présenté leurs dépêches, suivant le cérémonial du temps : » De la part de qui m'apportez-vous ce message? leur demanda le » roi de France. — De la part de Henri, roi d'Angleterre, duc de » Normandie, duc d'Aquitaine, comte des Angevins et des Man- » ceaux. — Cela n'est pas vrai, répondit le roi, car voici à mes » côtés Henri, roi d'Angleterre, qui n'a rien à me faire dire par

» vous.. Mais si c'est le père de celui-ci, le ci-devant roi d'Angle-
» terre, à qui vous donnez ces titres, sachez qu'il est mort depuis le
» jour où son fils porte la couronne; et s'il se prétend encore roi
» après avoir, à la face du monde, résigné le royaume entre les
» mains de son fils, c'est à quoi l'on portera remède avant qu'il soit
» peu. »

En effet, le jeune Henri fut reconnu comme seul roi d'Angleterre dans une assemblée générale de tous les barons et évêques du royaume de France. Le roi Louis VII et, après lui, tous les seigneurs, jurèrent la main sur l'Evangile d'aider le fils, de tout leur pouvoir, à conquérir les Etats de son père. Le roi de France fit fabriquer un grand sceau aux armes d'Angleterre, pour que Henri le Jeune pût apposer ce signe de la légalité sur ses chartes et ses dépêches. Pour premier acte de souveraineté, celui-ci fit des donations de terres et d'honneurs, en Angleterre et sur le continent, aux principaux seigneurs de France et aux autres ennemis de son père. Il confirma au roi d'Ecosse les conquêtes que son prédécesseur avait faites dans le Northumberland, et donna au comte de Flandre toute la province de Kent, et les châteaux de Douvres et de Rochester; il donna au comte de Boulogne un grand domaine près de Lincoln, avec le comté de Mortain en Normandie; enfin, au comte de Blois, Amboise, Château-Regnault et cinq cents livres d'argent sur les revenus de l'Anjou. D'autres donations furent faites à plusieurs barons d'Angleterre et de Normandie, qui avaient promis de se déclarer contre le vieux roi; et Henri le Jeune envoya des dépêches scellées

Philippe-Auguste.

de son nouveau sceau royal à tous ses amis, à ceux de sa mère, et même au pape, qu'il essaya d'attirer dans ses intérêts par l'offre de plus grands avantages que la cour de Rome n'en retirait alors de son amitié avec Henri II. Cette dernière lettre devait être, en quelque sorte, le manifeste de l'insurrection ; car c'était au souverain pontife que se faisaient alors les appels qui, de nos jours, s'adressent à l'opinion publique.

Une particularité remarquable de ce manifeste, c'est que Henri le Jeune y prend tous les titres de son père, excepté celui de duc d'Aquitaine, sans doute pour se mieux concilier la faveur des gens de ce pays, qui ne voulaient reconnaître de droit sur eux que dans la fille de leur dernier chef national. Mais une chose plus remarquable encore, c'est l'origine que le jeune roi attribue à ses différends avec son père, et la manière dont il se justifie d'avoir violé le commandement de Dieu qui prescrit d'honorer père et mère. « Je passe » sous silence, dit la lettre authentique, les injures qui me sont per- » sonnelles, pour en venir à ce qui a le plus fortement agi sur moi. » Les insignes scélérats qui ont massacré, dans le temple même, » mon père nourricier, le glorieux martyr du Christ, saint Thomas » de Canterbury, demeurent sains et saufs ; ils ont encore racine sur » terre ; aucun acte de la justice royale ne les a poursuivis après un » attentat si affreux. Je n'ai pu souffrir cette négligence, et telle a » été la première et la plus forte cause de la discorde actuelle. Le » sang du martyr criait vers moi ; je n'ai pu l'exaucer, je n'ai pu lui » rendre la vengeance et les honneurs qui lui étaient dus ; mais je » lui ai, du moins, rendu mes respects en visitant sa sépulture, à la » vue et au grand étonnement de tout le royaume. Mon père en a » conçu beaucoup de colère contre moi ; mais, certes, je crains peu » d'offenser un père quand il s'agit de la dévotion au Christ, pour » lequel on doit abandonner père et mère. Voilà l'origine de nos » dissensions : écoute-moi donc, très saint père, et juge ma cause ; » car elle sera vraiment juste, si elle est justifiée par ton autorité » apostolique. »

Pour apprécier à leur juste valeur ces assertions, il suffit de rappeler les ordonnances rendues par le jeune roi lui-même lorsque Thomas Beket vint à Londres. Alors ce fut par son commandement exprès que le séjour de la capitale et de toutes les villes de l'Angleterre, hors celle de Canterbury, fut interdit à l'archevêque, et que tout homme qui lui avait présenté la main en signe de bienvenue fut déclaré ennemi public. Le souvenir de ces faits notoires était encore tout récent dans l'esprit du peuple, et de là vint, sans doute, la surprise générale que causa la visite du persécuteur au tombeau du persécuté, si toutefois cette visite elle-même n'est pas une fable. A ce récit, orné de toutes les formules de déférence qui pouvaient flatter l'orgueil du pontife romain, le jeune roi joignit une espèce de plan du nouveau régime qu'il se proposait d'instituer dans les Etats de son père, si Dieu lui faisait la grâce de les conquérir. Il voulait que les élections ecclésiastiques fussent rétablies dans toute leur liberté, et que la puissance royale ne s'y entremît d'aucune manière; que les revenus des églises vacantes fussent réservés pour le titulaire futur, et non plus levés pour le fisc, « ne » pouvant souffrir, disait-il, que les biens de la croix, acquis par le » sang du crucifié, devinssent l'aliment du faste, sans lequel les rois » ne sauraient vivre; » que les évêques eussent plein pouvoir d'excommunier et d'interdire, de lier et de délier par tout le royaume, et que jamais aucun membre du clergé ne fût cité devant les juges laïques, comme le Christ devant Pilate. Henri le Jeune offrait encore de joindre à ces dispositions toutes celles qu'il plairait au pape d'y ajouter, et le priait enfin d'écrire officiellement à tout le clergé d'Angleterre « que, par l'inspiration de Dieu et l'intercession du » nouveau martyr, son roi venait de lui conférer des libertés qui » devaient exciter sa joie et sa reconnaissance. » Une pareille déclaration eût été en effet d'un grand secours au jeune homme qui, regardant son père comme déjà mort, s'intitulait Henri, troisième du nom. Mais la cour de Rome, trop prudente pour abandonner légèrement le certain pour l'incertain, ne s'empressa point de répondre à cette dépêche, et jusqu'à ce que la fortune se fût prononcée d'une manière plus décisive, elle préféra l'alliance du père à celle du fils.

Outre ce fils, qu'on appelait communément le roi Jeune, en langue normande *li reys Josnes* et *lo reis Joves*, dans le dialecte des provinces méridionales, le roi d'Angleterre en avait encore trois autres : Richard, que son père, malgré sa jeunesse, avait fait comte de Poitiers, et qu'on nommait Richard de Poitiers; Geoffroy, comte de Bretagne; enfin Jean, qu'on surnommait *Sans-Terre*, parce que, seul entre tous, il n'avait ni gouvernement ni province. Ce dernier était en trop bas âge pour prendre parti dans la querelle qui s'élevait entre son père et l'aîné de ses frères; mais les deux autres embrassèrent la cause de leur aîné, excités par leur mère et sourdement poussés par leurs vassaux de Poitou et de Bretagne.

Il en était de la vaste portion de la Gaule réunie alors sous le pouvoir de Henri II comme il en avait été de la Gaule entière au temps de l'empereur frank Lodewig, vulgairement appelé Louis le Pieux ou le Débonnaire. Les populations qui habitaient au sud de la Loire ne voulaient pas plus être associées à celles qui vivaient au nord de ce fleuve et aux habitants de l'Angleterre, que les Gaulois et les Italiens de l'empire de Karl le Grand n'avaient voulu demeurer unis aux Germains sous le sceptre d'un roi germain. La rébellion des fils de Henri II, coïncidant avec ces répugnances nationales, et s'y associant, comme autrefois celle des enfants de Louis le Débonnaire, ne pouvait manquer de reproduire, quoique sur un théâtre moins vaste, les scènes graves qui signalèrent les discordes de la famille des Césars franks. Une fois l'épée tirée entre le père et le fils, il ne devait plus être permis à aucun d'eux de la remettre à volonté dans le fourreau; car, entre les deux partis rivaux dans cette guerre domestique, il y avait des nations, des intérêts populaires, incapables de fléchir au gré des retours de l'indulgence paternelle ou du repentir filial.

Richard de Poitiers et Geoffroy de Bretagne partirent d'Aquitaine, où ils étaient avec leur mère Eléonore, pour aller rejoindre leur aîné à la cour de France. Tous les deux y arrivèrent sains et saufs; mais leur mère, qui se disposait à les suivre, fut surprise voyageant en habit d'homme, et jetée dans une prison par l'ordre du roi d'Angleterre. A l'arrivée des deux jeunes frères auprès du roi de France, ce roi leur fit jurer solennellement, comme à l'aîné, de ne jamais conclure ni paix ni trêve avec leur père sans l'entremise des barons de France; puis la guerre commença sur la frontière de Normandie. Dès que le bruit de ces événements se fut répandu en Angleterre, tout le pays fut en grande rumeur. Beaucoup d'hommes de race normande, et surtout les jeunes gens, se déclarèrent pour le parti des fils; la population saxonne resta en masse indifférente à cette dispute, et individuellement les serfs et les vassaux anglais s'attachèrent au parti que suivait leur seigneur. Les bourgeois furent enrôlés de gré ou de force dans la cause des comtes ou vicomtes qui gouvernaient les villes, et armés, soit pour le père, soit pour les fils.

Henri II était alors en Normandie, et presque chaque jour s'enfuyait d'auprès de lui quelqu'un de ses courtisans les plus intimes, de ceux qu'il avait nourris à sa table, à qui il avait donné de ses propres mains le baudrier de chevalerie. « C'était pour lui, dit un con-
» temporain, le comble de la douleur et du désespoir, de voir passer
» l'un après l'autre à ses ennemis les gardes de sa chambre, ceux à
» qui il avait confié sa personne et sa vie ; car presque chaque nuit
» il en partait quelqu'un dont on découvrait l'absence à l'appel du
» matin. » Dans cet abandon, et au milieu des dangers qu'il présageait, le roi montrait une sorte de tranquillité apparente. Il se

livrait à la chasse plus vivement que de coutume; il était gai et affable envers les compagnons qui lui restaient, et répondait avec douceur aux demandes de ceux qui, profitant de sa position critique, exigeaient pour leur fidélité des salaires exorbitants. Son plus grand espoir était dans l'appui des étrangers. Il envoya au loin solliciter le secours des rois qui avaient des fils. Il écrivit à Rome pour demander au pape l'excommunication de ses ennemis; et, afin d'obtenir dans cette cour un crédit supérieur à celui de ses adversaires, il fit au siége apostolique cet aveu de vasselage que Guillaume le Conquérant avait jadis refusé avec tant de hauteur. Sa lettre au pape Alexandre III renfermait les phrases suivantes :

« Vous que Dieu a élevé à la sublimité des fonctions pastorales,
» pour donner à son peuple la science du salut, quoique absent de
» corps, présent d'esprit, je me jette à vos genoux. A votre juri-
» diction appartient le royaume d'Angleterre, et moi je suis tenu et
» lié envers vous par toutes les obligations que la loi impose aux
» feudataires; que l'Angleterre éprouve donc ce que peut le pontife
» romain, et si vous n'employez les armes matérielles, défendez au
» moins avec le glaive spirituel le patrimoine du bienheureux
» Pierre. »

Le pape fit droit à cette demande en ratifiant les sentences d'excommunication que les évêques fidèles au roi avaient lancées contre les partisans de ses fils. Il envoya de plus un légat spécial chargé de rétablir la paix domestique, et d'avoir soin que cette paix, quelles qu'en fussent les conditions, produisît quelque nouvel avantage aux princes de l'église romaine.

Cependant, d'un côté le roi de France et Henri le Jeune, de l'autre, les comtes de Flandre et de Bretagne, passèrent en armes la frontière de Normandie. Le second fils du roi d'Angleterre, Richard, s'était rendu en Poitou; la plupart des barons de ce pays se soulevèrent pour sa cause, plutôt par haine du père que par amour des fils. Ceux qui, en Bretagne, quelques années auparavant, avaient formé une ligue nationale, renouèrent leur confédération et s'armèrent en apparence pour le comte Geoffroy, mais en réalité pour leur propre indépendance. Attaqué ainsi sur plusieurs points, le roi d'Angleterre n'avait de troupes dans lesquelles il eût pleine confiance qu'un grand corps de ces mercenaires qu'on appelait alors *Brabançons*, *Cotereaux* ou *Routiers*, bandits en temps de paix, soldats en temps de guerre, servant au hasard toutes les causes, aussi braves et mieux disciplinés que les autres milices du temps. Avec une partie de cette armée, Henri II arrêta les progrès du roi de France, et il envoya l'autre partie contre les Bretons révoltés.

Ceux-ci furent vaincus en bataille rangée par l'expérience militaire des Brabançons, et forcés de se renfermer dans leurs châteaux et dans la ville de Dol, que le roi d'Angleterre assiégea et prit en quelques jours.

La défaite des Bretons diminua l'ardeur, non des fils du roi Henri et de leurs partisans normands, angevins ou aquitains, mais du roi de France, qui désirait par-dessus tout conduire cette guerre au moins de frais possible. Craignant d'être obligé à de trop grandes dépenses d'hommes et d'argent, ou voulant essayer d'autres combinaisons politiques, il dit un jour aux fils révoltés qu'il serait bien fait à eux de se réconcilier avec leur père. Les jeunes princes, contraints par la volonté de leur allié à un soudain retour d'affection filiale, le suivirent au lieu assigné pour les conférences de paix. Non loin de Gisors, dans une vaste plaine, se trouvait un orme gigantesque, dont les branches, à force d'art, étaient ramenées jusqu'à terre, et sous lequel avaient lieu, de temps immémorial, les entrevues des ducs de Normandie et des rois de France. C'est là que vinrent les deux rois accompagnés des archevêques, évêques, comtes et barons de leurs terres. Les fils de Henri II firent leurs demandes, et le père se montra disposé à leur accorder beaucoup. Il offrit à l'aîné la moitié des revenus royaux de l'Angleterre, et quatre bons châteaux forts dans ce pays, s'il y voulait demeurer, ou, s'il l'aimait mieux, trois châteaux en Normandie : un dans le Maine, un dans l'Anjou, un dans la Touraine, avec tous les revenus de ses aïeux les comtes d'Anjou, et la moitié des rentes de Normandie. Il offrit pareillement des terres et des revenus à Richard et à Geoffroy. Mais cette facilité de sa part, et son vif désir de faire cesser à jamais tout motif de querelle entre ses enfants et lui, alarma de nouveau le roi de France. Ce roi cessa de vouloir la paix, et permit aux partisans des fils de Henri II, qui la redoutaient beaucoup, de susciter des obstacles et d'intriguer pour rompre les négociations entamées. L'un de ces hommes, Robert de Beaumont, comte de Leicester, alla jusqu'à dire en face des injures au roi d'Angleterre, et porta la main à son épée. Il fut retenu par les assistants ; mais le tumulte qui suivit cette scène arrêta tout acommodement, et bientôt les hostilités recommencèrent entre le père et les fils. Henri le Jeune et Geoffroy demeurèrent avec le roi de France ; Richard se rendit en Poitou ; et Robert de Beaumont, qui avait mis la main à l'épée contre le roi, alla en Angleterre se joindre à Hugues Bigot, l'un des plus riches barons du pays, et zélé partisan de la rébellion.

Avant que le comte Robert eût pu arriver dans sa ville de

Leicester, elle fut attaquée par Richard de Lucy, grand justicier du roi. Les hommes d'armes du comte se défendirent vigoureusement et obligèrent les bourgeois saxons de combattre avec eux; mais une partie du rempart ayant été ruinée, les soldats normands firent leur retraite dans le château de Leicester, abandonnant la ville à elle-même. Les bourgeois continuèrent de résister, ne voulant point se rendre à discrétion à ceux pour lesquels ce n'était que péché véniel de tuer un Anglais en révolte. Obligés enfin de capituler, ils achetèrent pour trois cents livres d'argent la permission de quitter leurs maisons et de se disperser où ils voudraient. Ils cherchèrent un refuge sur les terres des églises : quelques-uns se rendirent au bourg de Saint-Alban, et un grand nombre à celui de Saint-Edmund, martyr de race anglaise, toujours prêt, selon l'opinion populaire, à protéger les hommes de sa nation contre la tyrannie des étrangers. A leur départ, la ville fut démantelée par les troupes royales, qui enlevèrent les portes et abattirent les murailles. Pendant que les Anglais de Leicester étaient ainsi châtiés de ce que le gouverneur normand avait pris part à la révolte, l'un des lieutenants de ce gouverneur, appelé Anquetil Malory, ayant réuni un assez grand nombre de vassaux et de partisans du comte Robert, attaqua la ville de Northampton, dont le vicomte tenait pour le roi. Ce vicomte força les bourgeois de prendre les armes pour son parti, comme ceux de Leicester avaient été armés de force pour l'autre cause. Un grand nombre furent tués et blessés, et deux cents emmenés prisonniers. Tel est le triste rôle que jouait la population de race anglaise dans la guerre civile des fils de ses vainqueurs.

 Les fils naturels du roi Henri étaient restés fidèles à leur père, et l'un d'entre eux, Geoffroy, évêque de Lincoln, poussait vivement la guerre, assiégeant les châteaux et les forteresses des barons de l'autre parti. Pendant ce temps, Richard fortifiait pour sa cause les villes et les châteaux du Poitou et de l'Angoumois, et ce fut contre lui que le roi marcha d'abord avec ses fidèles Brabançons, laissant la Normandie, où il avait le plus d'amis, se débattre contre le roi de France. Il mit le siége devant la ville de Saintes, défendue alors par deux châteaux, dont l'un portait le nom de Capitole, reste des souvenirs de l'ancienne Rome, conservés dans plusieurs cités de la Gaule méridionale. Après la prise des forts de Saintes, Henri II attaqua avec ses machines de guerre les deux grosses tours de l'église épiscopale, où les partisans de Richard s'étaient cantonnés. Il s'en empara, ainsi que du fort de Taillebourg et de plusieurs autres châteaux, et dans son retour vers l'Anjou il dévasta toute la frontière du pays des Poitevins, brûlant les maisons et déracinant les vignes et les arbres à fruits. A peine arrivé en Normandie, il apprit que son fils aîné et le comte de Flandre, ayant rassemblé une grande armée navale, se préparaient à descendre en Angleterre. Cette nouvelle le décida à s'embarquer lui-même pour ce pays; il emmena prisonnières sa femme Eléonore et sa bru Marguerite, fille du roi de France.

De Southampton, lieu de son débarquement, le roi se dirigea vers Canterbury, et du plus loin qu'il aperçut l'église métropolitaine, c'est-à-dire à trois milles de distance, il descendit de cheval, quitta ses habits de soie, dénoua sa chaussure, et se mit à marcher nu-pieds sur le pavé rocailleux et couvert de boue. Arrivé dans l'église qui renfermait le tombeau de Thomas Beket, il s'y prosterna la face contre terre, pleurant et sanglotant en présence de tout le peuple de la ville, attiré par le son des cloches. L'évêque de Londres, ce même Gilbert Foliot qui avait été le plus grand ennemi de Thomas durant sa vie, et qui, après sa mort, avait voulu le faire jeter dans un bourbier, monta en chaire, et s'adressant à l'assistance : « Vous tous ici présents, dit-il, sachez que Henri, roi d'An-
» gleterre, invoquant, pour le salut de son âme, Dieu et le saint
» martyr, proteste devant vous n'avoir ni ordonné, ni voulu, ni
» causé sciemment, ni souhaité dans son cœur la mort du martyr.
» Mais, comme il serait possible que les meurtriers se fussent pré-
» valus de quelques paroles prononcées par lui imprudemment, il
» déclare implorer sa pénitence des évêques ici rassemblés, et con-
» sentir à soumettre sa chair nue à la discipline des verges. »

En effet, le roi, accompagné d'un grand nombre d'évêques et d'abbés normands, et de tous les clercs normands et saxons du chapitre de Canterbury, se rendit à l'église souterraine, où deux ans auparavant on avait été obligé d'enfermer, comme dans un fort, le cadavre de l'archevêque, pour le soustraire aux insultes des officiers royaux. Là, s'agenouillant sur la pierre de la tombe et se dépouillant de ses vêtements, il se plaça, le dos nu, dans la posture où naguère ses justiciers avaient fait placer les Anglais publiquement flagellés pour avoir accueilli Thomas à son retour de l'exil, ou l'avoir honoré comme un saint. Chacun des évêques, dont le rôle était arrangé d'avance, prit un de ces fouets à plusieurs courroies, qui servaient dans les monastères à infliger les corrections ecclésiastiques, et que pour cela on nommait *disciplines*. Ils en déchargèrent chacun trois ou quatre coups sur les épaules du roi, en disant : « De
» même que le Rédempteur a été flagellé pour les péchés des hom-
» mes, de même sois-le pour ton propre péché. » De la main des

évêques la discipline passa dans celle des simples clercs, qui étaient en grand nombre, et la plupart des Anglais de race. Ces fils des serfs de la conquête imprimèrent les marques du fouet sur la chair du petit-fils du Conquérant, non sans en éprouver une secrète joie, que semblent trahir quelques plaisanteries amères consignées dans les récits du temps.

Mais ni cette joie ni ce triomphe d'un moment ne pouvaient être d'aucun fruit pour la population anglaise; au contraire, cette population était prise pour dupe dans la scène d'hypocrisie que jouait devant elle le roi de race angevine. Henri II, voyant se tourner contre lui la plus grande partie de ses sujets du continent, avait reconnu la nécessité de se rendre populaire auprès des Saxons, afin de gagner leur appui. Il pensa que quelques coups de discipline seraient peu de chose, s'il pouvait obtenir à ce prix les loyaux services que le bas peuple d'Angleterre avait autrefois rendus à son aïeul Henri Ier. En effet, depuis le meurtre de Thomas Beket, l'amour de ce nouveau martyr était devenu la passion, ou, pour mieux dire, la folie du peuple anglais. Le culte religieux dont on entourait la mémoire de l'archevêque avait affaibli et remplacé presque tous les souvenirs patriotiques. Aucune tradition d'indépendance nationale ne l'emportait sur la vive impression produite par ces neuf années pendant lesquelles un primat de race saxonne avait été l'objet des espérances, des vœux et des entretiens de tout Saxon. Un témoignage éclatant de sympathie avec ce sentiment populaire était donc le meilleur appât que le roi pût offrir alors aux Anglais d'origine pour les attirer à lui, et les rendre, selon les paroles d'un vieil historien, maniables sous le frein et le harnais : voilà la véritable cause du pèlerinage de Henri II à la tombe de celui qu'il avait aimé d'abord comme son compagnon de plaisirs, et qu'ensuite il avait haï mortellement comme son ennemi politique.

« Après avoir ainsi été fustigé de son plein gré, dit la narration
» contemporaine, il persévéra dans ses oraisons auprès du saint
» martyr tout le jour et toute la nuit, ne prit point de nourriture,
» ne sortit pour aucun besoin; mais tel il était venu, tel il resta, et
» ne laissa mettre sous ses genoux aucun tapis ni rien de sembla-
» ble. Après matines, il fit le tour de l'église supérieure, pria
» devant tous les autels et toutes les reliques, puis revint au
» caveau du saint. Le samedi, quand le soleil fut levé, il demanda
» et entendit la messe; puis, ayant bu de l'eau bénite du martyr,
» et en ayant rempli un flacon, il s'éloigna joyeux de Canterbury. »

Cet appareil de contrition eut un plein succès; et ce fut avec enthousiasme que les bourgeois des villes et les serfs des campagnes entendirent prêcher dans les églises que le roi s'était réconcilié avec le bienheureux martyr par la pénitence et par les larmes. Il arriva, par hasard, dans le même temps, que Guillaume, roi d'Ecosse, qui avait fait une incursion hostile sur le territoire anglais, fut vaincu et fait prisonnier auprès d'Alnwick, dans le Northumberland. La population saxonne, passionnée pour l'honneur de saint Thomas, crut voir dans cette victoire un signe évident de la bienveillance et de la protection du martyr, et dès ce jour elle inclina vers le parti du vieux roi, que le saint paraissait favoriser. Par suite de cette impulsion superstitieuse, les Anglais indigènes s'enrôlèrent en foule sous la bannière royale, et combattirent avec ardeur contre les complices de la révolte. Tout pauvres et méprisés qu'ils étaient, ils formaient la grande masse des habitants, et rien ne résiste à une pareille force, lorsqu'elle se trouve organisée. Les opposants furent défaits dans toutes les provinces, leurs châteaux pris d'assaut, et un grand nombre de comtes et de barons emmenés prisonniers. « On en prit tant, dit un contemporain, qu'on avait » peine à trouver assez de cordes pour les lier, et assez de prisons » pour les enfermer. » Cette suite rapide de victoires arrêta le projet de descente en Angleterre formé par Henri le Jeune et par le comte de Flandre.

Mais sur le continent, où les populations soumises au roi d'Angleterre n'avaient point pour l'anglais Beket d'affection nationale, les affaires de Henri II ne prospérèrent pas davantage après sa visite et sa flagellation au tombeau du martyr. Au contraire, les Poitevins et les Bretons se relevèrent alors de leur première défaite et renouèrent plus étroitement leurs associations patriotiques. Eudes de Porrhoët, dont le roi d'Angleterre avait autrefois déshonoré la fille, et qu'ensuite il avait banni, revint d'exil, et rallia de nouveau en Bretagne ceux que fatiguait la domination normande. Les mécontents firent plusieurs coups de main audacieux qui rendirent célèbre dans ce temps la témérité bretonne. En Aquitaine, le parti de Richard reprenait aussi courage, et de nouvelles troupes d'insurgés se rassemblaient dans la partie montueuse du Poitou et du Périgord, sous les mêmes chefs qui, peu d'années auparavant, s'étaient soulevés à l'instigation du roi de France. La haine du pouvoir étranger réunissait autour des seigneurs des châteaux les habitants des villes et des bourgs, hommes libres de corps et de biens ; car la servitude n'existait point au midi de la Loire comme au nord de ce fleuve. Des barons, des châtelains, des fils de châtelains sans patrimoine, suivirent aussi le même parti par un motif moins pur, dans l'espoir de faire fortune à la guerre. Ils commencèrent la campagne en s'attaquant aux riches abbés et aux évêques du pays, dont la plupart, suivant l'esprit de leur ordre, soutenaient la cause du pouvoir établi. Ils pillaient leurs domaines, ou, les arrêtant sur les

Entrevue de Henri II et de Philippe à Gisors.

routes, ils les enfermaient dans quelque château pour les forcer à payer rançon. Parmi ces prisonniers se trouva l'archevêque de Bordeaux, qui, d'après les instructions papales, avait excommunié les ennemis de Henri le père en Aquitaine, comme l'archevêque de Rouen les excommuniait dans la Normandie, l'Anjou et la Bretagne.

A la tête des révoltés de la Guyenne figurait, moins par sa fortune et son rang que par son ardeur infatigable, Bertrand de Born, seigneur de Haute-Fort, près de Périgueux, homme qui réunissait au plus haut degré toutes les qualités nécessaires pour jouer un grand rôle au moyen âge. Il était guerrier et poète, avait un besoin excessif de mouvement et d'émotions ; et tout ce qu'il sentait en lui d'activité, de talent et d'esprit, il l'employait aux affaires politiques. Mais cette agitation, en apparence vaine et turbulente, n'était pas sans objet réel, sans liaison avec le bien du pays où Bertrand de Born était né. Cet homme extraordinaire semble avoir eu la conviction profonde que sa patrie, voisine des Etats des rois de France et d'Angleterre, ne pouvait échapper aux dangers qui la menaçaient toujours d'un côté ou de l'autre, que par la guerre entre ses deux ennemis. Telle, en effet, paraît avoir été la pensée qui présida, durant toute la vie de Bertrand, à ses actions et à sa conduite. « En » tout temps, dit son biographe provençal, il voulait que le roi de » France et le roi d'Angleterre eussent guerre ensemble, et si les » rois avaient paix ou trêve, alors il se *peinait* et se travaillait pour » défaire cette paix. » Par le même motif, Bertrand mit en usage tout ce qu'il avait d'adresse pour faire éclore et envenimer la querelle entre le roi d'Angleterre et ses fils ; il fut l'un de ceux qui, s'emparant de l'esprit du jeune Henri, éveillèrent son ambition et le poussèrent à la révolte. Il prit ensuite un égal ascendant sur les autres fils et même sur le père, toujours à leur détriment et au profit de l'Aquitaine. C'est le témoignage que rend de lui son vieux biographe, avec l'orgueil d'un homme du Midi, étalant la supériorité morale d'un de ses compatriotes sur les rois et les princes du Nord : « Il était maître, toutes fois qu'il voulait, du roi Henri d'Angleterre » et de ses fils, et toujours voulait-il qu'ils eussent guerre ensemble, » le père, et les fils, et les frères, l'un avec l'autre. »

Ses efforts, couronnés d'un plein succès, lui acquirent une célébrité funeste auprès de ceux qui ne voyaient en lui qu'un conseiller de discordes domestiques, qu'un homme cherchant malicieusement, pour parler le langage mystique du siècle, à soulever le sang contre la chair, à diviser le chef et les membres. C'est pour cette raison que le poète italien, Dante Alighieri, lui fait subir, dans son *Enfer*, un châtiment analogue à l'expression figurée par laquelle on désignait sa faute. « Je vis, et il me semble encore le voir, un tronc sans » tête marcher vers nous, et sa tête coupée il la tenait d'une main » par les cheveux, en guise de lanterne... Sache que je suis Ber-

» trand de Born, celui qui donna au jeune roi de si mauvais con-
» seils. » Mais Bertrand fit plus encore : il ne se contenta pas de
donner au jeune Henri contre son père ces conseils que le poète
appelle mauvais : il lui en donna de semblables contre son frère
Richard ; et, quand le jeune roi fut mort, à Richard contre le vieux
roi ; puis enfin, quand ce dernier fut mort, à Richard contre le roi
de France, et au roi de France contre Richard. Il ne souffrait pas
qu'il y eût entre eux un instant de bon accord, et les animait l'un
contre l'autre par des *sirventès* ou chants satiriques fort à la mode
dans ce temps.

La poésie jouait alors un grand rôle dans les événements politiques des contrées situées au sud de la Loire. Il n'y avait pas une
paix, une guerre, une révolte, une transaction diplomatique, qui
ne fût annoncée, proclamée, louée ou blâmée en vers. Ces pièces
de vers, souvent composées par les hommes mêmes qui avaient
pris une part active aux affaires, étaient d'une énergie qu'on a
peine à concevoir dans l'état de mollesse où est tombé l'ancien
idiome de la Gaule méridionale, depuis que le dialecte français l'a
remplacé comme langue littéraire. Les chants des *trobadores*, ou
poètes provençaux, toulousains, dauphinois, aquitains, poitevins
et limousins, circulant rapidement de château en château et de ville
en ville, faisaient à peu près, au douzième siècle, l'office de papiers
publics dans le pays compris entre la Vienne, l'Isère, les montagnes d'Auvergne et les deux mers. Il n'y avait point encore dans ce
pays d'inquisition religieuse ; on y jugeait librement et ouvertement ce que, dans le reste de la Gaule, on osait à peine examiner.
L'influence de l'opinion publique et des passions populaires se faisait sentir partout, dans les cloîtres des moines comme dans les
châteaux des barons ; et, pour en revenir au sujet de cette histoire,
la dispute de Henri II et de ses fils remua d'une manière si vive les
hommes de l'Aquitaine, qu'on retrouve l'empreinte de ces émotions dans les écrits, ordinairement peu animés, des chroniqueurs
en langue latine. L'un d'eux, habitant ignoré d'un monastère obscur, ne peut s'empêcher d'interrompre son récit pour entonner en
prose poétique le chant de guerre des partisans de Richard.

« Réjouis-toi, pays d'Aquitaine, réjouis-toi, terre de Poitou ; car
» le sceptre du roi du Nord s'éloigne. Grâce à l'orgueil de ce roi,
» la trêve est enfin rompue entre les royaumes de France et d'An-
» gleterre ; l'Angleterre est désolée et la Normandie est en deuil.
» Nous verrons venir à nous le roi du Sud avec sa grande armée,
» avec ses arcs et ses flèches. Malheur au roi du Nord, qui a osé

» lever la lance contre le roi du Sud, son seigneur; car sa ruine ap-
» proche, et les étrangers vont dévorer sa terre. »

Après cette effusion de joie et de haine patriotiques, l'auteur s'adresse à Éléonore, la seule personne de la famille de Henri II qui fût vraiment chère aux Aquitains, parce qu'elle était née parmi eux.

« Tu as été enlevée de ton pays et emmenée dans la terre étran-
» gère. Élevée dans l'abondance et la délicatesse, tu jouissais d'une
» liberté royale, tu vivais au sein des richesses, tu te plaisais aux
» jeux de tes femmes, à leurs chants, au son de la guitare et du tam-
» bour; et maintenant tu te lamentes, tu pleures et te consumes de
» chagrin. Reviens à tes villes, pauvre prisonnière...

» Où est ta cour? où sont tes jeunes compagnes? où sont tes
» conseillers? Les uns, traînés loin de leur patrie, ont subi une
» mort ignominieuse; d'autres ont été privés de la vue; d'autres,
» bannis, errent en différents lieux. Toi, tu cries, et personne ne
» t'écoute, car le roi du Nord te tient resserrée comme une ville
» qu'on assiège; crie donc, ne te lasse point de crier; élève ta voix
» comme la trompette, pour que tes fils t'entendent; car le jour
» approche où ils te délivreront, où tu reverras ton pays natal. »

A ces expressions d'amour pour la fille des anciens chefs nationaux, succède un cri de malédiction contre les villes qui, soit par choix, soit par nécessité, tenaient encore pour le roi de race étrangère, et des exhortations belliqueuses pour celles de l'autre parti, qui étaient menacées d'une attaque des troupes royales.

« Malheur aux traîtres qui sont en Aquitaine! car le jour du châ-
» timent est proche. La Rochelle redoute ce jour; elle double ses
» murs et ses fossés; elle se fait ceindre de tous côtés par la mer, et
» le bruit de ce grand travail va jusqu'au delà des monts. Fuyez de-
» vant Richard, duc d'Aquitaine, vous qui habitez ce rivage; car il
» renversera les glorieux, il brisera les chars et ceux qui les mon-
» tent; il anéantira, depuis le plus grand jusqu'au plus petit, tous
» ceux qui lui refuseront l'entrée de la Saintonge. Malheur à ceux
» qui vont au roi du Nord pour lui demander du secours! malheur à
» vous, riches de La Rochelle, qui vous confiez dans vos richesses!
» Le jour viendra où il n'y aura pas de fuite pour vous, où la fuite ne
» vous sauvera pas; où la ronce, au lieu d'or, meublera vos maisons;
» où l'ortie croîtra sur vos murailles.

» Et toi, citadelle maritime, dont les bastions sont élevés et solides,
» les fils de l'étranger viendront jusqu'à toi; mais bientôt ils s'enfui-
» ront tous vers leur pays, en désordre et couverts de honte. Ne
» t'épouvante point de leurs menaces, élève hardiment ton front

» contre le Nord, tiens-toi sur tes gardes, appuie le pied sur tes re-
» tranchements; appelle tes voisins pour qu'ils viennent en force à
» ton secours; range en cercle autour de tes flancs tous ceux qui
» habitent dans ton sein et qui labourent ton territoire, depuis la
» frontière du sud jusqu'au golfe où retentit l'Océan. »

Les succès de la cause royale en Angleterre permirent bientôt à Henri II de repasser le détroit avec ses fidèles Brabançons et un corps de Gallois mercenaires, moins disciplinés que les Brabançons, mais plus impétueux, et disposés, par la haine même qu'ils portaient au roi, à faire une guerre furieuse à ses fils. Ces hommes, habiles dans l'art des embuscades militaires et de la guerre de parti dans les bois et dans les marais, furent employés en Normandie à intercepter les convois et les vivres de l'armée française, qui alors assiégeait Rouen. Ils y réussirent si bien, à force d'activité et d'adresse, que cette grande armée, craignant la famine, leva subitement le siége et se retira. Sa retraite donna au roi Henri l'avantage de l'offensive. Il reprit pied à pied tout le territoire que ses ennemis avaient occupé durant son absence; et les Français, fatigués encore une fois des dépenses énormes qu'ils avaient faites inutilement, déclarèrent de nouveau à Henri le Jeune et à son frère Geoffroy qu'on ne pouvait plus les aider, et que, s'ils désespéraient de soutenir seuls la guerre contre leur père, ils eussent à se réconcilier avec lui. Henri le Jeune et Geoffroy, dont la puissance était peu de chose sans un secours étranger, furent contraints d'obéir. Ils se laissèrent mener à une entrevue des deux rois, où on leur fit faire diplomatiquement des protestations de repentir et de tendresse filiale.

L'on convint d'une trêve qui devait donner au roi d'Angleterre le temps d'aller en Poitou obliger, par la force, son fils Richard à se soumettre comme les deux autres. Le roi de France jura de ne plus fournir à Richard aucune espèce de secours, et imposa le même serment aux deux autres frères, Henri et Geoffroy. Richard fut indigné en apprenant que ses frères et son allié venaient de faire une trêve et l'en avaient exclu. Mais, incapable de résister seul à toutes les forces du roi d'Angleterre, il retourna vers lui, implora son pardon, rendit les villes qu'il avait fortifiées, et, quittant le Poitou, suivit son père sur la frontière de l'Anjou et de la France, où se tint un congrès général ou un *parlement* pour la paix. Là fut rédigé, sous forme de traité politique, l'acte de réconciliation entre le roi d'Angleterre et ses trois fils. Plaçant leurs mains dans celles de leur père, ils lui prêtèrent le serment d'hommage-lige, forme ordinaire de tout pacte d'alliance entre deux hommes de puissance inégale, et tellement solennelle dans ce siècle, qu'elle établissait entre les contractants des liens réputés plus inviolables que ceux du sang. Des historiens de l'époque ont soin de faire observer que, si les fils de Henri II s'avouèrent alors ses *hommes* et lui promirent *allégeance*, ce fut pour ôter de son esprit tout soupçon défavorable sur la sincérité de leur retour.

Cette réconciliation des princes angevins fut un événement funeste pour les diverses populations qui avaient pris part à leurs querelles. Les trois fils, au nom de qui elles s'étaient insurgées, tinrent leur serment d'hommage en livrant ces populations à la vengeance de leur père, et eux-mêmes se chargèrent de l'accomplir. Richard, surtout, plus impérieux et plus dur que ses frères, fit tout le mal qu'il put à ses anciens alliés du Poitou : ceux-ci, réduits au désespoir, maintinrent contre lui la ligue nationale à la tête de laquelle ils l'avaient autrefois placé, et le pressèrent tellement que le roi fut obligé de lui envoyer de grandes forces et d'aller en personne à son secours. L'effervescence des habitants de l'Aquitaine s'accrut avec le danger. D'un bout à l'autre de ce vaste pays éclata une guerre bien plus véritablement patriotique que la première, parce qu'elle se faisait contre la famille tout entière des princes étrangers; mais, par cette raison même, le succès devait en être plus douteux et les difficultés plus grandes. Durant près de deux années, les princes angevins et les barons d'Aquitaine se livrèrent bataille sur bataille, depuis Limoges jusqu'au pied des Pyrénées, à Taillebourg, à Angoulême, à Agen, à Dax, à Bayonne. Toutes les villes qui avaient suivi le parti des fils du roi furent occupées militairement par les troupes de Richard, et accablées d'impôts en punition de leur révolte.

Soit par politique, soit par conscience, Henri le Jeune ne prit aucune part à cette guerre odieuse et déloyale; il conserva même quelques liaisons d'amitié avec plusieurs des hommes qui, autrefois, avaient suivi son parti et celui de ses frères. Ainsi il ne perdit point sa popularité dans les provinces du Midi, et cette circonstance fut pour la famille de Henri II un nouveau germe de discorde, que l'habile et infatigable Bertrand de Born travailla de tous ses soins à faire éclore. Il s'attacha plus que jamais au jeune roi, sur lequel il reprit tout l'ascendant d'un homme à volonté ferme. De cette liaison résulta bientôt une seconde ligue formée contre Richard par les vicomtes de Ventadour, de Limoges, de Turenne, le comte de Périgord, les seigneurs de Montfort et de Gordon, et les bourgeois du pays, sous les auspices de Henri le Jeune et du roi de France. Suivant sa politique ordinaire, ce roi ne prit que des engagements vagues envers les confédérés; mais Henri le Jeune leur fit des promesses positives; et Bertrand de Born, l'âme de cette confédération, la proclama par une pièce de vers destinée, dit son biographe, à affermir ses amis dans leur commune résolution.

Ainsi la guerre recommença en Poitou entre le roi Henri II et le comte Richard. Mais, dès les premières hostilités, Henri le Jeune, manquant à sa parole, ouvrit l'oreille à des propositions d'accommodement avec son frère, et, pour une somme d'argent et une pension annuelle, consentit à s'éloigner du pays et à délaisser les insurgés. Sans plus s'inquiéter d'eux ni de leur sort, il alla dans les cours étrangères, en France, en Provence et en Lombardie, dépenser le prix de sa trahison, et se faire, partout où il séjournait, un grand renom de magnificence et de chevalerie, brillant dans les joutes guerrières, dont la mode commençait à se répandre, *tovrnoyant, se soulassant et dormant*, comme dit un ancien historien.

Il passa ainsi plus de deux années, pendant lesquelles les barons du Poitou, de l'Angoumois et du Périgord, qui s'étaient conjurés sous ses auspices, eurent à soutenir une rude guerre de la part du comte de Poitiers. Leurs bourgs et leurs châteaux furent assiégés, et leurs terres dévastées par l'incendie. Parmi les villes attaquées, Taillebourg se rendit la dernière, et lorsque tous les barons se furent soumis à Richard, Bertrand de Born résista encore seul dans son château de Haute-Fort. Au milieu de la fatigue et des peines que lui donnait cette résistance désespérée, il conservait assez de liberté d'esprit pour composer des vers sur sa propre situation, et des satires sur la lâcheté du prince, qui passait en amusements les jours que ses anciens amis passaient en guerre et en souffrances :

« Puisque le seigneur Henri n'a plus de terres, puisqu'il n'en
» veut plus avoir, qu'il soit maintenant le roi des lâches.
» Car lâche est celui qui vit aux gages et sous la livrée d'un autre.
» Roi couronné, qui prend solde d'autrui, ressemble mal aux preux
» du temps passé; puisqu'il a trompé les Poitevins et leur a menti,
» qu'il ne compte plus être aimé d'eux. »

Henri le Jeune fut sensible à ces réprimandes, lorsque, rassasié du plaisir d'être cité comme prodigue et *chevalereux*, il tourna de nouveau ses regards vers des avantages plus solides de pouvoir et de richesse territoriale. Il revint alors auprès de son père, et se mit à plaider la cause des habitants du Poitou, que Richard accablait, disait-il, de vexations injustes et d'une domination tyrannique. Il alla jusqu'à reprocher au roi de ne les point protéger, comme il le devait, lui qui était leur défenseur naturel. Il accompagna ces plaintes de réclamations personnelles, demandant de nouveau la

Normandie, ou quelque autre terre où il pût séjourner d'une manière digne de lui, avec sa femme, et qui lui servît à payer les gages de ses chevaliers et de ses sergents. Henri II refusa d'abord cette demande avec fermeté, et contraignit même le jeune homme à jurer que, dorénavant, il ne réclamerait rien de plus que cent livres angevines par jour pour sa dépense, et dix livres de la même monnaie pour la dépense de son épouse. Mais les choses ne restèrent pas longtemps à ce point; Henri le Jeune renouvela ses doléances, et le roi, y cédant cette fois, ordonna à ses deux autres fils de prêter à leur aîné le serment d'hommage pour les comtés de Poitou et de Bretagne. Geoffroy y consentit; mais Richard le refusa nettement, et, pour signe de sa volonté ferme de résister à un pareil ordre, il mit en état de défense toutes ses villes et ses châteaux.

Henri le Jeune et Geoffroy, son vassal, marchèrent alors contre lui, de l'aveu de leur père; et, à leur entrée en Aquitaine, le pays s'insurgea de nouveau contre Richard. Les confédérations des villes et des barons se renouèrent, et le roi de France se déclara l'allié du jeune roi et des Aquitains. Henri II, alarmé de la tournure grave que prenait subitement cette querelle de famille, voulut rappeler ses deux fils; mais ils lui désobéirent, et persistèrent à guerroyer contre le troisième. Obligé alors de prendre un parti décisif, sous peine de voir triompher l'indépendance du Poitou et les prétentions ambitieuses du roi de France, il joignit ses forces à celles de Richard, et alla en personne mettre le siége devant Limoges, qui avait ouvert ses portes au jeune Henri et à Geoffroy. Ainsi la guerre domestique recommença sous un nouvel aspect. Ce n'étaient plus les trois fils ligués ensemble contre le père, mais l'aîné et le plus jeune combattant contre l'autre fils uni au père.

Les historiens du Midi, témoins oculaires de ces événements, paraissent avoir compris la part active qu'y prenaient les populations dont le pays en fut le théâtre, et quels intérêts nationaux étaient en jeu dans ces rivalités toutes personnelles en apparence. Les historiens du Nord, au contraire, n'y voient que la guerre contre nature du père avec les fils, et des frères entre eux, sous l'influence d'une mauvaise destinée qui pesait sur la race des Plante-Genest, en expiation de quelque grand crime. Plusieurs contes sinistres sur l'origine de cette famille passaient de bouche en bouche. On disait qu'Eléonore d'Aquitaine avait eu à la cour de France des liaisons avec Geoffroy d'Anjou, le père de son mari actuel; et que ce même Geoffroy avait épousé la fille de Henri Ier, du vivant de l'empereur son mari; ce qui, dans les idées de l'époque, était une sorte de sacrilége. Enfin, on racontait d'une ancienne comtesse d'Anjou, aïeule du père de Henri II, que son mari, ayant remarqué avec effroi qu'elle allait rarement à l'église, et qu'elle en sortait toujours à la secrète de la messe, s'avisa de l'y faire retenir de force par quatre écuyers; mais qu'à l'instant de la consécration, la comtesse, jetant le manteau par lequel on la tenait, s'était envolée par une fenêtre et n'avait jamais reparu. Richard de Poitiers, selon un contemporain, avait coutume de rapporter cette aventure, et de dire à ce propos : « Est-il étonnant que, sortis d'une telle souche, » nous vivions mal les uns avec les autres? Ce qui provient du » diable doit retourner au diable. »

Un mois après le renouvellement des hostilités, Henri le Jeune, soit par appréhension des suites de la lutte inégale où il venait de s'engager contre son père et le plus puissant de ses frères, soit par un nouveau retour de tendresse filiale, abandonna encore une fois les Poitevins. Il se rendit au camp de Henri II, lui révéla tous les secrets de la confédération formée contre Richard, et le pria de s'interposer comme médiateur entre son frère et lui. La main posée sur l'Evangile, il jura solennellement que, durant toute sa vie, il ne se séparerait point de Henri, roi d'Angleterre, et lui garderait féauté, comme à son père et à son seigneur. Ce soudain changement de conduite et de parti ne fut pas imité par Geoffroy, qui, plus opiniâtre et plus loyal envers les Aquitains révoltés, demeura avec eux et continua la guerre. Des messagers vinrent alors le trouver de la part du vieux roi, et le pressèrent de mettre fin à un débat qui n'était avantageux qu'aux ennemis communs de sa famille. Entre autres envoyés, vint un clerc normand qui, tenant une croix à la main, supplia le comte Geoffroy d'épargner le sang des chrétiens, et de ne point imiter le crime d'Absalon. — « Quoi! tu » voudrais, lui répondit le jeune homme, que je me dessaisisse de » mon droit de naissance? — A Dieu ne plaise, Monseigneur, ré- » pliqua le prêtre; je ne veux rien à votre détriment. — Tu ne com- » prends pas mes paroles, dit alors le comte de Bretagne; il est » dans la destinée de notre famille que nous ne nous aimions pas » l'un l'autre. C'est là notre héritage, et aucun de nous n'y renon- » cera jamais.

Malgré ses trahisons réitérées envers les barons d'Aquitaine, le jeune Henri, homme d'un esprit flottant et incapable d'une décision ferme, conservait encore des liaisons personnelles avec plusieurs des conjurés, et surtout avec Bertrand de Born. Il entreprit de jouer le rôle de médiateur entre eux et son frère Richard, se flattant de l'espoir chimérique d'arranger la querelle nationale, en même temps que la querelle de famille. Dans cette vue, il fit plusieurs démarches auprès des chefs de la ligue du Poitou; mais il ne reçut d'eux que des réponses fières et nullement pacifiques. Pour dernière tentative, il leur proposa une conférence à Limoges, offrant de s'y rendre de son côté, avec son père, accompagné de peu de monde, pour écarter toute défiance. La ville de Limoges était alors assiégée par le roi d'Angleterre; on ne sait si les confédérés consentirent formellement à laisser entrer leur ennemi, ou si le jeune homme, empressé de se faire valoir, promit en leur nom plus qu'il ne devait. Quoi qu'il en soit, lorsque Henri II arriva devant les portes de la ville, il les trouva fermées, et reçut du haut des remparts une volée de flèches, dont l'une perça son pourpoint et l'autre blessa un de ses chevaliers à côté de lui. Cette aventure passa pour une méprise, et, à la suite d'une nouvelle explication avec les chefs des insurgés, il fut convenu que le roi entrerait librement dans Limoges pour y parlementer avec son fils Geoffroy. Ils se réunirent en effet sur la grande place du marché; mais, pendant l'entrevue, les Aquitains qui formaient la garnison du château, ne pouvant voir de sang-froid s'entamer des négociations qui devaient ruiner tous leurs projets d'indépendance, tirèrent de loin sur le vieux roi, qu'ils reconnurent à ses vêtements et à la bannière qu'on portait près de lui. Un des carreaux d'arbalète lancés du haut de la citadelle traversa l'oreille de son cheval. Les larmes lui vinrent aux yeux; il fit ramasser la flèche, et la présentant à Geoffroy : « Parle, » mon fils, lui dit-il : que t'a fait ton malheureux père pour mériter » que tu fasses de lui un but pour tes archers? »

Quels que fussent les torts de Geoffroy envers son père, il n'était point coupable en cette circonstance; car les archers qui avaient pris le roi d'Angleterre pour but n'étaient point soldats à gages, mais alliés volontaires de son fils. Les écrivains du Nord lui reprochent de ne les avoir point recherchés et punis; mais il n'avait pas sur eux un pareil droit, et, puisqu'il avait lié sa cause à leur inimitié nationale, il fallait que, bon gré mal gré, il en subît toutes les conséquences. Henri le Jeune, piqué de voir ses efforts échouer contre l'opiniâtreté des Aquitains, déclara qu'ils étaient tous d'obstinés rebelles, et que de sa vie il n'aurait plus ni paix ni trêve avec eux, et serait fidèle à son père en tout temps et en tous lieux. Pour signe de cette soumission, il remit à la garde du roi son cheval et ses armes, et demeura plusieurs jours auprès de lui, dans l'apparence de l'amitié la plus intime.

Mais, par une sorte de fatalité dans la vie du fils aîné de Henri II, c'était toujours au moment même où il faisait à un parti les plus grandes protestations de dévouement qu'il était le plus près de s'en séparer et de s'engager dans le parti contraire. Après avoir, selon les paroles d'un historien du temps, mangé à la même table que

Richard Cœur de Lion.

son père et mis sa main au même plat, il le quitta subitement, se lia de nouveau à ses adversaires, et partit pour le Dorat, ville des marches de Poitou, où était le grand quartier des insurgés. Il y mangea avec eux, à la même table, comme il avait fait avec le roi, leur jura pareillement loyauté envers et contre tous, et, peu de jours après, il les abandonna pour retourner à l'autre camp. Il y eut de nouvelles scènes de tendresse entre le père et le fils; celui-ci crut acquitter sa conscience en priant le vieux roi d'être miséricordieux envers les révoltés. Il promit témérairement, en leur nom, la reddition du château de Limoges, et annonça qu'il suffirait d'envoyer des parlementaires à la garnison pour recevoir ses serments et des otages. Mais il n'en fut pas ainsi, et ceux qui vinrent de la part du roi d'Angleterre furent presque tous mis à mort par les Aquitains. D'autres, qu'on envoya en même temps aux quartiers de Geoffroy, pour négocier avec lui, furent attaqués à coups d'épée, en sa présence et sous ses yeux; deux furent tués, le troisième blessé grièvement, et le quatrième jeté dans l'eau du haut d'un pont. C'est ainsi que l'esprit national, sévèrement et cruellement inflexible, se jouait des espérances des princes et de leurs projets de réconciliation.

Très peu de temps après ces événements, Henri II reçut un message qui lui annonçait que son fils aîné, tombé dangereusement malade à Château-Martel, près de Limoges, demandait à le voir. Le roi, ayant l'esprit encore frappé de ce qui venait d'arriver à ses gens, et de ce qui lui était arrivé à lui-même dans les deux conférences de Limoges, soupçonna quelque embûche de la part des insurgés : il craignit, dit un auteur du temps, la scélératesse de ces conspirateurs, et, malgré les assurances du messager, il n'alla point à Château-Martel. Mais bientôt un second envoyé vint lui apprendre que son fils Henri était mort, le onzième jour du mois de juin, dans sa vingt-septième année. Le jeune homme, à ses derniers moments, avait donné de grandes marques de contrition et de repentir : il avait voulu être traîné hors de son lit par une corde et placé sur une couche de cendres. Cette perte imprévue causa au roi une vive affliction et augmenta sa colère contre les Aquitains, sur la perfidie desquels il rejetait le sentiment de timidité qui l'avait retenu loin de son fils mourant. Geoffroy lui-même, touché du deuil de son père, revint alors auprès de lui, et abandonna ses alliés, qui dès lors se trouvèrent seuls en face de la famille dont les divisions avaient fait leur force. Le lendemain des funérailles de Henri le Jeune, le roi d'Angleterre attaqua vivement d'assaut la ville et la forteresse de Limoges; il s'en empara, ainsi que des châteaux de plusieurs des confédérés, qu'il détruisit de fond en comble. Il poursuivit Bertrand de Born avec plus d'acharnement encore que tous les autres ; « car il croyait, dit un ancien récit, que toute la guerre » que le jeune roi son fils lui avait faite, Bertrand la lui avait fait

» faire; et, pour cela, il vint devant Haute-Fort pour le prendre et
» le ruiner. »

Le château de Haute-Fort ne tint pas longtemps contre toutes les forces du roi, unies à celles de ses deux fils, Richard et Geoffroy de Bretagne. Forcé de se rendre à merci, Bertrand de Born fut mené à la tente de son ennemi, qui, avant de prononcer l'arrêt du vainqueur contre le vaincu, voulut goûter quelque temps le plaisir de la vengeance, en traitant avec dérision l'homme qui s'était fait craindre de lui et s'était vanté de ne pas le craindre. « Bertrand, lui
» dit-il, vous qui prétendiez n'avoir en aucun temps besoin de la
» moitié de votre sens, sachez que voici une occasion où le tout ne
» vous ferait pas faute. — Seigneur, répondit l'homme du Midi avec
» l'assurance habituelle que lui donnait le sentiment de sa supério-
» rité d'esprit, il est vrai que j'ai dit cela, et j'ai dit la vérité. — Et
» moi, je crois, dit le roi, que votre sens vous a failli. — Oui, sei-
» gneur, répliqua Bertrand d'un ton grave, il m'a failli le jour où le
» vaillant jeune roi votre fils est mort; ce jour-là j'ai perdu le sens
» et la raison. » Au nom de son fils, qu'il ne s'attendait nullement à entendre prononcer, le roi d'Angleterre fondit en larmes et s'évanouit. Quand il revint à lui, il était tout changé; ses projets de vengeance avaient disparu, et il ne voyait plus dans l'homme qui était en son pouvoir que l'ancien ami du fils qu'il regrettait. Au lieu de reproches amers et de l'arrêt de mort ou de dépossession auquel Bertrand eût pu s'attendre : « Sire Bertrand, sire Bertrand, lui dit-il,
» c'est à bon droit que vous avez perdu le sens pour mon fils; car il
» vous voulait du bien plus qu'à homme qui fût au monde; et moi,
» pour l'amour de lui, je vous donne la vie, votre avoir et votre
» château; je vous rends mon amitié et mes bonnes grâces, et vous
» octroie cinq cents marcs d'argent pour les dommages que vous
» avez reçus. »

Le malheur qui venait de frapper la famille de Henri II réconcilia non seulement les fils et le père, mais encore le père et la mère. Il y eut entre les deux époux un retour de bonne intelligence, et la reine d'Angleterre, après un emprisonnement de dix années, fut rendue à la liberté. En sa présence, la paix de la famille fut solennellement jurée et confirmée par écrit et par serment comme dit un historien du siècle, entre le roi Henri et ses fils Richard, Geoffroy et Jean, dont le dernier, jusqu'alors, s'était trouvé trop jeune pour jouer un rôle dans les intrigues de ses frères. Les chagrins continuels que les révoltes des autres avaient causés au roi l'avaient conduit à reporter sur Jean sa plus grande affection, et cette préférence même avait contribué à aigrir les trois aînés, et à rendre courts les instants de concorde. Après quelques mois de bonne intelligence, la paix fut de nouveau troublée par l'ambition de Geoffroy. Il demanda le comté d'Anjou, pour le joindre à son duché de Bretagne, et, ayant essuyé un refus, il passa en France, où, en attendant peut-être l'occasion de recommencer la guerre, il se livra aux amusements de la cour. Renversé de cheval dans un tournoi, il fut foulé sous les pieds des chevaux des autres combattants, et mourut de ses blessures. Après sa mort, ce fut le tour du comte Richard de renouer amitié avec le roi de France, contre la volonté de son père.

La couronne de France venait d'échoir à Philippe, deuxième du nom, jeune homme qui affectait pour Richard encore plus d'amitié que son père Louis VII n'en avait témoigné à Henri le Jeune. « Cha-
» que jour, dit un historien du temps, ils mangeaient à la même ta-
» ble et au même plat, et, la nuit, ils couchaient dans le même lit. »
Cette grande amitié déplaisait au roi d'Angleterre, et l'inquiétait pour l'avenir. Il envoya en France de nombreux messages pour rappeler son fils auprès de lui : Richard répondait toujours qu'il allait venir, et ne se pressait point. Enfin il se mit en route, comme pour se rendre à la cour de son père; mais, passant par Chinon, où était l'un des trésors royaux, il en enleva la plus grande partie, malgré la résistance des gardiens. Avec cet argent, il alla en Poitou, et se mit à fortifier et à garnir de munitions et d'hommes plusieurs châteaux du pays. Les derniers événements avaient fait succéder une grande apathie à l'ancienne effervescence des Aquitains, et les haines que Richard avait soulevées par son manque de foi et sa dureté étaient encore trop vives pour que les hommes mécontents du gouvernement angevin eussent confiance en lui. Il resta donc seul, et, ne pouvant rien entreprendre sans le concours des barons du pays, il prit le parti de revenir à son père et de lui demander grâce, plutôt par nécessité que de bon cœur. Le vieux roi, qui avait épuisé enfin toutes les formes solennelles de réconciliation entre lui et ses fils, essaya cette fois de lier Richard par un serment sur l'Évangile, qu'il lui fit prêter en présence d'une grande assemblée de clercs et de laïques.

La nouvelle tentative ambitieuse du comte de Poitiers, demeurant sans effet, n'entraîna point la rupture de la paix entre les rois de France et d'Angleterre. Ces deux rois étaient convenus depuis longtemps d'avoir une entrevue, où ils régleraient d'une manière définitive les points d'intérêt qui pouvaient renouveler et entretenir leurs mésintelligences. Ils se rendirent, dans le mois de janvier 1187, entre Trie et Gisors, près du Grand-Orme, lieu ordinaire des conférences politiques. Les conquérants chrétiens de la Syrie et de la Palestine éprouvaient alors de grands revers. Jérusalem et le bois de la vraie croix venaient de retomber au pouvoir des mahométans, commandés par Salah-Eddin, vulgairement nommé Saladin. La perte de cette grande relique excita de nouveau l'enthousiasme pour la croisade, un peu refroidi depuis un demi-siècle. Le pape accablait de messages les princes de la chrétienté, pour les engager à faire la paix entre eux et la guerre aux infidèles. Les cardinaux promettaient de renoncer aux richesses et à tout plaisir, de ne plus recevoir aucun présent et de ne plus monter à cheval tant que la Terre-Sainte ne serait pas reconquise, de se croiser les premiers, et d'aller demandant l'aumône à la tête des nouveaux pèlerins. Des prédicateurs et des missionnaires se rendaient à toutes les cours, à toutes les assemblées des grands et des riches; et il en vint plusieurs à l'entrevue des rois de France et d'Angleterre, entre autres Guillaume, archevêque de Tyr, l'un des hommes les plus célèbres du temps par son savoir et son éloquence.

Cet homme eut le pouvoir de déterminer les deux rois, jusque-là si inconciliables, à s'accorder pour faire la guerre aux Sarrasins, en ajournant leurs propres différends. Tous deux se conjurèrent, comme frères d'armes, pour la cause de Dieu, et, en signe de leur engagement, reçurent des mains de l'archevêque une croix d'étoffe qu'ils appliquèrent sur leurs habits; celle du roi de France était rouge et celle du roi d'Angleterre était blanche. En les prenant, ils se signèrent au front, à la bouche et à la poitrine, et firent serment de ne point quitter la croix du Seigneur, ni sur terre ni sur mer, ni en champs ni en villes, jusqu'à leur retour du *grand passage*. Beaucoup de seigneurs des deux royaumes firent le même vœu, entraînés par l'exemple des rois, par le désir d'obtenir la rémission de tous leurs péchés, par les discours populaires qui roulaient tous sur ce sujet, et même par des chansons en langue vulgaire ou en langue latine, qui circulaient alors. . . . .

Le roi d'Angleterre, portant la croix blanche sur l'épaule, se rendit au Mans, où il assembla son conseil pour délibérer sur les moyens de pourvoir aux frais de la guerre sainte à laquelle il venait de s'engager. Il fut décidé que, dans tous les pays soumis à la domination angevine, tout homme serait forcé de livrer la sixième partie de son revenu et de ses biens meubles; mais que, de cette décimation universelle seraient exceptés: les armes, les chevaux et les vêtements des chevaliers; les chevaux, les livres, les vêtements et tous les ornements des prêtres, ainsi que les joyaux et les pierres précieuses, tant des laïques que des clercs. Il fut établi, en outre, que les clercs, les chevaliers et les sergents d'armes qui prendraient la croix ne payeraient rien, mais que les bourgeois et les paysans qui se joindraient à l'armée sans l'exprès consentement de leurs seigneurs n'en paieraient pas moins leur dixième. . . . .

Le roi Henri passa la mer, et, pendant que ses officiers, clercs et laïques, recueillaient, aux termes de ses ordonnances, l'argent des possesseurs de terres, il fit dresser une liste des plus riches bourgeois de toutes les villes, et les fit sommer personnellement d'avoir à se présenter devant lui à un jour et dans un lieu qu'il fixait. L'honneur d'être admis en la présence du petit-fils du Conquérant fut de cette manière octroyé à deux cents bourgeois de Londres, à cent d'York, et à un nombre proportionné d'habitants des autres villes et bourgs. Les lettres de convocation n'admettaient ni excuse ni retard. Ces bourgeois ne vinrent pas tous le même jour; car le roi Henri n'aimait pas plus que ses aïeux les grands rassemblements d'Anglais. On les reçut par bandes, à différents jours et dans différents lieux. . . . .

Malgré le traité et le serment des deux rois, ce fut à toute autre chose qu'à reconquérir Jérusalem qu'on employa le taillage des Saxons et des Juifs d'Angleterre, les contributions des nobles de ce pays et celles des provinces du continent. L'antique ennemi ne dormait pas, disent les historiens du siècle, et sa malice ralluma promptement la guerre entre ceux qui venaient de jurer de ne plus porter les armes contre les chrétiens jusqu'à leur retour de la Terre-Sainte. L'occasion de cette rupture fut une querelle d'intérêt entre Richard de Poitiers et le comte de Toulouse, Raymond de Saint-Gilles. Les Aquitains et les Poitevins, qui avaient repris des forces et de l'énergie depuis leur dernière défaite, profitèrent du trouble causé par cette querelle pour faire de nouveaux complots et de nouvelles ligues contre la puissance anglo-normande. De son côté, le roi de France, suivant la politique de ses aïeux, ne put se défendre d'entrer dans le parti des adversaires des Normands, et d'attaquer dans le Berry les châteaux forts qui relevaient du roi d'Angleterre. Bientôt la guerre s'étendit sur toute la frontière des pays gouvernés par les deux rois. Il y eut de part et d'autre beaucoup de villes prises et reprises, de fermes incendiées, de vignobles dévastés; enfin les deux puissances rivales, fatiguées de se nuire inutilement, résolurent de traiter pour la paix. Les rois Henri et Philippe se donnèrent un rendez-vous sous le Grand-Orme, entre Trie et Gisors; mais ils se quittèrent sans avoir pu s'accorder sur aucun point. Le plus jeune des deux rois, irrité du peu de succès de l'entrevue, s'en prit à l'arbre sous lequel elle avait eu lieu, et le fit abattre, jurant par les saints de France (c'était son serment favori) que jamais plus il ne se tiendrait de *parlement* à cette place.

Durant le cours de la guerre, Richard, contre lequel, du moins en apparence, le roi Philippe l'avait commencée, manifesta subitement quelque tendance à se rapprocher de ce roi, ce qui alarma beaucoup son père. Il alla jusqu'à proposer de soumettre au jugement des barons de France le différend qui existait entre lui et le comte Raymond de Saint-Gilles. Henri II n'y consentit point, et, se défiant de son fils, il ne voulut traiter pour la paix que dans une entrevue personnelle avec Philippe. Dans cette conférence, qui eut lieu près de Bonmoulins, en Normandie, le roi de France fit des propositions où l'intérêt de Richard se trouvait tellement lié au sien, qu'elles semblaient le résultat de quelque pacte secret préalablement conclu entre eux.

A l'une des trêves jurées autrefois par Henri II et Louis, père de Philippe, il avait été convenu que Richard épouserait Alix ou Aliz, fille du roi de France, laquelle recevrait pour dot le comté de Vexin, toujours débattu entre les deux couronnes. Pour garantie de l'exécution fidèle de ce traité, Aliz, encore enfant, fut remise entre les mains du roi d'Angleterre, afin qu'il en eût la garde jusqu'à son âge nubile. Mais la guerre avait bientôt éclaté de nouveau, et les fils du roi d'Angleterre s'étant ligués avec le roi de France, le mariage fut différé, sans que pour cela Henri II se dessaisît de la jeune fille qui lui avait été confiée. . . . .

Dans les conférences qu'il avait eues précédemment avec le roi d'Angleterre, Philippe avait plusieurs fois réclamé la conclusion du mariage de sa sœur Aliz avec le comte de Poitiers, et ce fut la première des conditions qu'il proposa au congrès de Bonmoulins. Il demanda, en outre, que son futur beau-frère fût déclaré, par avance, héritier de tous les Etats du roi Henri, et reçût en cette qualité le serment d'hommage des barons d'Angleterre et du continent. Mais Henri II ne voulut point y consentir, craignant le chagrin que lui avait causé autrefois l'élévation prématurée de son fils aîné. A ce refus, Richard, outré de colère, fit de nouveau ce qu'il avait fait tant de fois. En la présence même de son père, se tournant vers le roi de France, et joignant les deux mains entre les siennes, il se déclara son vassal, et lui fit hommage pour les duchés de Normandie, de Bretagne et d'Aquitaine, et pour les comtés de Poitou, d'Anjou et du Maine. Pour ce serment de foi et d'hommage, Philippe lui donna en fief les villes de Châteauroux et d'Issoudun.

Cette usurpation de tous les droits paternels sur le continent était le coup le plus sensible que Richard eût encore porté à son père; c'était le commencement d'une nouvelle querelle domestique aussi violente que l'avait été la première de toutes, excitée, comme on l'a vu plus haut, par les tentatives d'usurpation de Henri le Jeune. Les populations mécontentes le sentirent, et elles se montrèrent agitées d'un soudain mouvement de révolte. Les barons, qui, depuis plus de deux ans, se tenaient en repos; les gens du Poitou, naguère encore ennemis jurés de Richard, se déclarèrent pour sa cause, du moment qu'ils crurent le voir en inimitié mortelle avec le roi. Henri II vint à Saumur faire ses préparatifs de guerre, pendant que ses barons et ses chevaliers le quittaient en foule pour suivre son fils, dont le parti, soutenu par le roi de France et toutes les provinces du Midi, semblait devoir être le plus fort. Le roi d'Angleterre avait pour lui la majorité des Normands, les Angevins, et ceux qu'effrayaient les sentences d'excommunication dont le légat du pape voulut bien lui prêter l'appui. Mais, pendant que les clercs de l'Anjou prononçaient dans leurs églises ces sentences ecclésiastiques, les Bretons, entrant à main armée, dévastaient le pays et attaquaient les lieux forts et les châteaux du roi. Accablé sous la mauvaise fortune qui, depuis si longtemps, le poursuivait presque sans relâche, Henri tomba malade de chagrin, et, ne prenant aucune mesure militaire, laissa aux légats et aux archevêques tout le soin de sa défense. Ils multiplièrent les arrêts d'excommunication et d'interdit, et envoyèrent message sur message à Richard et au roi de France, leur faisant tour à tour des menaces et des caresses. Ils eurent peu d'influence sur l'esprit de Richard, mais davantage sur celui de Philippe, toujours aussi disposé à la paix qu'à la guerre, pourvu qu'il espérât y gagner.

Le roi de France consentit donc à tenir avec l'autre roi une conférence où Richard se rendit bon gré mal gré, et où vinrent Jean d'Anagni, cardinal, légat du pape, et les archevêques de Reims, de Bourges, de Rouen et de Canterbury. Philippe proposa au roi d'Angleterre à peu près les mêmes conditions qu'à l'entrevue de Bonmoulins, c'est-à-dire le mariage d'Aliz avec Richard et la désignation de ce dernier comme héritier de tous les domaines de son père, sous la garantie du serment d'hommage de tous les barons d'Angleterre et du continent. Mais Henri II, qui avait encore plus qu'à la conférence précédente sujet de se défier de Richard, refusa de nouveau cette demande, et proposa de marier Aliz avec Jean, son autre fils, qui, jusqu'à ce jour, s'était montré obéissant et bien affectionné envers lui. . . . .

Richard, dont l'intérêt se trouvait bien plus fortement compromis dans cette affaire, tira son épée, et se serait porté à quelque violence si les assistants ne l'eussent retenu.

Le vieux roi, forcé de combattre, rassembla son armée ; mais ses meilleurs soldats l'avaient abandonné pour aller se joindre à son fils. Sans moyens de défense et sans autorité, affaibli d'esprit et de corps, il prit le parti de solliciter la paix, en offrant de se résigner à tout. Les demandes de Philippe furent que le roi d'Angleterre s'avouât expressément son homme-lige, et se remît entre ses mains, à merci et à miséricorde ; qu'Aliz fût donnée en garde à cinq personnes au choix de Richard, jusqu'à son retour de la croisade, où il devait se rendre, avec le roi de France, à la mi-carême ; que le roi d'Angleterre renonçât à tout droit de suzeraineté sur les villes du Berry qui, anciennement, relevaient des ducs d'Aquitaine, et qu'il payât au roi de France vingt mille marcs d'argent pour la restitution de ses conquêtes. . . . .

Il n'y avait pour le vieux roi ni moyen ni espoir d'obtenir des conditions moins dures ; il s'arma donc de patience autant qu'il put, et conversa avec le roi Philippe, écoutant ses paroles d'un air docile, et comme un homme qui reçoit la loi d'un autre. Tous deux étaient à cheval en plein champ ; et, tandis qu'ils s'entretenaient bouche à bouche, dit un historien, il tonna subitement, quoique le ciel fût sans nuages, et la foudre tomba entre eux, sans leur faire aucun mal. Ils se séparèrent aussitôt, extrêmement effrayés l'un et l'autre, et, après un petit intervalle, ils revinrent de nouveau ; mais un second coup de tonnerre, aussi fort que le premier, se fit entendre presque au même moment. Le roi d'Angleterre, que la nécessité où il se trouvait réduit, son chagrin et la faiblesse de sa santé rendaient plus facile à émouvoir, liant peut-être cet accident naturel à sa propre destinée, fut tellement troublé, qu'il abandonna les rênes de son cheval et chancela sur la selle, de manière qu'il serait tombé à terre si ceux qui l'entouraient ne l'eussent soutenu. La conférence fut suspendue ; et comme Henri se trouva trop malade pour assister à une seconde entrevue, on lui porta à son quartier les conditions de la paix rédigées par écrit, pour qu'il donnât son consentement formel.

Ceux qui vinrent de la part du roi de France le trouvèrent couché sur un lit, et lui lurent le traité de paix, article par article. Quand ils en vinrent à celui qui regardait les personnes engagées secrètement ou ostensiblement dans le parti de Richard, le roi demanda leurs noms, pour savoir combien il y avait d'hommes à la foi desquels on l'obligeait à renoncer. Le premier qu'on lui nomma fut Jean, son plus jeune fils. En entendant prononcer ce nom, saisi

d'un mouvement presque convulsif, il se leva sur son séant, et, promenant autour de lui des yeux pénétrants et hagards : « Est-ce
» bien vrai, dit-il, que Jean, mon cœur, mon fils de prédilection,
» celui que j'ai chéri plus que les autres et pour l'amour duquel je
» me suis attiré tous mes malheurs, s'est aussi séparé de moi? » On lui répondit qu'il en était ainsi, qu'il n'y avait rien de plus vrai. « Eh bien, dit-il en retombant sur son lit et en tournant son visage
» contre le mur, que tout aille dorénavant comme il pourra, je n'ai
» plus de souci ni de moi ni du monde. » Quelques moments après, Richard s'approcha du lit, et demanda à son père le baiser de paix en exécution du traité. Le roi le lui donna avec un air de calme apparent; mais au moment où Richard s'éloignait, il entendit son père murmurer à voix basse : « Si seulement Dieu me faisait la
» grâce de ne point mourir avant de m'être vengé de toi! » A son arrivée au camp français, le comte de Poitiers redit ces paroles au roi Philippe et à ses courtisans, qui tous firent de grands éclats de rire et plaisantèrent sur la bonne paix qui venait de se conclure entre le père et le fils.

Le roi d'Angleterre, sentant son mal s'aggraver, se fit transporter à Chinon, où, en peu de jours, il tomba dans un état voisin de la mort. A ses derniers moments, on l'entendait proférer des paroles entrecoupées, qui faisaient allusion à ses malheurs et à la conduite de ses fils : « Honte! s'écriait-il, honte à un roi vaincu! Maudit soit
» le jour où je suis né, et maudits de Dieu soient les fils que je
» laisse! » Les évêques et les gens de religion qui l'entouraient firent tous leurs efforts pour lui faire rétracter cette malédiction contre ses enfants, mais il y persista jusqu'au dernier soupir.

Quand il eut expiré, son corps fut traité par ses serviteurs comme l'avait été autrefois celui de Guillaume le Conquérant; tous l'abandonnèrent, après l'avoir dépouillé de ses derniers vêtements et avoir enlevé ce qu'il y avait de plus précieux dans la chambre et dans la maison. Le roi Henri avait souhaité d'être enterré à Fontevrault, célèbre abbaye de femmes, à quelques lieues au sud de Chinon ; on eut peine à trouver des gens pour l'envelopper d'un linceul et des chevaux pour le transporter. Le cadavre se trouvait déjà déposé dans la grande église de l'abbaye, en attendant le jour de la sépulture, lorsque le comte Richard apprit par le bruit public la mort de son père. Il vint à l'église, et trouva le roi gisant dans le cercueil, la face découverte, et montrant encore, par la contraction de ses traits, les signes d'une violente agonie. Cette vue causa au comte de Poitiers un frémissement involontaire. Il se mit à genoux et pria devant l'autel; mais il se leva après quelques moments, après l'intervalle d'un *Pater noster*, disent les historiens du siècle, et sortit pour ne plus revenir. Les contemporains assurent que, depuis l'instant où Richard entra dans l'église jusqu'à celui où il s'éloigna, le sang ne cessa de couler en abondance des deux narines du mort. Le lendemain de ce jour eut lieu la cérémonie de la sépulture. On voulut décorer le cadavre de quelques-uns des insignes de la royauté; mais les gardiens du trésor de Chinon les refusèrent, et, après beaucoup de supplications, ils envoyèrent seulement un vieux sceptre et un anneau de peu de valeur. Faute de couronne, on coiffa le roi d'une espèce de diadème fait avec la frange d'or d'un vêtement de femme; et ce fut dans cet attirail bizarre que Henri, fils de Geoffroy Plante-Genest, roi d'Angleterre, duc de Normandie, d'Aquitaine et de Bretagne, comte de l'Anjou et du Maine, seigneur de Tours et d'Amboise, descendit dans sa dernière demeure.

FIN

TABLE

I. — Depuis le premier débarquement des Danois en Angleterre, jusqu'à la fin de leur domination.   7

II. — Depuis le soulèvement du peuple anglais contre les favoris normands du roi Edward, jusqu'à la bataille des Hastings.   64

III. — Depuis la bataille jusqu'à la prise de Chester, dernière ville conquise par les Normands.   106

IV. — Depuis la formation du camp du Refuge dans l'île d'Ely, jusqu'au supplice du dernier chef saxon.   133

V. — Depuis la querelle du roi Guillaume avec son fils aîné, Robert, jusqu'au dernier passage de Guillaume sur le continent.   163

VI. — Depuis la mort de Guillaume le Conquérant jusqu'à la dernière conspiration générale des Anglais contre les Normands.   175

VII. — Depuis la bataille de l'Etendard jusqu'à l'insurrection des Poitevins et des Bretons contre le roi Henri II.   203

VIII. — Depuis l'origine de la querelle entre le roi Henri II et l'archevêque Thomas jusqu'au meurtre de l'archevêque.   231

IX. — Depuis l'invasion de l'Irlande par les Normands établis en Angleterre jusqu'à la mort de Henri II.   276

FIN DE LA TABLE

Limoges. — Imp. E. Ardant et Cie.

www.ingramcontent.com/pod-product-compliance
Lightning Source LLC
Chambersburg PA
CBHW070946180426
43194CB00041B/1181